Hubert
Kompakt-Training
Unternehmenssteuern

W0076182

Kompakt-Training
Praktische Betriebswirtschaft
Herausgeber Professor Klaus Olfert

www.kiehl.de

Kompakt-Training
Unternehmenssteuern

Von
Steuerberaterin Prof. Dr. rer. pol. Tina Hubert

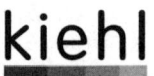

Herausgeber:
Prof. Klaus Olfert
76530 Baden-Baden

ISBN 978-3-470-**65451**-5

© NWB Verlag GmbH & Co. KG, Herne 2014

Kiehl ist eine Marke des NWB Verlags

Satz: Röser MEDIA GmbH & Co. KG, Karlsruhe
Druck: Stückle Druck und Verlag, Ettenheim

Kompakt-Training Praktische Betriebswirtschaft

Das Kompakt-Training Praktische Betriebswirtschaft ist aus der Notwendigkeit entstanden, dass Wissen immer häufiger unter erheblichem Zeit- und Erfolgsdruck erworben oder reaktiviert werden muss. Den vielfältigen betriebswirtschaftlichen Fakten und Zusammenhängen, die aufzunehmen sind, stehen eng begrenzte Zeitbudgets gegenüber.

Die vorliegende Fachbuchreihe ist darauf ausgerichtet, die Leser darin zu unterstützen, rasch und fundiert in die verschiedenen betriebswirtschaftlichen Themenbereiche einzudringen sowie diese aufzufrischen. Sie eignet sich in besonderer Weise für:

► Studierende an Fachhochschulen, Akademien und Universitäten

► Fortzubildende an öffentlichen und privaten Bildungsinstitutionen

► Fach- und Führungskräfte in Unternehmen und sonstigen Organisationen.

Das Kompakt-Training Praktische Betriebswirtschaft ist auch zum Selbststudium sehr gut geeignet, nicht zuletzt wegen seiner herausragenden Gestaltungsmerkmale. Jeder einzelne Band der Fachbuchreihe zeichnet sich u. a. aus durch:

► kompakte und praxisbezogene Darstellung

► systematischen und lernfreundlichen Aufbau

► viele einprägsame Beispiele, Tabellen, Abbildungen

► 50 praxisbezogene Übungen mit Lösungen

► MiniLex mit bis zu 150 - 200 Stichworten.

Für Anregungen, die der weiteren Verbesserung dieses Lernkonzeptes dienen, bin ich dankbar.

Prof. Klaus Olfert
Herausgeber

Feedbackhinweis

Kein Produkt ist so gut, dass es nicht noch verbessert werden könnte. Ihre Meinung ist uns wichtig. Was gefällt Ihnen gut? Was können wir in Ihren Augen verbessern? Bitte schreiben Sie einfach eine E-Mail an: **feedback@kiehl.de**

Als kleines Dankeschön verlosen wir unter allen Teilnehmern einmal pro Monat ein Buchgeschenk!

Vorwort

Die Besteuerung unternehmerischer Betätigung in Deutschland vollzieht sich grundsätzlich in drei elementaren Bereichen. Man spricht von

► der Besteuerung des Einkommens und Ertrags

► der Besteuerung der Verkehrsakte sowie

► der Besteuerung der Substanz.

Vor diesem Hintergrund soll das vorliegende Lehrbuch einen verständlichen, systematischen und praxisbezogenen Einstieg in diesen Problemkreis insbesondere für Anfänger auf dem Gebiet der Unternehmensbesteuerung ermöglichen. Hierzu gehören vor allem Studierende der Wirtschafts- und Rechtswissenschaften an Universitäten, Fachhochschulen und Berufsakademien sowie auch an Verwaltungs- und Wirtschaftsakademien.

Das Hauptaugenmerk der 1. Auflage des Buches liegt auf der Darstellung der ersten beiden Bereiche (Besteuerung des Einkommens und Ertrags sowie Besteuerung der Verkehrsakte). Die getroffene inhaltliche Schwerpunktbildung ist hierbei wesentlich geprägt durch die Erfahrungen aus der Lehrtätigkeit an der Technischen Hochschule Wildau und der eigenen beruflichen Praxis.

Das „Kompakt-Training Unternehmenssteuern" umfasst daher folgende drei Kapitel:

► Kapitel A. dient der Einführung in die steuerliche Problematik, wobei der Steuerbegriff als solcher zunächst definiert und hierauf basierend der Bezug zu den Unternehmenssteuern in Deutschland hergestellt wird.

► Kapitel B. beschäftigt sich mit der Besteuerung des Einkommens und Ertrags. Hierbei wird auf die unternehmerisch bedeutsame Gewerbesteuer, Körperschaftsteuer und Einkommensteuer ausführlich eingegangen.

► In Kapitel C. wird ein Überblick über die Besteuerung so genannter Verkehrsakte gegeben und die wichtigste Verkehrssteuerart im Zusammenhang mit unternehmerischen Entscheidungen – die Umsatzsteuer – näher beleuchtet.

Ein größtmöglicher Praxisbezug wird durch zahlreiche Schaubilder, Beispiele und insbesondere auch den Übungsteil, der 50 Übungen einschließlich der dazugehörigen Lösungen enthält, sowie das 200 Begriffe umfassende MiniLex hergestellt. Das vorliegende Buch eignet sich daher speziell zur Vorbereitung auf Prüfungen in Bachelor- und Masterstudiengängen.

Im gesamten Lehrbuch wurde auf den Rechtsstand Mai 2014 abgestellt.

Für Anregungen, die der Verbesserung des Buches dienen, bin ich allen Leserinnen und Lesern dankbar.

Prof. Dr. Tina Hubert
Berlin, im Juni 2014

Benutzungshinweise

Aufgaben/Fälle

Die Aufgaben/Fälle im Übungsteil dienen der Wissens- und Verständniskontrolle. Auf sie wird jeweils im Textteil hingewiesen:

Aufgabe 1 > Seite 203

Der Übungsteil befindet sich am Ende des Buches. Es wird empfohlen, die Aufgaben/ Fälle unmittelbar nach Bearbeitung der entsprechenden Textstellen zu lösen.

Aus Gründen der Praktikabilität und besseren Lesbarkeit wird darauf verzichtet, je- weils männliche und weibliche Personenbezeichnungen zu verwenden. So können z. B. Mitarbeiter, Arbeitnehmer, Vorgesetzte grundsätzlich sowohl männliche als auch weibliche Personen sein.

INHALTSVERZEICHNIS

A. Grundlagen der Unternehmenssteuern

In diesem Kapitel wird erläutert, was generell unter Steuern und insbesondere unter den so genannten „Unternehmenssteuern" in Deutschland zu verstehen ist.

1. Der Steuerbegriff

 RECHTSGRUNDLAGEN

Abgabenordnung (AO) in der Fassung der Bekanntmachung vom 01.10.2002 (BGBl 2002 I, S. 3869; BGBl 2003 I, S. 61), zuletzt geändert durch das Gesetz zur Anpassung des Investmentsteuergesetzes und anderer Gesetze an das AIFM-Umsetzungsgesetz (AIFM-Steuer-Anpassungsgesetz – AIFM-StAnpG) vom 18.12.2013 (BGBl 2013 I, S. 4318)

1.1 Steuern im System der öffentlich-rechtlichen Abgaben

Vom deutschen Staat, d. h. Bund, Länder und Gemeinden, werden öffentlich-rechtliche Abgaben erhoben, um öffentliche Aufgaben (soziale Sicherung, Schulen, Universitäten, Kindergärten usw.) erfüllen zu können.

Es lassen sich folgende öffentlich-rechtliche Abgaben unterscheiden:

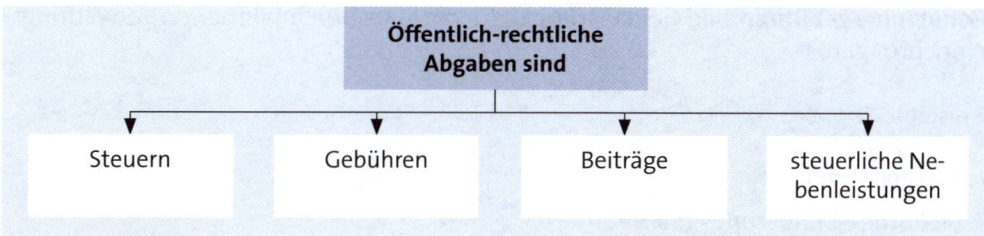

Die Steuern zählen zur wichtigsten Einnahmequelle des Staates.

Zu Steuern:
Steuern sind allgemein in § 3 Abs. 1 AO definiert. Sie liegen vor, wenn folgende Voraussetzungen kumulativ erfüllt sind:

▸ **Geldleistung:**
Die Steuer ist eine einmalige oder laufende Geldleistung; Sachleistungen („Naturalleistungen") oder Dienstleistungen (Wehrdienst, Anzeige- oder Meldepflichten) stellen keine Steuern dar.

▸ **keine Gegenleistung für eine besondere Leistung:**
Steuern sind keine Gegenleistung für besondere Leistungen und unterscheiden sich dadurch von Gebühren und Beiträgen (zur Definition siehe unten).

▶ **Erhebung von einem öffentlich-rechtlichen Gemeinwesen:**
Steuern werden von einem öffentlich-rechtlichen Gemeinwesen auferlegt. Berechtigt zur Steuererhebung sind also neben Bund, Ländern und Gemeinden insbesondere bestimmte Religionsgemeinschaften mit öffentlich-rechtlichem Status. Freiwillige oder vertragliche Zahlungen oder Zahlungen an andere Institutionen sind keine Steuern.

▶ **Einnahmenerzielungsabsicht – auch als Nebenzweck:**
Steuern dienen vorrangig der Einnahmenerzielung des Staates (sog. **Fiskalzweck***)*. Mit der Steuererhebung kann aber *auch* eine Beeinflussung des Verhaltens der Steuerpflichtigen beabsichtigt sein (**Lenkungszweck**, z. B. durch die Tabak- oder Biersteuer) oder eine Umverteilung der Einkommens- und Vermögensverhältnisse bezweckt werden (**Umverteilungszweck***,* z. B. durch die Erbschaft- und Schenkungsteuer).

▶ **Abgabe wird allen auferlegt, bei denen der Tatbestand zutrifft, an den das Gesetz die Leistungspflicht knüpft:**
Steueransprüche können nicht durch Analogieschlüsse begründet werden und wenn ein gesetzlich normierter Tatbestand verwirklicht ist, kann die Steuerpflicht nicht durch individuelle Vereinbarungen mit den Steuerbehörden umgangen werden. Hierdurch wird dem **Prinzip der Gleichmäßigkeit der Besteuerung** (Steuern müssen immer erhoben werden, wenn der steuerliche Tatbestand zutrifft) und **der Tatbestandsmäßigkeit der Besteuerung** (Steuern dürfen nur erhoben werden, wenn der steuerliche Tatbestand erfüllt ist) entsprochen.

Zu Gebühren:
Gebühren sind Geldleistungen für bestimmte tatsächlich in Anspruch genommene öffentliche Leistungen. Es lassen sich Benutzungs- und Verwaltungsgebühren unterscheiden.

Benutzungsgebühren sind Geldleistungen für die Inanspruchnahme von Verwaltungseinrichtungen.

Beispiele

▶ Postgebühren

▶ Bibliotheksbenutzungsgebühren

▶ Sportanlagennutzungsgebühren

Verwaltungsgebühren sind Geldleistungen für die Vornahme von Amtshandlungen.

Beispiele

▶ Kfz-Zulassungsgebühren

▶ Passgebühren

▶ Standesamtsgebühren

Zu Beiträgen:
Beiträge sind Geldleistungen für angebotene öffentliche Leistungen, unabhängig davon, ob sie in Anspruch genommen werden oder nicht. Bei Beiträgen fehlt jedoch vielfach der unmittelbare zeitliche Zusammenhang zwischen Leistung und Gegenleistung.

Beispiele

- Kurtaxen
- Sozialversicherungsbeiträge
- Kammerbeiträge
- Straßenanliegerbeiträge

Zu steuerlichen Nebenleistungen:
Steuerliche Nebenleistungen sind selbst keine Steuern, können jedoch im Zusammenhang mit der Besteuerung und Steuererhebung auftreten. Hierzu zählen nach **§ 3 Abs. 4 AO**

- Verzögerungsgelder (§ 146 Abs. 2b AO)
- Verspätungszuschläge (§ 152 AO)
- Zuschläge gemäß § 162 Abs. 4 AO
- Zinsen (§§ 233 - 237 AO)
- Säumniszuschläge (§ 240 AO)
- Zwangsgelder (§ 329 AO)
- Kosten (§§ 89, 178, 178a AO und §§ 337 - 345 AO)
- Zinsen i. S. d. Zollkodexes und Verspätungsgelder nach § 22a Abs. 5 EStG.

Beispiel

Der freiberuflich tätige Ingenieur Emil Wolf gibt seine Einkommensteuererklärung 2013 trotz zweifacher Aufforderung durch sein zuständiges Finanzamt (FA) erst im November 2015 ab. In einem solchen Fall kann das FA einen **Verspätungszuschlag gem. § 152 AO** für die verspätete Abgabe der Steuererklärung von Herrn Wolf festsetzen. Da für Herrn Wolf eine Einkommensteuer in Höhe von 7.000 € festgesetzt wurde, steht es im Ermessen des FA, einen Verspätungszuschlag in Höhe von maximal 700 € (= 10 % der festgesetzten Steuer) festzusetzen.

Beispiel Abwandlung
Herr Wolf gibt seine Einkommensteuererklärung 2013 trotz zweifacher Aufforderung durch sein zuständiges Finanzamt nicht ab. Das FA kann Herrn Wolf ein **Zwangsgeld gem. § 329 AO** auferlegen, da Herr Wolf zur Abgabe der Steuerklärung verpflichtet ist. Es steht jedoch im Ermessen des FA, ob ein Zwangsgeld von Herrn Wolf zu zahlen ist

oder nicht. Das Zwangsgeld darf nicht mehr als 25.000 € betragen. Darüber hinaus wird die Einkommensteuer für Herrn Wolf vom FA geschätzt, sofern er sich weiterhin weigern sollte, seiner Erklärungspflicht nachzukommen.

1.2 Steuerarten und Steueraufkommen in Deutschland

Im Allgemeinen kann man zwischen folgenden Steuerarten differenzieren:

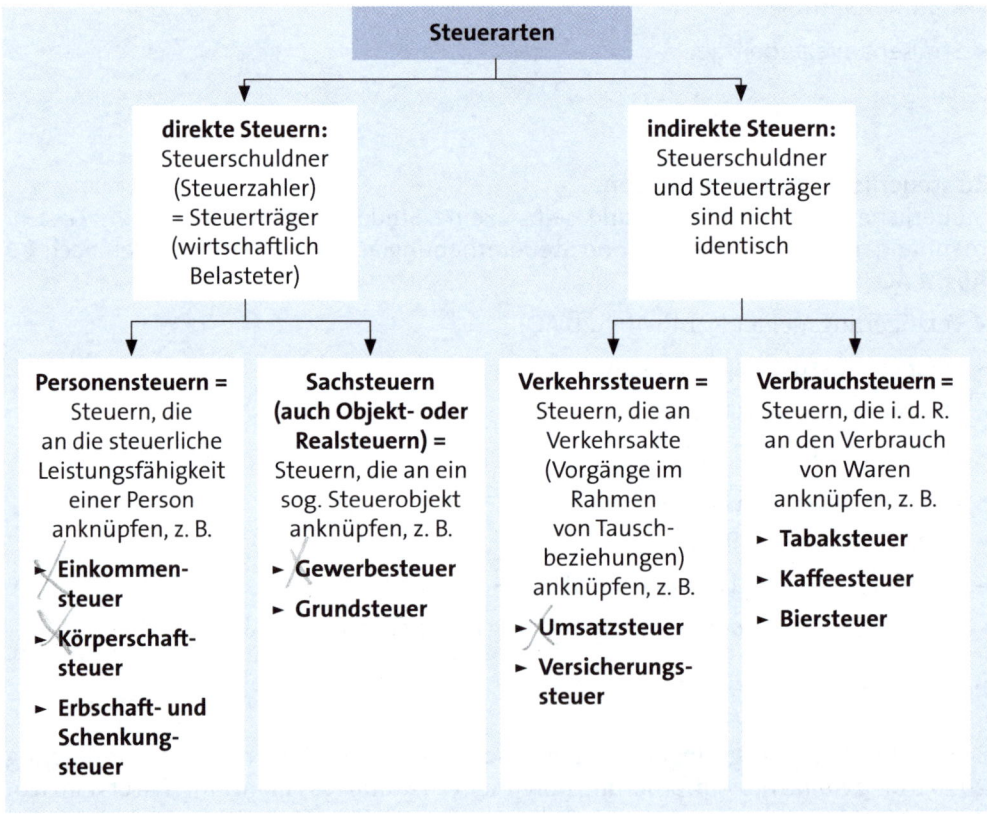

Steuern können nach verschiedenen Gesichtspunkten eingeteilt werden. In der obigen Darstellung wurde die Einteilung nach der „Überwälzbarkeit" der Steuern (Einteilung in direkte und indirekte Steuern) mit der nach dem „Gegenstand der Besteuerung" (Einteilung in Personen-, Sach-, Verkehrs- und Verbrauchsteuern) kombiniert.

In bestimmten Fällen trifft diese Einteilung nicht zu. Beispielsweise ist die Lohnsteuer eine Personensteuer. Demzufolge müsste sie als direkte Steuer qualifiziert werden. Bei der Lohnsteuer ist der Arbeitgeber Steuerschuldner, da er sie – für seine Arbeitnehmer – ans FA abführt. Steuerträger ist jedoch der Arbeitnehmer. Die Lohnsteuer ist somit eine indirekte Personensteuer.

Ein anderes Beispiel wäre die Grunderwerbsteuer: Sie ist eine Verkehrssteuer (besteuert wird der Kauf eines Grundstücks [= Verkehrsakt]). Gleichzeitig ist sie eine Sachsteuer (Steuerobjekt = Grundstück) und direkte Steuer (Steuerschuldner = Steuerträger). Die Grunderwerbsteuer ist eine direkte Sach- und Verkehrssteuer.

Die obige Darstellung erhebt daher keinen Anspruch auf Allgemeingültigkeit.

Die folgende Grafik (Steuerspirale 2013) gibt einen Überblick über die Steuereinnahmen des Jahres 2013 – geordnet nach der Aufkommenshöhe:

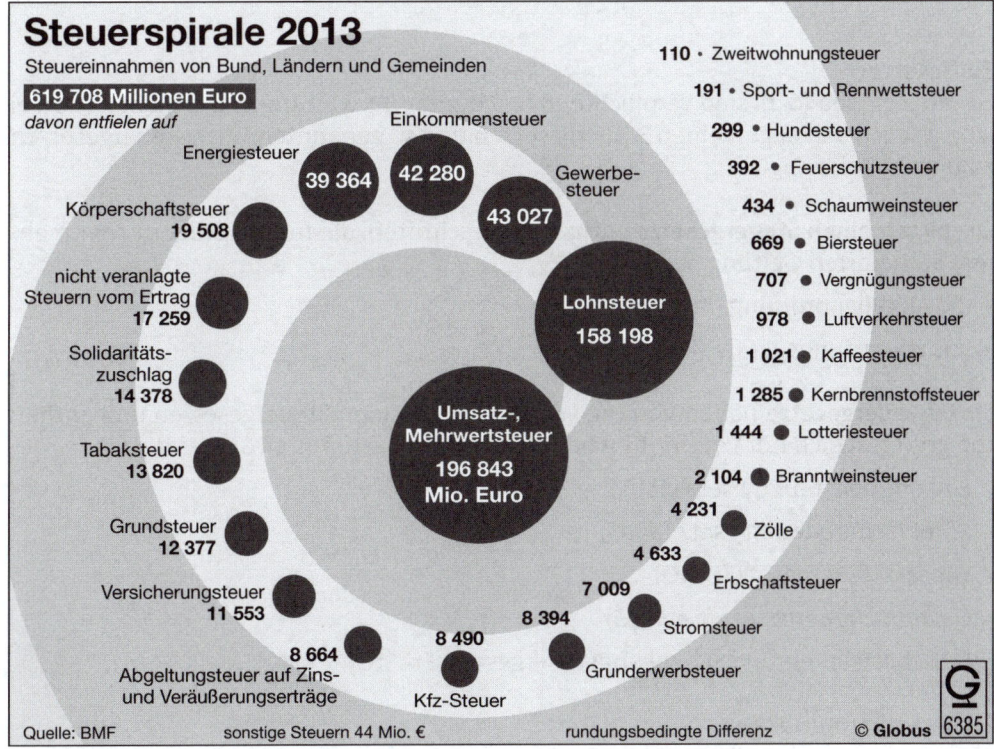

Aufgabe 1 - 3 > Seite 203

1.3 Rechtsquellen des deutschen Steuerrechts

Die Rechtsquellen des deutschen Steuerrechts – auch steuerliche Vorschriften genannt – sind einzuteilen in so genannte Rechtsnormen und solche Vorschriften, die keine Rechtsnormen sind:

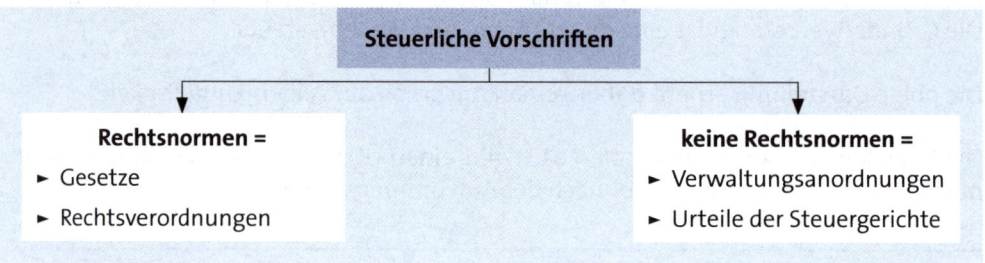

Zu Gesetze:
Gesetze binden (d. h. sind verpflichtend für) Bürger, Verwaltung und Gerichte. Hierbei ist zwischen den allgemeinen Steuergesetzen und so genannten Einzelsteuergesetzen zu unterscheiden.

Die **allgemeinen Steuergesetze** enthalten Vorschriften, die für alle Steuern oder mehrere Steuerarten Geltung haben, z. B.

- die Abgabenordnung (AO)
- das Bewertungsgesetz (BewG).

Einzelsteuergesetze haben Vorrang vor den allgemeinen Steuergesetzen und enthalten grundsätzlich nur Vorschriften betreffend einer bestimmten Steuerart, z. B.

- Einkommensteuergesetz (EStG)
- Körperschaftsteuergesetz (KStG)
- Umsatzsteuergesetz (UStG)
- Gewerbesteuergesetz (GewStG)
- Erbschaftsteuer- und Schenkungsteuergesetz (ErbStG).

Zu Rechtsverordnungen:
Sie haben die Verbindlichkeit von Gesetzen (sind also ebenso bindend für Bürger, Verwaltung und Gerichte) und dienen der Ergänzung und Erläuterung der Einzelsteuergesetze, z. B.

- Einkommensteuer-Durchführungsverordnung (EStDV)
- Lohnsteuer-Durchführungsverordnung (LStDV)
- Körperschaftsteuer-Durchführungsverordnung (KStDV)
- Umsatzsteuer-Durchführungsverordnung (UStDV)
- Erbschaftsteuer-Durchführungsverordnung (ErbStDV).

Zu Verwaltungsanordnungen:
Verwaltungsanordnungen sind allgemeine Weisungen (Vorschriften) einer vorgesetzten Behörde an die ausführenden Beamten und Angestellten; hieran gebunden ist also ausschließlich die Verwaltung. Für Bürger und Gerichte haben sie keine bindende Wirkung. Beispiele für Verwaltungsanordnungen sind:

- Richtlinien, z. B. Einkommensteuer-Richtlinien (EStR), Körperschaftsteuer-Richtlinien (KStR), Erbschaftsteuer-Richtlinien (ErbStR)
- Erlasse und Schreiben, z. B. Anwendungserlass zur Abgabenordnung (AEAO), Schreiben des Bundesfinanzministeriums (BMF-Schreiben)
- Verfügungen, z. B. Verfügungen der Oberfinanzdirektion (OFD-Verfügungen).

Zu Urteile der Steuergerichte:
Hierbei handelt es sich um Entscheidungen der Finanzgerichte der Länder und des BFH (München), die keine allgemeine Bindung entfalten. Sie binden nur die Beteiligten so weit, als über den Streitgegenstand entschieden worden ist.

Aufgabe 4 > Seite 204

2. Unternehmenssteuern in Deutschland

 RECHTSGRUNDLAGEN

- Aktiengesetz (AktG) in der Fassung der Bekanntmachung vom 06.09.1965 (BGBl 1965 I, S. 1089), zuletzt geändert durch das Zweite Gesetz zur Modernisierung des Kostenrechts (2. Kostenrechtsmodernisierungsgesetz – 2. KostRMoG) vom 23.07.2013 (BGBl 2013 I, S. 2586)
- Bürgerliches Gesetzbuch (BGB) in der Fassung der Bekanntmachung vom 02.01.2002 (BGBl 2002 I, S. 42; BGBl 2002 I, S. 2909; BGBl 2003 I, S. 738), zuletzt geändert durch das Gesetz zur Einführung eines Datenbankgrundbuchs (DaBaGG) vom 01.10.2013 (BGBl 2013 I, S. 3719)
- Gesetz betreffend die Gesellschaften mit beschränkter Haftung (GmbHG) in der Fassung der Bekanntmachung vom 20.04.1892 (RGBl S. 477), zuletzt geändert durch das Zweite Gesetz zur Modernisierung des Kostenrechts (2. Kostenrechtsmodernisierungsgesetz – 2. KostRMoG) vom 23.07.2013 (BGBl 2013 I, S. 2586)
- Handelsgesetzbuch (HGB) in der Fassung der Bekanntmachung vom 10.05.1897 (RGBl S. 219), zuletzt geändert durch das Gesetz zur Änderung des Handelsgesetzbuchs vom 04.10.2013 (BGBl 2013 I, S. 3746)

2.1 Überblick

Die Besteuerung unternehmerischer Betätigung in Deutschland – und zwar im Sinne deutscher Steuervorschriften – vollzieht sich grundsätzlich in drei elementaren Bereichen. Man spricht von der

- ► Besteuerung des Einkommens und Ertrags (vgl. Abschnitt 2.2)
- ► Besteuerung der Verkehrsakte (vgl. Abschnitt 2.3)
- ► Besteuerung der Substanz (vgl. Abschnitt 2.4).

In der 1. Auflage dieses Lehrbuchs werden ausschließlich Abschnitt 2.2 (Besteuerung des Einkommens und Ertrags) und Abschnitt 2.3 (Besteuerung der Verkehrsakte) näher beleuchtet.

2.2 Besteuerung des Einkommens und Ertrags

Einkommen und Ertrag sind Synonyme für den im Rahmen einer steuerlich relevanten Tätigkeit erzielten Erfolg. Die Besteuerung des Erfolgs erfolgt in Form so genannter **Ertragsteuern**.

Unternehmerisch bedeutsame Ertragsteuern sind die

- ► Gewerbesteuer (vgl. Kapitel B.2)
- ► Körperschaftsteuer (vgl. Kapitel B.3)
- ► Einkommensteuer (vgl. Kapitel B.4).

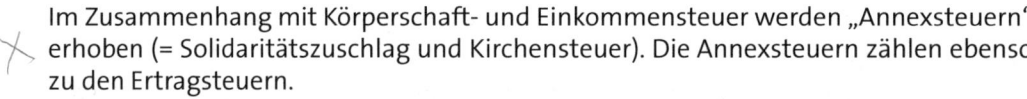

Im Zusammenhang mit Körperschaft- und Einkommensteuer werden „Annexsteuern" erhoben (= Solidaritätszuschlag und Kirchensteuer). Die Annexsteuern zählen ebenso zu den Ertragsteuern.

Die Unternehmens**ertrags**besteuerung ist vorrangig davon abhängig, in welcher Rechtsform ein Unternehmen geführt wird. Im Folgenden (und gesamten übrigen Lehrbuch) wird ausschließlich zwischen **privatwirtschaftlich geführten Personenunternehmen** und **Kapitalgesellschaften** differenziert.

2.2.1 Personenunternehmen

Unter privatwirtschaftlich geführten Personenunternehmen versteht man sowohl Einzelunternehmen als auch Personengesellschaften.

Einzelunternehmen sind Unternehmen, die von **einer** natürlichen Person (lebender Mensch aus Fleisch und Blut) als alleiniger Geschäftsinhaber „getragen" werden. Unternehmen und Unternehmer bilden eine Einheit (**Transparenzprinzip**). Man unterscheidet zwischen einzelunternehmerisch tätigen Kaufleuten und Nichtkaufleuten.

Personengesellschaften werden als „teiljuristische" Personen bezeichnet, da sie keine natürlichen oder juristischen Personen (wie z. B. Kapitalgesellschaften) sind, jedoch in gewissen Grenzen über Rechtsfähigkeit verfügen. Sie nehmen eine Art „Zwitterstellung" ein, generell sind sie eher mit Einzelunternehmen vergleichbar. Daher gilt auch hier das Transparenzprinzip. Personengesellschaften sind Unternehmen, die von **mehreren** natürlichen und/oder (teil-)juristischen Personen (Gesellschafter oder Mitunternehmer) gemeinsam „getragen" werden. Gängige Rechtsformen sind die Gesellschaft bürgerlichen Rechts (GbR), die Offene Handelsgesellschaft (OHG), die Kommanditgesellschaft (KG, auch als GmbH & Co. KG) und die stille Gesellschaft.

Das Schaubild gibt einen Überblick über die verschiedenen Arten von Personenunternehmen:

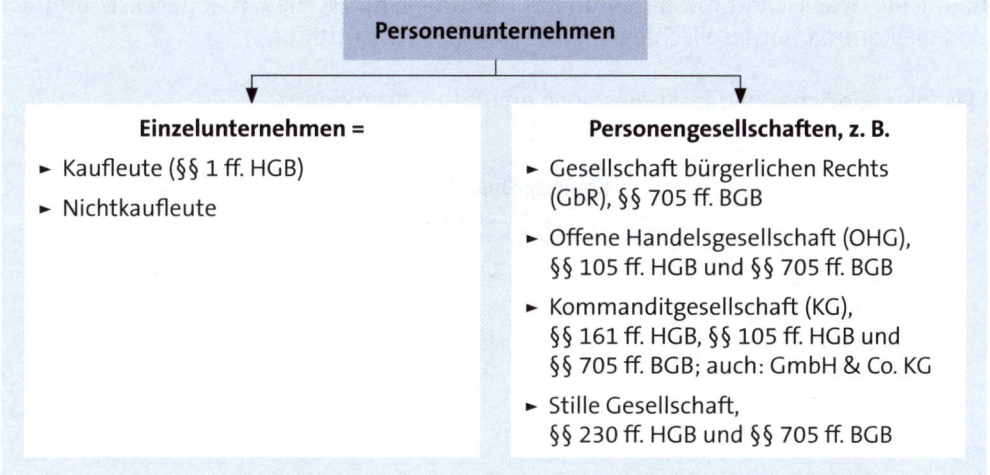

2.2.1.1 Unternehmensebene

Einzelunternehmen und Personengesellschaften unterliegen der **Gewerbesteuer**, sofern die entsprechenden Voraussetzungen nach dem GewStG erfüllt sind.

Träger der Gewerbesteuer (wirtschaftlich Belasteter) ist der (Mit-)Unternehmer.

Die Gewerbesteuerschuld wird daher (zumindest teilweise) auf die Einkommensteuer des Einzelunternehmers bzw. der an der Gesellschaft beteiligten natürlichen Personen (Mitunternehmer) angerechnet (§ 35 EStG).

2.2.1.2 Unternehmerebene

Im Rahmen der unternehmerischen Betätigung erzielte Einkünfte sind (darüber hinaus) bei natürlichen Personen als (Mit-)Unternehmer der **Einkommensteuer zzgl. Solidaritätszuschlag und ggf. Kirchensteuer** zu unterwerfen.

2.2.2 Kapitalgesellschaften

Eine Kapitalgesellschaft ist eine juristische Person (= nicht natürliche oder teiljuristische Person, die mit eigener Rechtsfähigkeit ausgestattet, d. h. selbst Träger von Rechten und Pflichten ist), an der eine oder mehrere natürliche und/oder (teil-)juristische Personen (Gesellschafter bzw. Anteilseigner) beteiligt sind. Gesellschafts- und Gesellschafterebene sind strikt voneinander zu trennen (**Trennungsprinzip**). In der Praxis sind häufig die Gesellschaft mit beschränkter Haftung (GmbH), die Aktiengesellschaft (AG) und die Kommanditgesellschaft auf Aktien (KGaA) anzutreffen.

Das folgende Schaubild fasst dies noch einmal zusammen:

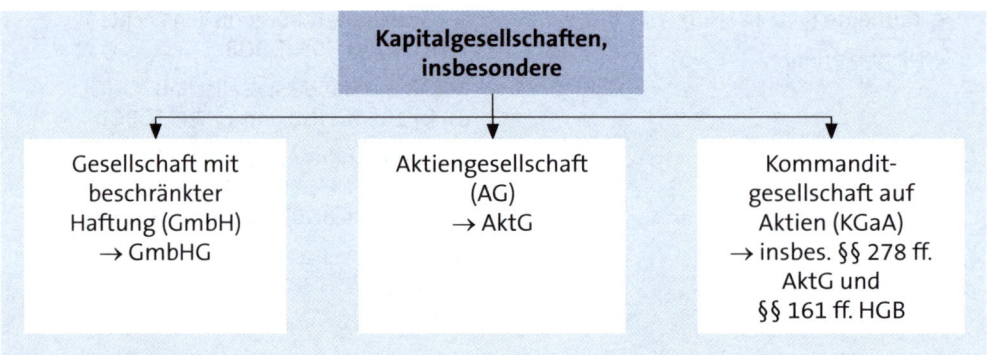

Im vorliegenden Lehrbuch werden ausschließlich Gesellschaften mit beschränkter Haftung (GmbH) und Aktiengesellschaften (AG) näher beleuchtet.

2.2.2.1 Gesellschaftsebene

Eine Kapitalgesellschaft unterliegt rechtsformbedingt stets der **Gewerbesteuer** (§ 2 Abs. 2 GewStG). Darüber hinaus ist das steuerliche Ergebnis mit **Körperschaftsteuer zzgl. Solidaritätszuschlag** zu belasten (§ 1 Abs. 1 KStG und § 1 Abs. 1 SolZG).

Eine Gewerbesteueranrechnung ist nicht möglich (Trennungsprinzip).

2.2.2.2 Gesellschafterebene

Schütten Kapitalgesellschaften Gewinne an ihre Gesellschafter (natürliche Person) aus, werden diese in der Regel mit **25 % Abgeltungssteuer zzgl. Solidaritätszuschlag und ggf. Kirchensteuer** belegt, sofern die Anteile im Privatvermögen gehalten werden. Bei im Betriebsvermögen gehaltenen Anteilen ist die Ausschüttung in Höhe von 60 % der Besteuerung zu unterwerfen (Teileinkünfteverfahren).

2.3 Besteuerung der Verkehrsakte

Unter Verkehrsakt versteht man einen Vorgang im Rahmen einer Tauschbeziehung wie beispielsweise der Verkauf eines Gegenstandes oder der Erwerb eines Grundstücks. Die Besteuerung des Verkehrsaktes erfolgt in Form von **Verkehrssteuern**.

Verkehrssteuern lassen sich in **eine** allgemeine und **mehrere** spezielle Verkehrssteuern unterteilen:

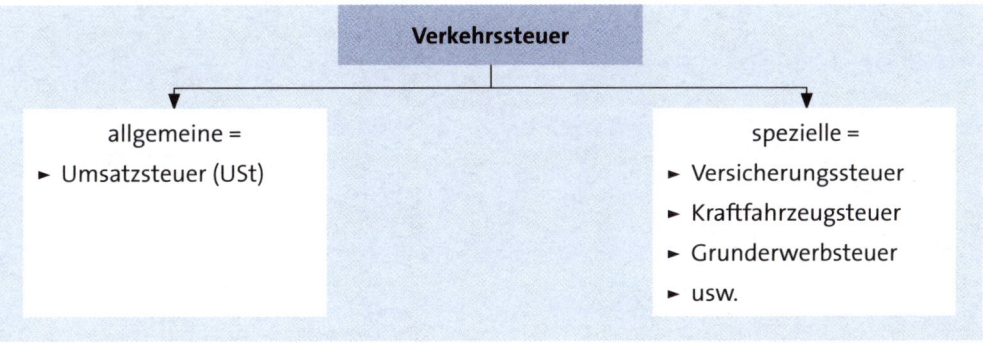

Im vorliegenden Lehrbuch wird ausschließlich auf die für unternehmerische Entscheidungen wichtigste Verkehrssteuerart, nämlich die **Umsatzsteuer**, näher eingegangen.

2.4 Besteuerung der Substanz

Bei so genannten **Substanzsteuern** werden Vermögenswerte („Substanz") vorausgesetzt, die als Anknüpfungspunkt für die Besteuerung dienen. Die mit dem Vermögenswert erzielten Erträge sind für die Bemessung der Substanzsteuer unerheblich.

Unternehmensrelevante Substanzsteuern sind

► die Erbschaft- und Schenkungsteuer sowie

► die Grundsteuer.

In der 1. Auflage dieses Lehrbuchs ist die Substanzbesteuerung nicht Gegenstand der Betrachtung.

Aufgabe 5 > Seite 204

B. Besteuerung des Einkommens und Ertrags

Kapitel B. dient dazu, die Unternehmens**ertrags**besteuerung („Besteuerung des Einkommens und Ertrags" unternehmerischer Betätigung) in ihren Grundzügen näher zu beleuchten. Internationale steuerliche Zusammenhänge werden grundsätzlich außer Acht gelassen.

Hierfür wird nachfolgendes **Fallbeispiel** eingeführt:

Beispiel

Fallbeispiel Friseurmeister Milz
Udo Milz (konfessions- und kinderlos, unverheiratet und wohnhaft in Berlin-Adlershof) möchte sich als Friseurmeister in Berlin am Kurfürstendamm selbstständig machen. Folgende Rechtsformalternativen stehen zur Auswahl:

1. Tätigkeit alleine im Rahmen eines Einzelunternehmens

2. Tätigkeit mit Partnern im Rahmen einer Personengesellschaft (GbR, OHG oder KG)

3. Tätigkeit alleine bzw. mit Partnern im Rahmen einer Kapitalgesellschaft (insbesondere GmbH).

Milz schätzt, dass aus seiner unternehmerischen Tätigkeit ein (ggf. anteilig auf ihn entfallender) handelsrechtlicher Jahresüberschuss in Höhe von ca. 100.000 € p. a. (vor Ertragsteuern) resultiert. Das Wirtschaftsjahr entspricht dem Kalenderjahr (§ 4a Abs. 1 EStG).

Der gewerbesteuerliche Hebesatz von Berlin beträgt 410 %.

1. Überblick

Einkommen und Ertrag sind Synonyme für den im Rahmen einer steuerlich relevanten Tätigkeit erzielten Erfolg. Die Besteuerung des Erfolgs erfolgt in Form so genannter **Ertragsteuern**.

Unternehmerisch bedeutsame Ertragsteuern sind die

► Gewerbesteuer (vgl. Kapitel B.2)

► Körperschaftsteuer (vgl. Kapitel B.3)

► Einkommensteuer (vgl. Kapitel B.4).

Im Zusammenhang mit Körperschaft- und Einkommensteuer werden „Annexsteuern" erhoben (= Solidaritätszuschlag [SolZ] und Kirchensteuer [KiSt]). Die Annexsteuern zählen ebenso zu den Ertragsteuern.

2. Gewerbesteuer

 RECHTSGRUNDLAGEN

- ► Abgabenordnung (AO) in der Fassung der Bekanntmachung vom 01.10.2002 (BGBl 2002 I, S. 3869 BGBl 2003 I, S. 61), zuletzt geändert durch das Gesetz zur Anpassung des Investmentsteuergesetzes und anderer Gesetze an das AIFM-Umsetzungsgesetz (AIFM-Steuer-Anpassungsgesetz – AIFM-StAnpG) vom 18.12.2013 (BGBl 2013 I, S. 4318)

- ► Bewertungsgesetz (BewG) in der Fassung der Bekanntmachung vom 01.02.1991 (BGBl 1991 I, S. 231), zuletzt geändert durch das Gesetz zur Anpassung des Investmentsteuergesetzes und anderer Gesetze an das AIFM-Umsetzungsgesetz (AIFM-Steuer-Anpassungsgesetz – AIFM-StAnpG) vom 18.12.2013 (BGBl 2013 I, S. 4318)

- ► Gewerbesteuergesetz (GewStG) in der Fassung der Bekanntmachung vom 15.10.2002 (BGBl 2002 I, S. 416), zuletzt geändert durch das Gesetz zur Umsetzung der Amtshilferichtlinie sowie zur Änderung steuerlicher Vorschriften (Amtshilferichtlinie-Umsetzungsgesetz – AmtshilfeRLUmsG) vom 26.06.2013 (BGBl 2013 I, S. 1809)

- ► Gewerbesteuer-Durchführungsverordnung (GewStDV) in der Fassung der Bekanntmachung vom 15.10.2002 (BGBl 2002 I, S. 4181), zuletzt geändert durch das Gesetz zur Umsetzung der Amtshilferichtlinie sowie zur Änderung steuerlicher Vorschriften (Amtshilferichtlinie-Umsetzungsgesetz – AmtshilfeRLUmsG) vom 26.06.2013 (BGBl 2013 I, S. 1809)

- ► Gewerbesteuer-Richtlinien 2009 (GewStR 2009) vom 28.04.2010 (BStBl 2010 I, Sondernummer 1)

- ► Das Grundgesetz für die Bundesrepublik Deutschland (GG) in der Fassung der Bekanntmachung vom 23.05.1949 (BGBl 1949 I, S. 1), zuletzt geändert durch das Gesetz zur Änderung des Grundgesetzes (Artikel 93) vom 11.07.2012 (BGBl 2012 I, S. 1478)

2.1 Allgemeine Charakterisierung

Die Gewerbesteuer (GewSt) ist grundsätzlich dadurch zu charakterisieren, dass sie eine Sachsteuer (= Objekt- oder Realsteuer), Ertragsteuer, Gemeinde- und Jahressteuer ist:

- ► Als **Sachsteuer** gem. § 3 Abs. 2 AO stellt die Gewerbesteuer auf die „Ertragskraft" des Gewerbebetriebs ab (§ 2 Abs. 1 GewStG). Auf die hinter dem Betrieb stehende(n) Person(en) kommt es nicht an.

- ► Bemessungsgrundlage für die Ermittlung der Gewerbesteuer ist der Gewerbeertrag gem. § 6 GewStG. Daher wird sie auch als **Ertragsteuer** bezeichnet.

- ► In § 1 GewStG ist geregelt, dass die Gewerbesteuer von den Gemeinden erhoben wird (= **Gemeindesteuer**). Dies bedeutet, dass die Einnahmen aus der Gewerbesteuer zunächst den erhebenden Gemeinden in voller Höhe zufließen (Art. 106 Abs. 6 GG); anschließend werden diese mittels eines Umlageschlüssels anteilig Bund und Ländern zugewiesen.

► Die Gewerbesteuer wird jährlich erhoben (**Jahressteuer**), Erhebungszeitraum ist das Kalenderjahr (§ 14 S. 2, 3 GewStG). Die Erhebung vollzieht sich in zwei Schritten:

Im ersten Schritt wird auf Basis der vom Steuerpflichtigen jährlich einzureichenden Gewerbesteuererklärung ein so genannter Steuermessbetrag (und Anteil am Steuermessbetrag [= „Zerlegungsanteil"], sofern mehrere Betriebsstätten zur Ausübung des Gewerbes in mehreren Gemeinden unterhalten werden [§ 28 Abs. 1 S. 1 GewStG]) durch die örtlich zuständigen Betriebsfinanzämter ermittelt (§ 22 Abs. 1 AO); hierfür ergeht ein Steuermessbetragsbescheid (§ 184 AO) und ggf. ein Zerlegungsbescheid (§ 188 AO).

Im zweiten Schritt erlässt die Gemeindebehörde auf Grundlage des Steuermessbetragsbescheids bzw. Zerlegungsbescheids und durch Anwendung eines „Hebesatzes" den Gewerbesteuerbescheid (R 1.1 GewStR).

Die Höhe der Hebesätze wird von den Gemeinden festgelegt. Ein Mindest-Hebesatz von 200 % ist zu berücksichtigen (§ 16 Abs. 4 GewStG). Die nachfolgende Tabelle gibt einen Überblick über **Hebesätze ausgewählter Gemeinden für den Erhebungszeitraum 2013** (sortiert in aufsteigender Höhe):

Gemeinde	Prozent
Bamberg	390
Brandenburg an der Havel	400
Flensburg	405
Berlin	410
Stuttgart	420
Würzburg	420
Kiel	430
Potsdam	450
Frankfurt am Main	460
Hamburg	470
Bielefeld	480
München	490

2.2 Steuerpflicht und Steuerbefreiungen

Bei der Gewerbesteuer unterscheidet man zwischen einer **sachlichen** und **persönlichen Steuerpflicht:**

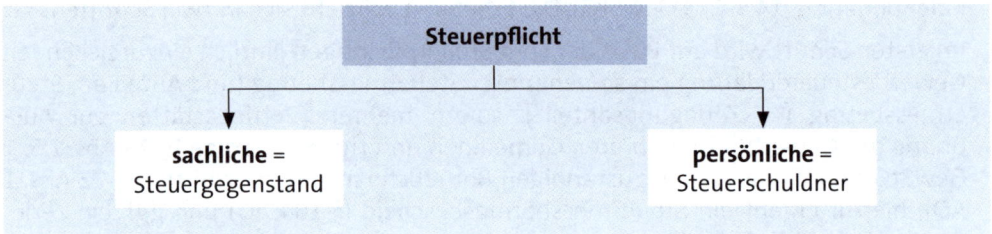

2.2.1 Sachliche Steuerpflicht

Die sachliche Steuerpflicht bestimmt, **was** der Gewerbesteuer zu unterwerfen ist. Sie bezieht sich auf den so genannten Steuergegenstand. Hierbei differenziert das GewStG zwischen

► inländischen stehenden Gewerbebetrieben (§ 2 Abs. 1 S. 1 GewStG i. V. m. § 12 AO) und

► Reisegewerbebetrieben (§ 35a GewStG).

Zum Inland zählt grundsätzlich das Gebiet der Bundesrepublik Deutschland (§ 2 Abs. 7 GewStG i. V. m. R 2.8 GewStR und H 2.8 GewStH).

Im Folgenden wird ausschließlich auf inländische stehende Gewerbebetriebe i. S. v. § 2 Abs. 1 S. 1 GewStG i. V. m. § 12 AO näher eingegangen.

§ 2 GewStG nennt drei Formen von inländischen stehenden Gewerbebetrieben:

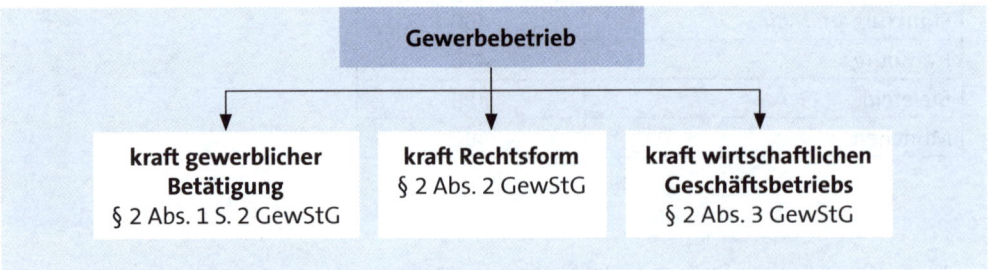

Beim **Gewerbebetrieb kraft gewerblicher Betätigung** handelt es sich um **i. S. v. § 15 Abs. 2 EStG gewerblich tätige Einzelunternehmen und Personengesellschaften**, deren Gesellschafter als Mitunternehmer anzusehen sind (§ 2 Abs. 1 S. 2 GewStG i. V. m. R 2.1 Abs. 1 und 2 GewStR).

Personengesellschaften **gelten** darüber hinaus auch dann in vollem Umfang als Gewerbebetrieb, wenn sie nur teilweise eine Tätigkeit i. S. d. § 15 Abs. 1 S. 1 Nr. 1 EStG ausüben (= Abfärbe- oder Infektionstheorie i. S. v. § 15 Abs. 3 Nr. 1 EStG) oder als nicht originär gewerblich tätige GmbH & Co. KG unter den weiteren Voraussetzungen des § 15 Abs. 3 Nr. 2 EStG zu qualifizieren sind (= gewerblich geprägte Personengesellschaft).

Beispiele

Fallbeispiel Friseurmeister Milz

1. Milz macht sich als Friseur am Kurfürstendamm alleine selbstständig. Damit erfüllt er sämtliche Voraussetzungen des § 15 Abs. 2 EStG (Selbstständigkeit, Nachhaltigkeit, Gewinnerzielungsabsicht, Beteiligung am allgemeinen wirtschaftlichen Verkehr sowie keine land- und forstwirtschaftliche Betätigung, freiberufliche oder sonstige selbstständige Tätigkeit und auch keine sog. Vermögensverwaltung). Das Einzelunternehmen unterliegt der sachlichen Gewerbesteuerpflicht gem. § 2 Abs. 1 GewStG.

2. Milz möchte seine Freunde am Friseursalon beteiligen. Daher entschließen sie sich, eine OHG zu gründen. Die OHG ist originär gewerblich tätig und nach § 2 Abs. 1 GewStG gewerbesteuerpflichtig.

Fallbeispiel Abwandlung

Als Architekten führen Milz und seine Freunde ein gemeinschaftliches Architektenbüro in der Rechtsform einer GbR. Die Tätigkeit der GbR ist als freiberuflich (nichtgewerblich) anzusehen (§ 18 Abs. 1 Nr. 1 EStG). Sofern Architekten auch als Makler tätig sind, infiziert die gewerbliche Makelei die freiberufliche Architektenleistung (§ 15 Abs. 3 Nr. 1 EStG i. V. m. H 15.6 „Abgrenzung selbstständige Arbeit/Gewerbebetrieb b. Beispiele für Gewerbebetrieb – Architekt" EStH). Damit gilt die GbR insgesamt als Gewerbebetrieb und unterliegt der Gewerbesteuerpflicht (§ 2 Abs. 1 GewStG).

Anders verhält es sich beim **Gewerbebetrieb kraft Rechtsform:**

Hierunter fallen **Kapitalgesellschaften** (insbesondere Europäische Gesellschaften, Aktiengesellschaften, Kommanditgesellschaften auf Aktien, Gesellschaften mit beschränkter Haftung), **Genossenschaften einschließlich Europäische Genossenschaften und Versicherungs- und Pensionsfondsvereine auf Gegenseitigkeit**. Ihre Tätigkeit **gilt stets** und in vollem Umfang als Gewerbebetrieb und zwar unabhängig davon, welcher Art von Tätigkeit sie nachgehen (§ 2 Abs. 2 GewStG i. V. m. R 2.1 Abs. 4 GewStR).

Beispiel

Fallbeispiel Abwandlung

Architekt Milz ist fest davon überzeugt, dass es vorteilhafter ist, eine GmbH zu gründen. Aus haftungsrechtlichen Gründen ist dem sicherlich zuzustimmen. Aus steuerlichen Gründen jedoch nicht, da eine GmbH – im Gegensatz zu einer Personengesellschaft – stets und in vollem Umfang als Gewerbebetrieb gilt, unabhängig von der Art der Tätigkeit (hier: freiberuflich).

Juristische Personen des privaten Rechts, die nicht bereits in § 2 Abs. 2 S. 1 GewStG aufgeführt sind, wie auch nichtrechtsfähige Vereine unterliegen der Gewerbesteuer, soweit sie einen wirtschaftlichen Geschäftsbetrieb (ausgenommen Land- und Forstwirtschaft) i. S. v. § 14 AO unterhalten (= **Gewerbebetrieb kraft wirtschaftlichen Geschäftsbetriebs gem. § 2 Abs. 3 GewStG i. V. m. R 2.1 Abs. 5 GewStR**). Die Gewerbesteuerpflicht beschränkt sich auf deren wirtschaftlichen Geschäftsbetrieb.

Beispiel

Fallbeispiel Friseurmeister Milz
Udo Milz ist Mitglied im Berliner Rennverein zur Förderung der Traberzucht e. V. Der Verein veranstaltet einmal jährlich ein Trabrennen. Diese Veranstaltungstätigkeit des Vereins erfüllt die Voraussetzungen eines wirtschaftlichen Geschäftsbetriebs i. S. v. § 14 AO (R 2.6 Abs. 3 S. 2 GewStR und *Blümich*, EStG KStG GewStG, 122. Auflage, München 2014, zu § 2 GewStG, Rn. 220).

Beginn und Ende der sachlichen Steuerpflicht sind in R 2.5 Abs. 1 - 3 GewStR sowie R 2.6 Abs. 1 - 3 GewStR geregelt:

	Beginn der Steuerpflicht **(R 2.5 Abs. 1 - 3 GewStR)**	**Ende der Steuerpflicht** **(R 2.6 Abs. 1 - 3 GewStR)**
Einzelgewerbetreibende und Personengesellschaften (§ 2 Abs. 1 GewStG)	in dem Zeitpunkt, in dem erstmals alle Voraussetzungen erfüllt sind, die zur Annahme eines Gewerbebetriebs i. S. v. § 15 Abs. 2 EStG erforderlich sind; **nicht:** bloße Vorbereitungshandlungen wie z. B. die Anmietung eines Geschäftslokals, das erst hergerichtet werden muss; bei gewerblich geprägten Personengesellschaften i. S. d. § 15 Abs. 3 Nr. 2 EStG erst, wenn der Gewerbebetrieb in Gang gesetzt ist	mit der tatsächlichen Einstellung des Betriebs (diese wird **angenommen** mit der völligen Aufgabe jeder **werbenden** Tätigkeit)

	Beginn der Steuerpflicht (R 2.5 Abs. 1 - 3 GewStR)	Ende der Steuerpflicht (R 2.6 Abs. 1 - 3 GewStR)
Gewerbebetriebe kraft Rechtsform (§ 2 Abs. 2 GewStG)	**grundsätzlich:** ► **bei Kapitalgesellschaften** mit Eintragung in das Handelsregister ► **bei Erwerbs- und Wirtschaftsgenossenschaften** mit Eintragung in das Genossenschaftsregister ► **bei Versicherungsvereinen auf Gegenseitigkeit** mit aufsichtsbehördlicher Erlaubnis zum Geschäftsbetrieb **frühestens:** vor dem oben bezeichneten Zeitpunkt durch Aufnahme einer nach außen in Erscheinung tretenden Geschäftstätigkeit	mit dem Aufhören **jeglicher** Tätigkeit überhaupt = grundsätzlich der Zeitpunkt, in dem das Vermögen an die Gesellschafter verteilt worden ist (Liquidation)
Sonstige juristische Personen des privaten Rechts sowie nicht rechtsfähige Vereine (§ 2 Abs. 3 GewStG)	bei Vorliegen aller anderen Voraussetzungen mit der Aufnahme eines wirtschaftlichen Geschäftsbetriebs	mit der tatsächlichen Einstellung des wirtschaftlichen Geschäftsbetriebs

Aufgabe 6 - 7 > Seite 205

2.2.2 Persönliche Steuerpflicht

Die bisherigen Ausführungen haben sich ausschließlich mit der sachlichen Steuerpflicht beschäftigt. Im Gegensatz zur sachlichen Steuerpflicht regelt die persönliche Steuerpflicht, **wer** die Gewerbesteuer zu entrichten hat (§ 5 GewStG). Es geht um die **Steuerschuldnerschaft**.

In § 5 Abs. 1 S. 1 und S. 2 GewStG findet sich hierzu die Grundsatzregelung: Steuerschuldner ist der Unternehmer. Als Unternehmer gilt dabei der, für dessen Rechnung das Gewerbe betrieben wird.

§ 5 Abs. 1 S. 3 und S. 4 GewStG regelt die Steuerschuldnerschaft bei Personengesellschaften und Europäischen wirtschaftlichen Interessenvereinigungen (EWIV).

Folgendes lässt sich festhalten:

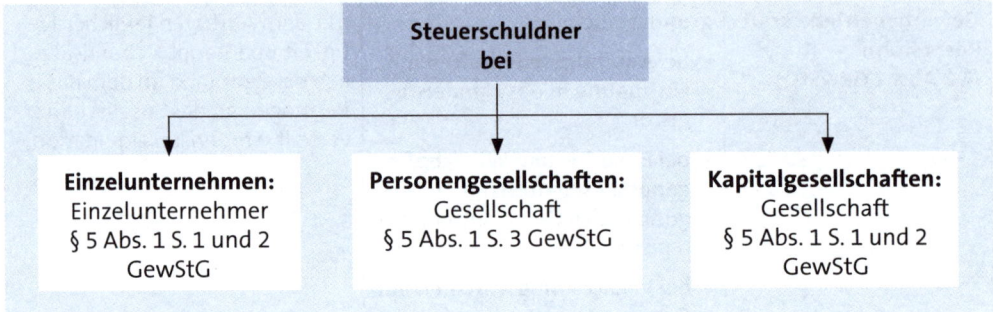

2.2.3 Steuerbefreiungen

Bestimmte Gewerbebetriebe sind (unter bestimmten Voraussetzungen) von der Gewerbesteuer befreit. Diese sind in § 3 GewStG aufgeführt. Hierzu zählen z. B.

► die Deutsche Bundesbank

► die Kreditanstalt für Wiederaufbau (KfW)

► die Bayerische Landesanstalt für Aufbaufinanzierung

► Krankenhäuser und Altenheime.

Die Steuerbefreiungen bei der Gewerbesteuer stimmen größtenteils mit denen der Körperschaftsteuer überein (§ 5 KStG).

2.3 Ermittlung der Gewerbesteuer

Die Gewerbesteuerschuld lässt sich nach folgendem stark vereinfachten Schema ermitteln:

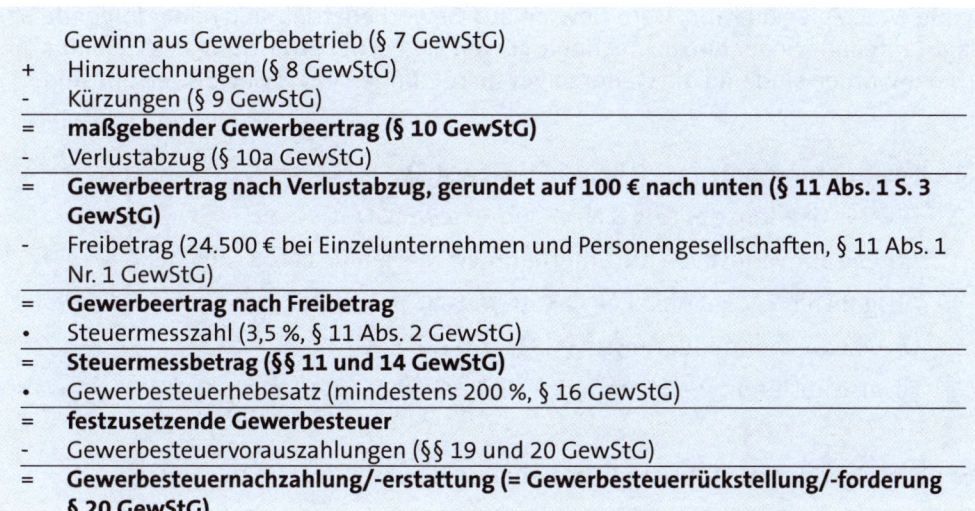

	Gewinn aus Gewerbebetrieb (§ 7 GewStG)
+	Hinzurechnungen (§ 8 GewStG)
-	Kürzungen (§ 9 GewStG)
=	**maßgebender Gewerbeertrag (§ 10 GewStG)**
-	Verlustabzug (§ 10a GewStG)
=	**Gewerbeertrag nach Verlustabzug, gerundet auf 100 € nach unten (§ 11 Abs. 1 S. 3 GewStG)**
-	Freibetrag (24.500 € bei Einzelunternehmen und Personengesellschaften, § 11 Abs. 1 Nr. 1 GewStG)
=	**Gewerbeertrag nach Freibetrag**
•	Steuermesszahl (3,5 %, § 11 Abs. 2 GewStG)
=	**Steuermessbetrag (§§ 11 und 14 GewStG)**
•	Gewerbesteuerhebesatz (mindestens 200 %, § 16 GewStG)
=	**festzusetzende Gewerbesteuer**
-	Gewerbesteuervorauszahlungen (§§ 19 und 20 GewStG)
=	**Gewerbesteuernachzahlung/-erstattung (= Gewerbesteuerrückstellung/-forderung § 20 GewStG)**

In den Abschnitten 2.3.1 - 2.3.8 wird auf dieses Schema näher eingegangen.

2.3.1 Gewinn aus Gewerbebetrieb (§ 7 GewStG)

Der Gewinn aus Gewerbebetrieb ermittelt sich rechtsformabhängig nach den Vorschriften des EStG oder KStG (§ 7 S. 1 GewStG):

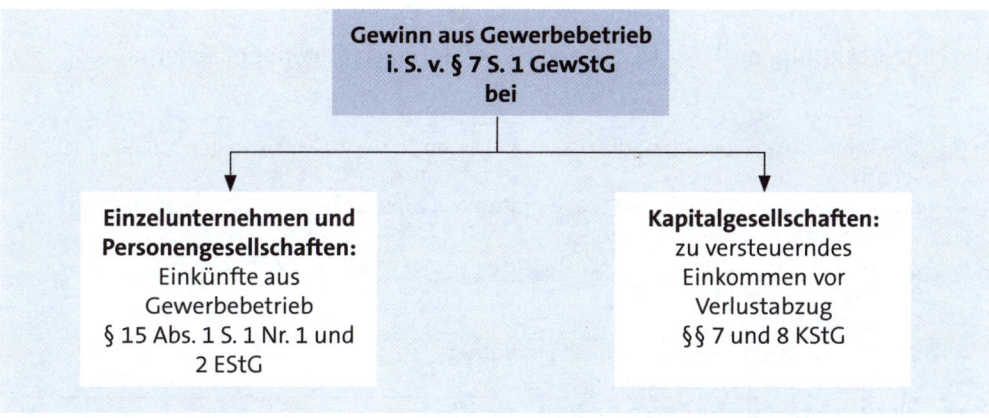

Gewinn aus Gewerbebetrieb i. S. v. § 7 S. 1 GewStG bei

Einzelunternehmen und Personengesellschaften:
Einkünfte aus Gewerbebetrieb
§ 15 Abs. 1 S. 1 Nr. 1 und 2 EStG

Kapitalgesellschaften:
zu versteuerndes Einkommen vor Verlustabzug
§§ 7 und 8 KStG

Zur Ermittlung der Einkünfte aus Gewerbebetrieb gem. § 15 Abs. 1 S. 1 Nr. 1 und 2 EStG sowie des zu versteuerndes Einkommen vor Verlustabzug gem. §§ 7 und 8 KStG sind die Abschnitte 3.3 und 4.3 zu beachten.

2.3.2 Hinzurechnungen (§ 8 GewStG)

Mittels Gewerbesteuer soll die Ertragskraft eines Gewerbebetriebs besteuert werden. Durch bestimmte unternehmenspolitische Entscheidungen wird der Gewinn aus Gewerbebetrieb häufig „verzerrt". Dies hat zur Folge, dass er die eigene Ertragskraft nicht richtig widerspiegeln kann. Dem Gewinn aus Gewerbebetrieb sind daher folgende Beträge (anteilig) wieder hinzuzurechnen, **soweit** sie bei der Ermittlung des Gewinns abgesetzt worden sind und die weiteren Voraussetzungen in § 8 GewStG erfüllt sind:

1. Finanzierungsanteile (§ 8 Nr. 1a - f) GewStG)

2. Diverse Gewinnanteile (§ 8 Nr. 4 und 5 GewStG)

3. Anteile am Verlust von Mitunternehmerschaften (§ 8 Nr. 8 GewStG)

4. Ausgaben i. S. v. § 9 Abs. 1 Nr. 2 KStG (§ 8 Nr. 9 GewStG)

5. Diverse Gewinnminderungen (§ 8 Nr. 10 GewStG)

6. Diverse ausländische Steuern (§ 8 Nr. 12 GewStG)

Die nachfolgenden Ausführungen beziehen sich auf

▸ Nr. 1: Finanzierungsanteile (§ 8 Nr. 1 GewStG)

▸ Nr. 3: Anteile am Verlust von Mitunternehmerschaften (§ 8 Nr. 8 GewStG) und

▸ Nr. 4: Ausgaben i. S. v. § 9 Abs. 1 Nr. 2 KStG (§ 8 Nr. 9 GewStG).

Zu 1.: Finanzierungsanteile (§ 8 Nr. 1a - f GewStG)
Sofern die Summe der in den Buchstaben a - f ermittelten Finanzierungsanteile den Freibetrag von 100.000 € übersteigt, ist der mit 25 % multiplizierte überschießende Betrag dem Gewinn aus Gewerbebetrieb wieder hinzuzurechnen. Wird der Freibetrag von 100.000 € unterschritten, erfolgt keine Hinzurechnung nach § 8 Nr. 1 GewStG.

Die Hinzurechnung nach § 8 Nr. 1 GewStG erfolgt nach folgendem Schema:

	100 % bei Zinsen, Renten und dauernden Lasten sowie Gewinnanteilen stiller Gesellschafter
+	50 % bei Mieten, Pachten und Leasingraten von unbeweglichen Wirtschaftsgütern
+	25 % bei Konzessionen und Lizenzen
+	20 % bei Mieten, Pachten und Leasingraten von beweglichen Wirtschaftsgütern
=	**Summe Finanzierungsanteile**
-	Freibetrag von 100.000 €
=	**Summe Finanzierungsanteile nach Freibetrag**
·	25 % allgemeiner Hinzurechnungssatz
=	**Hinzurechnungsbetrag nach § 8 Nr. 1 GewStG**

Zur Erläuterung der Ermittlung der „Summe der Finanzierungsanteile":

► **100 % bei Zinsen, Renten und dauernden Lasten sowie Gewinnanteilen stiller Gesellschafter (§ 8 Nr. 1a - c GewStG):**

- **Zinsen (= Entgelte für Schulden)** sind mit 100 % als Finanzierungsanteile zu erfassen, soweit sie bei der Gewinnermittlung abgesetzt worden sind (§ 8 Nr. 1a GewStG).

  Unter Zinsen sind generell die Gegenleistung für die eigentliche Nutzung von Fremdkapital und die vorzeitige Zurverfügungstellung von Kapital zu verstehen. Hierbei ist für die Frage, ob hinzuzurechnende Entgelte vorliegen, nicht die Bezeichnung, sondern der wirtschaftliche Gehalt der Leistung entscheidend (R 8.1 Abs. 1 S. 1 GewStR).

  H 8.1 Abs. 1 GewStH enthält ein ABC der (nicht) als Zinsen anzusehenden Leistungen.

Beispiel

Fallbeispiel Friseurmeister Milz
Zur Finanzierung seines Friseursalons hat Milz ein Fälligkeitsdarlehen aufgenommen, das mit 10 % p. a. über eine Laufzeit von zehn Jahren (Beginn: 01.01.2014) verzinst wird. Das Darlehen beläuft sich auf 1.000.000 € (nominal), der Auszahlungsbetrag auf 900.000 €. Als Finanzierungsanteile i. S. v. § 8 Nr. 1a GewStG sind jährlich 110.000 € (= 10 % von 1.000.000 € und linearer Auflösungsbetrag des Damnums [= Differenz zwischen Nominalbetrag und Auszahlungsbetrag] in Höhe von 10.000 €) anzusetzen (vgl. auch R 8.1 Abs. 1 S. 4 GewStR).

- Ebenso sind **Renten** und **dauernde Lasten** sowie **Gewinnanteile stiller Gesellschafter**, soweit sie bei der Ermittlung des Gewinns aus Gewerbebetriebs abgesetzt worden sind, in voller Höhe zu erfassen (§ 8 Nr. 1b und Nr. 1c GewStG).

  Aus der Formulierung des § 8 Nr. 1c GewStG lässt sich schlussfolgern, dass die Gewinnanteile eines **typisch** stillen Gesellschafters im Fokus stehen: *Im Gegensatz zur typischen stillen Gesellschaft sind atypische stille Gesellschaften, auch wenn die stille Beteiligung an einer GmbH besteht, nach den Grundsätzen der Mitunternehmerschaft zu behandeln. Die Gewinnanteile des atypischen stillen Gesellschafters sind Teil des gewerblichen Gewinns der Mitunternehmerschaft und dürfen diesen nicht mindern* (H 8.1 Abs. 3 „Atypisch stille Gesellschaften" GewStH).

Beispiel

Fallbeispiel Friseurmeister Milz
Der Cousin von Milz möchte ihn finanziell unterstützen, ohne nach außen hin in Erscheinung treten bzw. sich selbst einbringen zu müssen. Milz bietet ihm an, sich als stiller Gesellschafter an seinem Friseursalon zu beteiligen; hierfür erhält der Cousin eine Gewinnbeteiligung in Höhe von 5 % p. a., also 5.000 € für 2014 (= 5 % von 100.000 € [Annahme laut Fallbeispiel]). Der Gewinnanteil schmälert

den steuerlichen Gewinn von Milz. Daher ist er als Finanzierungsanteil i. S. v. § 8 Nr. 1c GewStG in voller Höhe hinzuzurechnen.

▸ **50 % bei Mieten, Pachten und Leasingraten von unbeweglichen Wirtschaftsgütern (§ 8 Nr. 1e GewStG):**

Miet- und Pachtaufwendungen (einschließlich Leasingraten) für die Benutzung von **unbeweglichen** Wirtschaftsgütern des Anlagevermögens (z. B. Grund und Boden, Gebäude oder Gebäudeteile), die im Eigentum eines anderen stehen, sind mit 50 % als Finanzierungsanteile anzusetzen.

Beispiel

Fallbeispiel Friseurmeister Milz
Udo Milz hat in einem großen Wohn- und Geschäftshaus am Kurfürstendamm das Erdgeschoss für seinen Friseursalon angemietet. Die Miete beträgt 100.000 € p. a. Sie mindert als Betriebsausgabe den Gewinn aus Gewerbebetrieb. Hiervon sind 50.000 € (= 50 % von 100.000 €) als Finanzierungsanteile i. S. d. § 8 Nr. 1e GewStG zu behandeln.

▸ **25 % bei Konzessionen und Lizenzen (§ 8 Nr. 1f GewStG):**

Aufwendungen für die zeitlich befristete Überlassung von Rechten (insbesondere Konzessionen und Lizenzen) sind mit einem Viertel zu erfassen. Hierzu zählen jedoch nicht Aufwendungen für Lizenzen, die ausschließlich dazu berechtigen, daraus abgeleitete Rechte Dritten zu überlassen.

▸ **20 % bei Mieten, Pachten und Leasingraten von beweglichen Wirtschaftsgütern (§ 8 Nr. 1d GewStG):**

Miet- und Pachtaufwendungen (einschließlich Leasingraten) für die Benutzung von **beweglichen** Wirtschaftsgütern des Anlagevermögens, die im Eigentum eines anderen stehen, sind mit 20 % zu erfassen. Unter die Vorschrift fallen auch Aufwendungen des Mieters oder Pächters für die Instandsetzung, Instandhaltung und Versicherung des Miet- oder Pachtgegenstandes, die er aufgrund vertraglicher Verpflichtungen übernommen hat (H 8.1 Abs. 4 „Miet- und Pachtzinsen" GewStH).

Beispiel

Fallbeispiel Friseurmeister Milz
Milz hat drei elektronische Registrierkassen für insgesamt 300 € p. a. angemietet. Hiervon sind 60 € (= 20 % von 300 €) als Finanzierungsanteile i. S. d. § 8 Nr. 1d GewStG anzusetzen.

Für das zu betrachtende Wirtschaftsjahr (= Kalenderjahr) legt Milz somit folgende Zahlen vor:

1.	Zinsen i. S. v. § 8 Nr. 1a GewStG	110.000 €
2.	Gewinnanteile des „Stillen" i. S. v. § 8 Nr. 1c GewStG	5.000 €
3.	Anteilige Mietaufwendungen für Salon i. S. v. § 8 Nr. 1e GewStG	50.000 €
4.	Anteilige Mietaufwendungen für Registrierkassen i. S. v. § 8 Nr. 1d GewStG	60 €
=	Summe Finanzierungsanteile	165.060 €
-	Freibetrag i. H. v.	100.000 €
=	Summe Finanzierungsanteile nach Freibetrag	65.060 €
•	25 % allgemeiner Hinzurechnungssatz	
=	**Hinzurechnungsbetrag nach § 8 Nr. 1 GewStG**	**16.265 €**

Milz muss seinen Gewinn aus Gewerbebetrieb um einen gewerbesteuerlichen Hinzurechnungsbetrag nach § 8 Nr. 1 GewStG in Höhe von 16.265 € erhöhen.

Zu 3.: Anteile am Verlust von Mitunternehmerschaften (§ 8 Nr. 8 GewStG)
Anteile am Verlust einer in- oder ausländischen Personengesellschaft (z. B. OHG, KG oder GmbH & Co. KG), bei der die Gesellschafter als Unternehmer (= Mitunternehmer) des Gewerbebetriebs anzusehen sind, sind, soweit sie den Gewinn aus Gewerbebetrieb gemindert haben, diesem in voller Höhe wieder hinzuzurechnen.

Mitunternehmer eines Gewerbebetriebs („Mitunternehmerschaft") sind Personen, die

► **Gesellschafter im zivilrechtlichen Sinne** sind
= Beteiligte an einer Gesellschaft v. a. i. S. d. BGB und HGB (vgl. auch H 15.8 Abs. 1 „Gesellschafter" EStH)

Für gewerbesteuerliche Zwecke i. S. v. § 8 Nr. 8 GewStG muss also die Beteiligung an der Personengesellschaft dem Betriebsvermögen des beteiligten Gewerbebetriebs (= Mitunternehmer) zugehörig sein.

► **Mitunternehmerrisiko** tragen
= wenn Gesellschafter an den Gewinnen und Verlusten einer Gesellschaft und den stillen Reserven einschließlich eines etwaigen Geschäfts- oder Firmenwerts beteiligt sind (vgl. auch H 15.8 Abs. 1 „Mitunternehmerrisiko" EStH)

und

► **Mitunternehmerinitiative** zeigen
= wenn Gesellschafter (mehr oder weniger) unternehmerische Entscheidungsfreiheit genießen (vgl. auch H 15.8 Abs. 1 „Mitunternehmerinitiative" EStH).

Alle drei Voraussetzungen müssen **kumulativ** erfüllt sein; Mitunternehmerrisiko und Mitunternehmerinitiative **können** jedoch im Einzelfall mehr oder weniger stark ausgeprägt sein (H 15.8 Abs. 1 „Allgemeines" EStH und *Schmidt, L.*, Einkommensteuergesetz, 33. Auflage, München 2014, zu § 15 EStG, Rn. 257 ff.).

In § 9 Nr. 2 GewStG findet sich eine entsprechende Kürzungsvorschrift für Gewinnanteile von Mitunternehmerschaften.

Beispiel

Fallbeispiel Friseurmeister Milz

Einzelgewerbetreibender Milz ist an der Frisuren-OHG in Berlin-Adlershof als Mitunternehmer mit 20 % beteiligt. Die OHG-Beteiligung gehört zu seinem Betriebsvermögen. Die Geschäfte der OHG laufen schlecht. Im abgelaufenen Wirtschaftsjahr hat sie daher einen Verlust in Höhe von 20.000 € erwirtschaftet. Davon entfallen auf Milz 4.000 € (= 20 % von 20.000 €). Dieser Verlustanteil hat den Gewinn von Milz gemindert und ist für gewerbesteuerliche Zwecke wieder hinzuzurechnen (§ 8 Nr. 8 GewStG).

Zu 4.: Ausgaben i. S. v. § 9 Abs. 1 Nr. 2 KStG (§ 8 Nr. 9 GewStG)

Zuwendungen zur Förderung steuerbegünstigter Zwecke i. S. d. §§ 52 - 54 AO gehören bei **Körperschaften** zu den Ausgaben i. S. d. § 9 Abs. 1 Nr. 2 KStG, die bei Ermittlung des zu versteuernden Einkommens vor Verlustabzug und damit Gewinns aus Gewerbebetrieb i. S. v. § 7 S. 1 GewStG mit bestimmen Höchstbeträgen abzugsfähig sind.

Für **Einzelunternehmen** und **Personengesellschaften** sieht das Gesetz keine analoge Behandlung des Abzugs von Zuwendungen auf Unternehmensebene vor: Hier sind sie Privatentnahmen. Erst auf Ebene der (Mit-)Unternehmer können sie als so genannte Sonderausgaben (§ 10b EStG) berücksichtigt werden.

Aus Gründen der gewerbesteuerlichen Gleichbehandlung ist in § 8 Nr. 9 GewStG vorgesehen, dass Zuwendungen bei der Ermittlung des Gewerbeertrags **von Körperschaften** hinzuzurechnen sind und zwar mit dem Betrag, mit dem diese bei der Ermittlung des körperschaftlichen Einkommens abgezogen worden sind (R 8.5 S. 3 GewStR).

Der einheitlich zulässige Abzug ist abschließend in § 9 Nr. 5 GewStG geregelt (siehe unten).

2.3.3 Kürzungen (§ 9 GewStG)

Der um Hinzurechnungen nach § 8 GewStG erhöhte Gewinn aus Gewerbebetrieb ist um folgende Kürzungen zu mindern, um die eigene Ertragskraft zu erfassen und eine Doppelbelastung mit Objektsteuern zu vermeiden:

1. Anteiliger Grundbesitzwert (§ 9 Nr. 1 GewStG)
2. Anteile am Gewinn von Mitunternehmerschaften (§ 9 Nr. 2 GewStG)
3. Diverse sonstige Gewinnanteile (§ 9 Nr. 2a, 2b, 7 und 8 GewStG)
4. Teil des Gewerbeertrags eines inländischen Unternehmens, der auf eine nicht im Inland belegene Betriebsstätte entfällt (§ 9 Nr. 3 GewStG)
5. Aus Mitteln des Gewerbebetriebs geleistete Zuwendungen (§ 9 Nr. 5 GewStG)

Nachfolgende Ausführungen beziehen sich auf

► Nr. 1: Anteiliger Grundbesitzwert (§ 9 Nr. 1 GewStG)

► Nr. 2: Anteile am Gewinn von Mitunternehmerschaften (§ 9 Nr. 2 GewStG)

► Nr. 5: Aus Mitteln des Gewerbebetriebs geleistete Zuwendungen (§ 9 Nr. 5 GewStG).

Zu 1.: Anteiliger Grundbesitzwert (§ 9 Nr. 1 GewStG)
In § 9 Nr. 1 S. 1 GewStG ist geregelt, dass ein Betrag von 1,2 % des Einheitswerts des zum Betriebsvermögen des Unternehmers gehörenden und nicht von der Grundsteuer befreiten Grundbesitzes (= Betriebsgrundstücke i. S. v. § 99 Abs. 1 Nr. 1 BewG i. V. m. § 70 BewG) gewerbesteuerlich abzurechnen ist.

Maßgebend ist hierbei der Einheitswert, der auf den letzten Feststellungszeitpunkt (Hauptfeststellungs-, Fortschreibungs- oder Nachfeststellungszeitpunkt) vor dem Ende des Erhebungszeitraums lautet. Diese Bemessungsgrundlage ist grundsätzlich wie folgt zu ermitteln (R 9.1 Abs. 2 S. 1 - 3 GewStR):

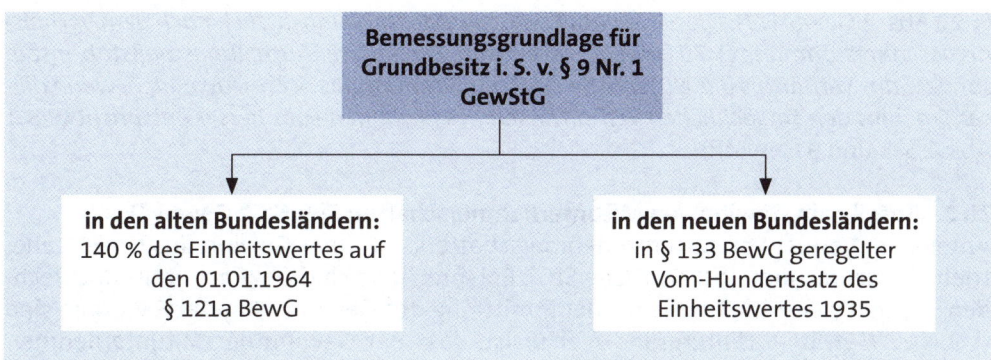

Der Kürzungsbetrag ermittelt sich, indem auf die so ermittelte Bemessungsgrundlage 1,2 % angewandt wird.

Beispiel

Fallbeispiel Friseurmeister Milz
Am 31.12.2013 kauft Milz das große Wohn- und Geschäftshaus am Kurfürstendamm, um seinen Salon dort zu betreiben. Fortan gehört das gesamte bebaute Grundstück zu seinem Betriebsvermögen, dessen Einheitswert nach den Wertverhältnissen vom 01.01.1964 2.000.000 € beträgt. Die Kürzung nach § 9 Nr. 1 S. 1 GewStG beläuft sich daher auf 33.600 € (= 1,4 · 2.000.000 € · 0,012).

Ob und inwieweit Grundbesitz zum Betriebsvermögen des Unternehmers gehört, ist nach den Vorschriften des EStG oder des KStG zu entscheiden (vgl. auch H 9.1 „Grundbesitz als Betriebsvermögen" GewStH). Maßgebend ist dabei immer der Stand zum 1. Januar eines Jahres (§ 20 Abs. 1 GewStDV).

Beispiel

Fallbeispiel Friseurmeister Milz
Sofern Milz das Grundstück erst am 02.01.2014 entgeltlich erwirbt, darf der gewerbesteuerliche Kürzungsbetrag in Höhe von 33.600 € für diesen Erhebungszeitraum (2014) nicht mehr berücksichtigt werden.

Gehört der Grundbesitz nur zum Teil zum Betriebsvermögen i. S. d. § 20 Abs. 1 GewStDV, ist der Kürzung nur der entsprechende Teil des Einheitswerts zu Grunde zu legen (§ 20 Abs. 2 GewStDV). *Dieser Teil des Einheitswerts ist grundsätzlich nach dem Verhältnis der Jahresrohmiete (§ 79 BewG) zu ermitteln. Ein anderer Aufteilungsmaßstab, insbesondere das Verhältnis der Nutzfläche oder des Rauminhalts, ist anzuwenden, wenn dieses Ergebnis den tatsächlichen Verhältnissen des einzelnen Falls besser entspricht* (R 9.1 Abs. 1 S. 8 und 9 GewStR).

Zu 2.: Anteile am Gewinn von Mitunternehmerschaften (§ 9 Nr. 2 GewStG)
Anteile am Verlust von Mitunternehmerschaften sind dem Gewinn aus Gewerbebetrieb hinzuzurechnen (§ 8 Nr. 8 GewStG). Entsprechend sind Gewinnanteile abzurechnen, wenn die Gewinnanteile bei der Ermittlung des Gewinns angesetzt worden sind (§ 9 Nr. 2 GewStG). Hintergrund hierfür ist, dass der Gewinn der Mitunternehmerschaft bereits der Gewerbesteuer unterliegt und daher nicht nochmals beim Mitunternehmer gewerbesteuerlich belastet werden soll.

Beispiel

Fallbeispiel Friseurmeister Milz
Einzelgewerbetreibender Milz ist an der Frisuren-OHG in Berlin-Adlershof als Mitunternehmer mit 20 % beteiligt. Die OHG-Beteiligung gehört zu seinem Betriebsvermö-

gen. Im abgelaufenen Wirtschaftsjahr hat die OHG einen Gewinn in Höhe von 20.000 € erwirtschaftet. Davon entfallen auf Milz 4.000 € (= 20 % von 20.000 €). Dieser Gewinnanteil hat den Gewinn von Milz erhöht und ist für gewerbesteuerliche Zwecke abzurechnen (§ 9 Nr. 2 GewStG).

Zu 5.: Aus Mitteln des Gewerbebetriebs geleistete Zuwendungen (§ 9 Nr. 5 GewStG)
Die aus den Mitteln des Gewerbebetriebs geleisteten Zuwendungen (Spenden und Mitgliedsbeiträge) zur Förderung steuerbegünstigter Zwecke i. S. d. §§ 52 - 54 AO sind unter den weiteren Voraussetzungen des § 9 Nr. 5 GewStG **bei allen Gewerbebetrieben (d. h. unabhängig von der Rechtsform)** bis zur Höhe von **maximal**

- 20 % des um die Hinzurechnungen nach § 8 Nr. 9 GewStG erhöhten Gewinns aus Gewerbebetrieb (§ 7 GewStG) **oder**

- 4 ‰ der Summe der gesamten Umsätze und der im Wirtschaftsjahr aufgewendeten Löhne und Gehälter

abzugsfähig.

Es ist die Regelung zu wählen, die den höheren Abzug von Zuwendungen zulässt. Sofern der maximal abzugsfähige Betrag höher ausfällt als die tatsächlich geleisteten Zuwendungen, kann nur der geleistete Betrag abgezogen werden. Überschreiten die geleisteten Zuwendungen den maximal abzugsfähigen Betrag, kann die Kürzung im Rahmen der Höchstsätze nach § 9 Nr. 5 S. 1 GewStG in den folgenden Erhebungszeiträumen vorgenommen werden (§ 9 Nr. 5 S. 8 GewStG).

Beispiel

Fallbeispiel Friseurmeister Milz
Einzelgewerbetreibender Milz hat für den Erhebungszeitraum 2014 erstmalig einen Gewinn aus Gewerbebetrieb (§ 7 GewStG) in Höhe von 100.000 € ermittelt. Aus Mitteln des Betriebs hat er eine Spende für gemeinnützige Zwecke (§ 52 AO) in Höhe von 2.000 € geleistet. Als Kürzungsbetrag i. S. v. § 9 Nr. 5 GewStG kann er maximal 20.000 € (= 20 % von 100.000 €) abziehen. Der Spendenabzug für 2014 beschränkt sich auf 2.000 € (= geleisteter Spendenbetrag).

2.3.4 Maßgebender Gewerbeertrag (§ 10 GewStG)

Maßgebend ist der Gewerbeertrag, der in dem Erhebungszeitraum (= Kalenderjahr) bezogen worden ist, für den der Steuermessbetrag festgesetzt wird (§ 10 Abs. 1 i. V. m. § 14 S. 2 GewStG). Der Steuermessbetrag wird für das Kalenderjahr nach dessen Ablauf festgesetzt (§ 14 S. 1 GewStG). An die Stelle des Kalenderjahres tritt der Zeitraum der Steuerpflicht (= abgekürztes Kalenderjahr), wenn die Steuerpflicht – beispielsweise bei Eröffnung oder Schließung eines Gewerbebetriebs – nicht während des ganzen Kalenderjahres besteht (§ 14 S. 3 GewStG).

Weicht bei Unternehmen, die Bücher nach den Vorschriften des Handelsgesetzbuchs zu führen verpflichtet sind, das Wirtschaftsjahr, für das sie regelmäßig Abschlüsse machen, vom Kalenderjahr ab, so gilt der Gewerbeertrag als in dem Kalenderjahr bezogen, in dem das Wirtschaftsjahr endet (§ 10 Abs. 2 GewStG).

2.3.5 Verlustabzug (§ 10a GewStG)

Beim Verlustabzug nach § 10a GewStG handelt es sich um einen so genannten Verlust-**vortrag** (im Gegensatz zum Einkommen- und Körperschaftsteuerrecht, das neben dem Verlustvortrag auch einen Verlustrücktrag kennt).

Der **zeitlich unbegrenzte** Verlustvortrag dient der Verrechnung („Nutzung") von Verlusten und damit Minderung der Gewerbesteuerlast in den dem Verlustentstehungsjahr folgenden Jahren (= sog. Abzugsjahre) und ist wie folgt durchzuführen:

► Der maßgebende Gewerbeertrag wird **im Abzugsjahr bis zu einem Betrag in Höhe von 1 Mio. €** um die **Fehlbeträge** gekürzt, die sich bei der Ermittlung des maßgebenden Gewerbeertrags für die **vorangegangenen Erhebungszeiträume (= Entstehungsjahr)** nach §§ 7 - 10 GewStG ergeben haben, soweit die Fehlbeträge nicht bei der Ermittlung des Gewerbeertrags für die vorangegangenen Erhebungszeiträume berücksichtigt worden sind (§ 10a S. 1 GewStG).

Die 1. Stufe der Verlustverrechnung bezeichnet man als unbegrenzten Verlustabzug.

► Der 1 Mio. € übersteigende maßgebende Gewerbeertrag ist **bis zu 60 % um nach § 10a S. 1 GewStG nicht berücksichtigte Fehlbeträge der vorangegangenen Erhebungszeiträume** zu kürzen (§ 10a Abs. 1 S. 2 GewStG).

Die 2. Stufe der Verlustverrechnung stellt den begrenzten Verlustabzug dar.

Die Höhe der vortragsfähigen Fehlbeträge (= die nach Kürzung des maßgebenden Gewerbeertrags nach § 10a S. 1 und 2 GewStG zum Schluss des Erhebungszeitraums [EZ] verbleibenden Fehlbeträge) ist gesondert festzustellen (§ 10a S. 6 und 7 GewStG).

Beispiel

Fallbeispiel Friseurmeister Milz
Die Geschäfte im Friseursalon Milz laufen nicht besonders gut. In den Erhebungszeiträumen 2015 und 2016 erwirtschaftete er Gewerbeverluste in Höhe von insgesamt 2.000.000 €. Im Jahr 2017 erzielte er einen maßgebenden Gewerbeertrag in Höhe von 1.500.000 €. Die Gewerbeverluste sind wie folgt zu berücksichtigen:

	Gewerbeverluste aus Vorjahren (2015 - 2016)	2.000.000 €	
	maßgebender Gewerbeertrag 2017		1.500.000 €
-	unbegrenzter Verlustabzug		
	(max. maßgebender Gewerbeertrag, höchst. 1 Mio. €)	1.000.000 €	1.000.000 €
=	verbleibender maßgebender Gewerbeertrag 2017		500.000 €
-	begrenzter Verlustabzug (= 60 % von 500.000 €)	300.000 €	300.000 €
=	Gewerbeertrag nach Verlustabzug im EZ 2017		200.000 €
=	vortragsfähige Fehlbeträge für EZ ab 2018	700.000 €	

Aufgabe 8 > Seite 205

2.3.6 Freibetrag (§ 11 GewStG)

Der Gewerbeertrag (nach Verlustabzug) ist auf volle 100 € nach unten abzurunden und

1. bei natürlichen Personen sowie bei Personengesellschaften um einen Freibetrag in Höhe von 24.500 €

2. bei Unternehmen i. S. d. § 2 Abs. 3 GewStG und des § 3 Nr. 5, 6, 8, 9, 15, 17, 21, 26, 27, 28 und 29 GewStG sowie bei Unternehmen von juristischen Personen des öffentlichen Rechts um einen Freibetrag in Höhe von 5.000 €,

höchstens jedoch in Höhe des abgerundeten Gewerbeertrags, zu kürzen (§ 11 Abs. 1 GewStG).

Zusammenfassend lässt sich Folgendes grundsätzlich festhalten:

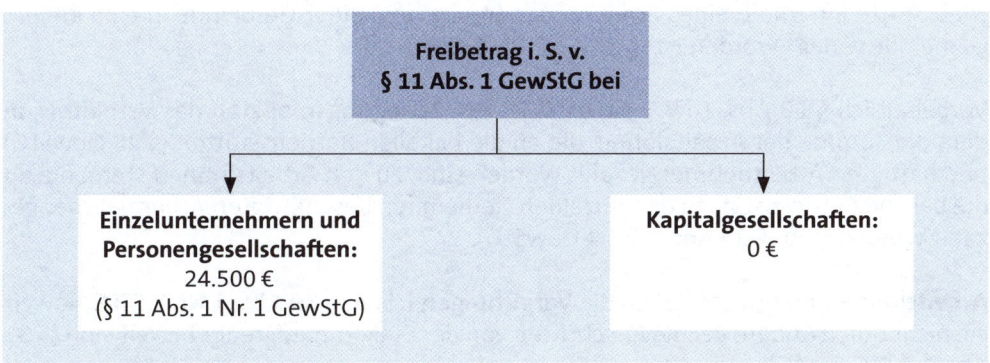

Der Freibetrag i. S. d. § 11 Abs. 1 Nr. 1 GewStG ist für Gewerbebetriebe natürlicher Personen und Personengesellschaften betriebsbezogen zu gewähren. Er ist auch dann in voller Höhe zu gewähren, wenn die Betriebseröffnung oder Betriebsschließung und damit der Beginn oder das Ende der Steuerpflicht im Laufe des Kalenderjahres erfolgt (R 11.1 S. 1 und 2 GewStR).

2.3.7 Steuermessbetrag (§§ 11 und 14 GewStG)

Der Steuermessbetrag ist durch Anwendung einer Steuermesszahl auf den Gewerbeertrag (nach Freibetrag) zu ermitteln (§ 11 Abs. 1 S. 2 GewStG). Die Steuermesszahl beträgt einheitlich 3,5 % (§ 11 Abs. 2 GewStG). Erforderlichenfalls ist der Steuermessbetrag auf volle Euro nach unten abzurunden (R 14.1 S. 3 GewStR).

Beispiel

Fallbeispiel Friseurmeister Milz
Ab 2017 laufen die Geschäfte im Salon Milz wieder besser. Der Gewerbeertrag nach Verlustabzug beläuft sich auf 200.000 €. Der Steuermessbetrag für EZ 2017 ermittelt sich wie folgt:

	Gewerbeertrag nach Verlustabzug	200.000,00 €
	Abrundung (§ 11 Abs. 1 S. 3 GewStG)	200.000,00 €
-	Freibetrag (§ 11 Abs. 1 Nr. 1 GewStG)	24.500,00 €
=	Gewerbeertrag nach Freibetrag	175.500,00 €
•	Steuermesszahl von 3,5 % (§ 11 Abs. 2 GewStG)	
=	Steuermessbetrag (= 3,5 % von 175.500 €)	6.142,50 €
=	abgerundeter Steuermessbetrag (R 14.1 S. 3 GewStR)	6.142,00 €

Sind im Erhebungszeitraum so genannte **Betriebsstätten i. S. v. § 12 AO** zur Ausübung des Gewerbes in mehreren Gemeinden unterhalten worden, so ist der **Steuermessbetrag** in die auf die einzelnen Gemeinden entfallenden Anteile (= Zerlegungsanteile) **zu zerlegen** (§ 28 Abs. 1 S. 1 GewStG). Die Zerlegung ist auch in den Fällen vorzunehmen, in denen sich eine Betriebsstätte über mehrere Gemeinden erstreckt hat oder eine Betriebsstätte innerhalb eines Erhebungszeitraums von einer Gemeinde in eine andere Gemeinde verlegt worden ist (§ 28 Abs. 1 S. 2 GewStG).

Vorbehaltlich § 29 Abs. 1 Nr. 2 GewStG ist der **Zerlegungsmaßstab** das Verhältnis, in dem die Summe der Arbeitslöhne, die an die bei allen Betriebsstätten (§ 28 GewStG) beschäftigten Arbeitnehmer gezahlt worden sind, zu den Arbeitslöhnen steht, die an die bei den Betriebsstätten der einzelnen Gemeinden beschäftigten Arbeitnehmer gezahlt worden sind (§ 29 Abs. 1 Nr. 1 GewStG).

Arbeitslöhne sind grundsätzlich die **Vergütungen i. S. d. § 19 Abs. 1 Nr. 1 EStG**, soweit sie nicht durch andere Rechtsvorschriften von der Einkommensteuer befreit sind (§ 31 Abs. 1 S. 1 GewStG).

Beispiel

Fallbeispiel Abwandlung
Milz unterhält in Berlin die Stätte seiner Geschäftsleitung (§ 12 Nr. 1 AO). Daneben hat er Zweigniederlassungen in München und Hamburg (§ 12 Nr. 2 AO). Der Steuermessbetrag des gesamten Unternehmens beträgt 100.000 €, die Summe der gezahlten Ar-

beitslöhne (§ 31 GewStG) aller Betriebsstätten 200.000 €. Auf die Betriebsstätten entfallen folgende Arbeitslöhne:

			Verhältniszahlen
Betriebsstätte Berlin	100.000 €	=	50 %
Betriebsstätte München	30.000 €	=	15 %
Betriebsstätte Hamburg	70.000 €	=	35 %
Summe Arbeitslöhne	200.000 €	=	100 %

Die Zerlegung des Steuermessbetrags ist wie folgt vorzunehmen:

			Zerlegungsanteile
Betriebsstätte Berlin	50 % von 100.000 €	=	50.000 €
Betriebsstätte München	15 % von 100.000 €	=	15.000 €
Betriebsstätte Hamburg	35% von 100.000 €	=	35.000 €
Summe Steuermessbeträge		=	100.000 €

Die Gewerbesteuer ermittelt sich durch Multiplikation der Zerlegungsanteile mit den jeweiligen Hebesätzen der Gemeinden.

Das Finanzamt, in dessen Bezirk sich die Geschäftsleitung befindet (= Betriebsfinanzamt i. S. v. § 18 Abs. 1 Nr. 2 AO), ist zuständig für die Festsetzung und Zerlegung des Steuermessbetrags (§ 22 Abs. 1 AO). Gemeinde und Steuerpflichtiger erhalten je eine Ausfertigung des Messbetrags- und Zerlegungsbescheids (§§ 184 und 188 AO). Der Zerlegungsbescheid ist Folgebescheid des Messbetragsbescheids (Grundlagenbescheid) und wiederum Grundlagenbescheid für den Gewerbesteuerbescheid. Der Steuerpflichtige kann gegen den Gewerbesteuerbescheid innerhalb eines Monats bei der Gemeinde Widerspruch erheben (§ 69 VwGO).

2.3.8 Gewerbesteuerschuld

Die Steuer wird aufgrund des Steuermessbetrags bzw. Zerlegungsanteils mit einem Prozentsatz (Hebesatz) festgesetzt und erhoben, der von der hebeberechtigten Gemeinde (§§ 4, 35a GewStG) für den jeweiligen Erhebungszeitraum (= Kalenderjahr) zu bestimmen ist (§ 16 Abs. 1 und 2 i. V. m. § 28 Abs. 1 S. 1 GewStG). Der Mindest-Hebesteuersatz beträgt 200 % (§ 16 Abs. 4 S. 2 GewStG).

Beispiel

Fallbeispiel Friseurmeister Milz
Für den EZ 2017 ermittelt Milz einen Steuermessbetrag von 6.142 €. Der Hebesatz von Berlin beträgt 410 %. Die festzusetzende Gewerbesteuer für 2017 beläuft sich somit auf:

Steuermessbetrag EZ 2017	6.142,00 €
• Hebesatz Berlin i. H. v. 410 %	
= **festzusetzende Gewerbesteuer EZ 2017 (= 410 % von 6.142 €)**	**25.182,20 €**

Fallbeispiel Abwandlung

Milz unterhält in Berlin die Stätte seiner Geschäftsleitung (§ 12 Nr. 1 AO). Daneben hat er Zweigniederlassungen in München und Hamburg (§ 12 Nr. 2 AO). Der Steuermessbetrag des gesamten Unternehmens beträgt 100.000 €, die Summe der gezahlten Arbeitslöhne (§ 31 GewStG) aller Betriebsstätten 200.000 €. Die Zerlegungsanteile belaufen sich auf:

			Zerlegungsanteile
Betriebsstätte Berlin	50 % von 100.000 €	=	50.000 €
Betriebsstätte München	15 % von 100.000 €	=	15.000 €
Betriebsstätte Hamburg	35 % von 100.000 €	=	35.000 €
Summe Steuermessbeträge		=	100.000 €

Die von den einzelnen Gemeinden festzusetzende und zu erhebende Gewerbesteuer beträgt somit:

	Zerlegungsanteile		Hebesätze		festzusetzende Gewerbesteuer
Betriebsstätte Berlin	50.000 €	•	410 %	=	205.000 €
Betriebsstätte München	15.000 €	•	490 %	=	73.500 €
Betriebsstätte Hamburg	35.000 €	•	470 %	=	164.500 €
Summe	**100.000 €**				**443.000 €**

Der Steuerschuldner hat vierteljährlich (jeweils zum 15.02., 15.05., 15.08. und 15.11.) so genannte Gewerbesteuervorauszahlungen zu entrichten (§ 19 Abs. 1 GewStG). Jede Vorauszahlung beträgt grundsätzlich ein Viertel der Gewerbesteuer, die sich bei der letzten Veranlagung ergeben hat (§ 19 Abs. 2 GewStG).

Die für einen Erhebungszeitraum entrichteten Vorauszahlungen werden auf die festgesetzte Steuerschuld für diesen Erhebungszeitraum angerechnet (§ 20 Abs. 1 GewStG).

Ist die Steuerschuld größer als die Summe der anzurechnenden Vorauszahlungen, so ist der Unterschiedsbetrag

► soweit es sich um bereits fällig gewesene, nicht entrichtete Vorauszahlungen handelt, **sofort**,

► im Übrigen **innerhalb eines Monats** nach Bekanntgabe des Steuerbescheids zu entrichten.

Dieser Unterschiedsbetrag wird auch „Abschluss- oder Nachzahlung" genannt (§ 20 Abs. 2 GewStG):

	Gewerbesteuer 2014
-	Gewerbesteuervorauszahlungen für 2014
=	**Gewerbesteuerabschluss- bzw. -nachzahlung für 2014**

Die Gewerbesteuer**nach**zahlung ist **handels- und steuerbilanziell** in Form einer Gewerbesteuerrückstellung zu erfassen (§ 5 Abs. 1 S. 1 EStG i. V. m. § 249 Abs. 1 S. 1 HGB und R 5.7 Abs. 1 S. 2, 1. HS EStR).

Gewerbesteuer und darauf entfallende Nebenleistungen (§ 3 Abs. 4 AO) stellen jedoch **steuerlich keine Betriebsausgabe** dar (§ 4 Abs. 5b EStG). **Handelsrechtlich** zutreffend als Aufwand eingebuchte Gewerbesteuerzahlungen (§ 275 Abs. 2 Nr. 18 HGB) sind somit **steuerlich** zu „neutralisieren". Die Neutralisation hat durch **außerbilanzielle Korrektur** zu erfolgen (R 5.7 Abs. 1 S. 2, 2. HS EStR).

In der **Steuerbilanz** bleibt daher der handelsrechtlich gebuchte Aufwand als Betriebsausgabe stehen (Maßgeblichkeitsprinzip gem. § 5 Abs. 1 S. 1 EStG i. V. m. § 249 Abs. 1 S. 1 HGB und R 5.7 Abs. 1 S. 2, 1. HS EStR). Der **steuerliche Gewinn (= Gewinn aus Gewerbebetrieb i. S. v. § 7 GewStG)** wird hierdurch nicht geschmälert (§ 4 Abs. 5b EStG).

Aufgabe 9 - 10 > Seite 206
Aufgabe 11 > Seite 207

3. Körperschaftsteuer

 RECHTSGRUNDLAGEN

▸ Einkommensteuergesetz (EStG) in der Fassung der Bekanntmachung vom 08.10.2009 (BGBl 2009 I, S. 3369 und BGBl 2009 I, S. 3862), zuletzt geändert durch das Gesetz zur Anpassung des Investmentsteuergesetzes und anderer Gesetze an das AIFM-Umsetzungsgesetz (AIFM-Steuer-Anpassungsgesetz – AIFM-StAnpG) vom 18.12.2013 (BGBl 2013 I, S. 4318)

▸ Das Grundgesetz für die Bundesrepublik Deutschland (GG) in der Fassung der Bekanntmachung vom 23.05.1949 (BGBl 1949 I, S. 1), zuletzt geändert durch das Gesetz zur Änderung des Grundgesetzes (Artikel 93) vom 11.07.2012 (BGBl 2012 I, S. 1478)

▸ Handelsgesetzbuch (HGB) in der Fassung der Bekanntmachung vom 10.05.1897 (RGBl S. 219), zuletzt geändert durch das Gesetz zur Änderung des Handelsgesetzbuchs vom 04.10.2013 (BGBl 2013 I, S. 3746)

▸ Investitionszulagengesetz 2010 (InvZulG 2010) in der Fassung der Bekanntmachung vom 07.12.2008 (BGBl 2008 I, S. 2350), zuletzt geändert durch das Gesetz zur Beschleunigung des Wirtschaftswachstums (Wachstumsbeschleunigungsgesetz) vom 22.12.2009 (BGBl 2009 I, S. 3950)

- ► Körperschaftsteuergesetz (KStG) in der Fassung der Bekanntmachung vom 15.10.2002 (BGBl 2002 I, S. 4145), zuletzt geändert das Gesetz zur Anpassung des Investmentsteuergesetzes und anderer Gesetze an das AIFM-Umsetzungsgesetz (AIFM-Steuer-Anpassungsgesetz – AIFM-StAnpG) vom 18.12.2013 (BGBl 2013 I, S. 4318)

- ► Körperschaftsteuer-Richtlinien 2004 (KStR 2004) vom 13.12.2004 (BStBl 2004 I, Sondernummer 2)

- ► Solidaritätszuschlaggesetz (SolZG) in der Fassung der Bekanntmachung vom 15.10.2002 (BGBl 2002 I, S. 4131), zuletzt geändert durch das Gesetz zur Umsetzung der Beitreibungsrichtlinie sowie zur Änderung steuerlicher Vorschriften (Beitreibungsrichtlinie-Umsetzungsgesetz – BeitrRLUmsG) vom 07.12.2011 (BGBl 2011 I, S. 2592)

3.1 Allgemeine Charakterisierung

Die Körperschaftsteuer (KSt) lässt sich generell als Personen-, Ertrag-, Gemeinschaft- und Jahressteuer qualifizieren:

- ► Sie stellt auf die steuerliche Leistungsfähigkeit (Einkommen) einer **juristischen Person i. S. v. § 1 Abs. 1 und § 2 KStG** ab (= **Personensteuer**).

  Unter einer juristischen Person im Allgemeinen versteht man eine **nicht** natürliche Person, die mit eigener Rechtsfähigkeit ausgestattet ist, d. h. selbst Träger von Rechten und Pflichten ist. Juristische Personen i. S. d. § 1 Abs. 1 und § 2 KStG sind insbesondere **Kapitalgesellschaften**.

  Personengesellschaften werden häufig als „teiljuristische" Personen bezeichnet, da sie keine (natürlichen und) juristischen Personen sind, jedoch in gewissen Grenzen über Rechtsfähigkeit verfügen. Sie unterliegen also weder der Körperschaft- noch der Einkommensteuer, sondern nur der Gewerbesteuer, sofern die entsprechenden Voraussetzungen erfüllt sind (§ 2 Abs. 1 S. 2 und S. 1 GewStG). Die Gewerbesteuerschuld wird (teilweise) auf die Einkommensteuer der an der Gesellschaft beteiligten natürlichen Personen angerechnet (§ 35 EStG).

  Kapitalgesellschaften werden nicht nur gewerbesteuerlich (§ 2 Abs. 2 GewStG i. V. m. § 8 Abs. 2 KStG), sondern auch körperschaftsteuerlich erfasst. Eine Gewerbesteueranrechnung ist nicht möglich (Trennungsprinzip).

- ► Sie ist eine **„Ertragsteuer"**: Bemessungsgrundlage ist das zu versteuernde Einkommen (§ 7 KStG).

- ► Als **Gemeinschaftsteuer** stehen die Einnahmen aus der Körperschaftsteuer Bund und Ländern jeweils hälftig zu (Art. 106 Abs. 3 GG).

- ► Die Körperschaftsteuer ist eine **Jahressteuer**. Die Grundlagen für ihre Festsetzung sind jeweils für ein Kalenderjahr (Veranlagungszeitraum) zu ermitteln (§ 7 Abs. 3 S. 1 und S. 2 KStG i. V. m. § 30 KStG).

3.2 Steuerpflicht und Steuerbefreiungen

Auch bei der Körperschaftsteuer unterscheidet man zwischen einer persönlichen und sachlichen Steuerpflicht.

Die **persönliche Steuerpflicht** beantwortet die Frage, **wer** der Körperschaftsteuer unterliegt. Das Gesetz differenziert hierbei zwischen unbeschränkt und beschränkt persönlich Körperschaftsteuerpflichtigen:

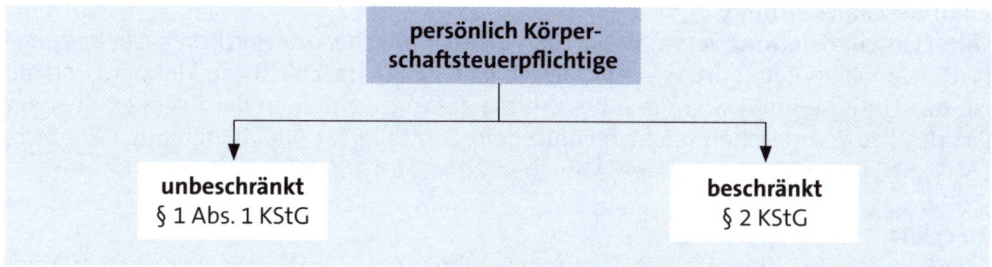

Besteht die unbeschränkte oder beschränkte Steuerpflicht **nicht** während eines ganzen Kalenderjahres, so tritt an die Stelle des Kalenderjahres der Zeitraum der jeweiligen Steuerpflicht (§ 7 Abs. 3 S. 3 KStG).

Detaillierte Ausführungen zur persönlichen Steuerpflicht finden sich in den Abschnitten 3.2.1 und 3.2.2.

Bei der **sachlichen Steuerpflicht** wird festgelegt, **was** körperschaftsteuerlich zu belasten ist. Es handelt sich um den Steuergegenstand bzw. das so genannte zu versteuernde Einkommen (§§ 7 und 8 KStG). Hierfür wird auf Abschnitt 3.3 verwiesen.

3.2.1 Unbeschränkte persönliche Steuerpflicht

Unbeschränkt persönlich Körperschaftsteuerpflichtige i. S. v. § 1 Abs. 1 KStG sind

a) alle in den Nr. 1 - 6 von § 1 Abs. 1 KStG aufgeführten juristischen Personen, die

b) ihre Geschäftsleitung **oder**

c) ihren Sitz

d) im Inland haben.

Zu a) alle in § 1 Abs. 1 Nr. 1 - 6 KStG aufgeführte juristische Personen:
Die Aufzählung der Körperschaften, Personenvereinigungen und Vermögensmassen in § 1 Abs. 1 KStG ist abschließend (R 2 Abs. 1 KStR). Das heißt, nur folgende Institutionen fallen unter die unbeschränkte Körperschaftsteuerpflicht:

1. Kapitalgesellschaften (insbesondere Europäische Gesellschaften, Aktiengesellschaften, Kommanditgesellschaften auf Aktien, Gesellschaften mit beschränkter Haftung)

2. Genossenschaften einschließlich der Europäischen Genossenschaften

3. Versicherungs- und Pensionsfondsvereine auf Gegenseitigkeit

4. sonstige juristische Personen des privaten Rechts

5. nichtrechtsfähige Vereine, Anstalten, Stiftungen und andere Zweckvermögen des privaten Rechts

6. Betriebe gewerblicher Art von juristischen Personen des öffentlichen Rechts.

Zu b) Geschäftsleitung:

Unter Geschäftsleitung versteht man den *„Mittelpunkt der geschäftlichen Oberleitung"* (§ 10 AO). Dieser liegt dort, wo der maßgebliche Wille **tatsächlich** gebildet wird und die für das Unternehmen wichtigen Beschlüsse gefasst werden. In der Regel ist dies am Ort des kaufmännischen (nicht technischen) Zentralbüros (vgl. hierzu auch *Blümich*, EStG KStG GewStG, 122. Auflage, München 2014, zu § 1 KStG, Rn. 37 und 38).

Zu c) Sitz:

Den Sitz hat eine Körperschaft, Personenvereinigung oder Vermögensmasse an dem Ort, der durch Gesetz, Gesellschaftsvertrag, Satzung, Stiftungsgeschäft oder dergleichen bestimmt ist (§ 11 AO).

Zu d) Inland:

Zum Inland i. S. d. KStG gehört das Gebiet der Bundesrepublik Deutschland und der ihr zustehende Anteil am Festlandsockel, soweit dort Naturschätze des Meeresgrundes und Meeresuntergrundes erforscht oder ausgebeutet werden oder dieser der Energie- erzeugung unter Nutzung erneuerbarer Energien dient (§ 1 Abs. 3 KStG).

Unbeschränkt Steuerpflichtige sind mit sämtlichen Einkünften (= in- und ausländische Einkünfte) der Körperschaftsteuer im Inland (Deutschland) zu unterwerfen (= Weltein- kommensprinzip gem. § 1 Abs. 2 KStG).

Beispiel

Fallbeispiel Friseurmeister Milz

Milz macht sich durch Gründung einer Ein-Mann-GmbH mit Geschäftsleitung und Sitz in Berlin am Kurfürstendamm selbstständig. Die GmbH erzielt in- und ausländische Einkünfte. Sie erfüllt alle Voraussetzungen des § 1 Abs. 1 Nr. 1 KStG und ist daher un- beschränkt körperschaftsteuerpflichtig. Alle in- und ausländischen Einkünfte sind der deutschen Körperschaftsteuer zu unterwerfen.

Der **Beginn der unbeschränkten Steuerpflicht von Kapitalgesellschaften** richtet sich nach deren **gesellschaftsrechtlichem „Gründungsstadium".**

Die Gründung vollzieht sich in drei Schritten:

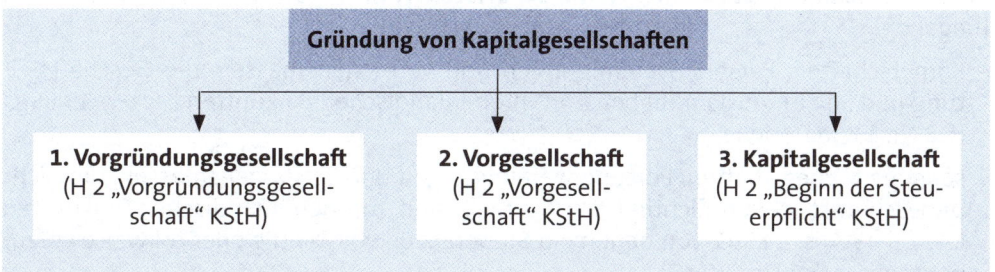

Mittels Abschluss eines Vorgesellschaftsvertrags bzw. einer Vorsatzung wird eine so genannte **Vorgründungsgesellschaft** errichtet. Steuerlich wird diese Gesellschaft **i. d. R. wie eine GbR oder OHG bei Aufnahme ihres Handelsgewerbes** behandelt: Erwirtschaftete Ergebnisse sind einheitlich und gesondert festzustellen (§§ 179 und 180 AO) und die Gründer erzielen einkommensteuerpflichtige Einkünfte (H 2 „Vorgründungsgesellschaft" KStH und *Blümich*, EStG KStG GewStG, 122. Auflage, München 2014, zu § 1 KStG, Rn. 172).

Die Vorgründungsgesellschaft wird zur **Vorgesellschaft**, sobald ein(e) formgültige(r) Gesellschaftsvertrag bzw. Satzung abgeschlossen worden ist. Die Vorgesellschaft wird daher auch als „Kapitalgesellschaft in Gründung" bezeichnet. Sofern der Erlangung der Rechtsfähigkeit keine ernsthaften Hindernisse entgegenstehen, die Eintragung ins Handelsregister bald erfolgt, Vermögen vorhanden ist und die Vorgesellschaft eine nach außen in Erscheinung tretende geschäftliche Tätigkeit aufgenommen hat, **beginnt die Körperschaftsteuerpflicht frühestens in diesem Stadium** (H 2 „Vorgesellschaft" KStH und *Blümich*, EStG KStG GewStG, 122. Auflage, München 2014, zu § 1 KStG, Rn. 181).

Der **regelmäßige (späteste) Beginn der Körperschaftsteuerpflicht** ist auf den Zeitpunkt der **Eintragung der Gesellschaft ins Handelsregister** zu datieren (= **Kapitalgesellschaft**; H 2 „Beginn der Steuerpflicht" KStH).

Für das **Erlöschen ihrer Steuerpflicht** ist maßgebend, dass folgende Voraussetzungen kumulativ erfüllt sind (R 51 Abs. 2 KStR i. V. m. § 11 KStG und *Blümich*, EStG KStG GewStG, 122. Auflage, München 2014, zu § 1 KStG, Rn. 190):

► Beendigung der geschäftlichen Betätigung

► Beendigung der Verteilung des gesamten vorhandenen Vermögens an die Gesellschafter und sonstige berechtigte Personen

► ggf. Ablauf eines gesetzlichen vorgeschriebenen Sperrjahres.

Die Löschung im Handelsregister ist für sich alleine ohne Bedeutung.

Aufgabe 12 > Seite 207

3.2.2 Beschränkte persönliche Steuerpflicht

Zu den **beschränkt persönlich Körperschaftsteuerpflichtigen i. S. v. § 2 KStG** zählen hingegen

- ► Körperschaften, Personenvereinigungen und Vermögensmassen, die Geschäftsleitung und Sitz im Ausland haben, mit ihren inländischen Einkünften i. S. v. § 49 EStG (§ 2 Nr. 1 KStG) sowie

- ► sonstige Körperschaften, Personenvereinigungen und Vermögensmassen, die nicht unbeschränkt steuerpflichtig i. S. v. § 1 KStG sind, mit den inländischen Einkünften i. S. v. § 43 Abs. 3 EStG, von denen ein Steuerabzug vollständig oder teilweise vorzunehmen ist (§ 2 Nr. 2 KStG).

Beschränkt Steuerpflichtige unterliegen ausschließlich mit ihren inländischen Einkünften der deutschen Körperschaftsteuer (= Inlandsprinzip).

Beispiel

Fallbeispiel Abwandlung
Milz macht sich durch Gründung der Hair S. r. l. mit Geschäftsleitung und Sitz in Rom selbstständig. Die S. r. l. ist vergleichbar mit einer deutschen GmbH (H 4 „Ausländische Gesellschaften, Typenvergleich" KStH und BMF-Schreiben vom 24.12.1999, BStBl 1999 I, S. 1076, Tabelle 1). Sie erzielt Mieteinkünfte aus einem in Berlin gelegenen Mietwohngrundstück. Damit ist sie beschränkt steuerpflichtig i. S. v. § 2 Nr. 1 KStG i. V. m. § 49 Abs. 1 Nr. 6 EStG.

Die beschränkte Steuerpflicht beginnt bei Personen i. S. d. § 2 Nr. 1 KStG, sobald inländische Einkünfte i. S. des § 49 EStG vorliegen und bei Personen i. S. d. § 2 Nr. 2 KStG, sobald inländische Einkünfte i. S. d. § 43 Abs. 3 EStG vorliegen, von denen ein Steuerabzug vorzunehmen ist. Sie endet, wenn keine inländische Einkünfte mehr erzielt werden (R 4 Abs. 1 KStR).

3.2.3 Steuerbefreiungen

Für bestimmte Körperschaftsteuerpflichtige sieht § 5 KStG eine vollständige oder teilweise Befreiung vor. Die Steuerbefreiungen nach § 5 KStG korrespondieren größtenteils mit denen der Gewerbesteuer nach § 3 GewStG.

Eine **teilweise Befreiung** ist beispielsweise in § 5 Abs. 1 Nr. 9 KStG geregelt:

Körperschaften, Personenvereinigungen und Vermögensmassen, die nach der Satzung, dem Stiftungsgeschäft oder der sonstigen Verfassung und nach der tatsächlichen Geschäftsführung ausschließlich und unmittelbar gemeinnützigen, mildtätigen oder kirchlichen Zwecken dienen (§§ 51 - 68 AO), sind generell befreit. Wird jedoch ein wirtschaftlicher Geschäftsbetrieb i. S. v. § 14 AO unterhalten, ist die Steuerbefreiung **insoweit** ausgeschlossen.

Beispiel

Fallbeispiel Friseurmeister Milz

Udo Milz ist Mitglied im Berliner Rennverein zur Förderung der Traberzucht e. V. Der Verein veranstaltet einmal jährlich ein Trabrennen. Diese Veranstaltungstätigkeit des Vereins erfüllt die Voraussetzungen eines wirtschaftlichen Geschäftsbetriebs i. S. v. § 14 AO (R 2.6 Abs. 3 S. 2 GewStR und *Blümich*, EStG KStG GewStG, 122. Auflage, München 2014, zu § 2 GewStG, Rn. 220).

Als im Vereinsregister eingetragener und damit rechtsfähiger Verein ist er eine sonstige juristische Person des privaten Rechts i. S. v. § 1 Abs. 1 Nr. 4 KStG (R 2 Abs. 2 KStR). Aufgrund seiner ausschließlichen und unmittelbaren gemeinnützigen Tätigkeit i. S. v. § 52 Abs. 2 Nr. 23 AO ist er jedoch – grundsätzlich – von der Körperschaftsteuer (und auch Gewerbesteuer) befreit (§ 5 Abs. 1 Nr. 9 S. 1 KStG und § 3 Nr. 6 S. 1 GewStG). Hiervon ausgenommen ist der Unterhalt eines wirtschaftlichen Geschäftsbetriebs (§ 5 Abs. 1 Nr. 9 S. 2 KStG und § 3 Nr. 6 S. 2 GewStG). Der Rennverein ist somit körperschaft- und gewerbesteuerpflichtig, was die Veranstaltungstätigkeit („Trabrennen") anbelangt (die Vereinnahmung der Mitgliedsbeiträge bleibt in jedem Fall steuerfrei gem. § 5 Abs. 1 Nr. 9 S. 1 KStG und § 3 Nr. 6 S. 1 GewStG).

Übersteigen die Bruttoeinnahmen (= Einnahmen zzgl. Umsatzsteuer) aus der Veranstaltungstätigkeit insgesamt nicht 35.000 € im Jahr, unterliegt die der Veranstaltungstätigkeit zuzuordnende Besteuerungsgrundlage (= „Überschuss") weder der Körperschaft- noch der Gewerbesteuer (§ 64 Abs. 3 AO). Anderenfalls ist der Überschuss um einen Freibetrag in Höhe von 5.000 € zu kürzen (§ 24 KStG und § 11 Abs. 1 Nr. 2 GewStG).

3.3 Ermittlung der Körperschaftsteuer

Die Körperschaftsteuerschuld von **Kapitalgesellschaften** lässt sich – **vereinfacht dargestellt** – folgendermaßen ermitteln (in Anlehnung an R 29 und R 30 KStR):

Vorläufiger Steuerbilanzgewinn/-verlust (§ 5 Abs. 1 i. V. m. § 4 Abs. 1 EStG)

+ außerbilanzielle Hinzurechnungen (z. B. § 4 Abs. 5, Abs. 5b und Abs. 6 EStG, § 10 KStG und § 8 Abs. 3 S. 2 KStG i. V. m. R 36 ff. KStR) = *nichtabziehbare Betriebsausgaben*

- außerbilanzielle Abrechnungen (z. B. § 13 InvZulG 2010, § 8b KStG und § 8 Abs. 3 S. 3 KStG i. V. m. R 40 KStR) = *steuerfreie Betriebseinnahmen*

+ Hinzurechnung aller über die Gewinn- und Verlustrechnung gebuchten Zuwendungen (§ 9 KStG) = *Verdeckte Gewinnausschüttungen & - Einlagen*

= **Summe der Einkünfte (= Einkommen i. S. v. § 9 Abs. 2 KStG)**

- abziehbare Zuwendungen (§ 9 Abs. 1 Nr. 2 KStG)

= **Gesamtbetrag der Einkünfte (= zu versteuerndes Einkommen vor Verlustabzug)**

- Verlustabzug (§ 10d EStG, § 8c KStG)

= **zu versteuerndes Einkommen (§ 8 Abs. 1 KStG)**

• Körperschaftsteuertarif i. H. v. 15 % (§ 23 Abs. 1 KStG i. V. m. § 7 Abs. 1 KStG)

= **tarifliche Körperschaftsteuer**

- Steuerermäßigungen (§ 26 KStG i. V. m. § 34c EStG)

= **festzusetzende Körperschaftsteuer**

- Körperschaftsteuer-Vorauszahlungen (§ 31 KStG i. V. m. § 36 Abs. 2 Nr. 1 EStG)

- anzurechnende Kapitalertragsteuer (§ 31 KStG i. V. m. § 36 Abs. 2 Nr. 2 EStG)

= **Körperschaftsteuernachzahlung/-erstattung (= Körperschaftsteuerrückstellung/-forderung)**

Was als Einkommen gilt und wie das Einkommen zu ermitteln ist, bestimmt sich nach den Vorschriften des Einkommensteuergesetzes und des Körperschaftsteuergesetzes (§ 8 Abs. 1 KStG).

Die Abschnitte 3.3.1 - 3.3.6 orientieren sich am obigen Schema.

3.3.1 Vorläufiger Steuerbilanzgewinn/-verlust

Kapitalgesellschaften sind Formkaufleute (§ 6 HGB) und demzufolge handels- und steuerrechtlich verpflichtet, Bücher zu führen und einen jährlichen Abschluss aufzustellen (§ 140 AO, § 4a EStG und § 238 Abs. 1 HGB i. V. m. §§ 266 ff. HGB). Grundsätzlich ist hierbei das so genannte Maßgeblichkeitsprinzip (§ 5 Abs. 1 EStG) zu beachten (= „Handelsbilanz ist maßgeblich für die Steuerbilanz").

Enthält die Handelsbilanz (§ 266 HGB) Ansätze oder Beträge, die den steuerlichen Vorschriften nicht entsprechen, so sind diese Ansätze oder Beträge durch Zusätze oder Anmerkungen den steuerlichen Vorschriften anzupassen (= sog. Anpassungs- oder Überleitungsrechnung). Der Steuerpflichtige kann auch eine den steuerlichen Vorschriften entsprechende Bilanz (= Steuerbilanz) erstellen (§ 60 Abs. 2 EStDV).

Der jährlich zu ermittelnde vorläufige Steuerbilanzgewinn/-verlust (= vor [endgültiger] Körperschaftsteuer zzgl. Solidaritätszuschlag) errechnet sich also wie folgt:

Jahresüberschuss/-fehlbetrag i. S. v. § 275 HGB **vor (endgültiger)** KSt zzgl. Solidaritätszuschlag (SolZ)

+/- steuerrechtliche Anpassungen i. S. v. § 60 Abs. 2 EStDV

= **vorläufiger Steuerbilanzgewinn/-verlust**

Das endgültige Steuerbilanzergebnis kann demzufolge erst ermittelt werden, wenn die definitive Steuerschuld feststeht (vgl. Aufgabe 16).

Beispiel

Fallbeispiel Friseurmeister Milz

Milz firmiert als Ein-Mann-GmbH („Milz-GmbH"). Der handelsrechtliche Jahresüberschuss (vor Ertragsteuern) für 2014 beträgt 100.000 €. Folgende Vorgänge wurden zutreffend erfolgswirksam erfasst:

1. Im Rahmen eines Unternehmensaufkaufs wurde ein Firmenwert entgeltlich erworben und zwar in Höhe von 100.000 €. Dieser wurde mit 20 % abgeschrieben (§ 285 Nr. 13 HGB).

2. Aufgrund drohender Verluste aus einem schwebenden Einkaufsgeschäft ist eine Drohverlustrückstellung in Höhe von 10.000 € passiviert worden.

3. Milz hat ein Patent für eine spezielle Haarglättungsmethode entwickelt, welches er in seinem eigenen Salon langfristig einsetzen möchte. Die gesamten Entwicklungskosten (ohne Forschung) beliefen sich auf 20.000 € (geschätzte Nutzungsdauer: zehn Jahre, Ende der Entwicklungsphase: 01.07.2014). Milz hat in der Handelsbilanz zum 31.12.2014 einen Restbuchwert in Höhe von 19.000 € aktiviert.

Der vorläufige Steuerbilanzgewinn ermittelt sich wie folgt:

Jahresüberschuss (vor Ertragsteuern)	100.000,00 €
+/- steuerrechtliche Anpassungen i. S. v. § 60 Abs. 2 EStDV:	
1. Die handelsrechtliche Abschreibung beträgt 20.000 €. Nach § 7 Abs. 1 S. 3 EStG ist ein entgeltlich erworbener Firmenwert zwingend über 15 Jahre abzuschreiben, d. h. in der Steuerbilanz darf nur ein Betrag von 6.666,67 € abgeschrieben werden. Demzufolge muss die Abschreibung korrigiert werden um	+ 13.333,33 €
2. Für Drohverlustrückstellungen besteht ein steuerliches Passivierungsverbot (§ 5 Abs. 4a S. 1 EStG). Daher ist die die Rückstellung zu eliminieren:	+ 10.000,00 €
3. Milz hat das handelsrechtliche Wahlrecht zur Aktivierung ausgeübt (§ 248 Abs. 2 S. 1 HGB) und das Patent in Höhe von 1.000 € abgeschrieben. Steuerlich besteht ein Aktivierungsverbot (§ 5 Abs. 2 EStG). Somit ist ein Aufwand in Höhe von 20.000 € zu erfassen. Die Korrektur beläuft sich auf	- 19.000,00 €
= **vorläufiger Steuerbilanzgewinn 2014**	**104.333,33 €**

3.3.2 Außerbilanzielle Hinzurechnungen

Zur Vermeidung eines unangemessenen und willkürlichen Betriebsausgabenabzugs sieht der Gesetzgeber vor, dass bestimmte Aufwendungen keine Betriebsausgaben bzw. (teilweise) nicht abzugsfähig sind. Steuerlich sind diese Aufwendungen grundsätzlich außerbilanziell (= außerhalb der Steuerbilanz) wieder hinzuzurechnen.

Hierzu zählen vor allem

1. in § 4 Abs. 5 EStG aufgeführte (teilweise) nicht abzugsfähige Betriebsausgaben (§ 8 Abs. 1 KStG)

2. Gewerbesteuer und hierauf entfallende Nebenleistungen (§ 4 Abs. 5b EStG i. V. m. § 8 Abs. 1 KStG)

3. Aufwendungen zur Förderung staatspolitischer Zwecke i. S. v. § 10b Abs. 2 EStG (§ 4 Abs. 6 EStG i. V. m. § 8 Abs. 1 KStG)

4. in § 10 KStG geregelte (teilweise) nicht abziehbare Aufwendungen

5. so genannte verdeckte Gewinnausschüttungen (§ 8 Abs. 3 S. 2 KStG i. V. m. R 36 - 39 KStR).

Zu 1.:
Zu den so genannten **(teilweise) nicht abzugsfähigen Betriebsausgaben nach § 4 Abs. 5 EStG** zählen folgende Aufwendungen:

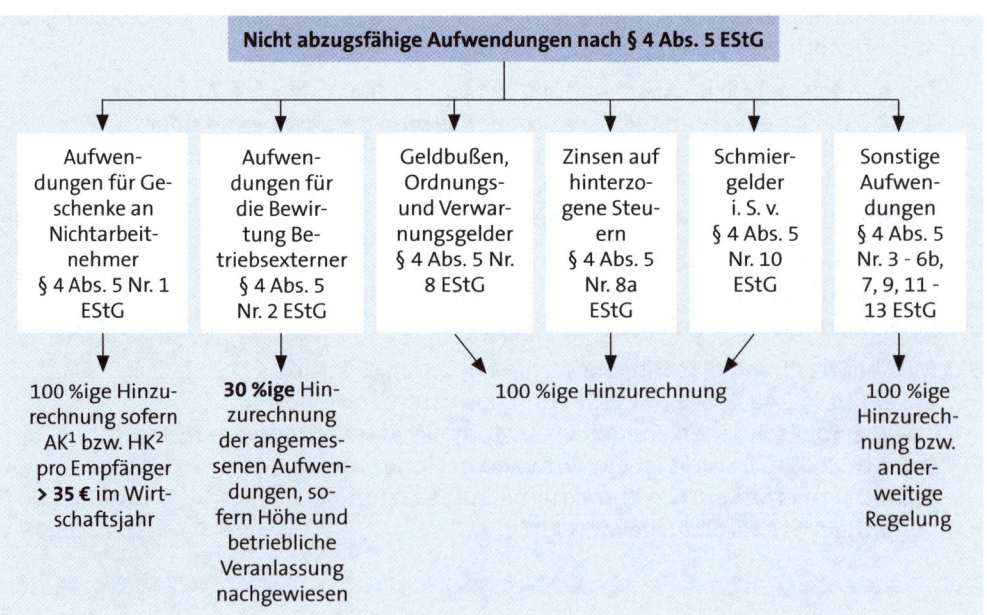

---

[1] AK = Anschaffungskosten
[2] HK = Herstellungskosten

Für **Kapitalgesellschaften** (wie auch für Personenunternehmen) sind in der Beraterpraxis insbesondere § 4 Abs. 5 Nr. 1 und Nr. 2 EStG relevant:

▶ **Aufwendungen für Geschenke an Personen, die nicht Arbeitnehmer sind** (Geschäftsfreunde oder Kunden), sind grundsätzlich nicht abzugsfähig. Dies gilt nicht, wenn die Anschaffungs- oder Herstellungskosten aller einem Empfänger in einem Wirtschaftsjahr zugewendeten betrieblichen Geschenke insgesamt weniger als 35,01 € betragen (**§ 4 Abs. 5 Nr. 1 EStG**).

▶ **Aufwendungen für die Bewirtung von Betriebsexternen aus geschäftlichem Anlass** sind nicht abzugsfähig, soweit sie 70 % der Aufwendungen übersteigen, die nach der allgemeinen Verkehrsauffassung als angemessen anzusehen und deren Höhe und betriebliche Veranlassung nachgewiesen sind. Zum Nachweis der Höhe und der betrieblichen Veranlassung der Aufwendungen hat der Steuerpflichtige schriftlich die folgenden Angaben zu machen: Ort, Tag, Teilnehmer und Anlass der Bewirtung sowie Höhe der Aufwendungen. Hat die Bewirtung in einer Gaststätte stattgefunden, so genügen Angaben zu dem Anlass und den Teilnehmern der Bewirtung; die Rechnung über die Bewirtung ist beizufügen (**§ 4 Abs. 5 Nr. 2 EStG**).

Die restlichen in § 4 Abs. 5 EStG aufgeführten nicht abziehbaren Betriebsausgaben sind **generell** (auch) bei natürlichen Personen berücksichtigungsfähig.

Beispielhaft sei hier auf **§ 4 Abs. 5 Nr. 6b EStG** verwiesen. Hiernach sind Aufwendungen für ein häusliches Arbeitszimmer sowie die Kosten der Ausstattung grundsätzlich nicht abzugsfähige Betriebsausgaben. Dies gilt nicht, wenn für die betriebliche oder berufliche Tätigkeit kein anderer Arbeitsplatz zur Verfügung steht. In diesem Fall wird die Höhe der abziehbaren Aufwendungen auf 1.250 € begrenzt; die Beschränkung der Höhe nach gilt nicht, wenn das Arbeitszimmer den Mittelpunkt der gesamten betrieblichen und beruflichen Betätigung bildet.

Zu 2.:
Gewerbesteuer und hierauf entfallende Nebenleistungen (§ 3 Abs. 4 AO) stellen **steuerlich keine Betriebsausgabe** dar (§ 4 Abs. 5b EStG i. V. m. § 8 Abs. 1 KStG). **Handelsrechtlich** zutreffend als Aufwand eingebuchte Gewerbesteuerzahlungen (§ 275 Abs. 2 Nr. 18 HGB) sind somit **steuerlich** zu „neutralisieren". Die Neutralisation hat durch außerbilanzielle Korrektur zu erfolgen (R 5.7 Abs. 1 S. 2, 2. HS EStR).

Diese Regelung greift für Kapitalgesellschaften und Personenunternehmen gleichermaßen. Bei letzteren (Personenunternehmen) ist die Gewerbesteuer jedoch anrechnungsfähig (§ 35 EStG).

Zu 3.:
Aufwendungen zur Förderung staatspolitischer Zwecke (sog. Parteispenden) sind – rechtsformunabhängig – keine Betriebsausgaben (§ 4 Abs. 6 EStG i. V .m. § 8 Abs. 1 KStG).

Sie sind ausschließlich als so genannte Sonderausgaben bei natürlichen Personen berücksichtigungsfähig (vgl. § 10b Abs. 2 EStG).

Zu 4.:

Die Aufzählung der **in § 10 KStG genannten (teilweise) nicht abziehbaren Aufwands-
arten** ist nicht abschließend (erkennbar an dem Wort „auch" im Einleitungssatz von
§ 10 KStG):

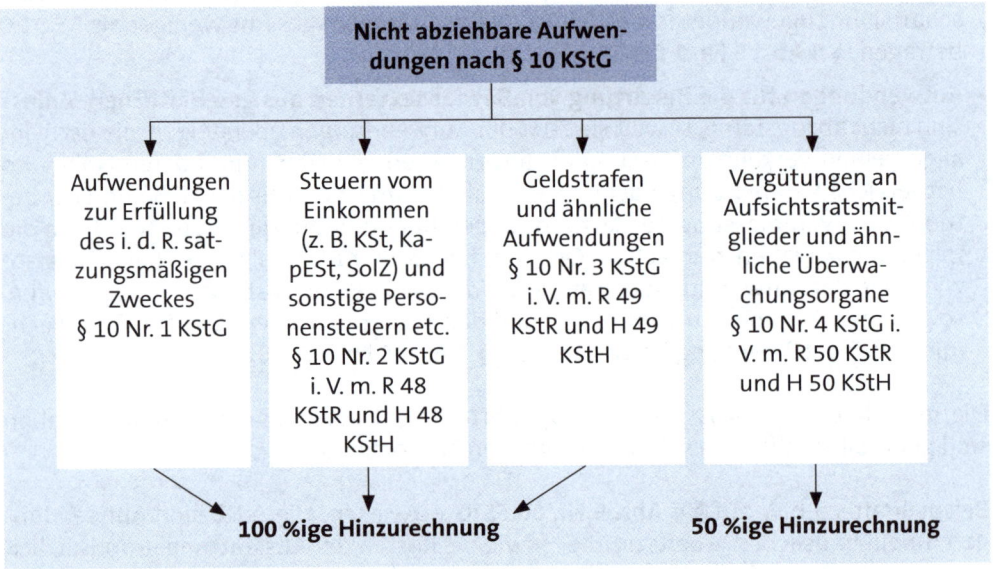

Beispiel

Fallbeispiel Friseurmeister Milz

Die Milz-GmbH in Berlin hat im abgelaufenen Wirtschaftsjahr 2014 einen vorläufigen
Steuerbilanzgewinn in Höhe von 100.000 € erwirtschaftet. Folgende Positionen wurden in der Gewinn- und Verlustrechnung erfasst:

▸ Körperschaftsteuer-Vorauszahlungen	12.000 €
▸ Solidaritätszuschlags-Vorauszahlungen	660 €
▸ Verspätungszuschlag zur Körperschaftsteuer	200 €
▸ Gewerbesteuer	9.000 €
▸ Säumniszuschlag zur Gewerbesteuer	90 €
▸ Vergütungen für den Beirat (= Kontrollorgan der Milz-GmbH)	5.000 €

Die Summe der Einkünfte für 2014 ermittelt sich wie folgt:

Vorläufiger Steuerbilanzgewinn	100.000 €
+ außerbilanzielle Hinzurechnungen nach	
▸ § 4 Abs. 5b EStG: Gewerbesteuer und Säumniszuschlag (§ 3 Abs. 4 AO)	9.090 €
▸ § 10 Nr. 2 KStG: Körperschaftsteuer- und Solidaritätszuschlags-Vorauszahlungen sowie Verspätungszuschlag zur Körperschaftsteuer (§ 3 Abs. 4 AO)	12.860 €
▸ § 10 Nr. 4 KStG: hälftige Beiratsvergütung von	2.500 €
= **Summe der Einkünfte**	**124.450 €**

Zu 5.:
Auch so genannte verdeckte Gewinnausschüttungen sind außerbilanziell wieder hinzuzurechnen (§ 8 Abs. 3 S. 2 KStG).

Der Begriff der **verdeckten Gewinnausschüttung (vGA)** umschreibt generell das Phänomen, dass eine Kapitalgesellschaft den Gesellschaftern oder diesen nahestehenden Personen (H 40 „Nahestehende Person" KStH) außerhalb der förmlichen Gewinnverteilung Leistungen aus dem Gesellschaftsvermögen ohne äquivalente Gegenleistung gewährt.

In R 36 Abs. 1 i. V. m. R 36 Abs. 2 - R 39 KStR wird die vGA definiert als

▸ Vermögensminderung (= Gewinnminderung) oder verhinderte Vermögensmehrung (= entgangener Gewinn)

▸ die durch das Gesellschaftsverhältnis veranlasst ist (= ein ordentlicher und gewissenhafter Geschäftsleiter hätte gegenüber einem Nichtgesellschafter anders gehandelt)

▸ sich auf die Höhe des Unterschiedsbetrags i. S. d. § 4 Abs. 1 S. 1 EStG auswirkt und

▸ nicht auf einem den gesellschaftsrechtlichen Vorschriften entsprechenden Gewinnverteilungsbeschluss beruht (= keine offene Gewinnausschüttung).

Beispiele

Fallbeispiel Friseurmeister Milz
1. Der Gesellschafter-Geschäftsführer Milz erhält von der Milz-GmbH mit Sitz Berlin ein vertraglich im Voraus vereinbartes monatliches Gehalt in Höhe von 20.000 €. Angemessen wäre ein monatliches Gehalt in Höhe von 10.000 €. In Höhe von 10.000 € liegt eine Gewinnminderung vor, die durch das Gesellschaftsverhältnis veranlasst ist und keine offene Gewinnausschüttung darstellt. Es handelt es sich um eine vGA in Höhe von jährlich 120.000 € (= 12 · 10.000 €), die den Gewinn nicht mindern darf.

2. Die Milz-GmbH hat Milz ein **zinsloses** Fälligkeitsdarlehen in Höhe von 10.000 € über eine Laufzeit von fünf Jahren gewährt. Der marktübliche Zinssatz beträgt 6 % p. a. Die GmbH verzichtet auf Zinserträge (= entgangener Gewinn) in Höhe von

600 € (= 6 % von 10.000 €). In dieser Höhe liegt jährlich eine vGA i. S. v. R 36 Abs. 1 KStR vor (H 36 „V. Einzelfälle, Stichwort: Darlehenszinsen" KStH).

3.3.3 Außerbilanzielle Abrechnungen

Bestimmte Arten von Einnahmen sind steuerbefreit. Die handelsrechtlich zutreffend gebuchten Erträge sind daher außerhalb der Steuerbilanz („außerbilanziell") wieder abzurechnen.

Zu den steuerfreien Einnahmen zählen z. B.

1. Investitionszulagen (§ 13 InvZulG 2010)
2. erhaltene Gewinnausschüttungen sowie Gewinne aus der Veräußerung von Anteilen an anderen Kapitalgesellschaften (§ 8b Abs. 1 und 2 KStG)
3. „verdeckte Einlagen" (§ 8 Abs. 3 S. 3 KStG i. V. m. R 40 KStR).

Zu 1.:
Die **Investitionszulage** gehört nicht zu den Einkünften i. S. d. EStG (§ 13 S. 1 InvZulG 2010). Infolgedessen ist sie bei vorheriger erfolgswirksamer Erfassung außerbilanziell wieder abzurechnen.

Hieraus folgt aber auch, dass sämtliche Aufwendungen, soweit sie mit der steuerfreien Investitionszulage in unmittelbarem wirtschaftlichen Zusammenhang stehen (z. B. Aufwendungen aus deren Rückzahlung), nicht als Betriebsausgabe abgezogen werden dürfen (§ 3c Abs. 1 EStG).

Zu 2.:
§ 8b Abs. 1 und Abs. 2 KStG regeln Steuerbefreiungen im Zusammenhang mit der Beteiligung von Kapitalgesellschaften an **anderen** Kapitalgesellschaften.

▸ **§ 8b Abs. 1 KStG:**
Schüttet eine Kapitalgesellschaft versteuerte Gewinne an eine andere Kapitalgesellschaft (= Beteiligte) aus, sind diese – vorbehaltlich des § 8b Abs. 4 KStG – auf Ebene der empfangenden Gesellschaft von der Besteuerung befreit (§ 8b Abs. 1 KStG). Hierdurch soll eine Doppelbesteuerung vermieden werden.

5 % der erhaltenen Ausschüttung (Bruttodividende) gelten als nicht abzugsfähige Betriebsausgaben (§ 8b Abs. 5 KStG; § 3c Abs. 1 EStG ist nicht anzuwenden). In dieser Höhe ist eine außerbilanzielle Hinzurechnung vorzunehmen. Anders ausgedrückt: 5 % der von der ausschüttenden Gesellschaft bereits versteuerten Dividende sind von der Empfängerin nochmalig zu versteuern.

Von der Auszahlungsstelle (i. d. R. die Bank) wird zwar **zusätzlich** Kapitalertragsteuer (KapESt) zzgl. SolZ auf die Bruttodividende (= Bilanzgewinn nach GewSt, KSt und SolZ) einbehalten und abgeführt; dieser Steuerbetrag wird jedoch auf die Steuerschuld der Empfängerin voll angerechnet (§ 31 KStG i. V. m. § 36 Abs. 2 Nr. 2 EStG und § 43 Abs. 1 S. 3 EStG; vgl. auch *Schmidt, L.*, Einkommensteuergesetz, 33. Auflage, München 2014, zu § 36 EStG, Rn. 11).

Beispiel

Fallbeispiel Friseurmeister Milz

Die Milz-GmbH ist zu 30 % an der Frisuren-GmbH mit Sitz in Berlin beteiligt. In 2015 schüttet die Frisuren-GmbH eine Bruttodividende in Höhe von 10.000 € an die Milz-GmbH aus. Dieser Bruttobetrag ist im vorläufigen Steuerbilanzgewinn 2015 der Milz-GmbH in Höhe von 100.000 € zutreffend als Ertrag berücksichtigt worden.

Er ist außerbilanziell wieder abzurechnen (§ 8b Abs. 1 KStG). Die vorläufige Summe der Einkünfte beläuft sich auf 90.000 € (= 100.000 € abzgl. Dividende in Höhe von 10.000 €). 5 % der erhaltenen Bruttodividende gelten als nicht abzugsfähige Betriebsausgaben (§ 8b Abs. 5 KStG). Das heißt, 500 € (= 5 % von 10.000 €) sind außerbilanziell hinzuzurechnen. Die endgültige Summe der Einkünfte beträgt somit 90.500 €.

▶ **§ 8b Abs. 2 KStG:**

Veräußert eine Kapitalgesellschaft Anteile an einer anderen Kapitalgesellschaft und resultiert hieraus ein Veräußerungsgewinn, bleibt dieser steuerfrei (§ 8b Abs. 2 KStG). In Analogie hierzu dürfen Veräußerungsverluste nicht berücksichtigt werden (§ 8b Abs. 3 S. 3 KStG).

Auch hier gelten 5 % des Veräußerungsgewinns als nicht abzugsfähige Betriebsausgaben (§ 8b Abs. 3 S. 1 KStG). § 3c Abs. 1 EStG ist nicht anzuwenden (§ 8b Abs. 3 S. 2 KStG).

Beispiel

Fallbeispiel Friseurmeister Milz

Die Milz-GmbH ist zu 30 % an der Frisuren-GmbH mit Sitz Berlin beteiligt. Am 01.01.2015 erwirbt Ulrike Milz (Schwester) den Anteil (fortan ist also Ulrike zu 30 % an der Frisuren-GmbH beteiligt). Bei der Milz-GmbH entsteht ein Veräußerungsgewinn in Höhe von 5.000 € (§ 8b Abs. 2 S. 2 KStG). Dieser ist im vorläufigen Steuerbilanzgewinn 2015 von 100.000 € zutreffend als Ertrag erfasst worden.

Der Veräußerungsgewinn ist steuerfrei und außerbilanziell abzurechnen (§ 8b Abs. 2 S. 1 KStG). Die endgültige Summe der Einkünfte der Milz-GmbH beläuft sich auf 95.250 € (§ 8b Abs. 2 i. V. m. § 8b Abs. 3 KStG).

Zu 3.:

Verdeckte Einlagen (vE) stellen das Pendant zur verdeckten Gewinnausschüttung dar (§ 8 Abs. 3 S. 3 KStG) und fallen unter die außerbilanziellen Abrechnungen, soweit sie den Steuerbilanzgewinn der Kapitalgesellschaft erhöht haben (R 40 Abs. 2 S. 2 KStR).

Verdeckte Einlagen umschreiben das Phänomen, dass ein Gesellschafter oder eine diesem nahestehende Person der Kapitalgesellschaft außerhalb der gesellschaftsrechtlichen Einlagen einen „Vorteil" zuwendet, der durch das Gesellschaftsverhältnis veranlasst ist.

R 40 Abs. 1 KStR definiert die vE als

► Zuwendung eines einlagefähigen (= bilanzierungsfähigen) Vorteils (vgl. H 40 „Einlagefähiger Vermögensvorteil" KStH) von einem Gesellschafter oder eine ihm nahe stehende Person an die Körperschaft

► außerhalb der gesellschaftsrechtlichen Einlagen (= keine offene Einlage)

► wobei die Zuwendung durch das Gesellschaftsverhältnis veranlasst ist (= ein Nichtgesellschafter hätte bei Anwendung der Sorgfalt eines ordentlichen Kaufmanns den Vorteil der Gesellschaft nicht eingeräumt [R 40 Abs. 3 KStR i. V. m. H 40 „Gesellschaftsrechtliche Veranlassung" KStH]).

Beispiel

Fallbeispiel Friseurmeister Milz
Gesellschafter-Geschäftsführer Milz hat der Milz-GmbH ein Darlehen zu einem Zinssatz in Höhe von 6 % p. a. (marktüblicher Zinssatz: 10 % p. a.) mit Laufzeitbeginn 01.01.2014 gewährt. Das Darlehen ist in der Bilanz zum 31.12.2014 mit 60.000 € passiviert. Anfang 2015 erlässt Milz der GmbH die Rückzahlung des Darlehens.

Die Verbindlichkeit ist auszubuchen (Buchungssatz: Darlehensverbindlichkeiten an Ertrag aus dem Wegfall der Darlehensverbindlichkeiten gegenüber Gesellschafter Milz von 60.000 €). Dieser Ertrag ist im vorläufigen Steuerbilanzgewinn 2015 in Höhe von 100.000 € enthalten.

Der Zinsvorteil (4 % p. a.) stellt **keine** verdeckte Einlage dar, da das Kriterium der „Einlagefähigkeit" nicht erfüllt ist (H 40 „Nutzungsvorteile" KStH). Der Erlass der Rückzahlung ist jedoch als verdeckte Einlage zu qualifizieren und außerbilanziell zu korrigieren (R 40 Abs. 2 S. 2 KStR). Die endgültige Summe der Einkünfte der Milz-GmbH für 2015 beläuft sich somit auf 40.000 €.

3.3.4 Abziehbare Zuwendungen

Unter den Voraussetzungen des § 9 Abs. 1 Nr. 2 KStG sind Zuwendungen (Spenden und Mitgliedsbeiträge) zur Förderung steuerbegünstigter Zwecke i. S. d. §§ 52 - 54 AO bis zur Höhe von **maximal**

► 20 % des Einkommens i. S. v. § 9 Abs. 2 KStG (= Summe der Einkünfte) **oder**

► 4 ‰ der Summe der gesamten Umsätze und der im Kalenderjahr aufgewendeten Löhne und Gehälter

abzugsfähig.

Es ist die Regelung zu wählen, die den höheren Abzug von Zuwendungen zulässt. Sofern der maximal abzugsfähige Betrag höher ausfällt als die tatsächlich geleisteten Zuwendungen, kann nur der geleistete Betrag abgezogen werden. Tatsächlich geleistete Zuwendungen, die den maximal abzugsfähigen Betrag überschreiten, sind im Rahmen der Höchstbeträge in den folgenden Veranlagungszeiträumen abzuziehen (§ 9 Abs. 1 S. 9 KStG).

Zuwendungen an politische Parteien sind keine Betriebsausgaben (§ 4 Abs. 6 EStG).

Beispiel

Fallbeispiel Friseurmeister Milz
Für den Veranlagungszeitraum 2014 hat die Milz-GmbH einen vorläufigen Steuerbilanzgewinn (nach Spendenabzug) in Höhe von 100.000 € ermittelt. Bei den Zuwendungen handelt es sich um folgende Ausgaben:

► Spende für gemeinnützige Zwecke (§ 52 AO) in Höhe von 2.000 €

► Spende an die SPD in Höhe von 500 €.

Die Summe der Einkünfte (= Einkommen i. S. v. § 9 Abs. 2 KStG) beläuft sich auf 102.500 €.

Als Kürzungsbetrag ist maximal 20.500 € (= 20 % von 102.500 €) abzugsfähig (§ 9 Abs. 1 Nr. 2 KStG). Abziehbar für 2014 sind jedoch nur 2.000 € (= geleistete Spende für gemeinnützige Zwecke; die parteipolitische Spende ist keine Betriebsausgabe).

Der Gesamtbetrag der Einkünfte (= zu versteuerndes Einkommen vor Verlustabzug) beträgt somit 100.500 €.

3.3.5 Verlustabzug

Bei unbeschränkt Körperschaftsteuerpflichtigen i. S. v. § 1 Abs. 1 Nr. 1 - 3 KStG sind alle Einkünfte als Einkünfte aus Gewerbebetrieb zu behandeln (§ 8 Abs. 2 KStG). Ein **Verlustausgleich** (= Verlustverrechnung im Verlustentstehungsjahr) ist bei **Kapitalgesellschaften** daher generell nicht möglich.

Verluste sind hier ausschließlich in den vom Verlustentstehungsjahr abweichenden Abzugsjahren verrechenbar (nutzbar). Man spricht vom so genannten **Verlustabzug**. Im Gegensatz zum GewStG unterscheidet man zwischen einem Verlust**rücktrag** und einem Verlust**vortrag** (§ 10d Abs. 1 und 2 EStG i. V. m. § 8 Abs. 1 KStG).

Beim Verlust**rücktrag** sind die bei Ermittlung des Gesamtbetrags der Einkünfte nicht ausgeglichenen negativen Einkünfte **bis zur Höhe von 1.000.000 € vom Gesamtbetrag der Einkünfte** des dem Verlustentstehungsjahr unmittelbar vorangegangenen Veranlagungszeitraums abzuziehen (= Abzugsjahr; § 10d Abs. 1 EStG). Auf Antrag kann vom Verlustrücktrag abgesehen werden (§ 10d Abs. 1 S. 5 EStG).

Die bei Ermittlung des Gesamtbetrags der Einkünfte nicht ausgeglichenen negativen Einkünfte, die nicht nach § 10d Abs. 1 EStG als Verlustrücktrag abgezogen worden sind und in den vorangegangenen Veranlagungszeiträumen nicht als Verlustvortrag abgezogen werden konnten (§ 10d Abs. 2 S. 3 EStG), sind

▸ in unendlich folgenden Veranlagungszeiträumen bis zu einem Gesamtbetrag der Einkünfte von 1 Mio. € unbeschränkt abzuziehen (= unbegrenzter Verlustvortrag bzw. -abzug),

▸ darüber hinaus bis zu 60 % des 1 Mio. € übersteigenden Gesamtbetrags der Einkünfte (= begrenzter Verlustvortrag bzw. -abzug; § 10d Abs. 2 EStG).

Der am Schluss eines Veranlagungszeitraums verbleibende Verlustvortrag ist gesondert festzustellen. Verbleibender Verlustvortrag sind die bei Ermittlung des Gesamtbetrags der Einkünfte nicht ausgeglichenen negativen Einkünfte, vermindert um die nach § 10d Abs. 1 EStG abgezogenen und die nach § 10d Abs. 2 EStG abziehbaren Beträge und vermehrt um den auf den Schluss des vorangegangenen Veranlagungszeitraums festgestellten verbleibenden Verlustvortrag (§ 10d Abs. 4 EStG).

Bei einem Gesellschafterwechsel können nicht ausgeglichene oder abgezogene negative Einkünfte (nicht genutzte Verluste) verloren gehen (§ 8c KStG).

Beispiel

Fallbeispiel Friseurmeister Milz

Im Veranlagungszeitraum 2015 erwirtschaftete die Milz-GmbH einen Gesamtbetrag der Einkünfte (vor Verlustabzug) in Höhe von 500.000 €, in 2016 hingegen nicht ausgeglichene negative Einkünfte von 2.000.000 €. Das Jahr 2017 wurde wieder mit einem positiven Ergebnis abgeschlossen. Der Gesamtbetrag der Einkünfte belief sich auf 1.500.000 €. Die bei Ermittlung des Gesamtbetrags der Einkünfte nicht ausgeglichenen negativen Einkünfte aus dem Jahr 2016 sind wie folgt zu berücksichtigen (es wurde kein Antrag nach § 10d Abs. 1 S. 5 EStG gestellt):

	Nicht ausgeglichene negative Einkünfte aus 2016	2.000.000 €	
-	Verlustrücktrag ins Jahr 2015 (max. Gesamtbetrag der Einkünfte, höchstens 1 Mio. €)	500.000 €	
=	verbleibende nicht ausgeglichene negative Einkünfte aus 2016	1.500.000 €	
	Gesamtbetrag der Einkünfte 2017		1.500.000 €
-	unbegrenzter Verlustabzug (max. Gesamtbetrag der Einkünfte, höchstens 1 Mio. €)	1.000.000 €	1.000.000 €
=	verbleibender Gesamtbetrag der Einkünfte 2017		500.000 €
-	begrenzter Verlustabzug (= 60 % von 500.000 €)	300.000 €	300.000 €
=	Gesamtbetrag der Einkünfte nach Verlustabzug im VZ 2017		200.000 €
=	vortragsfähige nicht ausgeglichene negative Einkünfte für VZ ab 2018	200.000 €	

Aufgabe 13 - 14 > Seite 208

3.3.6 Körperschaftsteuerschuld

Die tarifliche Körperschaftsteuer ermittelt sich durch Anwendung eines einheitlichen Steuertarifs in Höhe von gegenwärtig 15 % auf das zu versteuernde Einkommen (= Gesamtbetrag der Einkünfte nach Verlustabzug; § 23 Abs. 1 KStG). Der einheitliche Tarif beträgt 15 % unabhängig davon, ob die Kapitalgesellschaft den Gewinn ausschüttet oder einbehält.

Was Steuererklärungspflicht, Veranlagung und Erhebung der Körperschaftsteuer anbelangt, sind die entsprechenden einkommensteuerlichen Vorschriften anzuwenden (§ 31 Abs. 1 KStG).

Auf die festzusetzende Körperschaftsteuer (= tarifliche Körperschaftsteuer abzgl. anzurechnender ausländischer Steuern i. S. v. § 26 KStG) werden geleistete Vorauszahlungen sowie einbehaltene Steuerabzugsbeträge (insbes. **Kapitalertragsteuer**) angerechnet (§ 31 KStG i. V. m. § 36 Abs. 2 Nr. 1 und 2 EStG).

3.4 Annexsteuer zur Körperschaftsteuer

Als Zuschlag zur Körperschaftsteuer wird der Solidaritätszuschlag erhoben (§ 1 Abs. 1 SolZG). Der Solidaritätszuschlag wird daher auch als Zuschlags- oder Annexsteuer bezeichnet.

Der Solidaritätszuschlag beträgt 5,5 % der festgesetzten Körperschaftsteuer (§ 4 SolZG i. V. m. § 3 Abs. 1 SolZG).

Aufgabe 15 > Seite 208
Aufgabe 16 > Seite 209

4. Einkommensteuer

 RECHTSGRUNDLAGEN

- ► Abgabenordnung (AO) in der Fassung der Bekanntmachung vom 01.10.2002 (BGBl 2002 I, S. 3869 BGBl 2003 I, S. 61), zuletzt geändert durch das Gesetz zur Anpassung des Investmentsteuergesetzes und anderer Gesetze an das AIFM-Umsetzungsgesetz (AIFM-Steuer-Anpassungsgesetz – AIFM-StAnpG) vom 18.12.2013 (BGBl 2013 I, S. 4318)

- ► Anwendungserlass zur AO 2014 (AEAO) in der Fassung vom 31.01.2014 (BStBl 2014 I, S. 290)

- ► Gesetz über die Besteuerung bei Auslandsbeziehungen (AStG) in der Fassung der Bekanntmachung vom 08.09.1972 (BGBl 1972 I, S. 1713), zuletzt geändert durch das Gesetz zur Umsetzung der Amtshilferichtlinie sowie zur Änderung steuerlicher Vorschriften (Amtshilferichtlinie-Umsetzungsgesetz – AmtshilfeRLUmsG) vom 26.06.2013 (BGBl 2013 I, S. 1809)

- Einkommensteuergesetz (EStG) in der Fassung der Bekanntmachung vom 08.10.2009 (BGBl 2009 I, S. 3369 und BGBl 2009 I, S. 3862), zuletzt geändert durch das Gesetz zur Anpassung des Investmentsteuergesetzes und anderer Gesetze an das AIFM-Umsetzungsgesetz (AIFM-Steuer-Anpassungsgesetz – AIFM-StAnpG) vom 18.12.2013 (BGBl 2013 I, S. 4318)

- Einkommensteuer-Durchführungsverordnung 2000 (EStDV 2000) in der Fassung der Bekanntmachung vom 10.05.2000 (BGBl 2000 I, S. 718), zuletzt geändert durch die Verordnung zur Übertragung der Zuständigkeit für das Steuerabzugs- und Veranlagungsverfahren nach den §§ 50 und 50a des Einkommensteuergesetzes auf das Bundeszentralamt für Steuern und zur Regelung verschiedener Anwendungszeitpunkte und weiterer Vorschriften vom 24.06.2013 (BGBl 2013 I, S. 1679)

- Einkommensteuer-Richtlinien 2012 (EStR 2012) in der Fassung der Einkommensteuer-Änderungsrichtlinien 2012 (EStÄR 2012) vom 25.03.2013 (BStBl 2013 I, S. 276)

- Das Grundgesetz für die Bundesrepublik Deutschland (GG) in der Fassung der Bekanntmachung vom 23.05.1949 (BGBl 1949 I, S. 1), zuletzt geändert durch das Gesetz zur Änderung des Grundgesetzes (Artikel 93) vom 11.07.2012 (BGBl 2012 I, S. 1478)

- Handelsgesetzbuch (HGB) in der Fassung der Bekanntmachung vom 10.05.1897 (RGBl S. 219), zuletzt geändert durch das Gesetz zur Änderung des Handelsgesetzbuchs vom 04.10.2013 (BGBl 2013 I, S. 3746)

- Lohnsteuer-Durchführungsverordnung 1989 (LStDV 1989) in der Fassung der Bekanntmachung vom 10.10.1989 (BGBl 1989 I, S. 1849), zuletzt geändert durch das Gesetz zur Änderung und Vereinfachung der Unternehmensbesteuerung und des steuerlichen Reisekostenrechts vom 20.02.2013 (BGBl 2013 I, S. 285)

- Lohnsteuer-Richtlinien 2013 (LStR 2013) in der Fassung der Lohnsteuer-Änderungsrichtlinien 2011 (LStÄR 2011) vom 23.11.2010 (BStBl 2010 I, S. 1325)/Lohnsteuer-Änderungsrichtlinien 2013 (LStÄR 2013) vom 08.07.2013 (BStBl 2013 I, S. 851)

- Solidaritätszuschlaggesetz (SolZG) in der Fassung der Bekanntmachung vom 15.10.2002 (BGBl 2002 I, S. 4131), zuletzt geändert durch das Gesetz zur Umsetzung der Beitreibungsrichtlinie sowie zur Änderung steuerlicher Vorschriften (Beitreibungsrichtlinie-Umsetzungsgesetz – BeitrRLUmsG) vom 07.12.2011 (BGBl 2011 I, S. 2592)

4.1 Allgemeine Charakterisierung

Die Einkommensteuer (ESt) ist eine Personen-, Ertrag-, Gemeinschaft- und Jahressteuer:

- Sie stellt auf die persönlichen Verhältnisse (Familienstand, Alter, Zahl der Kinder oder vermögensbedingte Vermögensminderungen) und die steuerliche Leistungsfähigkeit (Einkommen) einer **natürlichen Person** ab (= **Personensteuer**).

- Bemessungsgrundlage ist das zu versteuernde Einkommen (= **Ertragsteuer**; § 2 Abs. 5 EStG).

- Die Einnahmen aus der Einkommensteuer stehen Bund, Ländern und Gemeinden gemeinschaftlich zu (= **Gemeinschaftsteuer**; Art. 106 Abs. 3 und 5 GG).

- Die Einkommensteuer ist eine **Jahressteuer**. Die Grundlagen für ihre Festsetzung sind jeweils für ein Kalenderjahr (= Veranlagungszeitraum, nachfolgend: VZ) zu ermitteln (§ 2 Abs. 7 i. V. m. § 25 Abs. 1 EStG).

4.2 Steuerpflicht und Steuerbefreiungen

Man differenziert zwischen einer **persönlichen** und einer **sachlichen Steuerpflicht**.

Bei der **persönlichen Steuerpflicht** wird festgelegt, **wer** der Einkommensteuer unterliegt. Es ist zwischen unbeschränkt und beschränkt persönlich Einkommensteuerpflichtigen zu unterscheiden:

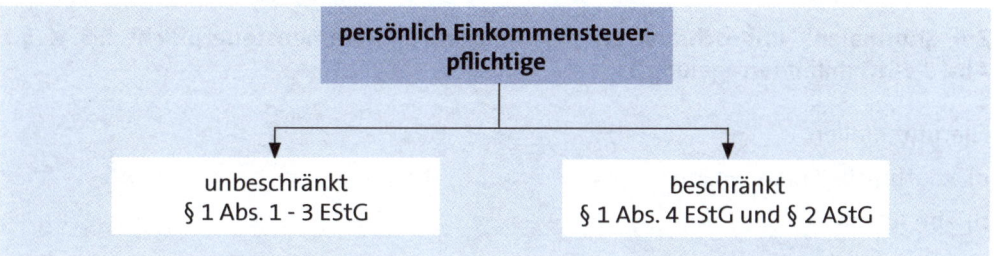

Detaillierte Ausführungen zur persönlichen Steuerpflicht finden sich in den Abschnitten 4.2.1 und 4.2.2.

Die **sachliche Steuerpflicht** bestimmt, **was** einkommensteuerlich zu belasten ist. Es handelt sich um das so genannte zu versteuernde Einkommen (§ 2 Abs. 5 EStG). Hierfür wird auf Abschnitt 4.3 verwiesen.

4.2.1 Unbeschränkte persönliche Steuerpflicht

Bei der unbeschränkten persönlichen Steuerpflicht unterscheidet man folgende Arten und Prinzipien:

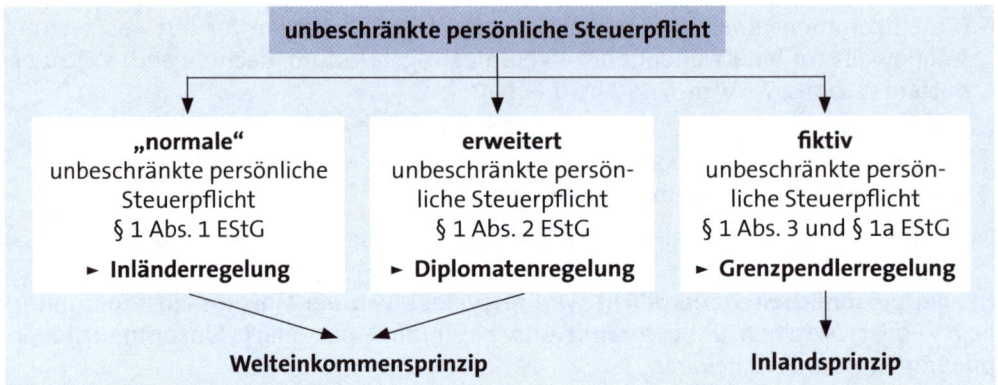

Zur „normalen" unbeschränkten persönlichen Einkommensteuerpflicht i. S. v. § 1 Abs. 1 EStG (Inländerregelung):

Hierunter fallen

a)   natürliche Personen, die

b)   im **Inland**

c)   einen Wohnsitz **oder**

d)   ihren gewöhnlichen Aufenthalt haben.

Zu a) natürliche Personen:
Natürliche Personen sind alle lebenden Menschen. (Teil-)Juristische Personen unterliegen nicht der Einkommensteuer.

Zu b) Inland:
Zum Inland im Sinne dieses Gesetzes gehört das Staatsgebiet der Bundesrepublik Deutschland (BRD) sowie der der BRD zustehende Anteil am Festlandsockel, soweit dort Naturschätze des Meeresgrundes und des Meeresuntergrundes erforscht oder ausgebeutet werden oder dieser der Energieerzeugung unter Nutzung erneuerbarer Energien dient (§ 1 Abs. 1 S. 2 EStG).

Zu c) Wohnsitz:
Einen Wohnsitz hat eine natürliche Person (= Steuerpflichtiger) dort, wo sie eine **Wohnung** unter Umständen **innehat**, die darauf schließen lassen, dass sie die Wohnung **beibehalten und benutzen wird** (§ 8 AO):

▸ **Wohnung**
   Unter einer Wohnung versteht man objektiv zum Wohnen geeignete Wohnräume.
   Es genügt eine bescheidene Bleibe. Nicht erforderlich ist eine abgeschlossene Woh-

nung mit Küche und separater Waschgelegenheit i. S. d. Bewertungsrechts (AEAO zu § 8 AO, Nr. 3). Eine Wohnung i. S. v. § 8 AO ist daher auch ein möbliertes Zimmer oder ein feststehender Wohnwagen (nicht: Zelt).

▸ **Innehaben der Wohnung**
Der Steuerpflichtige muss tatsächlich über die Wohnung verfügen können (AEAO zu § 8 AO, Nr. 4 S. 1, 1. HS). Bei einem Hotelzimmer ist dies regelmäßig nicht der Fall.

▸ **Beibehaltungs- und Benutzungsabsicht**
Es muss damit zu rechnen sein, dass sich der Steuerpflichtige in der Wohnung wiederholt zum Wohnen aufhalten wird (AEAO zu § 8 AO, Nr. 4 S. 1, 2. HS).

- Es genügt, dass die Wohnung über Jahre hinweg jährlich regelmäßig zweimal zu bestimmten Zeiten über einige Wochen benutzt wird (AEAO zu § 8 AO, Nr. 4 S. 2).

- Kein Wohnsitz, wenn Beibehaltung und Benutzung von vornherein nur vorübergehend (= < sechs Monate) beabsichtigt ist (AEAO zu § 8 AO, Nr. 4 S. 4).

Ein Steuerpflichtiger kann **mehrere Wohnsitze (im In- und Ausland) gleichzeitig** haben. Entscheidend für die Steuerpflicht nach § 1 Abs. 1 EStG ist, dass zumindest **ein** Wohnsitz im Inland (Deutschland) besteht.

Zu d) gewöhnlicher Aufenthalt:
Den gewöhnlichen Aufenthalt hat jemand dort, wo er sich unter Umständen aufhält, die erkennen lassen, dass er an diesem Ort oder in diesem Gebiet **nicht nur vorübergehend** verweilt (§ 9 S. 1 AO). Das bedeutet, dass

▸ als gewöhnlicher Aufenthalt stets und von Beginn an ein **zeitlich zusammenhängender Aufenthalt von > sechs Monaten** Dauer anzusehen ist; kurzfristige Unterbrechungen (z. B. Familienheimfahrten, Jahresurlaub, längerer Heimaturlaub, Kur und Erholung, aber auch geschäftliche Reisen) bleiben unberücksichtigt (dies gilt nicht, wenn der Aufenthalt ausschließlich zu Besuchs-, Erholungs-, Kur- oder ähnlichen privaten Zwecken genommen wird und nicht länger als ein Jahr dauert, § 9 S. 2 und 3 AO und AEAO zu § 9 AO, Nr. 1 S. 6) und

▸ der Tatbestand des gewöhnlichen Aufenthalts bei einem < **sechs Monate** dauernden Aufenthalt verwirklicht werden kann, wenn Inlandsaufenthalte nacheinander folgen, die sachlich miteinander verbunden sind, und der Steuerpflichtige **von vornherein beabsichtigt, nicht nur vorübergehend im Inland zu verweilen** (AEAO zu § 9 AO, Nr. 1 S. 7).

Im Gegensatz zum Wohnsitzbegriff können Steuerpflichtige nur **einen** gewöhnlichen Aufenthaltsort begründen (AEAO zu § 9 AO, Nr. 3). Der Tatbestand des gewöhnlichen Aufenthalts ist zu prüfen, wenn kein Wohnsitz nach § 8 AO festgestellt werden kann.

Unbeschränkt Steuerpflichtige i. S. v. § 1 Abs. 1 EStG sind mit sämtlichen in- und ausländischen Einkünften im Inland zu besteuern (= **Welteinkommensprinzip**). Hierdurch ggf. hervorgerufene Doppelbesteuerungen im In- und Ausland werden durch so genannte Doppelbesteuerungsabkommen (DBA) bzw. andere zwischenstaatliche Vereinbarungen oder nationale Regelungen abgemildert (vgl. H 1a „Allgemeines" EStH).

Beispiel

Fallbeispiel Friseurmeister Milz

Milz wohnt in einer großen Altbauwohnung in der Handjerystraße in Berlin-Adlershof. Darüber hinaus hat er einen zweiten Wohnsitz in London (England).

Er ist unbeschränkt steuerpflichtig nach § 1 Abs. 1 EStG, da er als natürliche Person einen Wohnsitz in Berlin (Inland) hat. Der zweite Wohnsitz in London (Ausland) ist für die inländische Besteuerung ohne Bedeutung.

Fallbeispiel Abwandlung

Milz hat ausschließlich einen Wohnsitz in London und arbeitet im Jahr 2014 für zehn Monate in seinem Salon in Berlin. Während dieser Zeit ist er in einem Hotel untergebracht.

Für dieses Jahr begründet er einen gewöhnlichen Aufenthalt (§ 9 AO) in Deutschland, da er sich betriebsbedingt mehr als sechs Monate im Inland aufhält. Das Hotelzimmer ist kein Wohnsitz i. S. v. § 8 AO, da das Kriterium „Innehaben" nicht erfüllt ist (Milz kann nicht tatsächlich über das Zimmer verfügen). Er ist unbeschränkt einkommensteuerpflichtig nach § 1 Abs. 1 EStG.

Die unbeschränkte Steuerpflicht nach § 1 Abs. 1 EStG beginnt mit der Geburt bzw. dem Zuzug nach Deutschland und endet mit dem Tod bzw. Wegzug aus Deutschland (*Schmidt, L.,* Einkommensteuergesetz, 33. Auflage, 2014, zu § 1 EStG, Rn. 77).

Zur erweitert unbeschränkten persönlichen Einkommensteuerpflicht i. S. v. § 1 Abs. 2 EStG (Diplomatenregelung):

§ 1 Abs. 2 EStG **erweitert** die unbeschränkte Steuerpflicht über die in § 1 Abs. 1 EStG bezeichneten Personen auf

a)   deutsche Staatsangehörige,

b)   die im **Ausland** ihren Wohnsitz oder gewöhnlichen Aufenthalt haben,

c)   zu einer inländischen juristischen Person des öffentlichen Rechts in einem Dienstverhältnis stehen und dafür Arbeitslohn aus einer inländischen öffentlichen Kasse beziehen **und**

d)   die in dem Staat, in dem sie ihren Wohnsitz oder gewöhnlichen Aufenthalt haben, lediglich in einem der beschränkten Einkommensteuerpflicht ähnlichen Umfang zu einer Steuer vom Einkommen herangezogen werden (vgl. auch H 1a „Beschränkte Steuerpflicht nach ausländischem Recht" EStH).

Unter § 1 Abs. 2 EStG fallen **insbesondere** von der BRD ins Ausland entsandte deutsche Staatsangehörige, die **Mitglied einer diplomatischen Mission oder konsularischen Vertretung** sind – **einschließlich der zu ihrem Haushalt gehörenden Angehörigen** –, soweit die entsprechenden Voraussetzungen nach § 1 Abs. 2 S. 1, 2. HS und S. 2 EStG erfüllt sind (R 1 S. 1 und 2 EStR). Ziel dieser Regelung ist es, dass auch dieser Personenkreis die Vergünstigungen in Anspruch nehmen kann, die eine unbeschränkte Steuerpflicht voraussetzen (z. B. das sog. Ehegatten-Splitting nach § 32a Abs. 5 EStG).

Steuerausländer (= natürliche Person, die ihren Wohnsitz oder gewöhnlichen Aufenthalt im Ausland hat), die nicht unter § 1 Abs. 2 EStG fallen, sind unter den Voraussetzungen von § 1 Abs. 4 EStG beschränkt steuerpflichtig oder als unbeschränkt steuerpflichtig zu behandeln (§ 1 Abs. 3 EStG i. V. m. § 1a EStG).

Für **erweitert** unbeschränkt Steuerpflichtige nach § 1 Abs. 2 EStG gilt ebenfalls das **Welteinkommensprinzip**.

Beispiel

Fallbeispiel Friseurmeister Milz
Ein Freund von Milz (deutscher Staatsangehöriger, unverheiratet) ist Konsularbeamter des Außenministeriums in Berlin und hat seinen einzigen Wohnsitz in Südafrika, wo er an der deutschen Botschaft in Kapstadt tätig ist. Sein Gehalt bezieht er aus der öffentlichen Kasse seines Arbeitgebers in Berlin. Andere Einkünfte erzielt er nicht.

Der Freund ist als Konsularbeamter in Deutschland unbeschränkt einkommensteuerpflichtig nach § 1 Abs. 2 EStG und zwar ausschließlich mit seinem aus der öffentlichen Kasse bezogenen Gehalt.

Die erweitert unbeschränkte Steuerpflicht nach § 1 Abs. 2 EStG beginnt bzw. endet mit Vorliegen/Wegfall der entsprechenden Voraussetzungen.

Zur fiktiven unbeschränkten persönlichen Einkommensteuerpflicht i. S. v. § 1 Abs. 3 und § 1a EStG (Grenzpendlerregelung):

Als unbeschränkt einkommensteuerpflichtig werden auch natürliche Personen **behandelt**, wenn

a) sie einen Antrag stellen

b) sie einen Wohnsitz oder gewöhnlichen Aufenthalt im **Ausland** haben

c) sie inländische Einkünfte i. S. v. § 49 EStG erzielen

d) ihre Einkünfte im Kalenderjahr mindestens zu 90 % der deutschen Einkommensteuer unterliegen (= [inländische Einkünfte : in- und ausländische Einkünfte] $\geq$ 90 %) oder die nicht der deutschen Einkommensteuer unterliegenden Einkünfte den Grundfreibetrag nach § 32a Abs. 1 S. 2 Nr. 1 EStG (für VZ 2014: 8.354 €) nicht übersteigen (...) **und**

e) die Höhe der nicht der deutschen Einkommensteuer unterliegenden Einkünfte durch eine Bescheinigung der zuständigen ausländischen Steuerbehörde nachgewiesen wird.

Diese Regelung gilt **insbesondere** für so genannte **Grenzpendler**, d. h. Personen, die im Grenzgebiet zwischen verschiedenen Staaten wohnen und arbeiten (Berlin ist beispielsweise eine Grenzpendlerstadt, da sie an der Grenze zu Polen liegt).

Steuerausländer, die die Voraussetzungen von § 1 Abs. 3 EStG und § 1 Abs. 2 EStG nicht erfüllen, unterliegen der normalen beschränkten Steuerpflicht nach § 1 Abs. 4 EStG.

Fiktiv unbeschränkt Steuerpflichtige i. S. v. § 1 Abs. 3 EStG sind ausschließlich mit den inländischen Einkünften i. S. v. § 49 EStG der deutschen Einkommensteuer zu unterwerfen. Hierbei kommen sie in den Genuss der steuerlichen Vergünstigungen unbeschränkt Steuerpflichtiger (= **Inlands- oder Territorialprinzip ohne Anwendung von §§ 50 und 50a EStG, d. h. voller Abzug von Betriebsausgaben, Werbungskosten, Sonderausgaben und außergewöhnlichen Belastungen usw.**). Im Zusammenhang mit Angehörigen ist § 1a EStG zu beachten.

Beispiel

Fallbeispiel Abwandlung
Milz wohnt in Stettin (Polen) und pendelt jeden Tag zwischen seiner Wohnung und seinem Friseursalon am Kurfürstendamm in Berlin. In Deutschland hat er keinen weiteren Wohnsitz. Im Jahr 2014 erzielt er ausschließlich Einkünfte aus seiner selbstständigen Friseurtätigkeit nach § 49 Abs. 1 Nr. 2 EStG. Die sonstigen Voraussetzungen von § 1 Abs. 3 EStG sind erfüllt.

Er hat die inländischen Einkünfte nach § 49 EStG in Deutschland der Besteuerung zu unterwerfen (§ 1 Abs. 3 EStG). Hierfür kann er die Vergünstigungen in Anspruch nehmen, die eine unbeschränkte Steuerpflicht voraussetzen (§ 50 EStG greift nicht).

Die fiktiv unbeschränkte Steuerpflicht nach § 1 Abs. 3 EStG beginnt bzw. endet mit Vorliegen/Wegfall der entsprechenden Voraussetzungen.

4.2.2 Beschränkte persönliche Steuerpflicht

Die beschränkte persönliche Steuerpflicht differenziert zwischen folgenden Formen und Prinzipien:

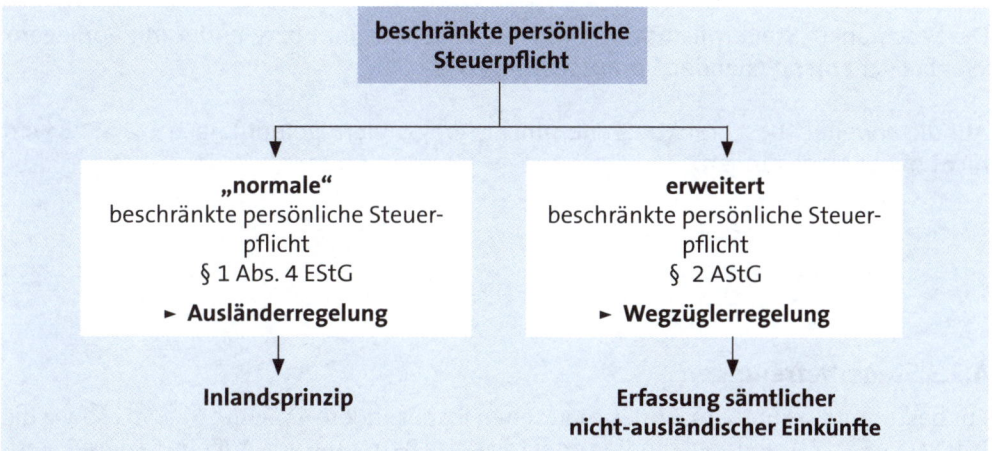

Vorbehaltlich des **§ 1 Abs. 2 und 3 EStG** sowie § 1a EStG sind nach § 1 Abs. 4 EStG **beschränkt einkommensteuerpflichtig**

a) natürliche Personen, die

b) einen Wohnsitz oder gewöhnlichen Aufenthalt im **Ausland** haben und

c) inländische Einkünfte i. S. v. § 49 EStG erzielen.

Ebenso wie fiktiv unbeschränkt Steuerpflichtige sind auch beschränkt Steuerpflichtige nur mit den inländischen Einkünften i. S. v. § 49 EStG in Deutschland zu besteuern (= **Inlands- oder Territorialprinzip**). Steuerliche Nachteile ergeben sich aus §§ 50 und 50a EStG.

Beispiel

Fallbeispiel Abwandlung
Milz wohnt und arbeitet als selbstständiger Friseur in Stettin (Polen). In Deutschland unterhält er ein Mietwohngrundstück am Kurfürstendamm (Berlin) und erzielt hieraus Vermietungseinkünfte.

Er ist in Deutschland beschränkt steuerpflichtig nach § 1 Abs. 4 EStG, da er als natürliche Person keinen Wohnsitz oder gewöhnlichen Aufenthalt im Inland hat (sondern in Polen) und inländische Vermietungseinkünfte i. S. v. § 49 Abs. 1 Nr. 6 EStG erzielt. Dies bedeutet, dass ausschließlich die Vermietungseinkünfte in Deutschland zu versteuern sind. Die im Ausland erzielten Einkünfte sind irrelevant.

Im Sachverhalt ist davon auszugehen, dass die Haupteinkünftequelle aus seiner ausländischen Friseurtätigkeit resultiert. Daher ist es für Milz nicht möglich, einen Antrag nach § 1 Abs. 3 EStG zu stellen und so als unbeschränkt steuerpflichtig behandelt zu werden.

Die beschränkte Steuerpflicht nach § 1 Abs. 4 EStG beginnt bzw. endet mit Vorliegen/ Wegfall der entsprechenden Voraussetzungen.

Auf die erweitert beschränkte Steuerpflicht (Wegzüglerregelung) nach § 2 AStG wird nicht näher eingegangen.

Aufgabe 17 - 19 > Seite 210
Aufgabe 20 - 22 > Seite 211

4.2.3 Steuerbefreiungen

Für bestimmte steuerbare Einnahmen sehen insbesondere §§ 3 und 3b EStG sowie die LStDV (§ 4 EStDV) eine vollständige oder teilweise Befreiung vor. Auf einige dieser steuerbefreiten Einnahmen wird im Folgenden näher eingegangen.

Ausgaben, die mit steuerfreien Einnahmen in unmittelbarem wirtschaftlichen Zusammenhang stehen, dürfen steuerlich nicht berücksichtigt werden (§ 3c Abs. 1 EStG).

Der Progressionsvorbehalt nach § 32b EStG ist zu beachten (siehe genauer unter Abschnitt 4.3.10.1).

4.3 Ermittlung der Einkommensteuer

Die Einkommensteuerschuld von **natürlichen Personen** lässt sich – **vereinfacht dargestellt** – folgendermaßen ermitteln (in Anlehnung an R 2 EStR):

	Summe der Einkünfte (§ 2 Abs. 3 S. 1 EStG)
-	Altersentlastungsbetrag (§ 24a EStG)
-	Entlastungsbetrag für allein Erziehende (§ 24b EStG)
-	Freibetrag für Land- und Forstwirte (§ 13 Abs. 3 EStG)
=	**Gesamtbetrag der Einkünfte (§ 2 Abs. 3 EStG)**
-	Verlustabzug (§ 10d EStG)
-	Sonderausgaben (§§ 10, 10a, 10b, 10c EStG)
-	außergewöhnliche Belastungen (§§ 33, 33a, 33b EStG)
=	**Einkommen (§ 2 Abs. 4 EStG)**
-	Freibeträge für Kinder (§ 31 i. V .m. § 32 Abs. 6 EStG)
-	Härteausgleich (§ 46 Abs. 3 EStG oder § 70 EStDV)
=	**zu versteuerndes Einkommen (§ 2 Abs. 5 EStG)**
	► Ermittlung des Steuerbetrags mithilfe der Tarifvorschriften und Abrundung auf nächsten vollen Euro (§ 32a Abs. 1 und 5 EStG) **bzw.**
	► Anwendung der Steuertabellen (Grund- oder Splittingtabelle)
=	**tarifliche Einkommensteuer**
-	anrechenbare ausländische Steuern (§ 34c EStG)
-	Steuerermäßigungen (z. B. §§ 34f, 34g, 35, 35a EStG)
+	Anspruch auf Kindergeld (bei Abzug der Freibeträge nach § 32 Abs. 6 EStG)
=	**festzusetzende Einkommensteuer (§ 2 Abs. 6 EStG)**
-	vierteljährliche ESt-Vorauszahlungen (§ 36 Abs. 2 Nr. 1 i. V. m. § 37 EStG)
-	einbehaltene Lohnsteuer (§ 36 Abs. 2 Nr. 2 i. V. m. § 38 EStG)
-	einbehaltene Kapitalertragsteuer (§ 36 Abs. 2 Nr. 2 i. V. m. § 43 EStG) [1]
=	**Abschlusszahlung oder Erstattung**

[1] Kapitalertragsteuer wird nur angerechnet, wenn die Einkommensteuer nicht durch Kapitalertragsteuerabzug abgegolten ist (z. B. bei Ausübung der Veranlagungsoption gem. § 32d Abs. 4 und 6 EStG).

Ermittlung des zu versteuernden Einkommens und Festsetzung der zu zahlenden bzw. erstattenden Steuer erfolgen im Rahmen der so genannten Steuerveranlagung. Hierauf wird zunächst eingegangen (vgl. Abschnitt 4.3.1). Anschließend wird zu den einzelnen Begriffen in der Tabelle Stellung genommen (vgl. Abschnitte 4.3.2 - 4.3.10).

4.3.1 Veranlagungsarten

Die **Steuerveranlagung** ist ein förmliches Verfahren, in dem aufgrund einer Steuererklärung des Steuerpflichtigen die Besteuerungsgrundlagen ermittelt werden und die zu zahlende bzw. zu erstattende Steuer durch einen Bescheid vom Finanzamt festgesetzt wird.

Die Einkommensteuer wird nach Ablauf des Kalenderjahres (Veranlagungszeitraum) nach dem Einkommen veranlagt, das der Steuerpflichtige in diesem Veranlagungszeitraum bezogen hat, soweit nicht nach **§ 43 Abs. 5 EStG** (vgl. Abschnitt 4.3.2.7) und **§ 46 EStG** eine Veranlagung unterbleibt (§ 25 Abs. 1 EStG). Hierfür hat der Steuerpflichtige eine Einkommensteuererklärung *grundsätzlich* bis zum 31. Mai des Folgejahres abzugeben (§ 149 Abs. 2 AO). Die Erklärung ist in der Regel durch Datenfernübertragung an das Finanzamt zu übermitteln, wenn Gewinneinkünfte i. S. v. § 2 Abs. 1 Nr. 1 - 3 EStG erzielt werden und es sich nicht um einen der Veranlagungsfälle gem. § 46 Abs. 2 Nr. 2 - 8 EStG handelt (§ 25 Abs. 4 EStG).

Für **Arbeitnehmer, die nur Einkünfte aus nicht selbstständiger Arbeit (§ 19 EStG) beziehen**, ist **§ 46 Abs. 4 EStG** zu beachten: Sie brauchen grundsätzlich keine Steuererklärung abzugeben (werden also nicht veranlagt), außer es greift die Veranlagung von Amts wegen (§ 46 Abs. 2 Nr. 1 - 7 EStG) oder die Veranlagung erfolgt auf Antrag (§ 46 Abs. 2 Nr. 8 EStG).

Steuerpflichtige sind **einzeln** oder **zusammen** zu veranlagen:

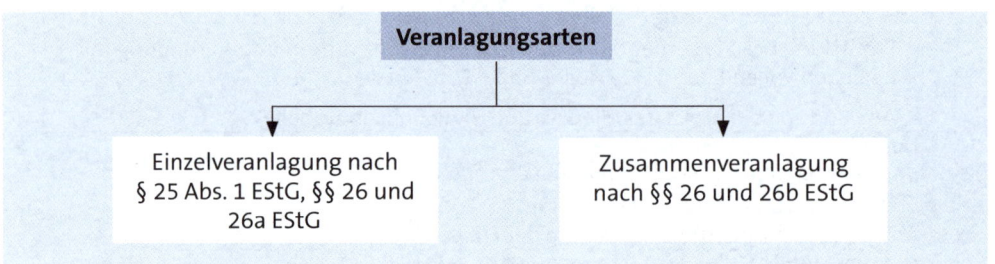

4.3.1.1 Einzelveranlagung

Steuerpflichtige sind grundsätzlich **einzeln** zur Einkommensteuer zu veranlagen (§ 25 Abs. 1 EStG). In § 25 Abs. 1 EStG ist nämlich geregelt, dass die Einkommensteuer nach Ablauf des Kalenderjahres (Veranlagungszeitraum) nach dem Einkommen veranlagt (festgesetzt) wird, das der **einzelne** Steuerpflichtige in diesem Veranlagungszeitraum bezogen hat.

Einzeln veranlagt werden:

► ledige, verwitwete oder geschiedene Steuerpflichtige,

► Ehegatten,
  - bei denen die Voraussetzungen von § 26 Abs. 1 S. 1 EStG **nicht** erfüllt sind (z. B. dauernd getrennt lebende Ehegatten oder Eheleute, bei denen einer oder beide nicht unbeschränkt steuerpflichtig sind) **oder**
  - bei denen die Voraussetzungen von § 26 Abs. 1 S. 1 EStG erfüllt sind und zur Einzelveranlagung optiert worden ist (§§ 26 und 26a EStG) sowie

► beschränkt Steuerpflichtige.

Bei der Einzelveranlagung ist *grundsätzlich* der Grundtarif nach § 32a Abs. 1 EStG anzuwenden (vgl. Abschnitt 4.3.10.1).

4.3.1.2 Zusammenveranlagung

Ehegatten, die die Voraussetzungen des § 26 Abs. 1 S. 1 EStG erfüllen, können nach § 26 Abs. 1 EStG wählen zwischen

- **Einzelveranlagung** (§ 26a EStG i. V. m. § 25 Abs. 1 EStG) und
- **Zusammenveranlagung** (§ 26b EStG).

Zu den kumulativ zu erfüllenden Voraussetzungen nach § 26 Abs. 1 S. 1 EStG zählen:

1. Es muss sich um Ehegatten handeln.
2. Die Ehegatten müssen beide unbeschränkt steuerpflichtig und zwar i. S. d. § 1 Abs. 1, Abs. 2 oder des § 1a EStG sein.
3. Die Ehegatten dürfen nicht dauernd getrennt leben.
4. Die Voraussetzungen Nr. 1 - 3 müssen **zusammen** zu **irgendeinem Zeitpunkt des Veranlagungszeitraum** (ein einziger Tag im Veranlagungszeitraum genügt) vorgelegen haben.

Es ist immer einzelfallbezogen zu prüfen, ob die Einzel- oder Zusammenveranlagung bei der Veranlagung von Ehegatten günstiger ist.

Die **Zusammenveranlagung** für einen betreffenden Veranlagungszeitraum kann von **beiden** Ehegatten durch Angabe in der Steuererklärung gewählt werden (§ 26 Abs. 2 S. 2 und 3 EStG). Wird von dem Wahlrecht nach § 26 Ab. 2 EStG nicht oder nicht wirksam Gebrauch gemacht, wird vom Finanzamt automatisch eine Zusammenveranlagung durchgeführt (§ 26 Abs. 3 EStG). Hat ein Ehegatte nach § 26 Abs. 2 Satz 1 EStG die **Einzelveranlagung (§ 26a EStG)** gewählt, ist für jeden Ehegatten eine Einzelveranlagung durchzuführen, auch wenn sich jeweils eine Steuerschuld von 0 € ergibt (R 25 Abs. 1 S. 1 EStR).

Zwar führt die Zusammenveranlagung zu einer Zusammenrechnung, nicht aber zu einer einheitlichen Ermittlung der Einkünfte der Ehegatten (R 26b Abs. 1 EStR und H 26b „Gesonderte Ermittlung der Einkünfte" EStH). Das bedeutet, dass – ebenso wie bei der Einzelveranlagung – für jeden Ehegatten die von ihm bezogenen Einkünfte zunächst gesondert zu ermitteln und anschließend in der Position „Summe der Einkünfte" zusammenzurechnen sind (siehe z. B. Aufgabe 34). Ab der Summe der Einkünfte bis zum zu versteuernden Einkommen bilden die Ehegatten eine Einheit. Das heißt, von „der Summe der Einkünfte" an erfolgt keine gesonderte Ermittlung mehr.

Bei Zusammenveranlagung greift in der Regel der so genannte Splittingtarif (§ 32a Abs. 5 EStG, vgl. Abschnitt 4.3.10.1).

4.3.2 Summe der Einkünfte

Die Summe der Einkünfte ist die **Zusammenrechnung der Einkünfte von sieben verschiedenen Gewinn- und Überschusseinkunftearten nach § 2 Abs. 1 EStG**, die ein Steuerpflichtiger erzielen kann:

Einkünftearten nach § 2 Abs. 1 EStG	
Gewinneinkünfte i. S. v. § 2 Abs. 2 Nr. 1 EStG (Gewinnquelle = Betrieb):	**Überschusseinkünfte i. S. v. § 2 Abs. 2 Nr. 2 i. V. m. Abs. 1 EStG (Überschussquelle = Ertrag im privaten Bereich):**
► Einkünfte aus Land- und Forstwirtschaft § 13 EStG (vgl. Abschnitt 4.3.2.1) ► Einkünfte aus Gewerbebetrieb §§ 15 ff. EStG (vgl. Abschnitt 4.3.2.2 - 4.3.2.4) ► Einkünfte aus selbstständiger Arbeit § 18 EStG (vgl. Abschnitt 4.3.2.5)	► Einkünfte aus nicht selbstständiger Arbeit § 19 EStG (vgl. Abschnitt 4.3.2.6) ► Einkünfte aus Kapitalvermögen § 20 EStG (vgl. Abschnitt 4.3.2.7) ► Einkünfte aus Vermietung und Verpachtung § 21 EStG (vgl. Abschnitt 4.3.2.8) ► Sonstige Einkünfte § 22 EStG (vgl. Abschnitt 4.3.2.9)

Soweit die rechtlichen Voraussetzungen für mehrere Einkünftearten gleichzeitig erfüllt sind, haben die so genannten **Haupteinkünftearten** Vorrang vor den **Nebeneinkünftearten** (Subsidiaritätsprinzip). Entsprechende Regelungen finden sich hierzu im EStG (§ 20 Abs. 8 EStG, § 21 Abs. 3 EStG und § 23 Abs. 2 EStG).

Zu den **Haupteinkünftearten** zählen:

► Einkünfte aus Land- und Forstwirtschaft (§ 13 EStG)

► Einkünfte aus Gewerbebetrieb (§§ 15 ff. EStG)

► Einkünfte aus selbstständiger Arbeit (§ 18 EStG)

► Einkünfte aus nicht selbstständiger Arbeit (§ 19 EStG).

Die restlichen Einkünfte (Einkünfte aus Kapitalvermögen [§ 20 EStG], Einkünfte aus Vermietung und Verpachtung [§ 21 EStG] sowie die sonstigen Einkünfte [§ 22 EStG]) zählen zu den **Nebeneinkünftearten**.

Steuerpflichtige können ausschließlich Einkünfte im Sinne dieser sieben verschiedenen Einkunftsarten nach § 2 Abs. 1 EStG erzielen. Dies bedeutet, dass alle anderen Einkünfte nicht steuerbar sind, z. B. Schenkungen und Erbschaften, Lotto-, Toto- und Renngewinne oder auch Einkünfte aus einer einkommensteuerlich nicht relevanten „Liebhaberei". Eine „Liebhaberei" liegt beispielsweise vor, wenn eine natürliche Person hobbymäßig Tauben züchtet und in diesem Rahmen auch vereinzelt Einnahmen erzielt, eine Gewinnerzielungsabsicht i. S. v. § 15 Abs. 2 EStG aber nicht vorliegt.

Für die Besteuerung ist es hierbei unerheblich, ob ein Verhalten, das den Tatbestand eines Steuergesetzes ganz oder zum Teil erfüllt, gegen ein gesetzliches Gebot oder Verbot oder gegen die guten Sitten verstößt (§ 40 AO).

Die Einkünfte **ermitteln** sich hierbei *grundsätzlich* als

- **Gewinneinkünfte** (= Einkünfte aus Land- und Forstwirtschaft, Gewerbebetrieb und selbstständiger Arbeit) durch **Saldierung von Betriebseinnahmen** (§ 8 EStG analog) **mit Betriebsausgaben** (§ 4 Abs. 4 EStG)
- **Überschusseinkünfte** (= Einkünfte aus nicht selbstständiger Arbeit, Kapitalvermögen und Vermietung und Verpachtung sowie sonstige Einkünfte) durch **Saldierung von Einnahmen** (§ 8 EStG) **mit so genannten Werbungskosten** (§§ 9 ff. EStG).

Einkünfte können sowohl positiver wie auch negativer Natur (= Verlust) sein.

Bei Ermittlung der Summe der Einkünfte findet – unter bestimmten Voraussetzungen – eine Verrechnung von positiven und negativen Einkunftsarten miteinander statt. Man spricht hier von der so genannten **Verlustverrechnung** (vgl. Abschnitt 4.3.4).

Aufgabe 23 - 24 > Seite 212

4.3.2.1 Einkünfte aus Land- und Forstwirtschaft

Zu den Einkünften aus Land- und Forstwirtschaft i. S. v. §§ 13 ff. i. V. m. § 2 Abs. 1 Nr. 1 EStG zählen generell alle Einkünfte, die mit einem **Betrieb der Land- und Forstwirtschaft** in Zusammenhang stehen.

Unter **Land- und Forstwirtschaft** versteht man die planmäßige Nutzung der natürlichen Kräfte des Bodens zur Erzeugung von Pflanzen und Tieren sowie die Verwertung der dadurch selbstgewonnenen Erzeugnisse. Ob eine land- und forstwirtschaftliche Tätigkeit vorliegt, ist jeweils nach dem Gesamtbild der Verhältnisse zu entscheiden (R 15.5 Abs. 1 S. 1 und S. 3 EStR).

Nach § 13 Abs. 1 EStG werden folgende Arten von Einkünften aus Land- und Forstwirtschaft unterschieden:

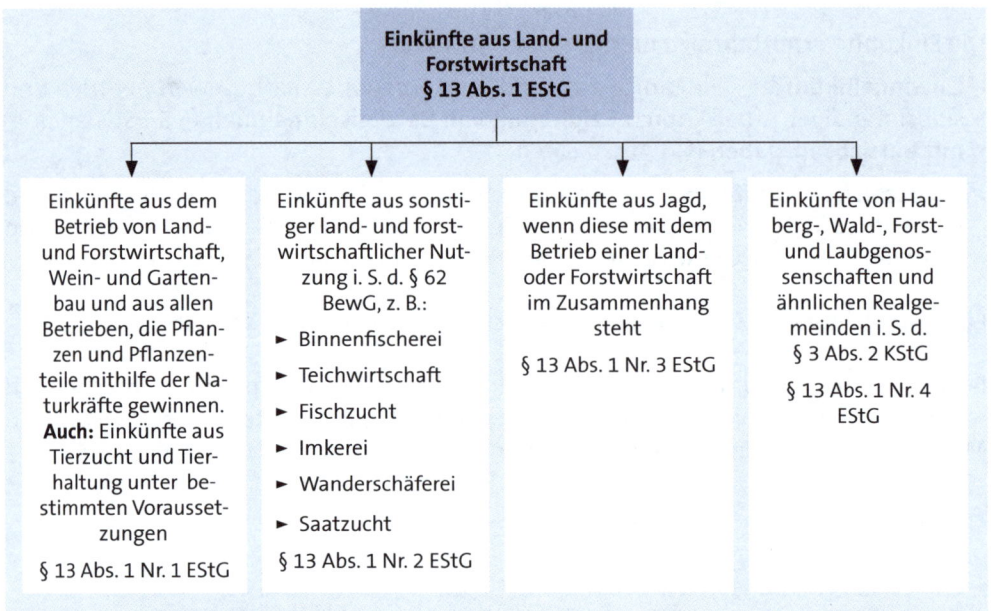

Weitere Einkünftearten aus Land- und Forstwirtschaft sind in § 13 Abs. 2 EStG geregelt.

Häufig ergeben sich Abgrenzungsprobleme zu den Einkünften aus Gewerbebetrieb nach § 15 EStG (vgl. hierzu auch R 15.5 EStR).

Einkünfte aus Land- und Forstwirtschaft werden als Gewinneinkünfte bezeichnet, weil sie als „Gewinn (oder Verlust)", d. h. Saldo aus Betriebseinnahmen und Betriebsausgaben, ermittelt werden. **Betriebseinnahmen** sind alle Güter in Geld oder Geldeswert (z. B. Waren oder Dienstleistungen), die einem Steuerpflichtigen innerhalb der betrieblichen Betätigung zufließen (§ 8 EStG analog), während **Betriebsausgaben** sämtliche Aufwendungen darstellen, die durch den Betrieb veranlasst sind (§ 4 Abs. 4 EStG).

Bei Land- und Forstwirten ist der Gewinn nach dem so genannten Wirtschaftsjahr zu ermitteln. Wirtschaftsjahr ist ein zwölfmonatiger Zeitraum (Ausnahmen: § 8b EStDV), für den der Steuerpflichtige regelmäßig seinen Gewinn ermittelt. Es umfasst bei Land- und Forstwirten den Zeitraum vom 1. Juli bis 30. Juni (§ 4a Abs. 1 Nr. 1 EStG; Ausnahmen: § 8c EStDV). Bei Ermittlung des Einkommens ist der Gewinn des Wirtschaftsjahres auf das Kalenderjahr, in dem das Wirtschaftsjahr beginnt, und auf das Kalenderjahr, in dem das Wirtschaftsjahr endet, entsprechend dem zeitlichen Anteil aufzuteilen (§ 4a Abs. 2 Nr. 1 EStG).

Einkünfte aus Land- und Forstwirtschaft können folgendermaßen bestimmt werden:

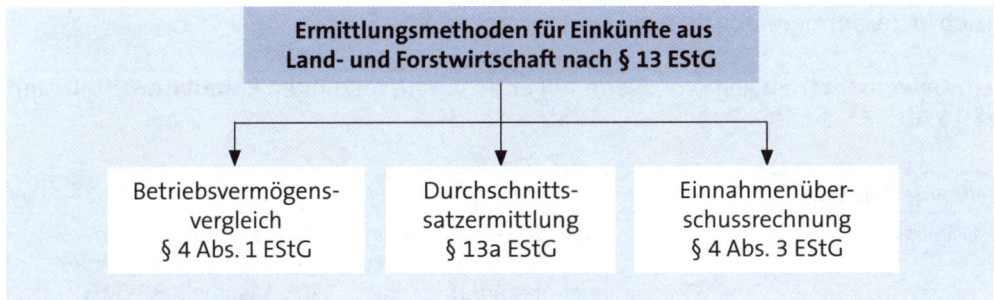

Zum Betriebsvermögensvergleich nach § 4 Abs. 1 EStG:
Der Betriebsvermögensvergleich nach § 4 Abs. 1 EStG kommt zur Anwendung, wenn **land- und forstwirtschaftlich geführte Personenunternehmen** zur steuerlichen Buchführung gesetzlich verpflichtet sind (§§ 140 bzw. 141 AO) oder freiwillig Bücher führen.

Zur Funktionsweise des Betriebsvermögensvergleichs nach § 4 Abs. 1 EStG vgl. die Ausführungen unter Abschnitt 4.3.2.2.

Zur Durchschnittssatzermittlung nach § 13a EStG:
Land- und forstwirtschaftlich geführte Personenunternehmen, die nicht steuerlich buchführungspflichtig sind, müssen ihren Gewinn nach so genannten Durchschnittssätzen i. S. v. § 13a EStG ermitteln, wenn ihr Betrieb eine bestimmte Größe nicht überschreitet (§ 13a Abs. 1 EStG und R 13a.1 Abs. 1 EStR). Ausnahmen regelt § 13a Abs. 2 EStG.

Zur Ermittlung des Durchschnittssatzgewinns wird auf § 13a Abs. 3 EStG verwiesen.

Zur Einnahmenüberschussrechnung nach § 4 Abs. 3 EStG:
Besteht keine steuerliche Buchführungspflicht und sind auch die Voraussetzungen des § 13a Abs. 1 S. 1 Nr. 2 - 4 EStG nicht erfüllt, kann der Gewinn (freiwillig) nach § 4 Abs. 1 EStG oder nach § 4 Abs. 3 EStG (Einnahmenüberschussrechnung) ermittelt werden (R 13.5 Abs. 1 S. 2 EStR).

Zur Funktionsweise der Einnahmenüberschussrechnung nach § 4 Abs. 3 EStG vgl. die Ausführungen unter Abschnitt 4.3.2.2.

Haben Land- und Forstwirte keine Bücher i. S. d. § 4 Abs. 1 EStG geführt und auch die Betriebseinnahmen und Betriebsausgaben i. S. d. § 4 Abs. 3 EStG nicht aufgezeichnet, so ist der Gewinn nach den Grundsätzen des § 4 Abs. 1 EStG zu schätzen (R 13.5 Abs. 1 Satz 3 EStR).

4.3.2.2 Einkünfte aus Gewerbebetrieb

Die Einkünfte aus Gewerbebetrieb beinhalten Einkünfte, die mit einem Gewerbebetrieb in Zusammenhang stehen.

Ein **Gewerbebetrieb** liegt vor, wenn folgende Voraussetzungen **kumulativ** erfüllt sind (§ 15 Abs. 2 S. 1 EStG):

(handschriftlich: alle müssen erfüllt sein)

Voraussetzungen	Erläuterungen
1. Selbstständigkeit	Tätigkeitsausübung auf eigene Rechnung (Unternehmerrisiko) und in eigener Verantwortung (Unternehmerinitiative); vgl. H 15.1 „Allgemeines" EStH
2. Nachhaltigkeit	auf Wiederholung angelegte Tätigkeit; tatsächlichen Umständen kommt besondere Bedeutung zu; vgl. H 15.2 „Wiederholungsabsicht" EStH
3. Gewinnerzielungsabsicht	► keine Gewinnerzielungsabsicht, wenn nur Selbstkostendeckung ► bei positiver Prognose des Totalergebnisses ist Gewinnerzielungsabsicht zu bejahen ► Absicht, Gewinne zu erzielen, ist maßgeblich ⟶ tatsächliche Gewinnzielung egal; vgl. H 15.3 „Selbstkostendeckung" und „Totalgewinn" EStH
4. Beteiligung am allgemeinen wirtschaftlichen Verkehr	Steuerpflichtiger muss mit Gewinnerzielungsabsicht nachhaltig und selbstständig am Leistungs- oder Güterverkehr teilnehmen: Tätigkeit muss nach außen hin in Erscheinung treten, Steuerpflichtiger muss sich mit der Tätigkeit an eine – wenn auch begrenzte – Allgemeinheit wenden und damit seinen Willen zu erkennen geben, ein Gewerbe zu betreiben; vgl. H 15.4 „Allgemeines" EStH
5. keine Land- und Forstwirtschaft	keine Tätigkeit i. S. v. § 13 EStG; zur Abgrenzung siehe auch R 15.5 EStR und H 15.5 EStH
6. keine freiberufliche oder sonstige selbstständige Tätigkeit	keine Tätigkeit i. S. v. § 18 EStG; zur Abgrenzung siehe auch R 15.6 EStR und H 15.6 EStH
7. keine Vermögensverwaltung (als „ungeschriebenes" Tatbestandsmerkmal)	eine Vermögensverwaltung liegt in der Regel vor, wenn Vermögen genutzt, z. B. Kapitalvermögen verzinslich angelegt oder unbewegliches Vermögen vermietet oder verpachtet wird (§ 14 S. 3 AO und R 15.7 Abs. 1 EStR)

(handschriftlich am linken Rand: 4 positive)

(handschriftlich am linken Rand: 3 negative)

Im EStG werden folgende Arten von Einkünften aus Gewerbebetrieb unterschieden:

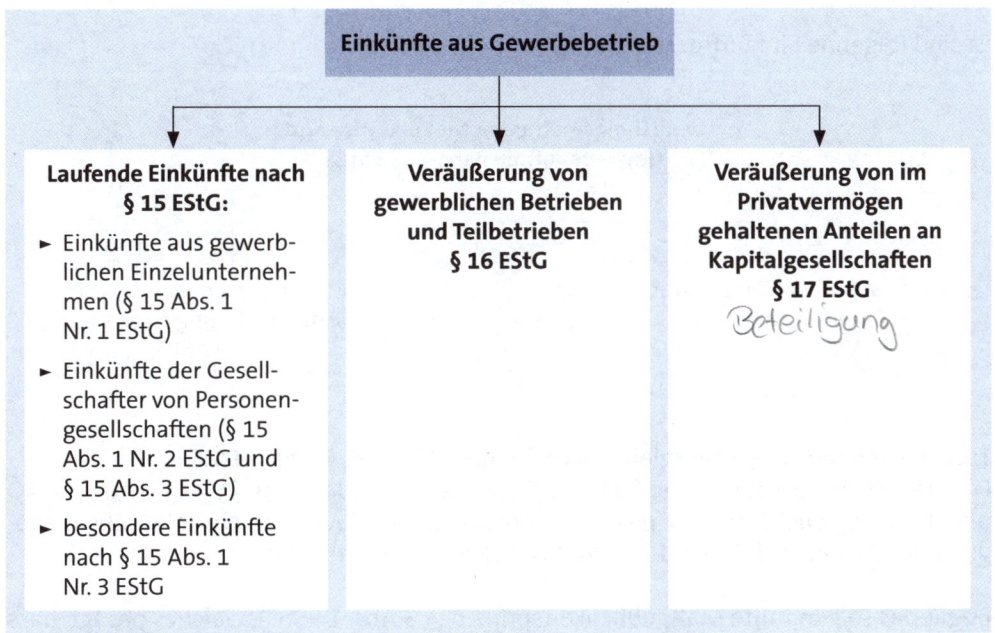

4.3.2.3 Laufende gewerbliche Einkünfte nach § 15 EStG

Bei **gewerblichen Einzelunternehmen** (**§ 15 Abs. 1 Nr. 1 EStG**) handelt es sich z. B. um Handwerksbetriebe, Einzelhandelsbetriebe, Industriebetriebe, Handelsvertreter oder Handelsmakler.

Eine **Personengesellschaft**, bei der die Gesellschafter als Mitunternehmer anzusehen sind, ist beispielsweise auch eine so genannte atypisch stille Gesellschaft (**§ 15 Abs. 1 Nr. 2 EStG**). Die unechten (atypisch) stillen Gesellschafter sind nicht nur am Gesellschaftserfolg, sondern auch am Betriebsvermögen inkl. stiller Reserven beteiligt. Echte (typisch) stille Gesellschafter sind hingegen als **Kapitalgeber** lediglich am Erfolg der stillen Gesellschaft beteiligt (§§ 230 ff. HGB). Im Gegensatz zu unechten stillen Gesellschaftern erzielen letztere daher keine Einkünfte aus Gewerbebetrieb, sondern Einkünfte aus Kapitalvermögen (§ 20 Abs. 1 Nr. 4 EStG).

Wirtschaftsjahr ist bei **Gewerbetreibenden, deren Firma im Handelsregister eingetragen ist**, der Zeitraum, für den sie regelmäßig Abschlüsse machen (§ 4a Abs. 1 Nr. 2 S. 1 EStG). Die Umstellung des **kalendergleichen Wirtschaftsjahres** auf einen **vom Kalenderjahr abweichenden Zeitraum ("abweichendes Wirtschaftsjahr")** ist steuerlich nur wirksam, wenn sie im Einvernehmen mit dem Finanzamt vorgenommen wird (§ 4a Abs. 1 Nr. 2 S. 2 EStG). Bei abweichenden Wirtschaftsjahren gilt der Gewinn als in dem Kalenderjahr bezogen, in dem das Wirtschaftsjahr endet (§ 4a Abs. 2 Nr. 2 EStG). Für

Gewerbetreibende, die nicht im Handelsregister eingetragen sind, ist das Wirtschaftsjahr stets das **Kalenderjahr** (§ 4a Abs. 1 Nr. 3 S. 1 EStG).

Es sind folgende Einkünfteermittlungsmethoden möglich:

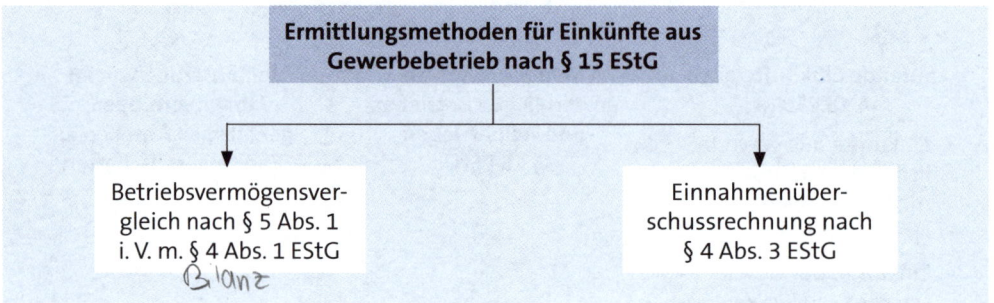

Zum Betriebsvermögensvergleich nach § 5 Abs. 1 i. V. m. 4 Abs. 1 EStG:
Für steuerlich buchführungspflichtige Gewerbetreibende i. S. v. §§ 140 bzw. 141 AO oder freiwillig buchführende gewerblich Tätige ist der Gewinn mittels Betriebsvermögensvergleich nach **§ 5 Abs. 1 i. V. m. 4 Abs. 1 EStG** zu ermitteln.

Es gilt das so genannte Maßgeblichkeitsprinzip (§ 5 Abs. 1 EStG), welches besagt, dass die **handelsrechtlichen** Ansatz- und Bewertungsvorschriften **auch in der Steuerbilanz** zu berücksichtigen sind (*„Maßgeblichkeit der Handelsbilanz für die Steuerbilanz"*), sofern nicht im Rahmen der Ausübung eines steuerlichen Wahlrechts ein anderer Ansatz gewählt wird bzw. wurde oder abweichende steuerliche Vorschriften (Ge- oder Verbote) hierfür bestehen.

Der **Betriebsvermögensvergleich nach § 4 Abs. 1 EStG** dient der Feststellung des jährlichen Steuerbilanzergebnisses. Nach § 4 Abs. 1 S. 1 EStG errechnet sich dieses wie folgt:

	Betriebsvermögen (steuerliches Eigenkapital) am Schluss des Wirtschaftsjahres
-	Betriebsvermögen am Schluss des vorangegangenen Wirtschaftsjahres
+	Privatentnahmen i. S. v. § 4 Abs. 1 S. 2 EStG
-	Privateinlagen nach § 4 Abs. 1 S. 8 EStG
=	**jährliches Steuerbilanzergebnis (Gewinn oder Verlust)**

In der Beratungspraxis wird das jährliche Steuerbilanzergebnis im Rahmen der steuerlichen Gewinn- und Verlustrechnung ermittelt.

Das Steuerbilanzergebnis ist um außerbilanzielle Hinzu- und Abrechnungen (§ 4 Abs. 5 EStG, §§ 3 ff. EStG) zu korrigieren. Die so ermittelten **Einkünfte aus Gewerbebetrieb nach § 15 Abs. 1 Nr. 1 oder Nr. 2 EStG (steuerliches Ergebnis)** werden den (Mit-)Unternehmern (anteilig) zugerechnet (§§ 179 und 180 AO).

Beispiel

Fallbeispiel Friseurmeister Milz

Milz und sein Freund betreiben den Friseursalon am Kurfürstendamm in Berlin als OHG. Bei Geschäftseröffnung haben beide Einlagen in Höhe von jeweils 50.000 € geleistet (= Kapitalkonten) und sind auch jeweils zu 50 % an der Gesellschaft beteiligt (laut Gesellschaftsvertrag). Für das Wirtschaftsjahr 2014 beläuft sich das Steuerbilanzergebnis der Gesellschaft auf 10.000 €. Außerbilanzielle Korrekturen sind nicht vorzunehmen.

Das steuerliche Ergebnis (= gewerbliche Einkünfte) der OHG beläuft sich für 2014 auf 10.000 €. Beiden Gesellschaftern steht ein Anteil von 50 % zu, d. h. sowohl Milz als auch sein Freund erzielen gewerbliche Einkünfte in Höhe von jeweils 5.000 € (§ 15 Abs. 1 Nr. 2 EStG).

Sofern sie gesellschaftsvertraglich keine abweichende Ergebnisverteilungsregelung treffen, ist § 121 HGB zu berücksichtigen (= 4 % Verzinsung des Kapitalanteils, Rest nach Köpfen).

Bei **Personengesellschaften** beinhalten die Einkünfte aus Gewerbebetrieb nach § 15 Abs. 1 Nr. 2 EStG nicht nur das (ggf. korrigierte) Steuerbilanzergebnis – auch **Gesamthandsergebnis** genannt –, sondern auch Einkünfte aus „Ergänzungsbilanzen" (Ergänzungsbilanzen dienen der Erfassung von Wertkorrekturen zu Wirtschaftsgütern in der Gesamthandsbilanz) und Sonderbetriebseinkünfte (= Sonderbetriebseinnahmen [SOBE] abzgl. Sonderbetriebsausgaben [SOBA] der an der Gesellschaft beteiligten Mitunternehmer). Man spricht von der additiven Gewinnermittlung:

	Gesamthandsergebnis
+	Einkünfte aus Ergänzungsbilanzen
+	Sonderbetriebseinkünfte
=	**steuerliches Ergebnis bzw. Einkünfte aus Gewerbebetrieb nach § 15 Abs. 1 Nr. 2 EStG**

Zu den **Sonderbetriebseinnahmen** zählen Vergütungen,

► die der Gesellschafter von der Gesellschaft für seine Tätigkeit im Dienst der Gesellschaft („Gehalt") oder

► für die Hingabe von Darlehen („Zinsen") oder

► für die Überlassung von Wirtschaftsgütern („Miete/Pacht")

bezogen hat (§ 15 Abs. 1 Nr. 2 S. 1, 2. HS EStG).

Die Sonderbetriebseinnahmen werden den Einkünften aus Gewerbebetrieb hinzugerechnet, da sie als Aufwand das Gesamthandsergebnis gemindert haben (Transparenzprinzip).

Beispiel

Fallbeispiel Friseurmeister Milz
Wie oben mit der Besonderheit, dass Milz ein Darlehen an die OHG in Höhe von 100.000 € vergeben hat. Hierfür erhält er in 2014 eine Vergütung in Höhe von 2.000 €, die auf Ebene der OHG zusätzlich als Betriebsausgabe zu erfassen ist. Der auf die Gesellschafter – laut Gesellschaftsvertrag – aufzuteilende Gesamthandgewinn der OHG beläuft sich demzufolge nur auf 8.000 €.

Die Zinsen stellen für Milz so genannte Sonderbetriebseinnahmen dar. Der steuerliche Gewinn der OHG beträgt damit – nach wie vor – 10.000 €: Der Zinsaufwand wird durch Hinzurechnung als Sonderbetriebseinnahme „neutralisiert". Milz erzielt hiernach Einkünfte aus Gewerbebetrieb in Höhe von 6.000 € (= Zinsen als „Vorweggewinn" von 2.000 € zzgl. 50 % vom Gesamthandgewinn in Höhe von 8.000 €), sein Freund in Höhe von 4.000 € (= 50 % von 8.000 €).

Beim Betriebsvermögensvergleich nach § 4 Abs. 1 EStG gilt das so genannte **Verursachungs- oder Entstehungsprinzip:** Einkünfte sind dem Wirtschaftsjahr zeitlich zuzurechnen, in dem sie wirtschaftlich verursacht worden bzw. entstanden sind. Auf den Zeitpunkt der entsprechenden Zahlungen kommt es nicht an.

Zur Einnahmenüberschussrechnung nach § 4 Abs. 3 EStG:
Die Einnahmenüberschussrechnung (EÜR) nach § 4 Abs. 3 EStG soll eine **vereinfachte Art der Gewinnermittlung** solchen (gewerblichen) Unternehmen ermöglichen, die steuerlich nicht buchführungspflichtig sind und auch freiwillig keine Bücher führen. Hierunter fallen insbesondere einzelunternehmerisch tätige Kleingewerbetreibende (Handwerker, Einzelhändler), die nicht im Handelsregister eingetragen und auch nicht nach § 141 AO buchführungspflichtig sind bzw. eingetragen sind, aber nach § 241a HGB von der handelsrechtlichen und somit auch steuerlichen Buchführungspflicht befreit sind und auch nicht freiwillig Bücher führen.

Die Vereinfachung besteht **im Wesentlichen** darin, dass **keine Vermögensveränderungen mittels Buchführung und Bilanzerstellung** (und somit auch insbesondere keine Forderungen, Verbindlichkeiten und Rückstellungen) zu erfassen sind, sondern ausschließlich auf **Zahlungen** im Sinne des **Zu- und Abflussprinzips nach § 11 EStG** abgestellt wird.

Dieses Zu- und Abflussprinzip nach § 11 EStG besagt – hier bezogen auf die EÜR – Folgendes:

▸ Betriebseinnahmen sind innerhalb des Kalenderjahres bezogen, in dem sie zugeflossen sind (= Zuflussprinzip nach § 11 Abs. 1 S. 1 EStG).

▸ Betriebsausgaben sind für das Kalenderjahr abzusetzen, in dem sie geleistet worden sind (= Abflussprinzip nach § 11 Abs. 2 S. 1 EStG).

Die Entstehung der hierbei zu Grunde liegenden Forderungen und Verbindlichkeiten ist unerheblich.

Wichtige Ausnahmen im Zusammenhang mit § 11 EStG und § 4 Abs. 3 EStG:

► **Regelmäßig wiederkehrende** Betriebseinnahmen bzw. Betriebsausgaben (z .B. Miete, Versicherungsbeiträge, Umsatzsteuervorauszahlungen), die innerhalb von zehn Tagen vor Beginn (also zwischen dem 22.12. und dem 31.12.) bzw. nach Beendigung des Kalenderjahres (01.01 - 10.01), zu dem sie wirtschaftlich gehören, zu- bzw. abgeflossen sind, sind dem Kalenderjahr zuzuordnen, zu dem sie wirtschaftlich gehören (§ 11 Abs. 1 S. 2 und Abs. 2 S. 2 EStG sowie H 11 „Allgemeines" EStH). Man spricht hier von der so genannte **Zehn-Tages-Fiktion**.

Fließen beispielsweise einem Steuerpflichtigen die Mieteinnahmen für Dezember 2013 erst am 05.01.2014 zu, sind diese zwar innerhalb des Kalenderjahres 2014 bezogen, aber dem Kalenderjahr 2013 zuzuordnen. Der tatsächliche Zuflusszeitpunkt ist bei der Zehn-Tages-Fiktion irrelevant.

► Die Anschaffungs- bzw. Herstellungskosten (oder der Einlagewert) **abnutzbarer Wirtschaftsgüter des Anlagevermögens** (z. B. Maschinen, Pkw) werden nicht im Zeitpunkt des Kaufs als Betriebsausgabe nach § 11 EStG erfasst, sondern – wie beim Betriebsvermögensvergleich – über die Nutzungsdauer der Wirtschaftsgüter im Form von planmäßigen Abschreibungen verteilt (§ 4 Abs. 3 S. 3 EStG); bei **nicht abnutzbaren Wirtschaftsgütern des Anlagevermögens** (z. B. Grund und Boden, Wertpapiere) sind Betriebsausgaben erst im Zeitpunkt des Verkaufs bzw. der Entnahme zu erfassen (§ 4 Abs. 3 S. 4 EStG).

► Bei Wirtschaftsgütern des Umlaufvermögens werden die Anschaffungs- oder Herstellungskosten (bzw. der Einlagewert) grundsätzlich im Zeitpunkt des Kaufs bzw. der Einlage als Betriebsausgabe erfasst; Ausnahmen hiervon regelt § 4 Abs. 3 S. 4 EStG.

► Sonstige Ausnahmen sind u .a. zu berücksichtigen bei

- Darlehen (H 4.5 Abs. 2 „Darlehen" EStH)

- der Umsatzsteuer (H 9b „Gewinnermittlung nach § 4 Abs. 3 EStG und Ermittlung des Überschusses der Einnahmen über die Werbungskosten" EStH)

- so genannten durchlaufenden Posten (§ 4 Abs. 3 S. 2 EStG).

Der Überschuss der (Betriebs-)Einnahmen über die (Betriebs-)Ausgaben nach § 4 Abs. 3 EStG ermittelt sich hiernach – stark vereinfacht dargestellt – folgendermaßen:

	Betriebseinnahmen (§ 8 EStG analog)
-	Betriebsausgaben (§ 4 Abs. 4 EStG)
~~+~~	~~Privatentnahmen (Sach- und Nutzungsentnahmen)~~
~~-~~	~~Privateinlagen (nur: Sacheinlagen)~~
=	**Überschuss der Einnahmen über die Ausgaben**

Die **Einkünfte aus Gewerbebetrieb** setzen sich grundsätzlich zusammen aus:

> Überschuss der Einnahmen über die Ausgaben (Gewinn)
> + außerbilanzielle Hinzurechnungen (§ 4 Abs. 5 EStG)
> - außerbilanzielle Abrechnungen (z. B. § 3 EStG)
> = **steuerliches Ergebnis bzw. Einkünfte aus Gewerbebetrieb (§ 15 Abs. 1 EStG)**

Die Gewinnermittlung nach § 4 Abs. 3 EStG setzt voraus, dass der Steuerpflichtige seine Betriebseinnahmen und Betriebsausgaben aufzeichnet. Fehlen solche Aufzeichnungen, muss der Gewinn nach den Grundsätzen des § 4 Abs. 1 EStG geschätzt werden (R 13.5 Abs. 1 S. 3 EStR).

Aufgabe 25 > Seite 212
Aufgabe 26 - 27 > Seite 213

4.3.2.4 Einkünfte aus der Veräußerung von gewerblichen Betrieben und Teilbetrieben nach § 16 EStG

Wird ein gewerblicher Betrieb oder Teilbetrieb (als Teilbetrieb gelten auch Mitunternehmeranteile oder 100 %-Beteiligungen an Kapitalgesellschaften) veräußert oder aufgegeben, erzielt der beteiligte (Mit-)Unternehmer gewerbliche Einkünfte, die unter bestimmten Voraussetzungen nach § 16 Abs. 4 EStG und § 34 EStG steuerlich begünstigt sind (§ 16 Abs. 1 und 3 EStG). Gewerbesteuer fällt grundsätzlich nicht an (§ 7 S. 2 GewStG).

Gewerbliche Einkünfte nach § 16 EStG werden anders ermittelt als Einkünfte nach § 15 EStG. Im Folgenden soll nur in den Grundzügen – am Beispiel der Veräußerung eines ganzen Gewerbebetriebs nach § 16 Abs. 1 Nr. 1 EStG – hierauf näher eingegangen werden.

Für den Verkäufer eines ganzen Gewerbebetriebs ermittelt sich der Veräußerungsgewinn nach § 16 Abs. 2 EStG folgendermaßen:

> Veräußerungspreis
> - Veräußerungskosten (z. B. Vermittlungsprovisionen, Grundbuchgebühren)
> - Wert des Betriebsvermögens i. S. v. § 4 Abs. 1 EStG zum Zeitpunkt der Veräußerung
> = **Veräußerungsgewinn**

Wesentliche Voraussetzung für die Ermittlung des Veräußerungsgewinns ist, dass eine Steuerbilanz aufgestellt wird. Bei Einnahmenüberschussrechnern ist daher zum Betriebsvermögensvergleich zu wechseln.

Beispiel

Fallbeispiel Friseurmeister Milz

Milz (mittlerweile 60 Jahre alt) möchte sich zur Ruhe setzen und entschließt sich daher, seinen seit über 30 Jahren gut florierenden Friseursalon am Kurfürstendamm in Berlin im Ganzen an eine gut situierte Geschäftsfrau für 300.000 € zu verkaufen. Zum Veräußerungszeitpunkt beträgt der Wert des Betriebsvermögens 250.000 €. Veräußerungskosten sind in Höhe von 10.000 € angefallen.

Der Veräußerungsgewinn beträgt 40.000 € (= 300.000 € - 10.000 € - 250.000 €). Sofern Milz einen Antrag nach § 16 Abs. 4 EStG stellt und die weiteren Voraussetzungen erfüllt sind, unterliegt dieser nicht der Einkommensbesteuerung (da < 45.000 €).

Sofern er einen Veräußerungsgewinn von 60.000 € erzielt hätte, würde dieser in Höhe von 15.000 € (= 60.000 € abzgl. Freibetrag von 45.000 €) darüber hinaus als „außerordentliche Einkünfteart" nach § 34 EStG steuerlich begünstigt erfasst werden.

Einkünfte nach § 16 EStG werden in Form einer „Schattenrechnung (= außerhalb der Summe der Einkünfte)" steuerlich erfasst. Sie unterliegen nicht der regulären Tarifbelastung nach § 32a EStG (§ 34 EStG).

Aufgabe 28 > Seite 214

4.3.2.5 Einkünfte aus selbstständiger Arbeit

Zu den Einkünften aus selbstständiger Arbeit zählen alle Einkünfte, die im Rahmen **einer freiberuflichen oder sonstigen selbstständigen Tätigkeit i. S. v. § 18 EStG** erzielt werden. Die Aufzählung der in § 18 EStG genannten Tätigkeiten ist jedoch nicht abschließend.

Es werden folgende Arten von Einkünften aus selbstständiger Arbeit nach § 18 EStG unterschieden:

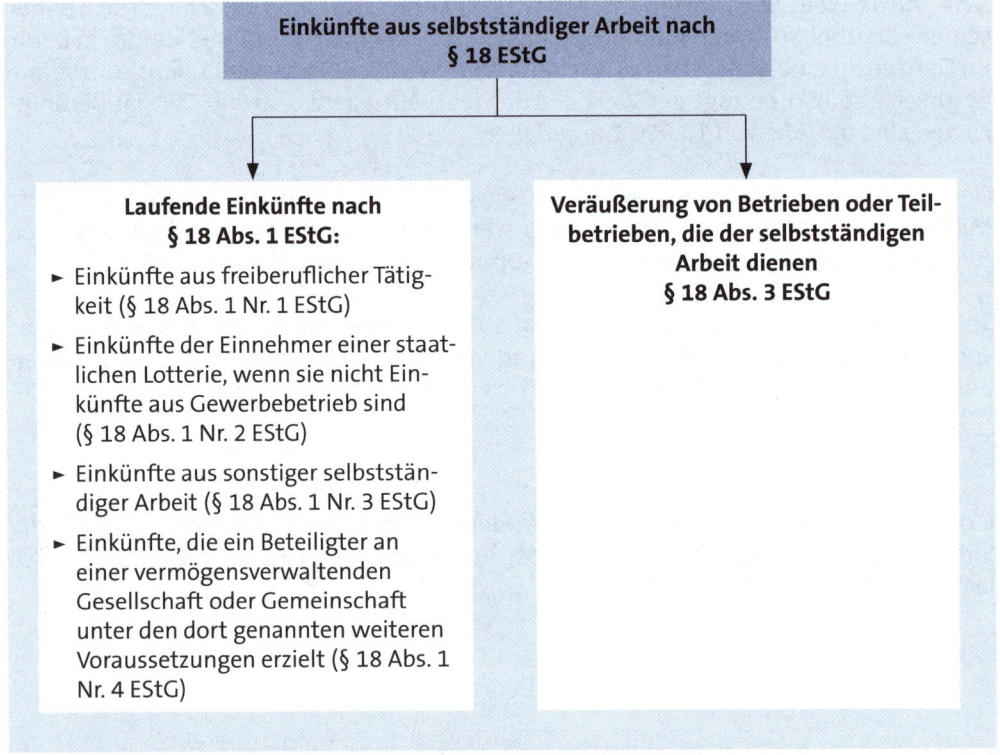

Zur freiberuflichen Tätigkeit nach § 18 Abs. 1 **Nr. 1** EStG gehören

► die selbstständig ausgeübte wissenschaftliche, künstlerische, schriftstellerische, unterrichtende oder erzieherische Tätigkeit

► die selbstständige Berufstätigkeit der **Ärzte, Zahnärzte, Tierärzte, Rechtsanwälte, Notare, Patentanwälte, Vermessungsingenieure, Ingenieure, Architekten, Handelschemiker, Wirtschaftsprüfer, Steuerberater, beratenden Volks- und Betriebswirte, vereidigten Buchprüfer, Steuerbevollmächtigten, Heilpraktiker, Dentisten, Krankengymnasten, Journalisten, Bildberichterstatter, Dolmetscher, Übersetzer, Lotsen** (= sog. **Katalogberufe**) und ähnlicher Berufe (z. B. Hebammen, Heilmasseure und EDV-Berater).

Bei einer sonstigen selbstständigen Tätigkeit nach § 18 Abs. 1 **Nr. 3** EStG handelt es sich **beispielsweise** um die der Testamentsvollstrecker, Vermögensverwalter und Aufsichtsratsmitglieder. Sie wird in der Regel gelegentlich und nur ausnahmsweise nachhaltig ausgeübt (H 15.6 „Allgemeines" EStH).

Die für einen Gewerbebetrieb i. S. v. § 15 Abs. 2 EStG geltenden positiven Voraussetzungen

- Selbstständigkeit
- Nachhaltigkeit
- Gewinnerzielungsabsicht
- Beteiligung am allgemeinen wirtschaftlichen Verkehr

gelten **auch für die selbstständige Arbeit i. S. d. § 18 Abs. 1 Nr. 1 und 2 EStG**.

Hierdurch ergeben sich häufig Abgrenzungsprobleme zu den Einkünften aus Gewerbebetrieb nach § 15 EStG (vgl. R 15.6 EStR und H 15.6 EStH).

Bei Steuerpflichtigen mit Einkünften aus selbstständiger Arbeit (§ 18 EStG) ist der Gewinn stets für das Kalenderjahr zu ermitteln (§ 2 Abs. 7 EStG). Sie sind generell nicht steuerlich buchführungspflichtig. Als Gewinnermittlungsmethoden kommen daher in Betracht:

- freiwillige Buchführung nach § 4 Abs. 1 EStG oder
- Einnahmenüberschussrechnung nach § 4 Abs. 3 EStG.

4.3.2.6 Einkünfte aus nicht selbstständiger Arbeit

Einkünfte aus nicht selbstständiger Arbeit i. S. v. § 19 i. V. m. § 2 Abs. 1 Nr. 4 EStG können nur **Arbeitnehmer** im Rahmen eines **Dienstverhältnisses** erzielen.

Arbeitnehmer sind nach § 1 Abs. 1 LStDV

- Personen, die in öffentlichem oder privatem Dienst angestellt oder beschäftigt sind **oder waren** und die aus diesem Dienstverhältnis oder einem früheren Dienstverhältnis Arbeitslohn beziehen
- Rechtsnachfolger von Arbeitnehmern (z. B. Witwen und Waisen), soweit sie Arbeitslohn aus dem früheren Dienstverhältnis ihres Rechtsvorgängers beziehen.

Ein **Dienstverhältnis i. S. v. § 1 Abs. 1 LStDV** liegt vor, wenn der Angestellte (Beschäftigte) dem Arbeitgeber (öffentliche Körperschaft, Unternehmer, Haushaltsvorstand) seine Arbeitskraft schuldet. Dies ist der Fall, wenn die tätige Person in der Betätigung ihres geschäftlichen Willens unter der Leitung des Arbeitgebers steht oder im geschäftlichen Organismus des Arbeitgebers dessen Weisungen zu folgen verpflichtet ist (§ 1 Abs. 2 LStDV).

Kein Arbeitnehmer ist, wer sich unternehmerisch i. S. d. § 2 UStG betätigt (§ 1 Abs. 3 LStDV).

Hiernach lassen sich folgende Arten von Einkünften aus nicht selbstständiger Arbeit unterscheiden:

Einkünfte aus nicht selbstständiger Arbeit nach § 19 EStG		
Einkünfte aus einem bestehenden Dienstverhältnis nach § 19 Abs. 1 Nr. 1 EStG:	**Einkünfte aus einem früheren Dienstverhältnis nach § 19 Abs. 1 Nr. 2 EStG:**	**Zahlungen des Arbeitgebers aus einem bestehenden Dienstverhältnis für eine betriebliche Altersversorgung nach § 19 Abs. 1 Nr. 3 EStG**
► Gehälter (Vergütungen für Angestellte bzw. Beamte) ► Löhne (Vergütungen für Arbeiter) ► Gratifikationen (zusätzliche Vergütungen für Arbeitnehmer aus besonderem Anlass, z. B. Weihnachtsgratifikationen) ► Tantiemen (einmalige Sondervergütungen für Arbeitnehmer, die nach Umsatz oder Gewinn bemessen werden) ► andere Bezüge und Vorteile (= Güter in Geld und Geldeswert [Wohnung/Unterkunft, Kost, Waren, Dienstleistungen und sonstige Sachbezüge nach § 8 Abs. 2 und 3 EStG i. V. m. R 8.1 und 8.2 LStR]) für eine Beschäftigung im öffentlichen oder privaten Dienst	► Wartegelder (Einnahmen aus einem Dienstverhältnis, dessen normale Lohnzahlung eingestellt ist, das aber fortgesetzt werden soll) ► Ruhegelder (Beiträge, die zur Versorgung des Arbeitnehmers für die Zeit nach Auflösung seines Dienstverhältnisses gezahlt werden, z. B. Ruhegehalt eines pensionierten Beamten) ► Witwen- und Waisengelder (Einnahmen aus einem früheren Dienstverhältnis des Rechtsvorgängers) ► andere Bezüge und Vorteile aus früheren Dienstleistungen, auch soweit sie von Arbeitgebern ausgleichspflichtiger Personen an ausgleichsberechtigte Personen infolge einer nach §§ 10 oder 14 des Versorgungsausgleichsgesetzes durchgeführten Teilung geleistet werden	

Bei den in § 19 Abs. 1 EStG genannten Einkünften aus nicht selbstständiger Arbeit handelt es sich genau genommen um den so genannten „Bruttoarbeitslohn (Arbeitslohn vor Kürzung durch Abzüge)" i. S. v. § 8 EStG i. V. m. § 2 LStDV und R 19.3 sowie 19.5 - 19.7 LStR. Nicht zum Arbeitslohn gehören Renten aus den gesetzlichen Rentenversicherungen, da sie dem Rentner **nicht** aus einem Dienstverhältnis zufließen. Diese Renten gehören zu den sonstigen Einkünften i. S. d. § 22 Nr. 1 EStG.

Die **Einkünfte aus nicht selbstständiger Arbeit nach § 19 Abs. 1 EStG** ergeben sich durch Ermittlung des **Überschusses des Bruttoarbeitslohns über die so genannten Werbungskosten nach § 9 EStG bzw. § 9a EStG** (bei Versorgungsbezügen i. S. v. § 19 Abs. 2 S. 2 EStG, d. h. Beamten- und Betriebspensionen, sind darüber hinaus – vor Werbungskostenabzug – ein so genannter Versorgungsfreibetrag und Zuschlag zum Versorgungsfreibetrag nach § 19 Abs. 2 S. 3 - 12 EStG zu berücksichtigen). Nicht abzugsfähige Werbungskosten i. S. v. § 9 Abs. 5 EStG i. V. m. § 4 Abs. 5 EStG sind hinzuzurechnen. Steuerfreie Einnahmen nach §§ 3 ff. EStG (z. B. § 3 Nr. 31, 32, 33, 39, 45 und 51 EStG) sind abzurechnen.

Man bezeichnet die Einkünfte aus nicht selbstständiger Arbeit daher auch als Überschusseinkünfte. Spezielle Ermittlungsmethoden gibt es hierfür nicht, Überschussermittlungszeitraum ist stets das Kalenderjahr (dies gilt für sämtliche Überschusseinkünftearten).

Werbungskosten i. S. v. § 9 Abs. 1 S. 1 EStG und R 9.1 LStR sind bei einem Arbeitnehmer alle Aufwendungen zur Erwerbung, Sicherung und Erhaltung seiner Einnahmen (Bruttoarbeitslohn) aus nicht selbstständiger Arbeit. Hierzu zählen insbesondere:

Typische Beispiele für Werbungskosten im Zusammenhang mit Einnahmen aus nicht selbstständiger Arbeit
► Beiträge zu Berufsständen und sonstigen Berufsverbänden, deren Zweck nicht auf einen wirtschaftlichen Geschäftsbetrieb gerichtet ist (**§ 9 Abs. 1 Nr. 3 EStG und R 9.3 LStR**), z. B.: Gewerkschaftsbeiträge, Steuerberaterkammerbeiträge bei angestellten Steuerberatern.
► **Aufwendungen des Arbeitnehmers für die Wege zwischen Wohnung und erster Tätigkeitsstätte i. S. v. § 9 Abs. 4 EStG:** Zur Abgeltung dieser Aufwendungen ist für jeden Arbeitstag, an dem der Arbeitnehmer die erste Tätigkeitsstätte aufsucht, eine Entfernungspauschale für jeden vollen Kilometer der Entfernung zwischen Wohnung und erster Tätigkeitsstätte in Höhe von 0,30 € anzusetzen, höchstens jedoch 4.500 € im Kalenderjahr; ein höherer Betrag als 4.500 € ist anzusetzen, soweit der Arbeitnehmer einen eigenen oder ihm zur Nutzung überlassenen Kraftwagen benutzt (**§ 9 Abs. 1 Nr. 4 EStG und R 9.10 LStR**).
► Aufwendungen des Arbeitnehmers für **beruflich veranlasste Fahrten**, die nicht Fahrten zwischen Wohnung und erster Tätigkeitsstätte i. S. d. § 9 Abs. 4 EStG sowie keine Familienheimfahrten sind (**§ 9 Abs. 1 Nr. 4a EStG**).
► Notwendige Mehraufwendungen, die einem Arbeitnehmer wegen einer **beruflich veranlassten doppelten Haushaltsführung** entstehen (**§ 9 Abs. 1 Nr. 5 EStG und R 9.11 LStR**).
► Notwendige Mehraufwendungen eines Arbeitnehmers für **beruflich veranlasste Übernachtungen** an einer Tätigkeitsstätte, die nicht erste Tätigkeitsstätte ist (**§ 9 Abs. 1 Nr. 5a EStG**).
► Aufwendungen für typische Arbeitsmittel (Gegenstände, die unmittelbar der Erledigung beruflicher Aufgaben dienen), z. B. für Werkzeuge, typische Berufskleidung, Computer und die Einrichtung eines häuslichen Arbeitszimmers i. S. v. § 4 Abs. 5 Nr. 6b EStG (ggf. ohne Rücksicht auf dessen Anerkennung). **§ 9 Abs. 1 Nr. 7 EStG bleibt unberührt.** Dies bedeutet, dass Aufwendungen von mehr als 410 € netto auf die Kalenderjahre der voraussichtlichen Nutzungsdauer des Arbeitsmittels zu verteilen und in jedem dieser Jahre anteilig als Werbungskosten (AfA) zu berücksichtigen sind (**§ 9 Abs. 1 Nr. 6 EStG und R 9.12 LStR**).

Typische Beispiele für Werbungskosten im Zusammenhang mit Einnahmen aus nicht selbstständiger Arbeit
► Absetzungen für Abnutzung (AfA) und für Substanzverringerung und erhöhte Absetzungen. § 6 Abs. 2 S. 1 - 3 EStG ist in Fällen der Anschaffung oder Herstellung von Wirtschaftsgütern entsprechend anzuwenden (**§ 9 Abs. 1 Nr. 7 EStG**).
► Sonstige Werbungskosten wie beispielsweise Aufwendungen für Aus- und Weiterbildung (R 9.2 LStR), Reisekosten (R 9.4 LStR), Umzugskosten (R 9.9 LStR) und Kontoführungsgebühren (jährlich 16 € ohne Nachweis).

Sofern keine Werbungskosten nachgewiesen werden können oder die nachweisbaren Werbungskosten einen Betrag von 1.000 € unterschreiten, werden Werbungskosten „pauschal" (= **Arbeitnehmer-Pauschbetrag**) in Höhe von **1.000 €** abgezogen (§ 9a Nr. 1a EStG). Bei Versorgungsbezügen i. S. v. § 19 Abs. 2 S. 2 EStG ist ein Pauschbetrag von 102 € zu berücksichtigen (§ 9a Nr. 1b EStG).

Werden Eheleute zusammen veranlagt und haben beide Ehegatten Einnahmen aus nicht selbstständiger Arbeit, so kann jeder Ehegatte – ebenso wie bei der Einzelveranlagung von Ehegatten – den Pauschbetrag absetzen.

Der Pauschbetrag nach § 9a Nr. 1b EStG darf nur bis zur Höhe der um den Versorgungsfreibetrag einschließlich des Zuschlags zum Versorgungsfreibetrag geminderten Einnahmen und der Pauschbetrag nach § 9a Nr. 1a EStG nur bis zur Höhe der Einnahmen abgezogen werden (§ 9a S. 2 EStG). Nachweisbare Werbungskosten können jedoch zu **negativen** Einkünften aus nicht selbstständiger Arbeit führen. Der Abzug des Werbungskostenpauschbetrags führt höchstens dazu, dass **keine** Einkünfte aus nicht selbstständiger Arbeit entstehen.

Beispiele

Fallbeispiel Abwandlungen

1. Milz ist Angestellter im Friseursalon seines Freundes am Kurfürstendamm in Berlin. Er bezieht ein monatliches Bruttogehalt von 2.000 €. Jeden Tag nutzt er sein eigenes Auto, um rechtzeitig vor Ort zu erscheinen. Die kürzeste Straßenverbindung zwischen seiner Wohnung (Adlershof) und dem Friseursalon (Kurfürstendamm) beträgt ca. 23 km. Im Jahr 2014 hat er 210 Tage im Friseursalon gearbeitet.

   Als Werbungskosten kann Milz die Entfernungspauschale nach § 9 Abs. 1 Nr. 4 EStG geltend machen. Diese ermittelt sich wie folgt: 210 Arbeitstage • 23 Entfernungskilometer • 0,30 € = 1.449 €. Mit diesem Betrag sind sämtliche Fahrtkosten abgegolten (§ 9 Abs. 2 EStG). Er fällt höher aus als der Pauschbetrag nach § 9a S. 1 Nr. 1a EStG (1.000 €). Daher wird Milz den Ansatz der Entfernungspauschale nach § 9 Abs. 1 Nr. 4 EStG wählen.

   Sofern Milz den Weg zwischen Wohnung und Arbeitsstätte mit einem öffentlichen Verkehrsmittel, einem anderen Fahrzeug (z. B. Motorrad, Motorroller, Moped oder Fahrrad) oder auch zu Fuß zurücklegt, würde er die gleiche steuerliche Entlastung erhalten. In diesem Fall könnte er jedoch maximal einen Betrag von 4.500 € abziehen. Bei öffentlichen Verkehrsmitteln ist darüber hinaus § 9 Abs. 2 S. 2 EStG zu berücksichtigen.

2. Angestellter Milz hat in 2014 einen Bruttoarbeitslohn in Höhe von 800 € bezogen (Arbeitsbeginn Ende Dezember 2014).

    Sofern er keine Werbungskosten nachweist, wird ein Pauschbetrag von 800 € (nicht 1.000 €) berücksichtigt (§ 9a S. 2 EStG i. V. m. R 9a EStR). Hierdurch erzielt er Einkünfte aus nicht selbstständiger Arbeit in Höhe von 0 €.

    Kann er tatsächlich entstandene Werbungskosten in Höhe von bspw. 1.200 € nachweisen, belaufen sich seine Einkünfte aus nicht selbstständiger Arbeit jedoch auf **- 400 €**.

Für den Zufluss von Einnahmen aus nicht selbstständiger Arbeit ist § 11 Abs. 1 S. 4 EStG zu berücksichtigen:

▸ Hiernach gilt **laufender** Arbeitslohn (= Arbeitslohn, der dem Arbeitnehmer regelmäßig fortlaufend zufließt, z. B. Monatsgehälter, Wochen- und Tagelöhne, Mehrarbeitsvergütungen, Zuschläge und Zulagen, geldwerte Vorteile aus der ständigen Überlassung von Dienstwägen zur privaten Nutzung) **in dem Kalenderjahr als bezogen, in dem der Lohnzahlungszeitraum endet**; in den Fällen des § 39b Abs. 5 S. 1 EStG tritt der Lohnabrechnungszeitraum an die Stelle des Lohnzahlungszeitraums (§ 38a Abs. 1 S. 2 EStG).

▸ Arbeitslohn, der nicht laufend gezahlt wird (z. B. dreizehnte und vierzehnte Monatsgehälter, einmalige Abfindungen und Entschädigungen, Gratifikationen und Tantiemen, die nicht fortlaufend gezahlt werden, Weihnachtszuwendungen) **wird in dem Kalenderjahr bezogen, in dem er dem Arbeitnehmer zufließt** (§ 38a Abs. 1 S. 3 EStG).

Entstandene Werbungskosten sind nach dem Abflussprinzip i. S. v. § 11 Abs. 2 EStG zu beurteilen. Die Pauschbeträge werden pro Kalenderjahr angesetzt.

4.3.2.7 Einkünfte aus Kapitalvermögen

Einkünfte aus Kapitalvermögen sind als Überschusseinkünfte in der Regel ausschließlich dann in die „reguläre Veranlagung" (= Ermittlung der Summe der Einkünfte) miteinzubeziehen, wenn ein Antrag vom Steuerpflichtigen gestellt wird und der Einbezug zu einer niedrigeren individuellen Steuerbelastung führt als im Fall der so genannten Abgeltungsbesteuerung („abschließende Kapitalertragsbesteuerung") in Höhe von 25 % zzgl. Solidaritätszuschlag und ggf. Kirchensteuer (§ 32d Abs. 6 EStG).

Grundsätzlich werden folgende Einkünfte aus Kapitalvermögen nach § 20 EStG unterschieden (es werden nur die wichtigsten Arten dargestellt):

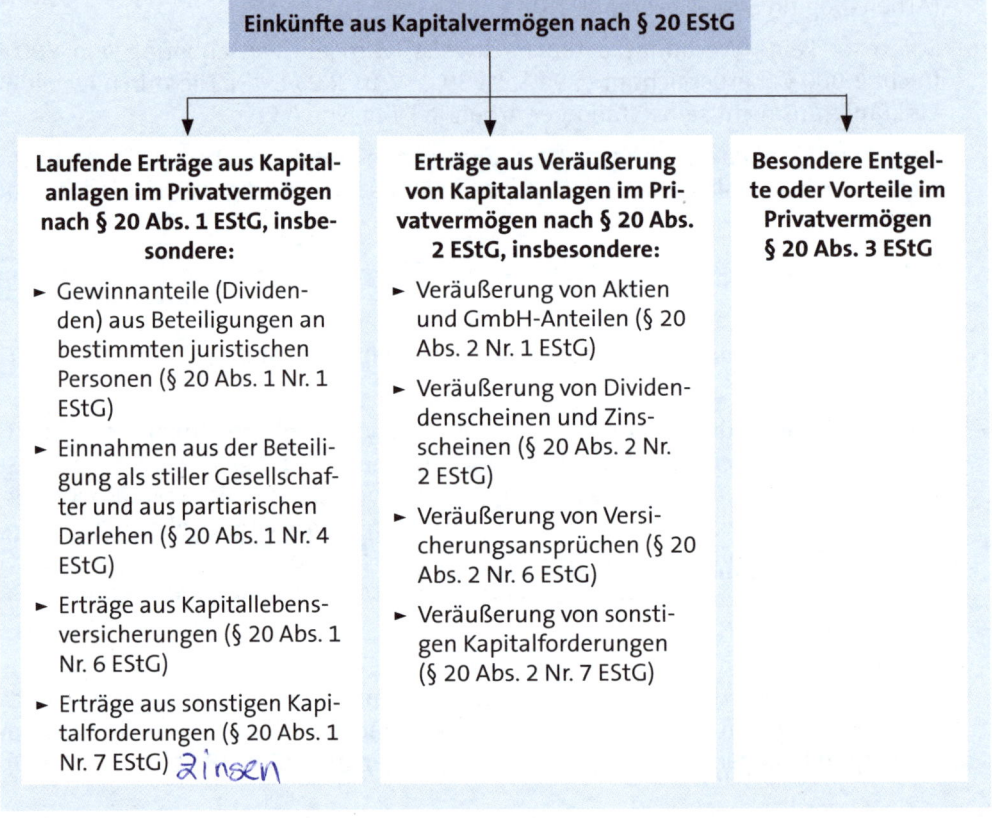

Einkünfte aus Kapitalvermögen nach § 20 EStG		
Laufende Erträge aus Kapitalanlagen im Privatvermögen nach § 20 Abs. 1 EStG, insbesondere:	**Erträge aus Veräußerung von Kapitalanlagen im Privatvermögen nach § 20 Abs. 2 EStG, insbesondere:**	**Besondere Entgelte oder Vorteile im Privatvermögen § 20 Abs. 3 EStG**
► Gewinnanteile (Dividenden) aus Beteiligungen an bestimmten juristischen Personen (§ 20 Abs. 1 Nr. 1 EStG)	► Veräußerung von Aktien und GmbH-Anteilen (§ 20 Abs. 2 Nr. 1 EStG)	
► Einnahmen aus der Beteiligung als stiller Gesellschafter und aus partiarischen Darlehen (§ 20 Abs. 1 Nr. 4 EStG)	► Veräußerung von Dividendenscheinen und Zinsscheinen (§ 20 Abs. 2 Nr. 2 EStG)	
► Erträge aus Kapitallebensversicherungen (§ 20 Abs. 1 Nr. 6 EStG)	► Veräußerung von Versicherungsansprüchen (§ 20 Abs. 2 Nr. 6 EStG)	
► Erträge aus sonstigen Kapitalforderungen (§ 20 Abs. 1 Nr. 7 EStG) *Zinsen*	► Veräußerung von sonstigen Kapitalforderungen (§ 20 Abs. 2 Nr. 7 EStG)	

Zu Gewinnanteilen (Dividenden) aus Beteiligungen an bestimmten juristischen Personen i. S. v. § 20 Abs. 1 Nr. 1 EStG:
Hierbei handelt es sich insbesondere um Gewinnanteile aus Beteiligungen an Aktiengesellschaften (AG) und Gesellschaften mit beschränkter Haftung (GmbH).

Schütten Kapitalgesellschaften Gewinne an **natürliche Personen** mit Beteiligung im Privatvermögen aus, wird im Auszahlungszeitpunkt die „Bruttodividende" (= Ausschüttungsbetrag **nach** Gewerbesteuer, Körperschaftsteuer und Solidaritätszuschlag) **zusätzlich** mit

► **Kapitalertragsteuer** (KapESt) i. H. v. 25 % der Bruttodividende (§ 43a Abs. 1 Nr. 1 EStG)

► **Solidaritätszuschlag** (SolZ) i. H. v. 5,5 % der KapESt (§ 3 Abs. 1 Nr. 5 i. V. m. § 4 SolZG) und

► **ggf.** auch mit **Kirchensteuer** (KiSt) i. H. v. 8 % (steuerlicher Wohnsitz in Bayern/Baden Württemberg) bzw. 9 % (steuerlicher Wohnsitz in den restlichen Bundesländern) der KapESt (§ 51a Abs. 2b EStG)

belastet und diese Zusatzbelastung von der auszahlenden Stelle (i. d. R. die Bank) abgeführt, wenn bestimmte Voraussetzungen erfüllt sind.

Zu diesen Voraussetzungen zählen:

▸ Der auszahlenden Stelle liegt keine so genannte Nichtveranlagungsbescheinigung (NV-Bescheinigung) des Finanzamtes **und auch** kein Freistellungsauftrag vor (§ 44a Abs. 2 Nr. 2 und 1 EStG) **oder**

▸ für den/die „normal" zu Veranlagenden liegt zwar ein Freistellungsauftrag vor, aber der Sparer-Pauschbetrag nach § 20 Abs. 9 EStG in Höhe von 801 € bzw. 1.602 € für Ehegatten (bei Zusammenveranlagung) ist überschritten (§ 44a Abs. 1 Nr. 1 EStG).

Die Bruttodividende ist mit dem Abzug von KapESt, SolZ (und ggf. KiSt) abschließend besteuert. Oder anders ausgedrückt: Die Einkommensteuer zzgl. Zuschlagsteuern ist mit dem Abzug abgegolten („Abgeltungsbesteuerung" nach § 32d Abs. 1 EStG). Damit erübrigt sich grundsätzlich eine Veranlagung. Ausnahmen hiervon stellen die **kleine und große Option zur Veranlagung** dar (§ 32d Abs. 4 und 6 EStG):

▸ Die **kleine Veranlagungsoption gem. § 32d Abs. 4 EStG** ermöglicht Steuerpflichtigen die Einbeziehung zu hoch mit Abzugsteuer belasteter Kapitalerträge in die Veranlagung. Dies ist beispielsweise der Fall, wenn kein Freistellungsauftrag vorgelegen hat. Die deklarierten Erträge werden unter Anwendung des Sparerpauschbetrags **und ohne Verrechnung mit anderen Einkünften** mit 25 % besteuert. Bereits einbehaltene Abgeltungssteuern werden auf die festgesetzte Steuer angerechnet.

▸ Anstelle der Anwendung von § 32d Abs. 1, 3 und 4 EStG werden **sämtliche** steuerpflichtigen Kapitalerträge (nach Abzug des Sparerpauschbetrags) als Einkünfte aus Kapitalvermögen der Summe der Einkünfte hinzugerechnet (**es findet also eine Verrechnung mit anderen Einkünftearten statt**) und der tariflichen Einkommensteuer unterworfen, wenn der Steuerpflichtige einen Antrag stellt und dies zu einer niedrigeren Einkommensteuer einschließlich Zuschlagsteuern führt (Günstigerprüfung). Man spricht in diesem Zusammenhang von der **großen Veranlagungsoption gem. § 32d Abs. 6 EStG**. Bereits einbehaltene Abgeltungssteuern werden auf die festgesetzte Steuer angerechnet.

Eine **Pflichtveranlagung nach § 32d Abs. 3 EStG** besteht dann, wenn der Steuerpflichtige steuerpflichtige Kapitalerträge bezogen hat, die bisher nicht dem Steuerabzug unterlegen haben (z. B. Zinsen von ausländischen Banken). Für **diese zu veranlagenden** Kapitalerträge (nicht für alle anderen Erträge) gilt, dass sie (nachträglich) mit 25 % und zwar unter vorherigem Abzug des Sparerpauschbetrags nach § 20 Abs. 9 EStG (tatsächliche Werbungskosten können nicht abgezogen werden) und **ohne Verrechnung mit anderen Einkünften** vom Finanzamt besteuert werden.

In der Veranlagung ist die Bruttodividende als steuerpflichtiger Kapitalertrag zu erfassen. Die hierfür ggf. bereits abgeführten Steuern (KapESt, SolZ und ggf. KiSt) sind als Vorauszahlungen auf Einkommensteuer, Solidaritätszuschlag (und Kirchensteuer) anzurechnen.

Die zeitliche Zurechnung der Einnahmen aus Kapitalvermögen richtet sich grundsätzlich nach dem Zuflussprinzip i. S. v. § 11 Abs. 1 EStG. Einnahmen aus Kapitalvermögen sind danach zugeflossen, wenn der Steuerpflichtige wirtschaftlich über sie verfügen kann (H 20.2 „Zuflusszeitpunkt bei Gewinnausschüttungen" EStH). Ausschüttungen an den beherrschenden Gesellschafter oder den Alleingesellschafter einer zahlungsfähigen Kapitalgesellschaft sind diesem in der Regel bereits im Zeitpunkt der Beschlussfassung über die Gewinnverwendung zugeflossen (H 20.2 „Zuflusszeitpunkt bei Gewinnausschuttungen" EStH).

Zu Einnahmen aus der Beteiligung als stiller Gesellschafter und aus partiarischen Darlehen i. S. v. § 20 Abs. 1 Nr. 4 EStG:
Im Gegensatz zu unechten (atypisch) stillen Gesellschaftern sind echte (typisch) stille Gesellschafter als **Kapitalgeber** lediglich am Erfolg der stillen Gesellschaft beteiligt, nicht jedoch am Betriebsvermögen einschließlich stiller Reserven (§§ 230 ff. HGB). Aus der Beteiligung an einem Handelsgewerbe erzielen die typisch Stillen daher keine Einkünfte aus Gewerbebetrieb, sondern Einkünfte aus Kapitalvermögen (§ 20 Abs. 1 Nr. 4 EStG).

Partiarische Darlehen sind Darlehen, bei denen der Darlehensgeber (Gläubiger) anstelle von Zinsen einen bestimmten Anteil am Gewinn oder Umsatz erhält. Sie ähneln stillen Gesellschaften. Gläubiger und Schuldner sind jedoch nicht zu einer wirklichen Gesellschaft zusammengeschlossen. Bei einem partiarischen Darlehen werden die hieraus erzielten Einnahmen nur dann als Einnahmen aus Kapitalvermögen behandelt, wenn der Darlehensgeber nicht als Mitunternehmer einzustufen ist. Ist letzteres der Fall (Darlehensgeber = Mitunternehmer), erzielt er Einnahmen aus Gewerbebetrieb i. S. d. § 15 Abs. 1 Nr. 2 EStG.

Als steuerpflichtige Einnahme sind die Bruttoeinnahmen in der Veranlagung zu erfassen. Unter Bruttoeinnahmen versteht man die Einnahmen als typisch Stiller bzw. Darlehensgeber eines partiarischen Darlehens ohne Mitunternehmerstellung vor Abzug von KapESt (25 % der Bruttoeinnahmen) zzgl. SolZ (5,5 % der Kapitalertragsteuer) und ggf. KiSt (§ 44 Abs. 1 EStG und § 43 Abs. 1 Nr. 3 i. V. m. § 43a Abs. 1 Nr. 1 EStG, § 3 Abs. 1 Nr. 5 SolZG und § 51a Abs. 2b EStG).

In bestimmten Fällen greift die Abgeltungsbesteuerung nach § 32d Abs. 1 EStG nicht (§ 32d Abs. 2 Nr. 1 EStG).

Zu Erträgen aus Kapitallebensversicherungen i. S. v. § 20 Abs. 1 Nr. 6 EStG:
Als steuerpflichtiger Ertrag wird bei **Kapitallebensversicherungen, die nach dem 31.12.2004 abgeschlossen worden sind** (sog. **Neuverträge**), der Unterschiedsbetrag zwischen der Versicherungsleistung und der Summe der Versicherungsbeiträge erfasst, unabhängig von der Laufzeit des Versicherungsvertrags (§ 20 Abs. 1 Nr. 6 S. 1 EStG).

Beispiel

Zahlt beispielsweise ein Steuerpflichtiger ab 2014 insgesamt 60.000 € in eine Kapitallebensversicherung (Neuvertrag) ein und erhält er zu einem späteren Zeitpunkt eine

Kapitalauszahlung aus diesem Neuvertrag in Höhe von 80.000 €, unterliegt ein Ertrag in Höhe von 20.000 € (= 80.000 € - 60.000 €) der Abgeltungsbesteuerung.

Sofern bei Neuverträgen die Versicherungsleistung

► nach Vollendung des 60. Lebensjahres (bzw. des 62. Lebensjahres, sofern der Vertrag nach dem 31.12.2011 abgeschlossen wird, vgl. BMF-Schreiben vom 01.10.2009, BStBl I 2009, S. 1172 ff. Rz. 65) des Steuerpflichtigen und

► nach Ablauf von zwölf Jahren seit dem Vertragsabschluss ausgezahlt wird,

ist nur die Hälfte des Unterschiedsbetrags anzusetzen (§ 20 Abs. 1 Nr. 6 S. 2 EStG).

Beispiel

Bezogen auf das obige Beispiel würde dies bedeuten, dass nur ein Ertrag in Höhe von 10.000 € (= 50 % von 20.000 €) der Besteuerung unterliegt. In diesen Fällen ist jedoch zwingend eine Veranlagung durchzuführen, d. h. derartige Erträge unterliegen **nicht der Abgeltungsbesteuerung (§ 32d Abs. 2 Nr. 2 EStG).**

Zu Erträgen aus sonstigen Kapitalforderungen i. S. v. § 20 Abs. 1 Nr. 7 EStG:
Erträge aus sonstigen Kapitalforderungen i. S. v. § 20 Abs. 1 Nr. 7 EStG sind bspw.

► Guthaben und Einlagen (bei Kreditinstituten)

► Bausparguthaben

► festverzinsliche Wertpapiere (einschließlich Stückzinsen)

► Investmentanteile

► Steuererstattungen gemäß § 233a AO.

Die Kapitalertragsteuer für Erträge aus sonstigen Kapitalforderungen wird als Zinsabschlagsteuer (ZASt) bezeichnet und beträgt 25 % der Bruttozinsen (= Kapitalertrag vor Abzug von ZASt, SolZ und ggf. KiSt; § 43a Abs. 1 Nr. 1 EStG).

In bestimmten Fällen greift die Abgeltungsbesteuerung nach § 32d Abs. 1 EStG nicht (§ 32d Abs. 2 Nr. 1 EStG).

Zur Veräußerung von Aktien und GmbH-Anteilen i. S. v. § 20 Abs. 2 Nr. 1 EStG:
Bei Veräußerung von Aktien und GmbH-Anteilen im Privatvermögen handelt es sich ausschließlich um Veräußerungsvorgänge,

► bei denen der Veräußerer innerhalb der letzten fünf Jahre vor dem Verkauf am Kapital der Gesellschaft unmittelbar oder mittelbar **zu weniger als 1 %** beteiligt war (ansonsten greift **§ 17 EStG; Subsidiaritätsprinzip**) und

▸ auf die § 23 Abs. 1 Nr. 2 EStG niemals anzuwenden ist (auch wenn An- und Verkauf der Anteile innerhalt eines Jahres stattfindet; bis 2008 war dies anders geregelt).

Der Gewinn oder Verlust aus Veräußerungsgeschäften i. S. v. § 20 Abs. 2 EStG wird folgendermaßen ermittelt (§ 20 Abs. 4 EStG):

>   Veräußerungspreis
> -   Veräußerungskosten
> -   Anschaffungskosten
> = **Gewinn oder Verlust aus Veräußerungsgeschäften i. S. v. § 20 Abs. 2 EStG**

Zur steuerlichen Behandlung von Veräußerungsverlusten i. S. v. § 20 Abs. 2 EStG siehe unter Abschnitt 4.3.4.

Der **Werbungskostenabzug im Rahmen der Ermittlung sämtlicher Einkünfte aus Kapitalvermögen** ist in **§ 20 Abs. 9 EStG** geregelt. Hiernach ist der Abzug von tatsächlich entstandenen Werbungskosten generell nicht möglich (§ 20 Abs. 9 S. 1, 2. HS EStG).

Anstelle der tatsächlich entstandenen Werbungskosten wird jedoch ein so genannter (gemeinsamer) Sparer-Pauschbetrag in Höhe von 801 € bzw. 1.602 € für Ehegatten (bei Zusammenveranlagung) **pro Kalenderjahr** gewährt. Der gemeinsame Sparer-Pauschbetrag für Ehegatten in Höhe von 1.602 € ist bei der Einkünfteermittlung bei jedem Ehegatten hälftig abzuziehen. Sind die Kapitalerträge eines Ehegatten geringer als 801 €, ist der anteilige Sparer-Pauschbetrag insoweit, als er die Kapitalerträge dieses Ehegatten übersteigt, bei dem anderen Ehegatten zusätzlich abzuziehen (§ 20 Abs. 9 S. 1 - 3 EStG).

Der (gemeinsame) Sparer-Pauschbetrag darf nicht höher sein als die steuerpflichtigen Kapitalerträge. Das bedeutet, dass der Abzug des Pauschbetrags nicht zu negativen Einkünften aus Kapitalvermögen führt (§ 20 Abs. 9 S. 4 EStG).

Beispiel

Fallbeispiel Friseurmeister Milz

Friseurmeister Milz ist Aktionär der Friseur-AG in Berlin-Mitte und echter stiller Gesellschafter des Friseursalons seines Freundes. Darüber hinaus hält er festverzinsliche Wertpapiere. Seiner Bank liegt weder eine Nichtveranlagungsbescheinigung des Finanzamtes noch ein Freistellungsauftrag vor. In 2014 werden ihm daher **nach Abzug** von KapESt/ZASt und SolZ folgende Beträge auf seinem Bankkonto gutgeschrieben:

Dividende der Friseur-AG:	2.945,00 €
Einnahmen als echter Stiller:	5.153,75 €
Zinsen aus festverzinslichen Wertpapieren:	736,25 €

Die Einkommensteuer zzgl. Zuschlagsteuern ist mit dem Steuerabzug abgegolten, sodass die Kapitalerträge nicht mehr in seiner Einkommensteuererklärung angeben werden müssen.

Milz möchte jedoch den Sparer-Pauschbetrag nach § 20 Abs. 9 EStG geltend machen und geht fest davon aus, dass eine Besteuerung mit dem individuellen Steuersatz für ihn günstiger ist. Daher stellt er einen Antrag nach § 32d Abs. 6 EStG.

Zur Ermittlung der Einkünfte aus Kapitalvermögen sind die steuerpflichtigen Kapitalerträge (brutto) festzustellen:

1. Gewinnanteile (Dividenden) aus Beteiligungen an bestimmten juristischen Personen (§ 20 Abs. 1 Nr. 1 EStG):

Nettobetrag (Bankgutschrift)	2.945,00 € (= 0,73625)
+ KapESt (25 %)	1.000,00 € (= 0,25)
+ SolZ (5,5 % von 25%)	55,00 € (= 0,01375)
= steuerpflichtige Einnahme	4.000,00 € (= 1)

2. Einnahmen aus der Beteiligung als stiller Gesellschafter (§ 20 Abs. 1 Nr. 4 EStG):

Nettobetrag (Bankgutschrift)	5.153,75 € (= 0,73625)
+ KapESt (25 %)	1.750,00 € (= 0,25)
+ SolZ (5,5 % von 25 %)	96,25 € (= 0,01375)
= steuerpflichtige Einnahme	7.000,00 € (= 1)

3. Erträge aus sonstigen Kapitalforderungen (§ 20 Abs. 1 Nr. 7 EStG):

Nettobetrag (Bankgutschrift)	736,25 € (= 0,73625)
+ ZASt (25 %)	250,00 € (= 0,25)
+ SolZ (5,5 % von 25 %)	13,75 € (= 0,01375)
= steuerpflichtige Einnahme	1.000,00 € (= 1)

Insgesamt hat er steuerpflichtige Kapitalerträge in Höhe von 12.000 € (= 4.000 € + 7.000 € + 1.000 €) erzielt. Die Einkünfte aus Kapitalvermögen betragen für ihn daher 11.199 € (= 12.000 € abzüglich Sparer-Pauschbetrag in Höhe von 801 €).

Soweit Einkünfte der in § 20 Abs. 1, 2 und 3 EStG bezeichneten Art zu den Einkünften aus Land- und Forstwirtschaft, aus Gewerbebetrieb, aus selbstständiger Arbeit oder aus Vermietung und Verpachtung gehören, sind sie diesen Einkünften zuzurechnen (§ 20 Abs. 8 EStG: „Subsidiaritätsprinzip"). Bei Zurechnung zu den Gewinneinkünftearten (= Beteiligung im Betriebsvermögen) greift das so genannte **Teileinkünfteverfahren:** Die Bruttoeinnahmen sind in Höhe von 60 % der Besteuerung zu unterwerfen (§ 3 Nr. 40 EStG). Ausgaben sind in Höhe von 60 % abzugsfähig (§ 3c Abs. 2 EStG). Bereits abgeführte Abgeltungssteuern sind anzurechnen.

4.3.2.8 Einkünfte aus Vermietung und Verpachtung

Die Überschusseinkünfteart „Einkünfte aus Vermietung und Verpachtung" ist in § 21 EStG geregelt.

§ 21 Abs. 1 EStG unterscheidet folgende Arten von Einkünften aus Vermietung und Verpachtung:

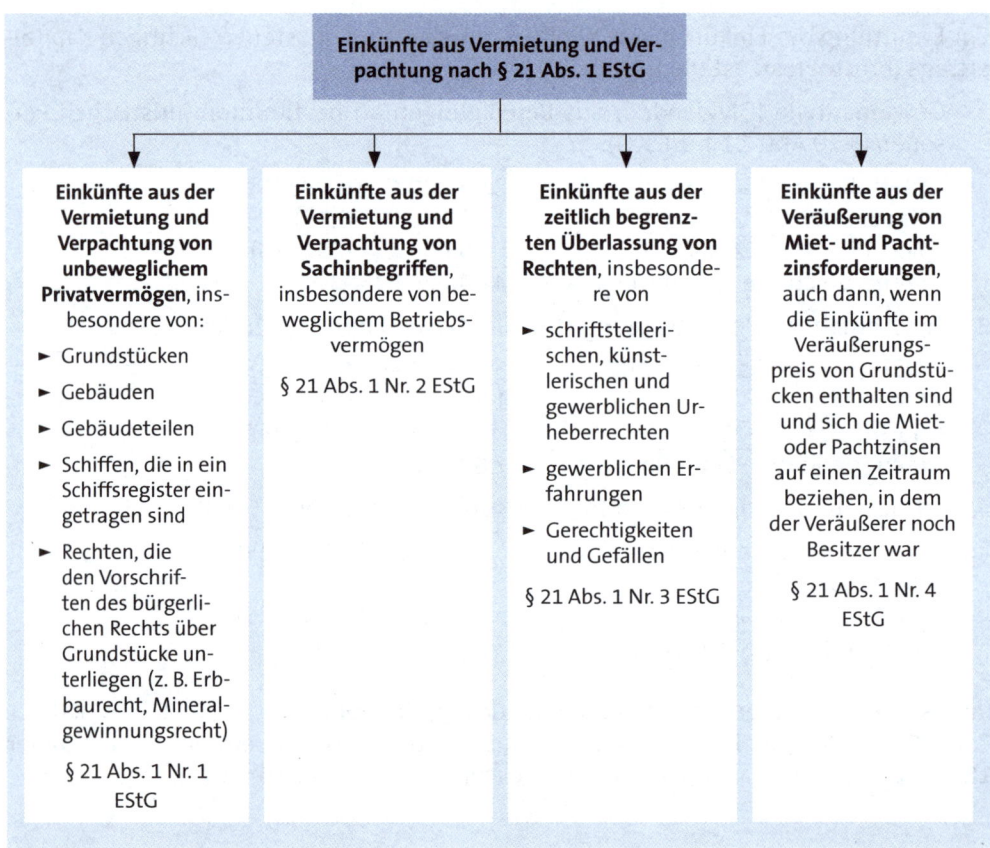

Im Folgenden wird ausschließlich auf Einkünfte nach § 21 Abs. 1 Nr. 1 EStG im Zusammenhang mit der Vermietung und Verpachtung von Grundstücken im Privatvermögen näher eingegangen.

Einnahmen aus Vermietung und Verpachtung i. S. v. § 8 EStG sind hiernach z. B.

► Mieteinnahmen für Wohnungen bei ortsüblicher Überlassung oder andere (nicht Wohnzwecken dienenden) Räume

► Einnahmen aus Umlagen, z. B. Wassergeld, Flur- und Kellerbeleuchtung, Müllabfuhr, Zentralheizung

- ▸ vereinnahmte Mieten für frühere Jahre bzw. auf das Kalenderjahr entfallende Mietvorauszahlungen aus Baukostenzuschüssen

- ▸ Einnahmen aus der Vermietung von Garagen, Werbeflächen, Grund und Boden für Kioske usw.

- ▸ vereinnahmte Umsatzsteuer

- ▸ vom Finanzamt erstattete und ggf. verrechnete Umsatzsteuer.

Werbungskosten sind Aufwendungen zur Erwerbung, Sicherung und Erhaltung der Einnahmen (§ 9 Abs. 1 S. 1 EStG). Die auf die Vermietung bzw. Verpachtung entfallenden Grundstücksaufwendungen können deshalb grundsätzlich als Werbungskosten abgezogen werden. Typische Werbungskosten in diesem Zusammenhang sind insbesondere

- ▸ Schuldzinsen sowie Geldbeschaffungs- und Finanzierungsnebenkosten (z. B. Maklerprovision, Bereitstellungszinsen, Grundbuch- und Notariatsgebühren im Zusammenhang mit der Eintragung einer Grundschuld oder Hypothek im Grundbuch, Damnum/Disagio) nach § 9 Abs. 1 Nr.1 EStG

- ▸ Erhaltungsaufwand (R 21.1 EStR)

- ▸ sonstige Werbungskosten i. S. v. § 9 EStG (z. B. Grundsteuer nach § 9 Abs. 1 Nr. 2 EStG, Gebühren für Müllabfuhr, Wasser, Kanalbenutzung und Straßenreinigung, Kosten für Zentralheizung, Warmwasserversorgung, Fahrstuhlbetrieb und Hausbeleuchtung, Schornsteinfegergebühren, Beiträge zu den Hausversicherungen [z. B. Brand-, Haftpflicht-, Glas-, Wasserschadenversicherung] sowie Ausgaben für Hausbesitzerverein und Hausmeister usw.)

- ▸ Absetzung für Abnutzung (AfA) nach § 7 Abs. 4 und Abs. 5 EStG (§ 9 Abs. 1 Nr. 7 EStG).

Werbungskostenpauschbeträge gibt es hierfür nicht (mehr). Nachweisbare Werbungskosten können nur abgezogen werden, wenn dem Vermieter (Verpächter) entsprechende Einnahmen i. S. v. § 8 EStG zugeflossen sind. Dies bedeutet:

- ▸ Wird ein Grundstück des Privatvermögens „ganz" gegen Entgelt vermietet oder verpachtet, sind sämtliche in diesem Zusammenhang angefallenen Aufwendungen als Werbungskosten abzugsfähig.

- ▸ In allen anderen Fällen (= teilweise Vermietung/Verpachtung; restliches Privatgrundstück wird zu eigenen Wohnzwecken genutzt oder anderen unentgeltlich überlassen) dürfen Werbungskosten nur anteilig – entsprechend der anteiligen Nutzfläche des **entgeltlich** vermieteten oder verpachteten Grundstücksteils – abgesetzt werden (R 21.1 Abs. 5 EStR). Bei **eigenbetrieblicher Nutzung** ist das Grundstück zwingend dem Betriebsvermögen zuzuordnen. Diese Grundstücke werden nicht von § 21 Abs. 1 Nr. 1 EStG erfasst. Hierfür angefallene Aufwendungen sind daher als Betriebsausgaben zu qualifizieren (§ 21 Abs. 3 EStG).

Im Zusammenhang mit der **verbilligten Überlassung von Wohnungen zu Wohnzwecken** ist § 21 Abs. 2 EStG zu berücksichtigen: Beträgt das tatsächliche Entgelt (Miete einschl. umlagefähige Kosten) für die Überlassung einer Wohnung zu Wohnzwecken **weniger als 66 %** der ortsüblichen Marktmiete, so ist die Nutzungsüberlassung in einen entgeltlichen Teil (= tatsächliches Entgelt : ortsübliche Marktmiete) und einen unentgeltlichen Teil aufzuteilen. Nur für den entgeltlichen Teil der Nutzungsüberlassung sind „anteilig" Werbungskosten abzugsfähig.

Betreffend der zeitlichen Zurechnung von Einnahmen aus Vermietung und Verpachtung sowie zugehöriger Werbungskosten zu einem bestimmten Kalenderjahr (Überschussermittlungszeitraum) ist § 11 EStG zu berücksichtigen.

Einkünfte der in § 21 Abs. 1 und 2 EStG bezeichneten Art sind Einkünften aus **anderen** Einkunftsarten zuzurechnen, soweit sie zu diesen gehören (§ 21 Abs. 3 EStG: Subsidiaritätsprinzip).

Beispiel

Fallbeispiel Friseurmeister Milz
Im Wohn- und Geschäftshaus am Kurfürstendamm betreibt Milz seinen Friseursalon im Erdgeschoss (ca. 100 m²). Im 1. Obergeschoss hat er eine Wohnung an seinen Onkel (angestellter Mitarbeiter im Friseursalon) und die andere an einen Angestellten zu je 500 € (ortsübliche Warmmiete) vermietet (beide Wohnungen sind jeweils 50 m² groß). Das Haus hat er am 01.01.2014 für 2.000.000 € erworben. In 2014 sind insgesamt **nicht eindeutig zuordenbare** Grundstücksaufwendungen für das gesamte Haus (**ohne AfA**) i. H. v. 6.500 € angefallen.

Variante 1
Er ordnet beide Wohnungen zutreffend seinem **Privatvermögen** zu. Der Salon ist zwingendes Betriebsvermögen.

Aus seinem Friseursalon erzielt er Einnahmen aus gewerblicher Betätigung. Die hierauf entfallenden Grundstücksaufwendungen sind als gewerbliche Betriebsausgaben abzuziehen (§ 21 Abs. 3 EStG). Von insgesamt 200 m² Grundstücksfläche entfallen 50 % auf den Salon (100 m² • 100 : 200 m²). Das bedeutet, dass 50 % der obigen Grundstücksaufwendungen als Betriebsausgaben abzugsfähig sind (= 3.250 €).

Die restlichen Grundstücksaufwendungen in Höhe von 3.250 € sind als Werbungskosten von den Einnahmen aus Vermietungstätigkeit abzuziehen (§ 21 Abs. 1 Nr. 1 EStG).

Variante 2
Milz vermietet die Wohnung an seinen Onkel für nur 200 € monatlich (Warmmiete). Beide Wohnungen sind (weiterhin) dem Privatvermögen zugeordnet.

Das tatsächlich Entgelt für die an den Onkel verbilligt vermietete Wohnung beträgt 40 % (und somit < 66 %) der ortsüblichen Miete (= 200 € • 100 : 500 €).

Milz darf insofern nur 40 % der auf diese Wohnung entfallenden Grundstücksaufwendungen von 1.625 € (= 25 % [= 50 m² : 200 m²] von 6.500 €) abziehen, d. h. 650 € (= 0,4 • 1.625 €; § 21 Abs. 2 EStG). Für beide Privatwohnungen kann er insgesamt nur noch Werbungskosten in Höhe von 2.275 € (1.625 € + 650 €) geltend machen.

Variante 3

Eine der Wohnung nutzt er selbst für private Wohnzwecke (zwingendes Privatvermögen). Die andere Wohnung ordnet er weiterhin seinem Privatvermögen zu.

In diesem Fall erzielt er keine Einnahmen aus Vermietung und Verpachtung betreffend die selbst genutzte Wohnung. Damit verliert er einen Werbungskostenabzug in Höhe 1.625 € (= 25 % von 6.500 €). In Summe kann er nur 1.625 € als Werbungskosten abziehen, was den privat genutzte Grundstücksteil anbelangt.

Variante 4

Sofern beide Wohnungen dem Betriebsvermögen zugeordnet sind, sind sämtliche Grundstücksaufwendungen als Betriebsausgabe abzugsfähig (insgesamt 6.500 €). Die Einnahmen aus der Vermietungstätigkeit sind dann gewerbliche Betriebseinnahmen (§ 21 Abs. 3 EStG).

4.3.2.9 Sonstige Einkünfte

Sonstige Einkünfte sind als Überschuss der Einnahmen über die Werbungskosten (Überschusseinkünfte) **abschließend** in **§ 22 EStG** geregelt.

Es werden folgende Arten von sonstigen Einkünften unterschieden:

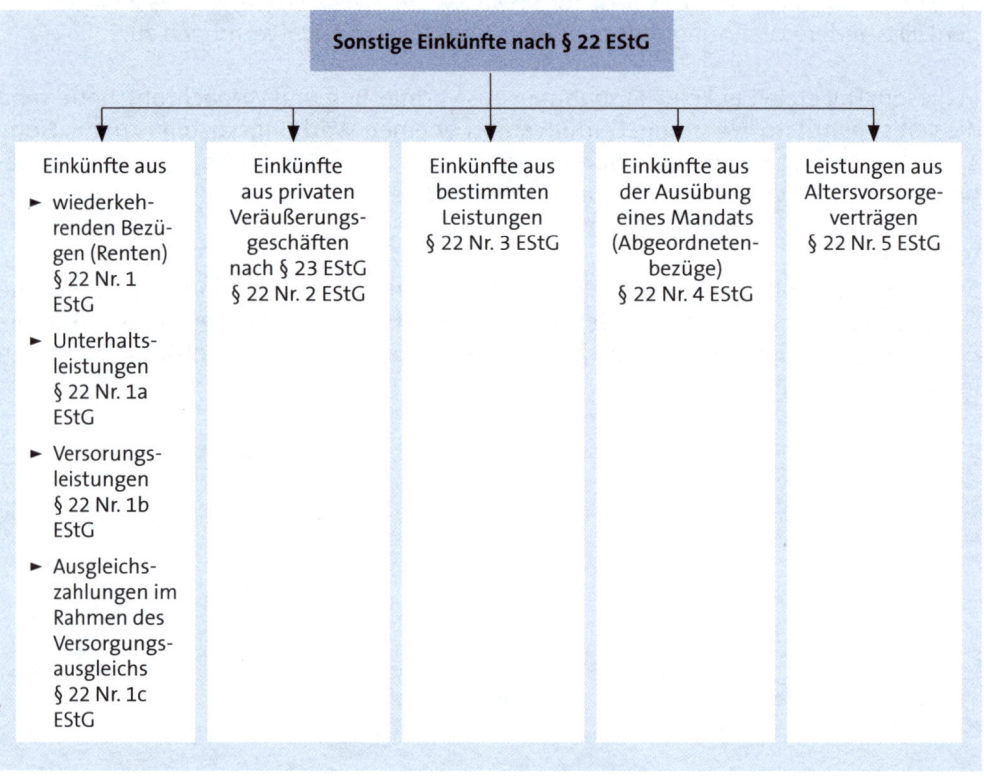

Im Folgenden werden ausschließlich die Einkünfte aus

- wiederkehrenden Bezügen (Renten) (§ 22 Nr. 1 EStG)
- privaten Veräußerungsgeschäften nach § 23 EStG (§ 22 Nr. 2 EStG) und
- bestimmten Leistungen (§ 22 Nr. 3 EStG)

näher erläutert.

Die zeitliche Zurechnung dieser Einnahmen und Werbungskosten erfolgt nach § 11 EStG.

Zu den Einkünften aus wiederkehrenden Bezügen (Renten) nach § 22 Nr. 1 EStG:
Auf der Einnahmenseite gehören hierzu insbesondere Leibrenten und andere Leistungen i. S. v. R 22.3 EStR, die aus den

- gesetzlichen Rentenversicherungen (Hauptanwendungsfall)
- der landwirtschaftlichen Alterskasse

▶ berufsständischen Versorgungseinrichtungen und

▶ privaten Rentenversicherungen i. S. d. § 10 Abs. 1 Nr. 2b EStG

erbracht werden, soweit sie jeweils der Besteuerung unterliegen (§ 22 Nr. 1 S. 3a. aa S. 1 EStG).

Bemessungsgrundlage für den der Besteuerung unterliegenden Anteil ist der Jahres-**brutto**betrag der Rente (= vor Abzug von anteiligen Beiträgen zur Kranken- und Pflegeversicherung; § 22 Nr. 1 S. 3a. aa S. 2 EStG). Der der Besteuerung unterliegende Anteil ist nach dem Jahr des Rentenbeginns und dem in diesem Jahr maßgebenden Prozentsatz aus der in § 22 Nr. 1 S. 3a. aa S. 3 EStG abgedruckten Tabelle zu entnehmen.

Ab 2014 werden hiernach Leibrenten und andere Leistungen, die im Veranlagungszeitraum 2014 erstmals gezahlt werden, mit einem Besteuerungsanteil von **68 %** erfasst. Für Renten, die in 2005 erstmals gezahlt wurden und **Renten, die bereits vor 2005 gezahlt worden sind** (= sog. **Bestandsrenten**), beträgt der Besteuerungsanteil 50 %.

Der Unterschiedsbetrag zwischen dem Jahresbruttobetrag der Rente und dem der Besteuerung unterliegenden Anteil der Rente ist der steuerfreie Teil der Rente (sog. Rentenfreibetrag; § 22 Nr. 1 S. 3a. aa S. 4 EStG). Dieser Rentenfreibetrag gilt ab dem Jahr, das dem Jahr des Rentenbeginns folgt, für die **gesamte** Laufzeit des Rentenbezugs (§ 22 Nr. 1 S. 3a. aa S. 5 EStG). Regelmäßige Anpassungen des Jahresbruttobetrags der Rente („Rentenerhöhungen") führen nicht zu einer Neuberechnung und bleiben bei einer Neuberechnung außer Betracht (§ 22 Nr. 1 S. 3a. aa S. 7 EStG).

Von den steuerpflichtigen Einnahmen aus wiederkehrenden Bezügen können tatsächlich entstandene **Werbungskosten** (z. B. Honorar für Rentenberater, Prozess- und ähnliche Kosten im Zusammenhang mit Rentenansprüchen) abgezogen werden (H 22.3 „Werbungskosten" EStH). Sofern keine höheren Werbungskosten nachgewiesen werden, wird ein Werbungskosten-Pauschbetrag in Höhe von 102 € abgezogen (§ 9a S. 1 Nr. 3 EStG).

Zu den Einkünften aus privaten Veräußerungsgeschäften i. S. v. § 23 EStG nach § 22 Nr. 2 EStG:
Unter privaten Veräußerungsgeschäften versteht man Veräußerungen

▶ nach **§ 23 Abs. 1 Nr. 1 EStG** von **im Privatvermögen gehaltenen Grundstücken und Rechten, die den Vorschriften des bürgerlichen Rechts über Grundstücke unterliegen** (z. B. Erbbaurecht, Mineralgewinnungsrecht), bei denen der **Zeitraum zwischen Anschaffung** (maßgeblicher Zeitpunkt: Abschluss Kauvertrag; vgl. H 23 „Veräußerungsfrist" EStH) **und Veräußerung** (maßgeblicher Zeitpunkt: Abschluss Kaufvertrag) **≤ zehn Jahre** beträgt.

Gebäude und Außenanlagen sind einzubeziehen, soweit sie innerhalb dieses Zeitraums errichtet, ausgebaut oder erweitert werden; dies gilt entsprechend für Gebäudeteile, die selbstständige unbewegliche Wirtschaftsgüter sind, sowie für Eigentumswohnungen und im Teileigentum stehende Räume.

Ausgenommen von der Besteuerung sind Wirtschaftsgüter, die

- im Zeitraum zwischen Anschaffung oder Fertigstellung und Veräußerung ausschließlich zu eigenen Wohnzwecken **oder**

- im Jahr der Veräußerung und in den beiden (nicht zwingend vollen) vorangegangenen Jahren zu eigenen Wohnzwecken genutzt wurden;

▶ nach **§ 23 Abs. 1 Nr. 2 EStG** von **anderen Wirtschaftsgütern im Privatvermögen** (z. B. Kunstgegenstände, Edelmetalle, Antiquitäten), bei denen der **Zeitraum zwischen Anschaffung und Veräußerung ≤ ein Jahr** beträgt.

Der Zeitraum erhöht sich auf **zehn Jahre** bei Wirtschaftsgütern, aus deren Nutzung als Einkunftsquelle zumindest in einem Kalenderjahr Einkünfte erzielt werden (z. B. Vermietung von privaten Gegenstanden, die anschließend verkauft werden).

Generell ausgenommen von der Besteuerung sind Veräußerungen von Gegenständen des täglichen Gebrauchs (z. B. Gebrauchtfahrzeuge).

Veräußerungen von Wertpapieren (z. B. Aktien oder GmbH-Anteile) fallen seit 2009 nicht mehr in den Regelungsbereich von § 23 Abs. 1 Nr. 2 EStG. Sie werden ausschließlich von § 20 EStG bzw. § 17 EStG steuerlich erfasst.

Als **Anschaffung** gilt **auch** die Überführung eines Wirtschaftsguts in das Privatvermögen des Steuerpflichtigen durch **Entnahme** oder **Betriebsaufgabe** (§ 23 Abs. 1 S. 2 EStG).

Bei **unentgeltlichem Erwerb** – z. B. durch Erbschaft, Vermächtnis oder Schenkung – ist dem Einzelrechtsnachfolger für Zwecke dieser Vorschrift die Anschaffung oder die Überführung des Wirtschaftsguts in das Privatvermögen durch den Rechtsvorgänger zuzurechnen („Fußstapfentheorie"; § 23 Abs. 1 S. 3 EStG i. V. m. H 23 „Anschaffung" und „Veräußerungsfrist" EStH).

Einkünfte aus privaten Veräußerungsgeschäften i. S. v. § 23 Abs. 1 EStG ermitteln sich nach **§ 23 Abs. 3 EStG** als so genannte Veräußerungsgewinne oder -verluste (obwohl sie zu den Überschusseinkünften zählen):

	Veräußerungspreis
–	(fortgeführte) Anschaffungs-/Herstellungskosten
–	Veräußerungskosten (= Werbungskosten nach § 9 EStG)
=	**Veräußerungsgewinn/-verlust**

Bei den **fortgeführten Anschaffungs- bzw. Herstellungskosten** handelt es sich um die um Absetzungen für Abnutzung (AfA), erhöhte Absetzungen und Sonderabschreibungen geminderten Anschaffungs- bzw. Herstellungskosten, **soweit** die Abschreibungen bei der Ermittlung der Einkünfte i. S. d. § 2 Abs. 1 S. 1 Nr. 4 bis 7 EStG abgezogen worden sind (§ 23 Abs. 3 S. 4 EStG).

Werbungskosten nach § 9 EStG im Zusammenhang mit privaten Veräußerungsgeschäften – so genannte Veräußerungskosten – sind sämtliche Aufwendungen, die dem

Steuerpflichtigen zur Herbeiführung der Veräußerung entstehen. Hierzu gehören z. B. Gerichtsgebühren, Maklergebühren und Werbekosten, nicht jedoch: Aufwendungen, die mit der laufenden Nutzung des veräußerten Wirtschaftsgutes zwischen dessen Anschaffung und Veräußerung zusammenhängen (z. B. Schuldzinsen, Grundsteuer).

Gewinne bleiben steuerfrei, wenn der aus den privaten Veräußerungsgeschäften erzielte **Gesamt**gewinn **im Kalenderjahr** weniger als 600 € (also **maximal 599,99 €**) betragen hat (§ 23 Abs. 3 S. 5 EStG). Es handelt sich um eine **Freigrenze**, d. h. sofern der Betrag von 600 € erreicht wird, unterliegen die Gesamtgewinne in voller Höhe der Besteuerung.

Bei Zusammenveranlagung von Ehegatten werden die sonstigen Einkünfte der Ehegatten zunächst für jeden Ehegatten – wie alle anderen Einkünftearten auch – gesondert ermittelt und dann zusammengerechnet. Jedem Ehegatten steht somit die Freigrenze des § 23 Abs. 3 EStG zu, höchstens jedoch bis zur Höhe seines Gesamtgewinns aus privaten Veräußerungsgeschäften (H 23 [Freigrenze] EStH). Ein nicht voll ausgenutzter Teil der Freigrenze kann **nicht** auf den anderen Ehegatten übertragen werden.

Zur Behandlung von Verlusten aus privaten Veräußerungsgeschäften siehe Abschnitt 4.3.4.

Einkünfte aus privaten Veräußerungsgeschäften i. S. v. § 23 Abs. 1 EStG sind den Einkünften aus anderen Einkunftsarten zuzurechnen, soweit sie zu diesen gehören (§ 23 Abs. 2 EStG: Subsidiaritätsprinzip).

Aufgabe 29 > Seite 214

Zu den Einkünften aus bestimmten Leistungen nach § 22 Nr. 3 EStG:
Hierzu zählen Einkünfte, soweit sie

▸ weder zu anderen Einkunftsarten (§ 2 Abs. 1 S. 1 Nr. 1 - 6 EStG)

▸ noch zu den Einkünften i. S. v. § 22 Nr. 1, 1a, 2 oder 4 EStG gehören.

Beispielsweise versteht man hierunter Einkünfte aus gelegentlichen Vermittlungen und aus der Vermietung beweglicher Gegenstände (§ 22 Nr. 3 S. 1 EStG i. V. m. H 22.8 „Allgemeines" EStH). Bei der Vermietung von **Sachinbegriffen** (z. B. Vermietung einer Kanzleieinrichtung an einen Steuerberater) liegen jedoch Einkünfte aus Vermietung und Verpachtung nach § 21 Abs. 1 Nr. 2 EStG vor.

Positive Einkünfte aus bestimmten Leistungen sind nicht einkommensteuerpflichtig, wenn sie weniger als 256 € (also **somit maximal 255,99 €**) im Kalenderjahr betragen haben (§ 22 Nr. 3 S. 2 EStG). Bei Zusammenveranlagung von Ehegatten ist bei jedem Ehegatte die **Freigrenze** zu beachten, höchstens jedoch bis zur Höhe seiner Einkünfte aus bestimmten Leistungen (R 22.8 EStR).

Übersteigen die tatsächlich entstandenen Werbungskosten die Einnahmen, so darf der übersteigende Betrag bei Ermittlung des Einkommens nicht ausgeglichen werden;

er darf auch nicht nach § 10d EStG abgezogen werden (§ 22 Nr. 3 S. 3 EStG; zur weiteren Verlustberücksichtigung siehe Abschnitt 4.3.4).

Aufgabe 30 > Seite 214

4.3.3 Gesamtbetrag der Einkünfte

Die Summe der Einkünfte, vermindert um

▸ den **Altersentlastungsbetrag nach § 24a EStG,**

▸ den **Entlastungsbetrag für allein Erziehende nach § 24b EStG** und

▸ den **Freibetrag für Land- und Forstwirte nach § 13 Abs. 3 EStG,**

wird als Gesamtbetrag der Einkünfte i. S. v. 2 Abs. 3 EStG bezeichnet.

Zum Altersentlastungsbetrag nach § 24a EStG:
Der Altersentlastungsbetrag wird einem Steuerpflichtigen gewährt, der vor Beginn des Kalenderjahres, in dem er sein Einkommen bezogen hat, das 64. Lebensjahr vollendet hatte (§ 24a S. 3 EStG). Für die Lebensaltersberechnung gelten § 108 Abs. 1 AO i. V. m. §§ 187 Abs. 2 S. 2 und 188 Abs. 2 BGB. Ein Lebensjahr wird jeweils mit Ablauf des Tages vollendet, der dem Tag der Wiederkehr des Geburtstages vorangeht. Steuerpflichtige können somit für das Kalenderjahr 2014 den Altersentlastungsbetrag erhalten, wenn sie **vor** dem 02.01.1950 (also z. B. am 01.01.1950 oder früher) geboren sind.

Der Altersentlastungsbetrag ist ein Freibetrag. Er ist bis zu einem Höchstbetrag im Kalenderjahr ein nach einem Prozentsatz ermittelter Betrag der vom Steuerpflichtigen erzielten „Einkünfte" (= Bemessungsgrundlage). Diese Bemessungsgrundlage setzt sich nach § 24a S. 1 und S. 2 EStG folgendermaßen zusammen:

	Bruttoarbeitslohn (**nicht**: Versorgungsbezüge i. S. v. § 19 Abs. 2 EStG)
+	**positive** Summe der **restlichen** Einkünfte (keine Einkünfte nach § 19 EStG)
=	**Bemessungsgrundlage („Einkünfte")**

Ausgenommen von der positiven Summe der restlichen Einkünfte sind darüber hinaus folgende sonstigen Einkünfte nach § 22 EStG:

▸ Einkünfte aus Leibrenten i. S. d. § 22 Nr. 1 S. 3a EStG

▸ Einkünfte i. S. d. § 22 Nr. 4 S. 4b EStG

▸ Einkünfte i. S. d. § 22 Nr. 5 S. 1 EStG, soweit § 52 Abs. 34c EStG anzuwenden ist

▸ Einkünfte i. S. d. § 22 Nr. 5 Satz 2a EStG.

Maßgebender Prozentsatz und Höchstbetrag des Altersentlastungsbetrags sind der in § 24a S. 5 EStG abgedruckten Tabelle zu entnehmen. Im Kalenderjahr 2014 beträgt der Altersentlastungsbetrag für Steuerpflichtige, die in 2014 **erstmals** die altersmäßigen Voraussetzungen (vor dem 02.01.1950 geborene Steuerpflichtige) erfüllen, 25,6 % der

Bemessungsgrundlage, höchstens 1.216 €. Die Besteuerungssituation wird für jeden Bezieher von Alterseinkünften in dem auf die Vollendung des 64. Lebensjahres folgenden Jahr (1. Jahr) „eingefroren". Das bedeutet, dass die 25,6 % und der Höchstbetrag von 1.216 € für Steuerpflichtige zeitlebens unverändert bleiben, die mit Beginn des Jahres 2014 erstmals das 64. Lebensjahr vollendet haben.

Der Altersentlastungsbetrag ist auf den nächsten vollen Euro-Betrag aufzurunden (R 24a Abs. 1 S. 4 EStR).

Im Fall der Zusammenveranlagung von Ehegatten zur Einkommensteuer ist § 24a S. 1 - S. 3 EStG für jeden Ehegatten gesondert anzuwenden (§ 24a S. 4 EStG).

Zum Entlastungsbetrag für allein Erziehende nach § 24b EStG:
Steuerpflichtige können nach **§ 24b Abs. 1 S. 1 EStG** einen Entlastungsbetrag i. H. v. **1.308 €** im Kalenderjahr von der Summe der Einkünfte abziehen, wenn

► sie **allein stehend i. S. v. § 24b Abs. 2 EStG** sind:
Allein stehend sind Steuerpflichtige, die nicht die Voraussetzungen für die Anwendung des Splittingverfahrens nach § 26 Abs. 1 EStG erfüllen oder verwitwet sind und keine Haushaltsgemeinschaft mit einer anderen volljährigen Person bilden, es sei denn, für diese steht ihnen ein Freibetrag nach § 32 Abs. 6 EStG oder Kindergeld zu oder es handelt sich um ein Kind i. S. d. § 63 Abs. 1 S. 1 EStG, das einen Dienst nach § 32 Abs. 5 S. 1 Nr. 1 und 2 EStG leistet oder eine Tätigkeit nach § 32 Abs. 5 S. 1 Nr. 3 EStG ausübt (§ 24b Abs. 2 S. 1 EStG).

Eine steuerschädliche Haushaltsgemeinschaft wird vermutet, wenn die andere Person mit Haupt- oder Nebenwohnsitz in der Wohnung des Steuerpflichtigen gemeldet ist. Diese Vermutung ist widerlegbar, es sei denn, der Steuerpflichtige und die andere Person leben in einer eheähnlichen Gemeinschaft oder in einer eingetragenen Lebenspartnerschaft (§ 24b Abs. 2 S. 2 EStG),

► **zu ihrem Haushalt mindestens ein Kind** (leibliches Kind, Adoptivkind, Pflegekind, Stiefkind oder Enkelkind) **gehört:**
Die Zugehörigkeit zum Haushalt ist nach § 24b Abs. 1 S. 2 EStG anzunehmen, wenn das Kind in der Wohnung des allein stehenden Steuerpflichtigen gemeldet ist. Ist das Kind bei mehreren Steuerpflichtigen gemeldet, steht der Entlastungsbetrag nach § 24b Abs. 1 S. 1 EStG demjenigen Alleinstehenden zu, der die Voraussetzungen auf Auszahlung des Kindergeldes nach § 64 Abs. 2 S. 1 EStG erfüllt oder erfüllen würde in Fällen, in denen nur ein Anspruch auf einen Freibetrag nach § 32 Abs. 6 EStG besteht (§ 24b Abs. 1 S. 3 EStG) **und**

► **ihnen für dieses ein Freibetrag nach § 32 Abs. 6 EStG oder Kindergeld zusteht.**

Für jeden vollen Kalendermonat, in dem die Voraussetzungen des § 24b Abs. 1 EStG nicht vorgelegen haben, ermäßigt sich der Entlastungsbetrag um ein Zwölftel (§ 24b Abs. 3 EStG).

Zum Freibetrag für Land- und Forstwirte nach § 13 Abs. 3 EStG:
Die Einkünfte aus Land- und Forstwirtschaft werden bei der Ermittlung des Gesamtbetrags der Einkünfte nur berücksichtigt, soweit sie einen Betrag von 670 € bzw. bei
zusammenveranlagten Ehegatten einen Betrag von 1.340 € übersteigen. Dieser Freibetrag (670 € bzw. 1.340 €) ist ausschließlich dann abzuziehen, wenn die Summe der
Einkünfte 30.700 € bzw. bei zusammenveranlagten Ehegatten 61.400 € nicht übersteigt.

Der erhöhte Freibetrag für zusammenveranlagte Ehegatten in Höhe von 1.340 € ist
auch dann zu gewähren, wenn nur einer der Ehegatten Einkünfte aus Land- und Forstwirtschaft erzielt hat.

Der Freibetrag für Land- und Forstwirte darf nicht höher sein als die Einkünfte aus
Land- und Forstwirtschaft.

4.3.4 Verlustabzug

Die Berücksichtigung von negativen Einkünften („Verlusten") – die so genannte Verlustverrechnung – erfolgt im EStG grundsätzlich als **„Verlustausgleich"** und/oder **„Verlustabzug"**:

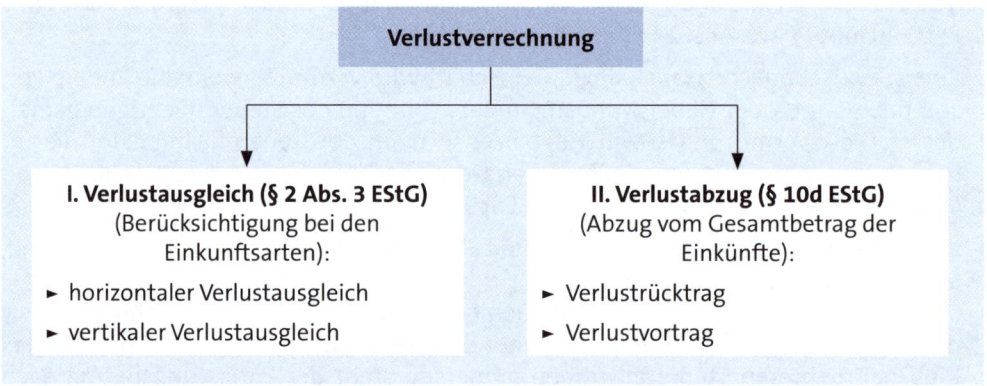

Zu I. Verlustausgleich nach § 2 Abs. 3 EStG:
Beim Verlustausgleich nach § 2 Abs. 3 EStG handelt es sich um die Verrechnung von
Verlusten (negative Einkünfte) im Jahr der Verlustentstehung. Hierbei unterscheidet
man zwischen dem aus der Rechtsprechung entwickelten horizontalen und vertikalen
Verlustausgleich.

Die **erste Stufe der Verlustverrechnung** ist der **horizontale Verlustausgleich**. Man versteht hierunter die Verrechnung von positiven und negativen Einkünften innerhalb der
gleichen Einkünfteart im Jahr der Verlustentstehung (= Entstehungsjahr der negativen Einkünfte). Erzielt beispielsweise in einem Kalenderjahr ein Steuerpflichtiger **positive gewerbliche** Einkünfte aus einem Betrieb und **negative gewerbliche** Einkünfte aus

einem **anderen** Betrieb, findet eine Verrechnung innerhalb der Einkünfteart „Einkünfte aus Gewerbebetrieb" statt.

Nach Durchführung des horizontalen Verlustausgleichs können positive wie auch negative Einkünfte der jeweiligen Einkünfteart „stehen bleiben". Im letzteren Fall oder auch für den Fall, dass nur negative Einkünfte innerhalb einer Einkünfteart erzielt worden sind, ist **generell** in die **zweite Stufe der Verlustverrechnung** – den vertikalen Verlustausgleich – überzuleiten.

Unter einem **vertikalen Verlustausgleich** versteht man die Verrechnung positiver Einkünfte einzelner Einkünftearten mit negativen Einkünften **anderer** Einkünftearten – ebenfalls im Verlustentstehungsjahr. Ein Steuerpflichtiger, der in einem Kalenderjahr **positive gewerbliche Einkünfte** und **negative Einkünfte aus nicht selbstständiger Tätigkeit** erzielt hat, kann beide Einkünftearten im Rahmen der Ermittlung der Summe der Einkünfte „miteinander" verrechnen. Es erfolgt keine Unterscheidung nach Gewinn- und Überschusseinkünftearten.

Ist (auch) der vertikale Verlustausgleich durchgeführt worden, ist die Summe der Einkünfte entweder positiv oder beträgt 0 €. Der vertikale Verlustausgleich ist nämlich nur bis zur Höhe der positiven Einkünfte möglich. Hierbei nicht ausgeglichene Verluste können nur noch im Rahmen des so genannten **Verlustabzugs nach § 10d EStG (dritte Stufe der Verlustverrechnung)** berücksichtigt werden.

Der Verlustausgleich ist generell unbeschränkt zulässig. Ausnahmen bestehen **beispielsweise** bei den

► **Einkünften aus Kapitalvermögen nach § 20 EStG:** Verluste aus Kapitalvermögen sind **generell** horizontal ausgleichsfähig (Ausnahme: § 20 Abs. 2 Nr. 1 EStG). Sie dürfen jedoch nicht vertikal ausgeglichen oder nach § 10d EStG vor- oder zurückgetragen werden (§ 20 Abs. 6 S. 2 EStG). Nicht ausgeglichene Verluste sind mit positiven Einkünften aus Kapitalvermögen (nicht i. S. v. § 20 Abs. 2 Nr. 1 EStG) in den **Folge**jahren zu verrechnen (§ 20 Abs. 6 S. 3 EStG).

► **Einkünften aus der Veräußerung von Anteilen an bestimmten Körperschaften nach § 20 Abs. 2 Nr. 1 EStG:** Verluste aus der Veräußerung derartiger Anteile dürfen nur mit Gewinnen aus der Veräußerung derartiger Anteile horizontal ausgeglichen werden, nicht jedoch mit anderen Einkünften aus Kapitalvermögen oder im Rahmen des vertikalen Verlustausgleichs (§ 20 Abs. 6 S. 5, 1. HS EStG). Nicht ausgeglichene Verluste sind mit Gewinnen aus der Veräußerung derartiger Anteile in den **Folge**jahren zu verrechnen (§ 20 Abs. 6 S. 5, 2. HS EStG).

► **Einkünften aus privaten Veräußerungsgeschäften nach § 22 Nr. 2 i. V. m. § 23 EStG:** Verluste aus privaten Veräußerungsgeschäften sind ausschließlich mit Gewinnen aus privaten Veräußerungsgeschäften im Verlustentstehungsjahr verrechenbar, nicht jedoch mit anderen sonstigen Einkünften nach § 22 EStG („horizontal") oder anderen Einkünftearten („vertikal"); § 10d EStG ist nicht anwendbar (§ 23 Abs. 3 S. 7 EStG). Nicht ausgeglichene Verluste sind im unmittelbar vorangegangenen Veranlagungszeitraum bzw. in den folgenden Veranlagungszeiträumen mit Gewinnen aus privaten Veräußerungsgeschäften nach Maßgabe des § 10d EStG zu verrechnen (§ 23 Abs. 3 S. 8 EStG).

‣ **sonstigen Einkünften i. S. v. § 22 Nr. 3 S. 1 EStG:** Übersteigen die tatsächlich entstandenen Werbungskosten die Einnahmen, so darf der übersteigende Betrag bei Ermittlung des Einkommens nicht ausgeglichen werden; er darf auch nicht nach § 10d EStG abgezogen werden (§ 22 Nr. 3 S. 3 EStG). Die Verluste mindern jedoch nach Maßgabe des § 10d EStG die Einkünfte, die der Steuerpflichtige in dem unmittelbar vorangegangenen Veranlagungszeitraum oder in den folgenden Veranlagungszeiträumen aus Leistungen i. S. d. § 22 Nr. 3 S. 1 EStG erzielt hat oder erzielt (§ 22 Nr. 3 S. 4 EStG).

Beispiel

Fallbeispiel Friseurmeister Milz
Im Veranlagungszeitraum 2015 erzielte Friseurmeister Milz (Einzelunternehmer) negative gewerbliche Einkünfte aus seinem Friseursalon am Kurfürstendamm in Höhe von 100.000 €. Um sich – zumindest in den Anfangsjahren seiner Selbstständigkeit – über Wasser zu halten, hat er sich darüber hinaus als selbstständiger Handelsvertreter für Friseurprodukte betätigt. Die hieraus resultierenden positiven gewerblichen Einkünfte für 2015 belaufen sich auf 10.000 €. Als angestellter Friseur im Salon seines Freundes erzielte er Einkünfte aus nicht selbstständiger Tätigkeit in Höhe von 40.000 €.

Der Verlustausgleich für 2015 ist wie folgt durchzuführen:

1. Horizontaler Verlustausgleich:
   Zunächst ist ein horizontaler Verlustausgleich durchzuführen. Milz hat aus zwei seiner Tätigkeiten gewerbliche Einkünfte erzielt (als selbstständiger Friseur und Handelsvertreter). Nach Verrechnung belaufen sich die (weiterhin negativ gebliebenen) gesamten gewerblichen Einkünfte auf - 90.000 € (= - 100.000 € + 10.000 €).

2. Vertikaler Verlustausgleich:
   Die aus dem horizontalen Verlustausgleich „stehen gebliebenen" gewerblichen Einkünfte in Höhe von - 90.000 € können im Wege des vertikalen Verlustausgleichs weiter um 40.000 € auf - 50.000 € reduziert werden.

Die Summe der Einkünfte beläuft sich in 2015 somit auf 0 €. Die nicht ausgeglichenen negativen Einkünfte von 50.000 € können weiter im Wege des Verlustabzugs nach § 10d EStG berücksichtigt werden.

Zu II. Verlustabzug nach § 10d EStG:
Im Rahmen des Verlustausgleichs nicht verrechenbare Verluste können im Rahmen des Verlustabzugs nach § 10d EStG (**3. Stufe der Verlustverrechnung**) berücksichtigt werden.

Verluste sind hier in den vom Verlustentstehungsjahr abweichenden Abzugsjahren verrechenbar (nutzbar). Man unterscheidet zwischen einem Verlust**rücktrag (§ 10d Abs. 1 EStG)** und einem Verlust**vortrag (§ 10d Abs. 2 EStG)**.

Beim Verlust**rücktrag** sind die bei Ermittlung des Gesamtbetrags der Einkünfte nicht ausgeglichenen negativen Einkünfte **bis zur Höhe von 1.000.000 € bzw. bei Zusammenveranlagung von Ehegatten bis zur Höhe von 2.000.000 € vom Gesamtbetrag der Einkünfte** des dem Verlustentstehungsjahr unmittelbar vorangegangenen Veranlagungszeitraums abzuziehen (= Abzugsjahr; § 10d Abs. 1 EStG). Auf Antrag kann vom Verlustrücktrag ganz oder teilweise abgesehen werden (§ 10d Abs. 1 S. 5 EStG).

Die bei Ermittlung des Gesamtbetrags der Einkünfte nicht ausgeglichenen negativen Einkünfte, die nicht nach § 10d Abs. 1 EStG als Verlustrücktrag abgezogen worden sind und in den vorangegangenen Veranlagungszeiträumen nicht als Verlustvortrag abgezogen werden konnten (§ 10d Abs. 2 S. 3 EStG), sind

- in unendlich folgenden Veranlagungszeiträumen bis zu einem Gesamtbetrag der Einkünfte von 1 Mio. € bzw. 2. Mio. € bei Zusammenveranlagung unbeschränkt abzuziehen (= **unbegrenzter Verlustvortrag bzw. -abzug**),
- darüber hinaus bis zu 60 % des 1 Mio. € bzw. 2 Mio. € bei Zusammenveranlagung übersteigenden Gesamtbetrags der Einkünfte (= **begrenzter Verlustvortrag bzw. -abzug**; § 10d Abs. 2 EStG).

Der am Schluss eines Veranlagungszeitraums verbleibende Verlustvortrag ist gesondert festzustellen. Verbleibender Verlustvortrag sind die bei Ermittlung des Gesamtbetrags der Einkünfte nicht ausgeglichenen negativen Einkünfte, vermindert um die nach § 10d Abs. 1 EStG abgezogenen und die nach § 10d Abs. 2 EStG abziehbaren Beträge und vermehrt um den auf den Schluss des vorangegangenen Veranlagungszeitraums festgestellten verbleibenden Verlustvortrag (§ 10d Abs. 4 EStG).

Beispiel

Fallbeispiel Friseurmeister Milz
Wie eben festgestellt belaufen sich für Milz in 2015 die nicht ausgeglichenen negativen Einkünfte auf 50.000 €. In 2014 betrug der Gesamtbetrag seiner Einkünfte (vor Verlustabzug) 30.000 €, in 2016 100.000 €.

Die bei Ermittlung des Gesamtbetrags der Einkünfte nicht ausgeglichenen negativen Einkünfte aus 2015 sind wie folgt zu berücksichtigen (Milz hat keinen Antrag nach § 10d Abs. 1 S. 5 EStG gestellt):

	Nicht ausgeglichene negative Einkünfte aus 2015	50.000 €	
-	Verlustrücktrag ins Jahr 2014 (max. Gesamtbetrag der Einkünfte, höchstens 1 Mio. €)	30.000 €	
=	verbleibende nicht ausgeglichene negative Einkünfte aus 2015	20.000 €	
	Gesamtbetrag der Einkünfte 2016		100.000 €
-	unbegrenzter Verlustabzug (max. Gesamtbetrag der Einkünfte, höchstens 1 Mio. €)	20.000 €	20.000 €
=	Gesamtbetrag der Einkünfte nach Verlustabzug im VZ 2016		80.000 €
=	vortragsfähige nicht ausgeglichene negative Einkünfte für VZ ab 2017	0 €	

Der begrenzte Verlustabzug entfällt, da der Verlust aus 2015 nach Durchführung des Verlustrücktrags und des unbegrenzten Verlustabzugs bereits „aufgezehrt" ist.

Aufgabe 31 > Seite 215

4.3.5 Sonderausgaben

Kosten für die private Lebensführung (wie beispielsweise Aufwendungen für die Ernährung, Kleidung, Wohnung usw.) sind weder Betriebsausgaben i. S. v. § 4 Abs. 4 EStG noch Werbungskosten i. S. v. § 9 Abs. 1 S. 1 EStG und dürfen daher bei der Ermittlung des Einkommens **grundsätzlich** nicht abgezogen werden (**§ 12 EStG**). Hiervon ausgenommen sind **unter anderem** so genannte Sonderausgaben. Sonderausgaben sind somit bestimmte bei der Ermittlung des Einkommens abzugsfähige private Lebenshaltungskosten, die nicht mit einer der sieben Einkunftsarten in wirtschaftlichem Zusammenhang stehen (§ 10 Abs. 1 EStG analog).

Sie dürfen nur dann bei der Ermittlung des Einkommens abgezogen werden, wenn der Steuerpflichtige tatsächlich und endgültig wirtschaftlich belastet ist (H 10.1 „Abzugshöhe/Abzugszeitpunkt" EStH). Nur bei Ehegatten, die zusammen zur Einkommensteuer veranlagt werden, kommt es für den Abzug der Sonderausgaben nicht darauf an, wer diese geleistet hat (R 10.1 EStR).

Sonderausgaben sind in dem Veranlagungszeitraum abziehbar, in dem sie geleistet worden sind (§ 11 Abs. 2 EStG und H 10.1 „Abzugshöhe/Abzugszeitpunkt" EStH).

In den **§§ 10 - 10b EStG** werden alle Sonderausgaben abschließend aufgezählt. Hierbei wird zwischen unbeschränkt und beschränkt abzugsfähigen Sonderausgaben unterschieden:

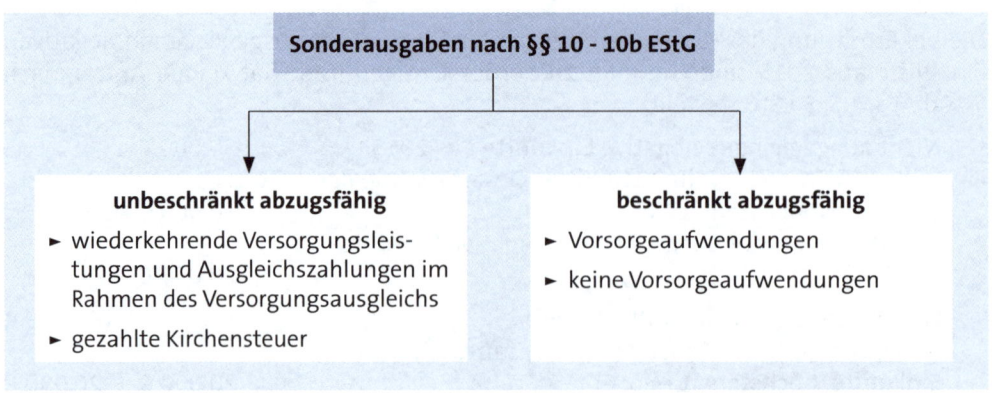

Sonderausgaben nach §§ 10 - 10b EStG

unbeschränkt abzugsfähig	**beschränkt abzugsfähig**
▸ wiederkehrende Versorgungsleistungen und Ausgleichszahlungen im Rahmen des Versorgungsausgleichs	▸ Vorsorgeaufwendungen
	▸ keine Vorsorgeaufwendungen
▸ gezahlte Kirchensteuer	

4.3.5.1 Unbeschränkt abzugsfähige Sonderausgaben

Der Höhe nach unbeschränkt sind als Sonderausgaben lediglich abzugsfähig

- so genannte **wiederkehrende Versorgungsleistungen nach § 10 Abs. 1 Nr. 1a EStG**, wenn die Versorgungsleistungen im Zusammenhang mit der Übertragung eines

    a) Mitunternehmeranteils an einer Personengesellschaft, die eine Tätigkeit i. S. d. §§ 13 und 15 Abs. 1 S. 1 Nr. 1 oder des § 18 Abs. 1 EStG ausübt **oder**

    b) Betriebs- oder Teilbetriebs **oder**

    c) mindestens 50 % betragenden Anteils an einer GmbH, wenn der Übergeber als Geschäftsführer tätig war und der Übernehmer diese Tätigkeit nach der Übertragung übernimmt.

Der Abzug nach § 10 Abs. 1 Nr. 1a EStG ist nur möglich, wenn die Versorgungsleistungen beim steuerpflichtigen Empfänger als sonstige Einkünfte nach § 22 Nr. 1b EStG besteuert werden.

Der bis zum 31.12.2007 nach § 10 Abs. 1 Nr. 1a EStG mögliche Sonderausgabenabzug von **Leistungen aufgrund eines schuldrechtlichen Versorgungsausgleichs** ist seit 01.01.2008 in **§ 10 Abs. 1 Nr. 1b EStG** gesondert geregelt.

und

- die **gezahlte Kirchensteuer (§ 10 Abs. 1 Nr. 4 EStG):** Kirchensteuern sind Geldleistungen, die von den als Körperschaften des öffentlichen Rechts anerkannten Religionsgemeinschaften von ihren Mitgliedern aufgrund gesetzlicher Vorschriften erhoben werden (H 10.7 „Kirchensteuer i. S. d. § 10 Abs. 1 Nr. 4 EStG" EStH).

Sie können nur in der Höhe abgezogen werden, in der sie erstattete oder gutgeschriebene Beträge übersteigen (H 10.1 „Abzugshöhe/Abzugszeitpunkt" i. V. m. H 10.7 „Willkürliche Zahlungen" EStH].

Beiträge der Mitglieder von Religionsgemeinschaften (Kirchenbeiträge), die mindestens in einem Land als Körperschaft des öffentlichen Rechts anerkannt sind, aber während des ganzen Kalenderjahres keine Kirchensteuer erheben, sind aus Billigkeitsgründen wie Kirchensteuern abziehbar (R 10.7 Abs. 1 Satz 1 EStR). Kirchenbeiträge, die nach R 10.7 Abs. 1 EStR nicht wie Kirchensteuer als Sonderausgaben abgezogen werden können, können im Rahmen des § 10b EStG steuerlich berücksichtigt werden (R 10.7 Abs. 2 EStR).

Soweit die Kirchensteuer als Zuschlag zur KapESt oder als Zuschlag auf die nach dem gesonderten Tarif des § 32d Abs. 1 EStG ermittelte Einkommensteuer gezahlt wurde, kann sie nicht als Sonderausgabe abgezogen werden (§ 10 Abs. 1 Nr. 4 2. HS EStG).

4.3.5.2 Beschränkt abzugsfähige Sonderausgaben

Bei den beschränkt abzugsfähigen Sonderausgaben unterscheidet man zwischen den so genannten **Vorsorgeaufwendungen** und den restlichen beschränkt abzugsfähigen Sonderausgaben (**keine Vorsorgeaufwendungen**).

4.3.5.3 Vorsorgeaufwendungen

Vorsorgeaufwendungen sind abschließend in § 10 und § 10a EStG geregelt (d. h. dort nicht benannte Aufwendungen können nicht als Vorsorgeaufwand abgezogen werden, vgl. auch H 10.5 „Keine Sonderausgaben" EStH):

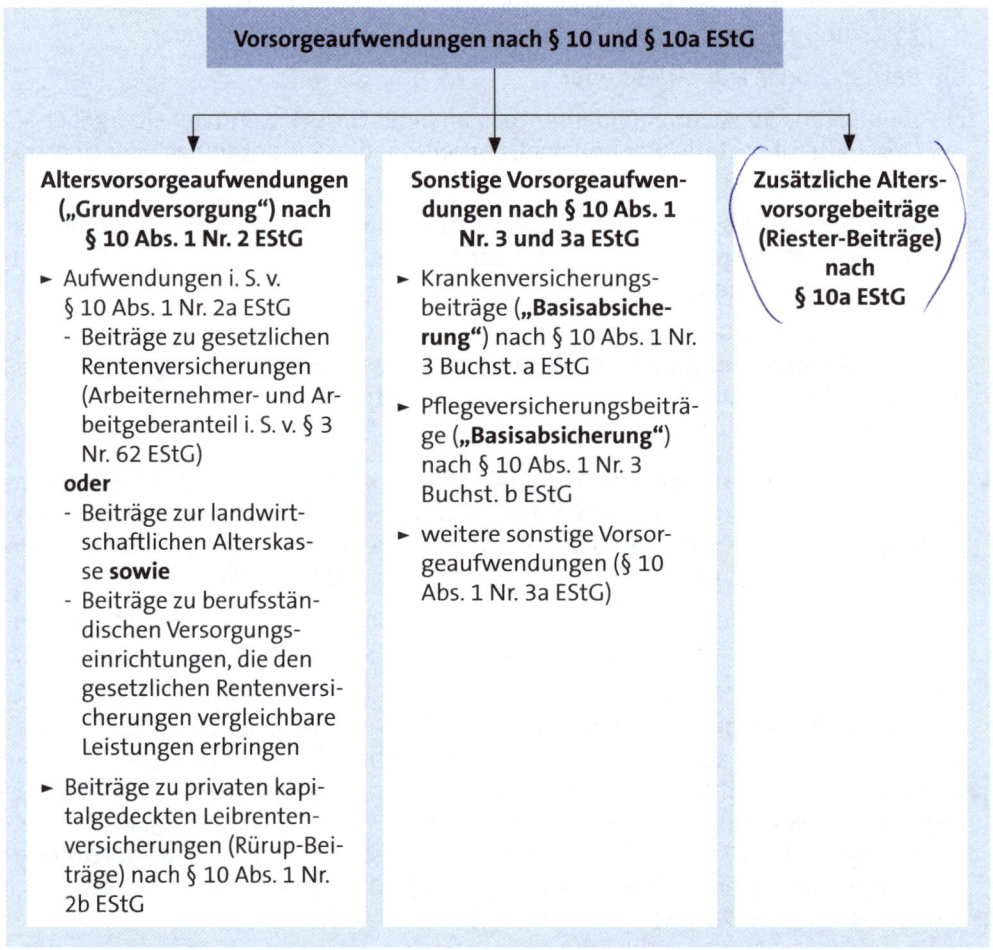

Die allgemeinen Voraussetzungen für den Abzug der in § 10 Abs. 1 Nr. 2, 3 und 3a EStG genannten Aufwendungen ist in § 10 Abs. 2 und 2a EStG geregelt.

Zu den Altersvorsorgeaufwendungen („Grundversorgung") i. S. d. § 10 Abs. 1 Nr. 2 EStG:

Altersvorsorgeaufwendungen i. S. v. § 10 Abs. 1 Nr. 2 EStG können nur in bestimmter Höhe abgezogen werden. Hierbei wird zwischen zwei Personengruppen unterschieden:

► **Personengruppe 1 =**
Steuerpflichtige, die **nicht** unter **§ 10 Abs. 3 S. 3 EStG** fallen

▸ **Personengruppe 2 =** *Beamte, Gesellschafter / Geschäftsführer* *nicht Klausurrelevant*
Steuerpflichtige, die unter **§ 10 Abs. 3 S. 3 EStG** fallen =

1. **Arbeitnehmer**, die während des ganzen oder eines Teils des Kalenderjahres

   a) in der gesetzlichen Rentenversicherung versicherungsfrei oder auf Antrag des Arbeitgebers von der Versicherungspflicht befreit waren und denen für den Fall ihres Ausscheidens aus der Beschäftigung aufgrund des Beschäftigungsverhältnisses eine lebenslängliche Versorgung oder an deren Stelle eine Abfindung zusteht oder die in der gesetzlichen Rentenversicherung nachzuversichern sind **oder**

   b) nicht der gesetzlichen Rentenversicherungspflicht unterliegen, eine Berufstätigkeit ausgeübt und im Zusammenhang damit aufgrund vertraglicher Vereinbarungen Anwartschaftsrechte auf eine Altersversorgung erworben haben, **oder**

2. **Steuerpflichtige, die Einkünfte i. S. d. § 22 Nr. 4 EStG erzielen („Abgeordnete")** und die ganz oder teilweise ohne eigene Beitragsleistung einen Anspruch auf Altersversorgung erwerben.

Bei Steuerpflichtigen der **Personengruppe 1** (keine „speziellen" Arbeitnehmer i. S. v. § 10 Abs. 3 S. 3 Nr. 1 EStG wie z. B. Beamte und keine Abgeordneten [§ 10 Abs. 3 S. 3 Nr. 2 EStG], d. h. alle sonstigen „gewöhnlichen" Arbeitnehmer und auch Selbstständige) sind Altersvorsorgeaufwendungen i. S. v. § 10 Abs. 1 Nr. 2 EStG in folgender Höhe zu berücksichtigen:

Tatsächlich geleistete Aufwendungen inkl. steuerfreier Arbeitgeber-Anteil i. S. v. § 3 Nr. 62 EStG bzw. gleichgestellter steuerfreier Zuschuss des Arbeitgebers nach § 10 Abs. 1 Nr. 2 S. 4 EStG (sofern < 20.000 € bzw. 40.000 € bei Zusammenveranlagung i. S. v. § 10 Abs. 3 S. 1 und S. 2 EStG)

bzw. 20.000 €/40.000 € (sofern tatsächlich geleistete Aufwendungen genauso hoch oder höher ausfallen)

• 76 % (Kalenderjahr 2013; § 10 Abs. 3 S. 4 EStG)

(- steuerfreier Arbeitgeberanteil zur gesetzlichen Rentenversicherung nach § 3 Nr. 62 EStG bzw. gleichgestellter steuerfreier Zuschuss des Arbeitgebers [§ 10 Abs. 3 S. 5 EStG])

= **abzugsfähige Altersvorsorgeaufwendungen**

Für Steuerpflichtige der **Personengruppe 2** („spezielle" Arbeitnehmer i. S. v. § 10 Abs. 3 S. 3 Nr. 1 EStG [z. B. Beamte] und Abgeordnete [§ 10 Abs. 3 S. 3 Nr. 2 EStG]) wird der Betrag von 20.000 € bzw. 40.000 € noch um einen so genannten fiktiven Gesamtrentenversicherungsbeitrag gekürzt (§ 10 Abs. 3 S. 3 EStG).

Beispiel

Fallbeispiel Friseurmeister Milz
Für 2014 hat Milz (selbstständiger Einzelunternehmer) einen Beitrag zur gesetzlichen Rentenversicherung in Höhe von 8.000 € an die DRV abgeführt. Er fällt unter die Personengruppe 1. Die abzugsfähigen Sonderausgaben für 2014 sind wie folgt zu ermitteln:

2016 :   *22.766€*

82% Tatsächlich geleistete Aufwendungen i. H. v. 8.000 € (< 20.000 €) *22.172,-*
- 78 % (Kalenderjahr 2014, § 10 Abs. 3 S. 4 und S. 6 EStG)
= **abzugsfähige Altersvorsorgeaufwendungen in Höhe von 6.240 €** *6.560 €*

Zu den sonstigen Vorsorgeaufwendungen i. S. v. § 10 Abs. 1 Nr. 3 und 3a EStG:
Hierunter versteht man

▸ **Beiträge zu Krankenversicherungen**, soweit diese zur Erlangung eines durch das 12. Buch SGB bestimmten sozialhilfegleichen Versorgungsniveaus erforderlich sind und sofern auf die Leistungen ein Anspruch besteht (= **sog. Basisabsicherung nach § 10 Abs. 1 Nr. 3 Buchst. a) EStG**):

- Für **gesetzlich Versicherte** sind dies die nach dem 3. Titel des 1. Abschnitts des 8. Kapitels des 5. Buches SGB oder die nach dem 6. Abschnitt des 2. Gesetzes über die Krankenversicherung der Landwirte festgesetzten Beiträge (§ 10 Abs. 1 Nr. 3 Buchst. a S. 2 EStG).

- Für **privat Versicherte** sind dies die Beitragsanteile, die auf Vertragsleistungen entfallen, die, mit Ausnahme der auf das Krankengeld entfallenden Beitragsanteile, in Art, Umfang und Höhe den Leistungen nach dem 3. Kapitel des 5. Buches SGB vergleichbar sind; § 12 Abs. 1d des Versicherungsaufsichtsgesetzes gilt entsprechend (§ 10 Abs. 1 Nr. 3 Buchst. a S. 3 EStG).

▸ **Beiträge zu gesetzlichen Pflegeversicherungen** (soziale Pflegeversicherung und private Pflege-Pflichtversicherung = auch Basisabsicherung) nach § 10 Abs. 1 Nr. 3 Buchst. b EStG **sowie**

▸ **insbesondere folgende Aufwendungen nach § 10 Abs. 1 Nr. 3a EStG:**

- Beiträge zu Kranken- und Pflegeversicherungen, soweit diese nicht nach § 10 Abs. 1 Nr. 3 EStG zu berücksichtigen sind (z. B. 4 %-Kürzung der geleisteten Beiträge bei gesetzlich Versicherten nach § 10 Abs. 1 Nr. 3 Buchst. a S. 4 EStG und die nicht unter die „Basisabsicherung" fallenden Beitragsanteile bei privat Versicherten)

- Beiträge zu Versicherungen gegen Arbeitslosigkeit

- Beiträge zu Erwerbs- und Berufsunfähigkeitsversicherungen, die nicht unter § 10 Abs. 1 Nr. 2 S. 1 Buchstabe b EStG fallen

- Beiträge zu Unfall- und Haftpflichtversicherungen (z. B. Kfz-Haftpflichtversicherung)

- Beiträge zu Risikoversicherungen, die nur für den Todesfall eine Leistung vorsehen.

Vorsorgeaufwendungen i. S. d. § 10 Abs. 1 Nr. 3 und 3a EStG können je Kalenderjahr **insgesamt bis 2.800 €** abgezogen werden (§ 10 Abs. 4 S. 1 EStG). Diese Regelung greift insbesondere für Selbstständige. Bei Steuerpflichtigen, die ganz oder teilweise ohne eigene Aufwendungen einen Anspruch auf vollständige oder teilweise Erstattung oder Übernahme von Krankheitskosten haben (Beihilfe) oder für deren Krankenversicherung Leistungen i. S. d. § 3 Nr. 9, 14, 57 oder 62 EStG erbracht werden, beträgt der Höchstbetrag **nur 1.900 €** (§ 10 Abs. 4 S. 2 EStG). Hierunter fallen beispielsweise

- sozialversicherungspflichtige Arbeitnehmer, für die der Arbeitgeber nach § 3 Nr. 62 EStG steuerfreie Beiträge zur Krankenversicherung leistet

- Versorgungsempfänger im öffentlichen Dienst mit Beihilfeanspruch oder gleichgestellte Personen

- Besoldungsempfänger oder gleichgestellte Personen, die von ihrem Arbeitgeber nach § 3 Nr. 11 EStG steuerfreie Beihilfen zu Krankheitskosten erhalten

- Rentner, die aus der gesetzlichen Rentenversicherung nach § 3 Nr. 14 EStG steuerfreie Zuschüsse zu den Krankenversicherungsbeiträgen erhalten

- in der gesetzlichen Krankenversicherung ohne eigene Beiträge familienversicherte Angehörige.

Übersteigen die **Vorsorgeaufwendungen i. S. d. § 10 Abs. 1 Nr. 3 EStG** diese Höchstbeträge, sind die Vorsorgeaufwendungen nach § 10 Abs. 1 Nr. 3 EStG unter den dort genannten Voraussetzungen abzuziehen. Ein Abzug von Vorsorgeaufwendungen i. S. d. § 10 Abs. 1 Nr. 3a EStG scheidet dann aus (§ 10 Abs. 4 S. 1 - 4 EStG).

Beispiel

Fallbeispiel Friseurmeister Milz
Zwecks sozialer Absicherung hat Milz in 2014 Beiträge zu einer gesetzlichen Krankenkasse in Höhe von insgesamt 5.580 € geleistet (er hat Anspruch auf Krankengeld). Für die Pflegeversicherung hat er 738 € entrichtet. Für Unfall- und Haftpflichtversicherung zahlte er einen Jahresbeitrag von 200 €.

Die Beiträge sind in folgender Höhe als Sonderausgaben abzugsfähig:

Insgesamt hat er 6.518 € entrichtet und liegt damit weit über dem Höchstbetrag von 2.800 € nach § 10 Abs. 4 S. 1 EStG (als Selbstständiger fällt er nicht unter § 10 Abs. 4 S. 2 EStG). Daher sind von den geleisteten Beiträgen **6.094,80 €** (= [5.580 € · 0,96] + 738 €) abzuziehen (§ 10 Abs. 1 Nr. 3 S. 1, 2 und 4 EStG). Der Abzug der Beiträge für Unfall- und Haftpflichtversicherung (200 €) sowie der 4 %-Kürzung der geleisteten Beträge zur gesetzlichen Krankenkasse scheidet aus (§ 10 Abs. 4 S. 4 EStG).

Die Regelungen zum Abzug von Vorsorgeaufwendungen nach § 10 Abs. 1 Nr. 2a, Nr. 3 und Nr. 3a EStG sind in bestimmten Fällen ungünstiger als nach der für das Kalenderjahr 2004 geltenden Fassung des § 10 Abs. 3 EStG. In diesen Fällen wird zur Vermeidung einer Schlechterstellung des Steuerpflichtigen bis 2019 der höhere Sonderausgabenabzug berücksichtigt (Günstigerprüfung). Die Überprüfung erfolgt von Amts wegen. Die Höchstbeträge für den Vorwegabzug ergeben sich aus der Tabelle zu § 10 Abs. 4a EStG.

4.3.5.4 Keine Vorsorgeaufwendungen

Neben den beschränkt abzugsfähigen „Vorsorgeaufwendungen" gibt es auch **beschränkt abzugsfähige Sonderausgaben, die keine Vorsorgeaufwendungen sind**. Hierzu zählen abschließend:

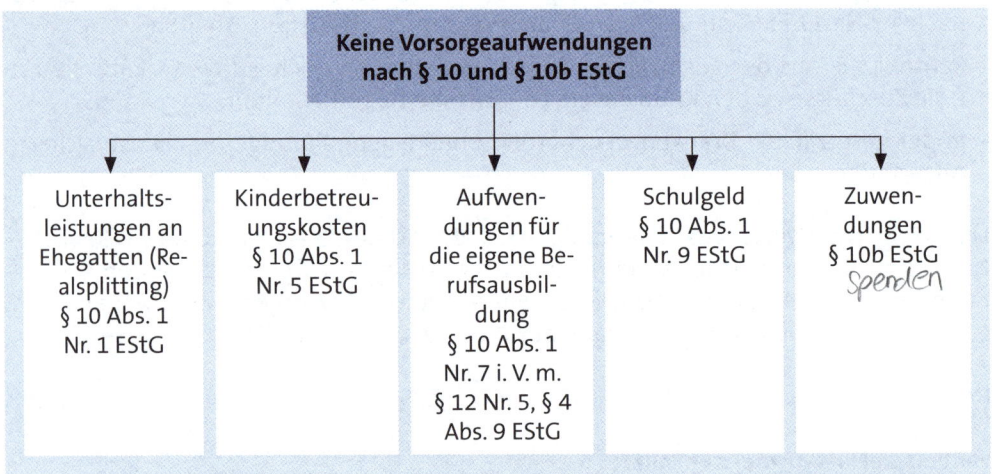

Zu den Unterhaltsleistungen an Ehegatten (Realsplitting) i. S. v. § 10 Abs. 1 Nr. 1 EStG: Unterhaltsleistungen an den geschiedenen oder dauernd getrennt lebenden unbeschränkt einkommensteuerpflichtigen Ehegatten sind **bis zu 13.805 €** im Kalenderjahr vom Geber (Unterhaltsverpflichteten) als Sonderausgaben abzugsfähig, wenn er dies mit Zustimmung des Empfängers beantragt (§ 10 Abs. 1 Nr. 1 S. 1 EStG). Der Antrag kann jeweils nur für ein Kalenderjahr gestellt und nicht zurückgenommen werden (§ 10 Abs. 1 Nr. 1 S. 3 EStG).

Alternativ können die Unterhaltsleistungen als **außergewöhnliche Belastung nach § 33a Abs. 1 EStG** deklariert werden. Dies ist der Fall, wenn der Antrag auf Sonderausgabenabzug nicht gestellt wird oder der unterhaltsberechtigte Empfänger dem Antrag nicht zustimmt. Das Gleiche gilt, wenn letzterer nicht unbeschränkt einkommensteuerpflichtig ist (beachte aber auch: H 10.2 „Nicht unbeschränkt steuerpflichtiger Empfänger" EStH).

Soweit Unterhaltsleistungen den Betrag von 13.805 € im Kalenderjahr übersteigen und somit vom Abzug nach § 10 Abs. 1 Nr. 1 EStG ausgeschlossen sind, können sie nicht – **neben** der Geltendmachung von 13.805 € – als außergewöhnliche Belastung abgezogen werden.

Beim **Empfänger** werden die Unterhaltsleistungen maximal bis zur Höhe des Betrags, der beim Unterhaltsverpflichteten als Sonderausgabe abgezogen wird, als sonstige Einkünfte nach § 22 Nr. 1a EStG behandelt. Er kann eventuell entstandene Werbungskosten abziehen, mindestens jedoch einen Werbungskosten-Pauschbetrag in Höhe von 102 € (§ 9a Satz 1 Nr. 3 EStG).

Zu den Kinderbetreuungskosten i. S. v. § 10 Abs. 1 Nr. 5 EStG:
Als Sonderausgaben abziehbar sind jährlich **2/3 der Kinderbetreuungskosten, höchstens 4.000 € je Kind**, wenn folgende Voraussetzungen erfüllt sind:

► Es wurden Aufwendungen für Dienstleistungen zur Betreuung eines zum Haushalt des Steuerpflichtigen gehörenden nach § 1 Abs. 1 oder Abs. 2 EStG unbeschränkt steuerpflichtigen Kindes i. S. d. § 32 Abs. 1 EStG, das das 14. Lebensjahr noch nicht vollendet hat oder wegen einer vor Vollendung des 25. Lebensjahres eingetretenen körperlichen, geistigen oder seelischen Behinderung außerstande ist, sich selbst zu unterhalten, getätigt (= **Kinderbetreuungskosten**; § 10 Abs. 1 Nr. 5 S. 1 und S. 3 EStG).

Nach dem BMF-Schreiben vom 14.03.2012, Rn. 3, BStBl 2012 I, S. 307 ff. gehören zu den Kinderbetreuungskosten beispielsweise Aufwendungen für die

- Unterbringung in Kindergärten, Kindertagesstätten, Kinderhorten, Kinderheimen und Kinderkrippen sowie bei Tagesmüttern, Wochenmüttern und in Ganztagspflegestellen
- Beschäftigung von Kinderpflegerinnen, Erzieherinnen und Kinderschwestern
- Beschäftigung von Hilfen im Haushalt, soweit diese Kinder betreuen
- Beaufsichtigung von Kindern bei der Erledigung der häuslichen Schulaufgaben.

Ausgeschlossen sind Aufwendungen für

- Unterricht (z. B. Schulgeld, Nachhilfe oder Fremdsprachenunterricht)
- die Vermittlung besonderer Fähigkeiten (z. B. Musikunterricht, Computerkurse)
- sportliche und andere Freizeitbetätigungen (z. B. Mitgliedschaft in Sportvereinen oder anderen Vereinen, Tennis- oder Reitunterricht; vgl. § 10 Abs. 1 Nr. 5 S. 2 EStG und BMF-Schreiben vom 14.03.2012, BStBl 2012 I, S. 307 ff., Rn. 8).

► Der Steuerpflichtige hat für die Aufwendungen eine Rechnung erhalten und die Zahlung ist auf das Konto des Erbringers der Leistung erfolgt (§ 10 Abs. 1 Nr. 5 S. 4 EStG).

Bei Zusammenveranlagung von Ehegatten kommt es für den Abzug von Kinderbetreuungskosten als Sonderausgabe nicht darauf an, welcher Elternteil die Aufwendungen geleistet hat oder ob sie von beiden getragen wurden (BMF-Schreiben vom 14.03.2012, BStBl 2012 I, S. 307 ff., Rn. 25).

Im Fall der Einzelveranlagung von Ehegatten sind nach § 26a Abs. 2 S. 1 EStG Sonderausgaben demjenigen Ehegatten zuzurechnen, der die Aufwendungen wirtschaftlich getragen hat. Trifft dies auf beide Ehegatten zu, kann jeder seine tatsächlichen Aufwendungen grundsätzlich bis zur Höhe des hälftigen Abzugshöchstbetrages (2.000 €) geltend machen. Etwas anderes gilt nur dann, wenn die Ehegatten einvernehmlich gegenüber dem Finanzamt eine anderweitige Aufteilung des Abzugshöchstbetrages wählen (BMF-Schreiben vom 14.03.2012, BStBl 2012 I, S. 307 ff., Rn. 27).

Zu den Aufwendungen für die eigene Berufsausbildung i. S. v. § 10 Abs. 1 Nr. 7 EStG i. V. m. § 12 Nr. 5 EStG: gibt es nicht mehr!
Aufwendungen für die **erstmalige Berufsausbildung** (= Berufsausbildung, der keine andere abgeschlossene Berufsausbildung bzw. kein abgeschlossenes Hochschulstudi-

um vorangegangen ist; vgl. H 32.10 DA-FamEStG 63.4.2.1.2 Abs. 1 S. 1 EStH) oder ein **Erststudium als Erstausbildung** können **bis zu 6.000 € (bei Ehegatten i. S. v. § 26 Abs. 1 EStG gesondert pro Person)** im Kalenderjahr als Sonderausgaben abgezogen werden, wenn diese **nicht** im Rahmen eines Dienstverhältnisses stattfinden (§ 10 Abs. 1 Nr. 7 EStG i. V. m. § 12 Nr. 5 EStG).

Nach § 10 Abs. 1 Nr. 7 S. 3 und 4 EStG zählen zu den abzugsfähigen Sonderausgaben insbesondere

- Lehrgangs- und Studiengebühren
- Aufwendungen für Fachbücher und anderes Lehrmaterial
- Aufwendungen für eine auswärtige Unterbringung
- Aufwendungen für ein häusliches Arbeitszimmer (§ 4 Abs. 5 S. 1 Nr. 6b EStG)
- Fahrtkosten zwischen Wohnung und Ausbildungsort (§ 9 Abs. 1 S. 3 Nr. 4 EStG)
- Mehraufwendungen wegen doppelter Haushaltsführung (§ 9 Abs. 1 S. 3 Nr. 5 EStG)
- Verpflegungsmehraufwendungen (§ 9 Abs. 4a EStG).

Werbungskosten liegen jedoch vor, wenn erstmalige Berufsausbildung oder Erststudium als Erstausbildung Gegenstand eines Dienstverhältnisses sind (§ 12 Nr. 5, 2. HS EStG).

Alle Aufwendungen für Bildungsmaßnahmen, die **nach Abschluss** der erstmaligen Berufsausbildung oder eines Erststudiums als Erstausbildung erworben werden, sind Fortbildungskosten und führen zum **Werbungskostenabzug** (wenn beruflich veranlasst) bzw. zum **Betriebsausgabenabzug** (wenn betrieblich veranlasst).

Zum Schulgeld i. S. v. § 10 Abs. 1 Nr. 9 EStG:
Steuerpflichtige können **30 % des Entgelts, höchstens 5.000 €**, als Sonderausgabe abziehen,

- das sie für ein Kind, für das sie Anspruch auf einen Freibetrag nach § 32 Abs. 6 EStG oder auf Kindergeld haben, für dessen Besuch einer Schule in freier Trägerschaft oder einer überwiegend privat finanzierten Schule entrichtet haben; **ausgenommen: Internatskosten**, d. h. Entgelt für Beherbergung, Betreuung und Verpflegung (§ 10 Abs. 1 Nr. 9 S. 2 EStG), **wenn**
- die Schule in einem Mitgliedstaat der Europäischen Union oder in einem Staat belegen ist, auf den das Abkommen über den EWR Anwendung findet, und die Schule zu einem von dem zuständigen inländischen Ministerium eines Landes, von der Kultusministerkonferenz der Länder oder von einer inländischen Zeugnisanerkennungsstelle anerkannten oder einem inländischen Abschluss an einer öffentlichen Schule als gleichwertig anerkannten allgemein bildenden oder berufsbildenden Schul-, Jahrgangs- oder Berufsabschluss führt (§ 10 Abs. 1 Nr. 9 S. 2 EStG).

Der Höchstbetrag nach § 10 Abs. 1 Nr. 9 S. 1 EStG wird **für jedes Kind**, bei dem die Voraussetzungen vorliegen, je Elternpaar (auch ohne Zusammenveranlagung) nur einmal gewährt (§ 10 Abs. 1 Nr. 9 S. 5 EStG). Die Schulgeldzahlungen sind dabei grundsätzlich bei dem Elternteil zu berücksichtigen, der sie getragen hat. Haben beide Elternteile entsprechende Aufwendungen getragen, sind sie bei jedem Elternteil nur bis zu einem Höchstbetrag von 2.500 € zu berücksichtigen, es sei denn, die Eltern beantragen einvernehmlich eine andere Aufteilung.

Zu Zuwendungen i. S. v. § 10b EStG:
Bei den Zuwendungen werden folgende drei Arten unterschieden:

1. Zuwendungen zur Förderung steuerbegünstigter Zwecke (§ 10b Abs. 1 EStG)

2. Stiftungszuwendungen (§ 10b Abs. 1a EStG)

3. Zuwendungen an politische Parteien (§ 10b Abs. 2 EStG).

Im Folgenden wird ausschließlich auf Nr. 1 (Zuwendungen zur Förderung steuerbegünstigter Zwecke) und Nr. 3 (Zuwendungen an politische Parteien) näher eingegangen.

► **Zuwendungen zur Förderung steuerbegünstigter Zwecke (§ 10b Abs. 1 EStG)**
Zuwendungen, d. h. Leistungen ohne Gegenleistung in Form von Spenden und Mitgliedsbeiträgen (auch: sog. Sachzuwendungen nach § 10b Abs. 3 EStG), zur Förderung steuerbegünstigter Zwecke i. S. v. §§ 52 - 54 AO (nicht: Mitgliedsbeiträge an Körperschaften i. S. v. § 52 Abs. 2 Nr. 21 - 23 AO oder zur Förderung kultureller Betätigungen, die in erster Linie der Freizeitgestaltung dienen; § 10b Abs. 1 S. 8 EStG) können insgesamt bis zu

- 20 % des Gesamtbetrags der Einkünfte (1. Alternative) **oder**

- 4 ‰ der Summe der gesamten Umsätze und der im Kalenderjahr aufgewendeten Löhne und Gehälter (2. Alternative)

als Sonderausgaben abgezogen werden (§ 10b Abs. 1 S. 1 EStG).

Voraussetzung für den Abzug nach § 10b Abs. 1 S. 2 EStG ist, dass diese Zuwendungen

- an bestimmte Zuwendungsempfänger geleistet werden (§ 10b Abs. 1 S. 2 - 8 EStG); hierunter versteht man

  · eine juristische Person des öffentlichen Rechts oder eine öffentliche Dienststelle (z. B. Schule) in einem EU-Staat oder in einem EWR-Staat **oder**

  · eine nach § 5 Abs. 1 Nr. 9 KStG bezeichnete Körperschaft (z. B. Verein), Personenvereinigung oder Vermögensmasse **oder**

  · eine Körperschaft, Personenvereinigung oder Vermögensmasse in einem EU-Staat oder EWR-Staat;

  und

- durch eine Zuwendungsbestätigung vom Zuwendungsempfänger nachgewiesen werden (§ 50 EStDV).

Abziehbare Zuwendungen, die die Höchstbeträge nach § 10b Abs. 1 S. 1 EStG überschreiten oder die den um die Beträge nach § 10 Abs. 3 und 4, § 10c und § 10d EStG verminderten Gesamtbetrag der Einkünfte übersteigen, sind im Rahmen der Höchstbeträge in den folgenden Veranlagungszeiträumen als Sonderausgaben abzuziehen. § 10d Abs. 4 EStG gilt entsprechend (§ 10b Abs. 1 S. 9 und 10 EStG).

► **Zuwendungen an politische Parteien (§ 10b Abs. 2 EStG)**
Zuwendungen an politische Parteien i. S. d. § 2 des Parteiengesetzes sind keine Betriebsausgaben (§ 4 Abs. 6 EStG).

Sie können jedoch bis zur Höhe von insgesamt 1.650 € und im Fall der Zusammenveranlagung von Ehegatten bis zur Höhe von insgesamt 3.300 € im Kalenderjahr **insoweit als Sonderausgaben** abgezogen werden, als für sie nicht eine Steuerermäßigung nach § 34g EStG gewährt worden ist (§ 10b Abs. 2 S. 1 und 2 EStG).

Aus der Formulierung des § 10b Abs. 2 S. 2 EStG folgt, dass bei Zuwendungen an politische Parteien vorrangig die Steuerermäßigung nach § 34g EStG gilt. Dies bedeutet, dass bei Parteispenden **zuerst § 34g EStG** und **dann § 10b Abs. 2 S. 1 EStG** zu berücksichtigen sind. Ein Wahlrecht zwischen dem Abzug der Zuwendungen von der Steuer nach § 34g EStG und dem Sonderausgabenabzug nach § 10b Abs. 2 EStG besteht nicht.

Nach § 34g S. 2 EStG können Zuwendungen an politische Parteien bis zu 50 % der Ausgaben, höchstens jedoch 825 € von der tariflichen Einkommensteuer abgezogen werden. Um die maximale Ermäßigung der tariflichen Einkommensteuer (825 €) zu erzielen, muss der Steuerpflichtige Ausgaben/Zuwendungen in Höhe von **1.650 € (Zuwendungshöchstbetrag)** tätigen. Bei Zusammenveranlagung von Ehegatten verdoppeln sich die Beträge, d. h. die Steuerpflichtigen können ihre tarifliche Einkommensteuer um 1.650 € vermindern, wenn ihr Ausgaben-/Zuwendungsvolumen **3.300 €** beträgt.

Beispiel

Spendet beispielsweise eine ledige Steuerpflichtige im VZ 2014 einer politischen Partei **1.200 €** (= Ausgabe/Zuwendung), vermindert sich ihre Einkommensteuerschuld nach § 34g S. 2 EStG um 600 € (= 50 % von 1.200 €). Die Zuwendung (1.200 €) übersteigt nicht den Zuwendungshöchstbetrag von 1.650 €, sodass ein (zusätzlicher) Sonderausgabenabzug nach § 10b Abs. 2 EStG nicht in Betracht kommt.

Beträgt ihr Spendenbetrag hingegen **2.000 €**, mindert sich ihre Einkommensteuerschuld nach § 34g S. 2 EStG nur um 825 €. Die Spende (2.000 €) übersteigt in Höhe von 350 € den Zuwendungshöchstbetrag von 1.650 €. Daher kommt in dieser Höhe (350 €) – zusätzlich – ein Sonderausgabenabzug nach § 10b Abs. 2 EStG in Betracht (insgesamt können bis zu 1.650 € als Sonderausgabe geltend gemacht werden).

4.3.5.5 Sonderausgaben-Pauschbetrag

Wenn der Steuerpflichtige bzw. die zusammen zu veranlagenden Ehegatten keine höheren unbeschränkt und beschränkt abzugsfähigen Sonderausgaben, die keine Vorsorgeaufwendungen sind, nachweisen, wird **hierfür** mindestens ein Sonderausgaben-Pauschbetrag in Höhe von 36 € bzw. 72 € (bei Zusammenveranlagung) berücksichtigt (§ 10c EStG).

4.3.6 Außergewöhnliche Belastungen

Kosten für die private Lebensführung dürfen bei der Ermittlung des Einkommens grundsätzlich nicht abgezogen werden (§ 12 EStG). Hiervon ausgenommen sind so genannte außergewöhnliche Belastungen.

Es lassen sich folgende Arten von außergewöhnlichen Belastungen unterscheiden:

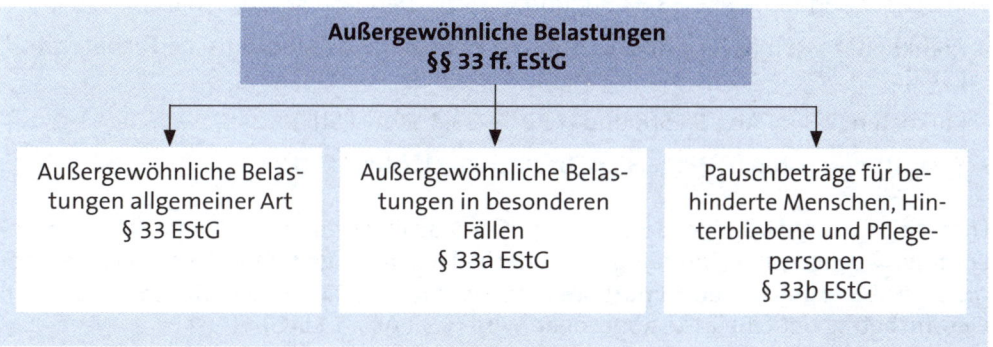

Für den Zeitpunkt des Abzugs von außergewöhnlichen Belastungen ist grundsätzlich das Abflussprinzip nach § 11 Abs. 2 EStG zu beachten.

4.3.6.1 Außergewöhnliche Belastungen allgemeiner Art

§ 33 EStG ist eine Rechtsvorschrift, die eine Vielzahl von Einzelfällen auffängt (Generalklausel) und somit nicht abschließend.

Erwachsen einem Steuerpflichtigen **zwangsläufig** größere Aufwendungen als der überwiegenden Mehrzahl der Steuerpflichtigen gleicher Einkommensverhältnisse, gleicher Vermögensverhältnisse und gleichen Familienstands, liegt eine so genannte **außergewöhnliche Belastung** vor (§ 33 Abs. 1, 1. HS EStG).

Aufwendungen erwachsen dem Steuerpflichtigen **zwangsläufig**, wenn er sich ihnen aus

► rechtlichen Gründen (z. B. gesetzliche Unterhaltspflicht)

► tatsächlichen Gründen (z. B. Krankheit, Unfall, Tod) oder

- sittlichen Gründen (z. B. Unterstützung bedürftiger Angehöriger)

nicht entziehen kann und soweit die Aufwendungen den Umständen nach notwendig sind und einen angemessenen Betrag nicht übersteigen (§ 33 Abs. 2 S. 1 EStG). Außer Betracht bleiben hierbei:

- Aufwendungen, die zu den Betriebsausgaben, Werbungskosten oder Sonderausgaben gehören; das gilt für Aufwendungen i. S. d. § 10 Abs. 1 Nr. 7 und 9 EStG nur insoweit, als sie als Sonderausgaben abgezogen werden können (§ 33 Abs. 2 S. 2 EStG)
- Aufwendungen, die durch Diätverpflegung entstehen (§ 33 Abs. 2 S. 3 EStG)
- Aufwendungen für die Führung eines Rechtsstreits (Prozesskosten), es sei denn, es handelt sich um Aufwendungen ohne die der Steuerpflichtige Gefahr liefe, seine Existenzgrundlage zu verlieren und seine lebensnotwendigen Bedürfnisse in dem üblichen Rahmen nicht mehr befriedigen zu können (§ 33 Abs. 2 S. 4 EStG).

Aufwendungen i. S. d. § 33 EStG sind somit **vor allem**

- Pflegeaufwendungen (R 33.3 EStR und H 33.1 - 33.4 „Haushaltsersparnis" EStH)
- Krankheitskosten (R 33.4 Abs. 1 EStR und H 33.1 - 33.4 „Medizinische Fachliteratur" EStH)
- Kurkosten (R 33.4 Abs. 3 EStR und H 33.1 - 33.4 „Kur" EStH)
- Bestattungskosten (H 33.1 - 33.4 „Bestattungskosten" EStH).

Liegt eine außergewöhnliche Belastung i. S. v. § 33 EStG vor, so wird auf Antrag die Einkommensteuer dadurch ermäßigt, dass **der Teil der außergewöhnlichen Belastung**, der die dem Steuerpflichtigen **zumutbare Belastung nach § 33 Abs. 3 EStG** übersteigt, vom Gesamtbetrag der Einkünfte abgezogen wird (§ 33 Abs. 1 EStG).

Somit kann nur ein Teil der außergewöhnlichen Belastung i. S. v. § 33 EStG einkommensteuerlich berücksichtigt werden. Man spricht in diesem Zusammenhang von der abziehbaren außergewöhnlichen Belastung:

	außergewöhnliche Belastung
-	zumutbare Belastung
=	**abziehbare außergewöhnliche Belastung**

Die zumutbare Belastung ermittelt sich, indem ein bestimmter Prozentsatz mit dem Gesamtbetrag der Einkünfte multipliziert wird. Die entsprechende Tabelle ist in § 33 Abs. 3 EStG abgedruckt:

Die zumutbare Belastung beträgt bei einem Gesamtbetrag der Einkünfte	bis 15.340 €	über 15.340 € und bis 51.130 €	über 51.130 €
1. bei Steuerpflichtigen ohne Kinder und bei denen die Einkommensteuer a) nach der Grundtabelle (§ 32a Abs. 1 EStG)	5	6	7
b) nach der Splittingtabelle (§ 32a Abs. 5 EStG) zu berechnen ist	4	5	6
2. bei Steuerpflichtigen mit a) einem oder zwei Kindern	2	3	4
b) drei oder mehr Kindern	1	1	2
	Prozent des Gesamtbetrags der Einkünfte		

Als Kinder des Steuerpflichtigen zählen die, für die er Anspruch auf einen Freibetrag nach § 32 Abs. 6 EStG oder auf Kindergeld hat (§ 33 Abs. 3 S. 2 EStG).

Beispiel

Beträgt beispielsweise bei einem ledigen und kinderlosen Steuerpflichtigen im VZ 2014 der Gesamtbetrag der Einkünfte 18.000 € und sind ihm an außergewöhnlichen Belastungen (Krankheitskosten) insgesamt 3.000 € entstanden, so beträgt die zumutbare Belastung 1.080 € (= 6 % von 18.000 €). Dies bedeutet, dass er von den insgesamt angefallenen außergewöhnlichen Belastungen nur 1.920 € abziehen kann (= 3.000 € - 1.080 €).

4.3.6.2 Außergewöhnliche Belastungen in besonderen Fällen

§ 33a EStG regelt außergewöhnliche Belastungen in besonderen, häufig vorkommenden Fällen.

Hierzu zählen:

► **Unterhaltsaufwendungen** (§ 33a Abs. 1 EStG) und

► der **Ausbildungsfreibetrag** (§ 33a Abs. 2 EStG).

Im Gegensatz zu § 33 EStG werden die in § 33a EStG genannten Aufwendungen nur bis zu bestimmten Höchstbeträgen – ohne Kürzung einer zumutbaren Belastung – vom Gesamtbetrag der Einkünfte abgezogen.

► Unterhaltsaufwendungen nach § 33a Abs. 1 EStG

Erwachsen einem Steuerpflichtigen Aufwendungen für den **Unterhalt und eine etwaige Berufsausbildung** einer dem Steuerpflichtigen oder seinem Ehegatten gegenüber **gesetzlich unterhaltsberechtigten Person i. S. v. H 33a.1 „Unterhaltsberechtigung" EStH** (= nach § 1601 BGB Verwandte in gerader Linie i. S. d. § 1589 S. 1 BGB wie z. B. Kinder, Enkel, Eltern und Großeltern sowie nach §§ 1360 ff., 1570 BGB Ehegatten untereinander; nicht: Geschwister), so wird auf Antrag die Einkommensteuer dadurch ermäßigt, dass die Aufwendungen **bis zu 8.354 € im Kalenderjahr** vom Gesamtbetrag der Einkünfte abgezogen werden (§ 33a Abs. 1 S. 1 EStG).

Voraussetzung nach § 33a Abs. 1 S. 4 und S. 5 EStG hierfür ist,

- dass weder der Steuerpflichtige noch eine andere Person Anspruch auf einen Freibetrag nach § 32 Abs. 6 EStG oder auf Kindergeld für die unterhaltene Person hat **und**

- die unterhaltene Person **keine** oder nur **geringe Einkünfte i. S. v. § 2 EStG** und **Bezüge i. S. v. R 33a.1 Abs. 3 S. 3 - 5 EStR und § 33a Abs. 1 S. 5, 2. HS EStG** hat und kein oder nur ein geringes Vermögen besitzt. Als geringfügig kann in der Regel ein Vermögen bis zu einem gemeinen Wert (Verkehrswert) von 15.500 € angesehen werden (R 33a.1 Abs. 2 S. 3 EStR). Dabei bleibt ein angemessenes Hausgrundstück i. S. d. § 90 Abs. 2 Nr. 8 SGB XII außer Betracht, wenn der Unterhaltsempfänger das Hausgrundstück allein oder zusammen mit Angehörigen bewohnt, denen es nach seinem Tod weiter als Wohnung dienen soll (R 33a.1 Abs. 2 Nr. 2 EStR, H 33a.1 „Geringes Vermögen" EStH).

Hat die unterhaltene Person Einkünfte und Bezüge, so vermindert sich der Höchstbetrag von 8.354 € um

- den Betrag, um den diese Einkünfte und Bezüge den Betrag von **624 €** im Kalenderjahr übersteigen bzw.

- die von der unterhaltenen Person als Ausbildungshilfe aus öffentlichen Mitteln bezogenen Zuschüsse (keine Darlehen) in **vollem Umfang** (§ 33a Abs. 1 S. 5 EStG).

Beispiel

Hat beispielsweise ein Steuerpflichtiger im Kalenderjahr 2014 seine vermögenslose Großmutter mit jährlich 8.000 € unterstützt und hatte die Großmutter eigene Einkünfte in Höhe von 3.000 €, ermittelt sich ein abziehbarer Unterhaltsbetrag nach § 33a Abs. 1 EStG i. H. v. 5.978 € (= Höchstbetrag von 8.354 € abzüglich [3.000 € - 624 €]). Würden die tatsächlichen Aufwendungen den gekürzten Höchstbetrag (hier: 5.978 €) unterschreiten, könnten nur diese nach § 33a Abs. 1 EStG abgezogen werden.

Der Höchstbetrag von 8.354 € und der anrechnungsfreie Betrag von 624 € ermäßigen sich um je ein Zwölftel für jeden vollen Kalendermonat, in dem die Voraussetzungen für eine außergewöhnliche Belastung nicht vorgelegen haben (§ 33a Abs. 3 S. 1 EStG). Eigene Einkünfte und Bezüge der unterhaltenen Person sind nur anzurechnen, soweit sie auf den Unterhaltszeitraum entfallen (§ 33a Abs. 3 S. 2 EStG und R 33a.3 Abs. 2 EStR).

Unterhaltsleistungen an Personen mit Wohnsitz im Ausland können nur insoweit abgezogen werden, als sie nach den Verhältnissen des Wohnsitzstaates der unterhaltenen Person notwendig und angemessen sind; ob der Steuerpflichtige zum Unterhalt gesetzlich verpflichtet ist, ist nach inländischen Maßstäben zu beurteilen (§ 33a Abs. 1 S. 6 EStG).

Werden die Aufwendungen für eine unterhaltene Person von mehreren Steuerpflichtigen getragen, so wird bei jedem der Teil des sich hiernach ergebenden Betrags abgezogen, der seinem Anteil am Gesamtbetrag der aufgewendeten Leistungen entspricht (§ 33a Abs. 1 S. 7 EStG).

▸ **Ausbildungsfreibetrag nach § 33a Abs. 2 EStG**
Die steuerliche Freistellung eines Einkommensbetrags in Höhe des Existenzminimums eines Kindes einschließlich der Bedarfe für Betreuung und Erziehung oder Ausbildung wird im gesamten Veranlagungszeitraum entweder durch die Freibeträge nach § 32 Abs. 6 EStG (Kinder- und Betreuungsfreibetrag) oder durch das Kindergeld bewirkt (§ 31 S. 1 EStG).

Zusätzlich wird

- zur Abgeltung des Sonderbedarfs
- eines sich in Berufsausbildung i. S. v. H 32.10 DA-FAmEStG 63.4.2.1.1 Abs. 1 und 2 EStH befindenden,
- auswärtig (außerhalb des Haushalts der Eltern) untergebrachten,
- volljährigen (das 18. Lebensjahr vollendet habenden) Kindes,
- für das Anspruch auf einen Freibetrag nach § 32 Abs. 6 EStG oder Kindergeld (§§ 62 ff. EStG) besteht,

ein Ausbildungsfreibetrag von **924 € je Kalenderjahr** gewährt (§ 33a Abs. 2 S. 1 EStG).

Liegen die Voraussetzungen für die Gewährung eines Freibetrags nach § 33a Abs. 2 EStG nur für einen Teil des Kalenderjahres vor, wird der Freibetrag von 924 € für jeden vollen Kalendermonat, für den die Voraussetzungen nicht vorgelegen haben, um je ein Zwölftel ermäßigt (§ 33a Abs. 3 EStG).

4.3.6.3 Pauschbeträge für behinderte Menschen, Hinterbliebene und Pflegepersonen

In § 33b EStG werden drei Arten von Pauschbeträgen geregelt:

▸ **Behinderten-Pauschbetrag** nach § 33b Abs. 1 - 3 und 5 EStG

▸ **Hinterbliebenen-Pauschbetrag** nach § 33b Abs. 4 und 5 EStG und

▸ **Pflege-Pauschbetrag** nach § 33b Abs. 6 EStG.

Behinderten-Pauschbetrag nach § 33b Abs. 1 - 3 und 5 EStG

Wegen der Aufwendungen für die **Hilfe bei den gewöhnlichen und regelmäßig wieder-kehrenden Verrichtungen des täglichen Lebens, für die Pflege sowie für einen erhöh-ten Wäschebedarf** können behinderte Menschen **anstelle einer Ermäßigung nach § 33 EStG** einen **Behinderten-Pauschbetrag nach § 33b Abs. 3 i. V. m. Abs. 2 EStG** geltend machen, dessen Höhe sich nach dem dauernden Grad der Behinderung (GdB) richtet und zwischen **310 €** (GdB zwischen 25 und 30) und **1.420 €** (GdB zwischen 95 und 100) schwankt (§ 33b Abs. 1 EStG). Für behinderte Menschen, die hilflos i. S. v. § 33b Abs. 6 EStG sind, und für Blinde erhöht sich der Pauschbetrag auf **3.700 €** (§ 33b Abs. 3 S. 3 EStG).

Zusätzlich anfallende behinderungsbedingte Aufwendungen wie z. B. Operations-kosten, Arznei- und Arztkosten können – neben dem Pauschbetrag nach § 33b Abs. 3 EStG – als außergewöhnliche Belastungen nach § 33 EStG berücksichtigt werden (R 33b Abs. 1 S. 4 EStR).

Hinterbliebenen-Pauschbetrag nach § 33b Abs. 4 und 5 EStG

Personen, denen laufende Hinterbliebenenbezüge bewilligt worden sind, erhalten auf Antrag einen Hinterbliebenen-Pauschbetrag i. H. v. von 370 €, wenn die Hinterbliebe-nenbezüge nach den in den Nr. 1 - 4 von § 33b Abs. 4 S. 1 EStG genannten Vorschriften geleistet werden (§ 33b Abs. 4 EStG).

Pflege-Pauschbetrag nach § 33b Abs. 6 EStG

Anstelle einer Steuerermäßigung nach § 33 EStG kann der Steuerpflichtige einen Pfle-ge-Pauschbetrag von 924 € im Kalenderjahr für solche außergewöhnliche Belastungen geltend machen, die

- ihm durch die **unentgeltliche und persönlich durchgeführte Pflege** einer Person in seiner in der EU/im EWR belegenen Wohnung oder in der in der EU/im EWR belege-nen Wohnung des Pflegebedürftigen erwachsen (die Unentgeltlichkeit ist auch dann erfüllt, wenn Eltern eines behinderten Kindes für dieses Pflegegeld empfangen, un-abhängig von dessen Verwendung [§ 33b Abs. 6 S. 2 EStG]),

- die nicht nur vorübergehend hilflos ist. Eine Person ist nicht nur vorübergehend hilf-los, wenn sie für eine Reihe von häufig und regelmäßig wiederkehrenden Verrich-tungen zur Sicherung ihrer persönlichen Existenz im Ablauf eines jeden Tages frem-der Hilfe dauernd bedarf. Diese Voraussetzungen sind auch erfüllt, wenn die Hilfe in Form einer Überwachung oder einer Anleitung zu den in § 33b Abs. 6 S. 3 EStG ge-nannten Verrichtungen erforderlich ist oder wenn die Hilfe zwar nicht dauernd ge-leistet werden muss, jedoch eine ständige Bereitschaft zur Hilfeleistung erforderlich ist (§ 33b Abs. 6 S. 3 und 4 EStG).

4.3.7 Freibeträge für Kinder

Die steuerliche Freistellung eines Einkommensbetrags in Höhe des Existenzminimums eines Kindes einschließlich der Bedarfe für Betreuung und Erziehung oder Ausbildung wird im gesamten Veranlagungszeitraum entweder durch

► die **Freibeträge** nach § 32 Abs. 6 EStG **oder**

► **Kindergeld** (§ 62 ff. EStG)

bewirkt (§ 31 S. 1 EStG).

Eine gleichzeitige Inanspruchnahme von Freibeträgen und Kindergeld ist nicht möglich.

► **Freibeträge nach § 32 Abs. 6 EStG**
   Hierzu gehören

  - **der Kinderfreibetrag:**
    Bei der Veranlagung zur Einkommensteuer wird für **jedes** i. S. v. § 32 Abs. 1 - 5 EStG zu berücksichtigende Kind des Steuerpflichtigen (= leibliche/adoptierte Kinder und Pflegekinder grundsätzlich bis zur Vollendung des 25. Lebensjahres [§ 108 Abs. 1 AO] unter bestimmten Voraussetzungen) ein Freibetrag von **jährlich 2.184 €/4.368 € bei Zusammenveranlagung (bzw. 182 €/364 € monatlich i. S. v. § 32 Abs. 6 S. 5 EStG)** für das sächliche Existenzminimum des Kindes vom Einkommen abgezogen;

    und

  - der **Betreuungsfreibetrag:**
    Darüber hinaus wird – neben dem Kinderfreibetrag – für jedes im obigen Sinne zu berücksichtigende Kind **jährlich ein Freibetrag von 1.320 €/2.640 € bei Zusammenveranlagung (bzw. 110 €/220 € monatlich i. S. v. § 32 Abs. 6 S. 5 EStG)** für den Betreuungs- und Erziehungs- oder Ausbildungsbedarf des Kindes vom Einkommen abgezogen.

► **Kindergeld nach §§ 62 ff. EStG**
   Im laufenden Kalenderjahr wird das Kindergeld als Steuervergütung monatlich gezahlt (§ 31 S. 3 EStG). Es beträgt bei i. S. v. § 32 Abs. 1 bis 5 EStG zu berücksichtigenden Kindern nach § 66 Abs. 1 S. 1 EStG:

  - **für das 1. und 2. Kind:**   **je 184 € monatlich**

  - **für das 3. Kind:**   **190 € monatlich**

  - **für das 4. und jedes weitere Kind:**   **215 € monatlich.**

Nach Ablauf des Jahres führt das Finanzamt – von Amts wegen – eine so genannte Günstigerprüfung durch. Das heißt, es prüft im Rahmen der Veranlagung zur Einkommensteuer, ob die Freibeträge nach § 32 Abs. 6 EStG günstiger sind als das für das jeweilige Kalenderjahr bereits unterjährig ausgezahlte Kindergeld.

Ergibt die Günstigerprüfung, dass die Geltendmachung der Freibeträge nach § 32 Abs. 6 EStG zu einer Steuerentlastung führt, die das ausgezahlte Kindergeld übersteigt, werden die Freibeträge vom Einkommen abgezogen und die tarifliche Einkommensteuer um das erhaltene Kindergeld erhöht (§ 2 Abs. 6 S. 3 EStG).

4.3.8 Härteausgleich

In den Fällen des § 46 Abs. 2 EStG (= Arbeitnehmer, die unter bestimmten Voraussetzungen veranlagt werden) ist ein Betrag in Höhe der einkommensteuerpflichtigen Einkünfte, von denen der Steuerabzug vom Arbeitslohn **nicht** vorgenommen worden ist, vom Einkommen abzuziehen, wenn diese Einkünfte insgesamt **nicht mehr als 410 €** betragen (§ 46 Abs. 3 S. 1 EStG). Der Betrag nach § 46 Abs. 3 S. 1 EStG vermindert sich um den Altersentlastungsbetrag, soweit dieser den unter Verwendung des nach § 24a S. 5 EStG maßgebenden Prozentsatzes zu ermittelnden Anteil des Arbeitslohns mit Ausnahme der Versorgungsbezüge i. S. d. § 19 Abs. 2 EStG übersteigt, und um den nach § 13 Abs. 3 EStG zu berücksichtigenden Betrag (§ 46 Abs. 3 S. 2 EStG).

Beispiel

Erzielt beispielsweise ein Steuerpflichtiger, für den ein Freibetrag i. S. d. § 39a Abs. 1 S. 1 Nr. 5 EStG ermittelt worden ist, neben seinen Einkünften aus nicht selbstständiger Arbeit i. H. v. 20.100 € (keine Versorgungsbezüge) Einkünfte aus Vermietung und Verpachtung in Höhe von 300 €, wird er nach § 46 Abs. 2 Nr. 4 EStG zur Einkommensteuer veranlagt. Der Abzugsbetrag (Härteausgleichsbetrag) nach § 46 Abs. 3 EStG beträgt 300 €.

Betragen in den Fällen des § 46 Abs. 2 Nr. 1 - 7 EStG die einkommensteuerpflichtigen Einkünfte, von denen der Steuerabzug vom Arbeitslohn **nicht** vorgenommen worden ist, insgesamt **mehr als 410 €**, so ist vom Einkommen **der Betrag abzuziehen, um den die bezeichneten Einkünfte**, vermindert um den auf sie entfallenden Altersentlastungsbetrag (§ 24a EStG) und den nach § 13 Abs. 3 EStG zu berücksichtigenden Betrag, **niedriger als 820 € sind** (Härteausgleichsbetrag, § 70 S. 1 EStDV). Der Härteausgleichsbetrag darf nicht höher sein als die nach § 70 S. 1 EStDV verminderten Einkünfte (§ 70 S. 2 EStDV).

Beispiel

Betrachtet man den Steuerpflichtigen von eben und hat dieser nun neben seinen Einkünften aus nicht selbstständiger Arbeit Einkünfte aus Vermietung und Verpachtung in Höhe von 600 € erzielt, wird er zur Einkommensteuer nach § 46 Abs. 2 Nr. 1 EStG veranlagt. Von seinem Einkommen kann jetzt nur noch ein Betrag von 220 € als Härteausgleich abgezogen werden (= 820 € - 600 €).

4.3.9 Zu versteuerndes Einkommen

Zusammenfassend lässt sich feststellen, dass sich das zu versteuernde Einkommen i. S. v. § 2 Abs. 5 EStG folgendermaßen ermittelt (in Anlehnung an R 2 Abs. 1 EStR):

	Summe der Einkünfte (§ 2 Abs. 3 S. 1 EStG)
-	Altersentlastungsbetrag (§ 24a EStG)
-	Entlastungsbetrag für Alleinerziehende (§ 24b EStG)
-	Freibetrag für Land- und Forstwirte (§ 13 Abs. 3 EStG)
=	**Gesamtbetrag der Einkünfte (§ 2 Abs. 3 EStG)**
-	Verlustabzug (§ 10d EStG)
-	Sonderausgaben (§§ 10, 10a, 10b, 10c EStG)
-	außergewöhnliche Belastungen (§§ 33, 33a, 33b EStG)
=	**Einkommen (§ 2 Abs. 4 EStG)**
-	Freibeträge für Kinder (§ 31 i. V. m. § 32 Abs. 6 EStG)
-	Härteausgleich (§ 46 Abs. 3 EStG oder § 70 EStDV)
=	**zu versteuerndes Einkommen (§ 2 Abs. 5 EStG)**

Das zu versteuernde Einkommen ist Bemessungsgrundlage für die Ermittlung der Einkommensteuerschuld (vgl. Abschnitt 4.3.10).

4.3.10 Einkommensteuerschuld

Die Einkommensteuerschuld ermittelt sich nach R 2 Abs. 2 EStR. Hierbei ist zwischen tariflicher und festzusetzender Einkommensteuer zu differenzieren. Die Abschlusszahlung bzw. Erstattung ergibt sich nach Abzug diverser „Einkommensteuervorauszahlungen" von der festzusetzenden Einkommensteuerlast:

	Zu versteuerndes Einkommen (§ 2 Abs. 5 EStG)
→	Ermittlung des Steuerbetrags mithilfe der Tarifvorschriften und Abrundung auf nächsten vollen Euro (§ 32a Abs. 1 und 5 EStG) bzw.
→	Anwendung der Steuertabellen (Grund- oder Splittingtabelle)
=	**tarifliche Einkommensteuer**
-	anrechenbare ausländische Steuern (§ 34c EStG)
-	Steuerermäßigungen (z. B. §§ 34f, 34g, 35, 35a EStG)
+	Anspruch auf Kindergeld (bei Abzug der Freibeträge nach § 32 Abs. 6 EStG)
=	**festzusetzende Einkommensteuer (§ 2 Abs. 6 EStG)**
-	vierteljährliche ESt-Vorauszahlungen (§ 36 Abs. 2 Nr. 1 i. V. m. § 37 EStG)
-	einbehaltene Lohnsteuer (§ 36 Abs. 2 Nr. 2 i. V. m. § 38 EStG)
-	einbehaltene Kapitalertragsteuer (§ 36 Abs. 2 Nr. 2 i. V. m. § 43 EStG)[1]
=	**Abschlusszahlung oder Erstattung**

[1] Kapitalertragsteuer wird nur angerechnet, wenn die Einkommensteuer nicht durch Kapitalertragsteuerabzug abgegolten ist (z. B. bei Ausübung der Veranlagungsoption gem. § 32d Abs. 4 und 6 EStG).

4.3.10.1 Tarifliche Einkommensteuer

Die tarifliche Einkommensteuer wird – vorbehaltlich der §§ 32b, 32d, 34, 34a, 34b und 34c EStG – mittels Anwendung des so genannten **Grundtarifs nach § 32a Abs. 1 EStG** oder **Splittingtarifs nach § 32a Abs. 5 EStG** ermittelt.

Zum Grundtarif nach § 32a Abs. 1 EStG:
Der Grundtarif kommt zum Tragen, wenn Steuerpflichtige **nach §§ 25, 26 und 26a EStG einzeln** zur Einkommensteuer **veranlagt werden**.

Hiernach ermittelt sich die tarifliche Einkommensteuer **in den Veranlagungszeiträumen ab 2014** jeweils in Euro nach der Höhe des progressiv zu versteuernden Einkommens. Die progressive Besteuerung kommt dadurch zum Ausdruck, dass das zu versteuernde Einkommen in folgende fünf Tarifzonen eingeteilt ist und somit ein höheres zu versteuerndes Einkommen zu einer progressiv ansteigenden Steuerbelastung führt:

Tarifzone	zu versteuerndes Einkommen	tarifliche Einkommensteuer 2014 in Euro
Tarifzone 1 (Nullzone)	1 € - 8.354 € (Grundfreibetrag)	0
Tarifzone 2 (Progressionszone I)	8.355 € - 13.469 €	$(974{,}58 \cdot y + 1.400) \cdot y$
Tarifzone 3 (Progressionszone II)	13.470 € - 52.881 €	$(228{,}74 \cdot z + 2.397) \cdot z + 971$
Tarifzone 4 (Proportionalzone I)	52.882 € - 250.730 €	$0{,}42 \cdot x - 8.239$
Tarifzone 5 (Proportionalzone II)	ab 250.731 €	$0{,}45 \cdot x - 15.761$

Für y, z und x gilt nach § 32a Abs. 1 S. 3 - 5 EStG:

$$y = \frac{\text{zu versteuerndes Einkommen - 8.354, abgerundet auf einen vollen Euro}}{10.000}$$

$$z = \frac{\text{zu versteuerndes Einkommen - 13.469, abgerundet auf einen vollen Euro}}{10.000}$$

x = zu versteuerndes Einkommen, abgerundet auf einen vollen Euro.

Der sich ergebende Steuerbetrag ist auf den nächsten vollen Euro-Betrag abzurunden (§ 32a Abs. 1 S. 6 EStG).

In der Praxis wird zur Ermittlung der tariflichen Einkommensteuer (Grundtarif) – aus Vereinfachungsgründen – die so genannte Grundtabelle angewandt.

Zum Splittingtarif nach § 32a Abs. 5 EStG:
In den Fällen der

- **Zusammenveranlagung** von Ehegatten nach §§ 26 und 26b EStG wie auch der

- **Einzelveranlagung von verwitweten und geschiedenen Steuerpflichtigen** i. S. v. § 32a Abs. 6 EStG

ist der Splittingtarif nach § 32a Abs. 5 EStG maßgeblich.

Beim Splittingtarif ist das für die (zusammen) zu Veranlagenden zu versteuernde Einkommen zu halbieren und hierauf der Grundtarif nach § 32a Abs. 1 EStG anzuwenden. Der ermittelte Steuerbetrag ist zu verdoppeln (§ 32a Abs. 5 EStG). Hierdurch wird erreicht, dass Eheleute, bei denen der eine Partner erheblich mehr als der andere verdient, in eine niedrigere Tarifzone fallen und somit eine deutliche Steuerentlastung eintritt.

Auch hierfür gibt es in der Praxis eine so genannte Splittingtabelle.

Spezialvorschrift § 32b EStG (sog. Progressionsvorbehalt)
Bei Steuerpflichtigen, die bestimmte steuerfreie Einnahmen erzielen (z. B. Arbeitslosengeld, Krankengeld, Mutterschaftsgeld) ist die tarifliche Einkommensteuer nach **§ 32b i. V. m. § 32a Abs. 1 oder Abs. 5 EStG** zu ermitteln. Dies bedeutet, dass ein besonderer Steuersatz (Durchschnittssteuersatz) auf das zu versteuernde Einkommen anzuwenden ist.

Der Durchschnittsteuersatz ermittelt sich – vereinfacht dargestellt – folgendermaßen (§ 32b Abs. 2 EStG):

$$\frac{\text{tarifliche Steuer nach § 32a Abs. 1 oder 5 EStG für fiktiv zu versteuerndes Einkommen (zzgl. steuerfreier Einnahmen)} \cdot 100}{\text{fiktiv zu versteuerndes Einkommen}}$$

Hiernach ist der Durchschnittssteuersatz (mit vier Stellen hinter dem Komma) mit dem zu versteuernden Einkommen (ohne steuerfreie Einnahmen) zu multiplizieren.

Durch § 32b EStG wird erreicht, dass Steuerpflichtige mit bestimmten steuerfreien Einnahmen nicht doppelt steuerlich begünstigt werden: Einmal aufgrund der Steuerfreiheit an sich und darüber hinaus deswegen, weil – ohne § 32b EStG – die übrigen steuerpflichtigen Einkünfte (ohne Berücksichtigung der steuerfreien Einnahmen) entsprechend niedriger zu belasten wären („Progressionseffekt").

Aufgabe 32 - 33 > Seite 216

4.3.10.2 Festzusetzende Einkommensteuer

Zur Ermittlung der festzusetzenden Steuer i. S. v. § 2 Abs. 6 EStG ist die tarifliche Steuer um diverse Posten zu reduzieren bzw. zu erhöhen. Bei letzteren handelt es sich insbesondere um

▸ anrechenbare ausländische Steuern (§ 34c EStG)

▸ Steuerermäßigungen i. S. v. §§ 34f, 34g, 35 und 35a EStG

▸ den Anspruch auf Kindergeld (bei Abzug der Freibeträge nach § 32 Abs. 6 EStG).

Die Steuerermäßigung nach § 34g EStG sowie die steuerliche Behandlung von Kindergeld wurden bereits näher beleuchtet.

Im Folgenden wird abschließend die **Ermäßigungsvorschrift nach § 35 EStG** im Zusammenhang mit Einkünften aus Gewerbebetrieb erläutert:

Die tarifliche Einkommensteuer, vermindert um die sonstigen Steuerermäßigungen mit Ausnahme der §§ 34f, 34g und 35a EStG, ermäßigt sich, **soweit sie anteilig auf im zu versteuernden Einkommen enthaltene gewerbliche Einkünfte entfällt (Ermäßigungshöchstbetrag),**

1. **bei Einkünften aus gewerblichen Unternehmen i. S. d. § 15 Abs. 1 S. 1 Nr. 1 EStG** um das **3,8-fache des** jeweils für den dem Veranlagungszeitraum entsprechenden Erhebungszeitraum nach § 14 GewStG für das Unternehmen **festgesetzten Steuermessbetrags** (Gewerbesteuer-Messbetrag); § 35 Abs. 2 S. 5 EStG ist entsprechend anzuwenden (§ 35 Abs. 1 S. 1 Nr. 1 EStG)

2. **bei Einkünften aus Gewerbebetrieb als Mitunternehmer i. S. d. § 15 Abs. 1 S. 1 Nr. 2 EStG** oder als persönlich haftender Gesellschafter einer Kommanditgesellschaft auf Aktien i. S. d. § 15 Abs. 1 S. 1 Nr. 3 EStG um das **3,8-fache des** jeweils für den dem Veranlagungszeitraum entsprechenden Erhebungszeitraum **festgesetzten anteiligen Gewerbesteuer-Messbetrags** (§ 35 Abs. 1 S. 1 Nr. 2 EStG).

Der Abzug des Steuerermäßigungsbetrags nach § 35 Abs. 1 S. 1 Nr. 1 und Nr. 2 EStG ist auf die (anteilig) tatsächlich zu zahlenden Gewerbesteuer beschränkt (§ 35 Abs. 1 S. 5 EStG). Dies ist relevant, wenn der Gewerbesteuer-Hebesatz 380 % **unter**schreitet.

Die **anteilige Berücksichtigung** ("soweit sie anteilig auf im zu versteuernden Einkommen enthaltene gewerbliche Einkünfte entfällt") des Steuerermäßigungsbetrags nach § 35 Abs. 1 S. 1 Nr. 1 und Nr. 2 EStG bzw. der (anteilig) tatsächlich zu zahlenden Gewerbesteuer **auf Ebene des Steuerpflichtigen** wird durch den so genannten **Ermäßigungshöchstbetrag** erreicht (§ 35 Abs. 1 S. 2 EStG). Dieser ermittelt sich wie folgt:

$$\frac{\text{Summe der positiven gewerblichen Einkünfte}}{\text{Summe aller positiven Einkünfte}} \cdot \text{geminderte tarifliche Steuer}$$

Gewerbliche Einkünfte i. S. v. § 35 Abs. 1 S. 1 und S. 2 EStG sind die der Gewerbesteuer unterliegenden Gewinne und Gewinnanteile, soweit sie nicht nach anderen Vorschriften von der Steuerermäßigung nach § 35 EStG ausgenommen sind (§ 35 Abs. 1 S. 3 EStG). Die geminderte tarifliche Steuer ist die tarifliche Steuer nach Abzug von Beträgen aufgrund der Anwendung zwischenstaatlicher Abkommen und nach Anrechnung der ausländischen Steuern nach § 32d Abs. 6 S. 2, § 34c Abs. 1 und 6 EStG und § 12 AStG (§ 35 Abs. 1 S. 4 EStG).

Durch den Ermäßigungs**höchst**betrag kann der Steuerermäßigungsbetrag nach § 35 Abs. 1 S. 1 Nr. 1 und Nr. 2 EStG bzw. die (anteilig) tatsächlich zu zahlende Gewerbesteuer nur bis zur Höhe der geminderten tariflichen Steuer angerechnet werden. Eine Steuererstattung ist nach § 35 EStG nicht möglich.

Hintergrund für § 35 EStG ist die (teilweise) Vermeidung einer Doppelbelastung von Einkünften aus Gewerbebetrieb i. S. v. § 15 EStG mit Gewerbe- und Einkommensteuer.

Beispiel

Fallbeispiel Friseurmeister Milz

Einzelunternehmer Milz erzielte in 2014 einen Gewinn aus Gewerbetrieb i. S. v. § 15 Abs. 1 S. 1 Nr. 1 EStG in Höhe von 100.000 €. Sonderausgaben und außergewöhnliche Belastungen sind nicht zu berücksichtigen. Es liegen keine Hinzurechnungen oder Kürzungen nach dem GewStG vor. Der Hebesatz beträgt 400 %. Gewerbesteuer und Einkommensteuer ermitteln sich – für 2014 – wie folgt:

1) **Ermittlung der Gewerbesteuerschuld für 2014:**

	Gewerbeertrag	100.000,00 €
-	Freibetrag (§ 11 Abs. 1 GewStG)	24.500,00 €
=	Gewerbeertrag nach Freibetrag	75.500,00 €
•	Steuermesszahl (§ 11 Abs. 2 GewStG) i. H. v. 3,5 %	
=	Steuermessbetrag	2.643,00 €
•	Hebesatz von 400 %	
=	**Gewerbesteuer**	**10.572,00 €**

2) **Ermittlung der festzusetzenden Einkommensteuerschuld für 2014:**

	Einkünfte aus Gewerbebetrieb	100.000,00 €
=	Summe der Einkünfte	
=	Gesamtbetrag der Einkünfte	
=	Einkommen bzw. zu versteuerndes Einkommen	100.000,00 €
	tarifliche Steuer nach § 32a Abs. 1 Nr. 4 EStG (= 42 % • 100.000 € - 8.239 €)	33.761,00 €
-	Steuerermäßigung nach § 35 EStG: 3,8 • Steuermessbetrag von 2.643 € =	10.043,40 €
=	**festzusetzende Einkommensteuer**	**23.717,60 €**

Der Ermäßigungshöchstbetrag beträgt 33.761 € (= 100.000 € : 100.000 € • 33.761 €).

Das heißt, es könnte höchstens eine Steuerermäßigung nach § 35 EStG in Höhe der (geminderten) tariflichen Steuer von 33.761 € erfolgen.

4.3.10.3 Abschlusszahlung oder Erstattung

Die vom Steuerpflichtigen auf Basis des ergangenen Einkommensteuerbescheids an das FA abzuführende **Abschlusszahlung** bzw. vom FA zu erhaltende **Erstattung** ergibt sich, indem die festzusetzende Einkommensteuer um sämtliche im Laufe des VZ bereits geleisteten „Vorauszahlungen" auf die Einkommensteuer, insbesondere die

▶ vierteljährlichen ESt-Vorauszahlungen i. S. v. § 36 Abs. 2 Nr. 1 EStG i. V. m. § 37 EStG sowie

▶ einbehaltene Lohn- und Kapitalertragsteuer i. S. v. § 36 Abs. 2 Nr. 2 EStG i. V. m. §§ 38 und 43 EStG

vermindert wird.

Wenn sich aus der Abrechnung im Einkommensteuerbescheid ein Überschuss zu Ungunsten des Steuerpflichtigen („Abschlusszahlung") ergibt, hat der Steuerpflichtige (Steuerschuldner) diesen Betrag,

▶ **soweit** er den fällig gewordenen, aber nicht entrichteten Einkommensteuer-Vorauszahlungen entspricht, **sofort**

▶ **im Übrigen** innerhalb eines Monats nach Bekanntgabe des Steuerbescheids zu entrichten (§ 36 Abs. 4 S. 1 EStG).

Ergibt sich hingegen ein Überschuss zu Gunsten des Steuerpflichtigen („Erstattung"), wird dieser dem Steuerpflichtigen nach Bekanntgabe des Steuerbescheids ausgezahlt. Bei Ehegatten, die nach den §§ 26, 26b EStG zusammen zur Einkommensteuer veranlagt worden sind, wirkt die Auszahlung an einen Ehegatten auch für und gegen den anderen Ehegatten (§ 36 Abs. 4 S. 2 und 3 EStG).

4.4 Annexsteuern zur Einkommensteuer

Annexsteuern (auch: Zuschlagsteuern) i. S .d. § 51a Abs. 1 EStG sind Steuern, die nach der Einkommensteuer bemessen werden. Als Zuschlagsteuern zur Einkommensteuer werden der Solidaritätszuschlag (SolZ) und die Kirchensteuer (KiSt) erhoben.

4.4.1 Solidaritätszuschlag

Der SolZ wird seit 01.01.1995 als „Zuschlag" zur Einkommensteuer (wie auch zur Lohn- und Kapitalertragsteuer) erhoben (§ 1 Abs. 1 SolZG).

Bemessungsgrundlage für die Ermittlung des SolZ ist die Einkommensteuer unter Berücksichtigung der Freibeträge nach § 32 Abs. 6 EStG (§ 3 Abs. 1 Nr. 1 SolZG). Dies bedeutet, dass Bemessungsgrundlage

► bei Berücksichtigung von Freibeträgen nach § 32 Abs. 6 EStG die tarifliche Einkommensteuer und

► bei Nichtberücksichtigung von Freibeträgen nach § 32 Abs. 6 EStG die festzusetzende Einkommensteuer

ist.

Der SolZ beträgt **5,5 % der Bemessungsgrundlage** (§ 4 S. 1 SolZG). Bei der Einkommensteuerveranlagung oder Festsetzung von Einkommensteuer-Vorauszahlungen wird er nur erhoben, wenn die Bemessungsgrundlage mehr als 972 € (Grundtarif) oder mehr als 1.944 € (Splittingtarif) beträgt (§ 3 Abs. 3 SolZG). In § 4 S. 2 SolZG ist geregelt, in welcher Höhe maximal ein SolZ zulässig ist.

4.4.2 Kirchensteuer

Kirchensteuern sind Geldleistungen, die von den als Körperschaften des öffentlichen Rechts anerkannten Religionsgemeinschaften von ihren Mitgliedern aufgrund gesetzlicher Vorschriften erhoben werden (H 10.7 „Kirchensteuer i. S. d. § 10 Abs. 1 Nr. 4 EStG" EStH).

Die KiSt wird als „Zuschlag" zur Einkommensteuer (wie auch zur Lohn- und Kapitalertragsteuer) erhoben. Bemessungsgrundlage für die Ermittlung der KiSt ist die Einkommensteuer unter Berücksichtigung der Freibeträge nach § 32 Abs. 6 EStG (§ 51a Abs. 2 EStG).

Sie beträgt **8 % (Bayern und Baden-Württemberg) bzw. 9 % (restliche Bundesländer) der Bemessungsgrundlage**.

Aufgabe 34 > Seite 216
Aufgabe 35 > Seite 217

C. Besteuerung der Verkehrsakte

In Kapitel C. wird die Besteuerung der so genannten Verkehrsakte näher beleuchtet. Zur Veranschaulichung der Thematik wird wieder auf das in Kapitel B. eingeführte **Fallbeispiel mit Friseurmeister Milz** zurückgegriffen.

1. Überblick

Unter Verkehrsakt versteht man einen Vorgang im Rahmen einer Tauschbeziehung wie beispielsweise den Verkauf eines Gegenstandes oder den Erwerb eines Grundstücks. Die Besteuerung des Verkehrsaktes erfolgt in Form von so genannten **Verkehrssteuern**.

Verkehrssteuern lassen sich in **eine** allgemeine Verkehrssteuer und **mehrere** spezielle Verkehrssteuern unterteilen:

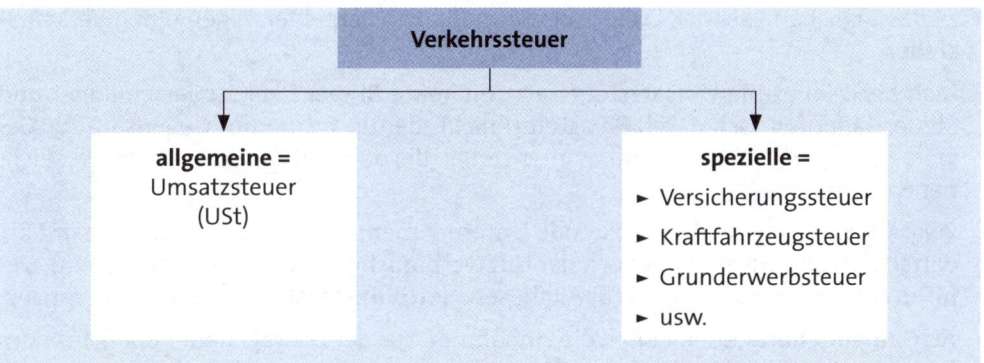

Im Folgenden wird ausschließlich auf die für unternehmerische Entscheidungen wichtigste Verkehrssteuerart, nämlich die **Umsatzsteuer**, näher eingegangen.

2. Umsatzsteuer

 RECHTSGRUNDLAGEN

- Das Grundgesetz für die Bundesrepublik Deutschland (GG) in der Fassung der Bekanntmachung vom 23.05.1949 (BGBl 1949 I, S. 1), zuletzt geändert durch das Gesetz zur Änderung des Grundgesetzes (Artikel 93) vom 11.07.2012 (BGBl 2012 I, S. 1478)
- Umsatzsteuergesetz (UStG) in der Fassung der Bekanntmachung vom 21.02.2005 (BGBl 2005 I, S. 388), zuletzt geändert durch das Gesetz zur Anpassung des Investmentsteuergesetzes und anderer Gesetze an das AIFM-Umsetzungsgesetz (AIFM-Steuer-Anpassungsgesetz – AIFM-StAnpG) vom 18.12.2013 (BGBl 2013 I, S. 4318)

- Umsatzsteuer-Durchführungsverordnung 2005 (UStDV 2005) in der Fassung der Bekanntmachung vom 21.02.2005 (BGBl 2005 I, S. 435), zuletzt geändert durch die Elfte Verordnung zur Änderung der Umsatzsteuer-Durchführungsverordnung vom 25.03.2013 (BGBl 2013 I, S. 602)

- Umsatzsteuer-Anwendungserlass 2010 (UStAE 2010) vom 01.10.2010 (BStBl 2010 I, S. 846), zuletzt geändert durch das BMF-Schreiben vom 08.05.2014 (BStBl 2014 I, S. 823)

2.1 Allgemeine Charakterisierung

Die Umsatzsteuer (USt) ist eine Verkehrssteuer, indirekte Steuer, Gemeinschaftsteuer und eine Allphasen-Nettoumsatzsteuer mit Vorsteuerabzug:

- Sie erfasst wirtschaftliche Verkehrsvorgänge (= Waren- und Dienstleistungsumsätze des täglichen Lebens). Daher spricht man auch von einer allgemeinen **Verkehrssteuer**.

- Man bezeichnet die Umsatzsteuer als **„indirekte Steuer"**, da Steuerschuldner und Steuerträger (wirtschaftlich Belasteter) nicht identisch sind (im Gegensatz zur Gewerbe-, Körperschaft- und Einkommensteuer, die daher als direkte Steuern bezeichnet werden).

  Zwar führt im Regelfall der leistende Unternehmer die Steuer an das Finanzamt ab, wirtschaftlich belastet ist jedoch der Letztverbraucher (= i. d. R. Privatpersonen); siehe im Folgenden das Beispiel zur Allphasen-Nettoumsatzsteuer mit Vorsteuerabzug.

- Als **Gemeinschaftsteuer** stehen die Einnahmen aus der Umsatzsteuer Bund, Ländern und Gemeinden zu (Art. 106 Abs. 3 i. V. m. Abs. 5a GG). Außerdem erhält die Europäische Union (EU) einen Anteil als so genannte Eigenmittel.

- Die Umsatzsteuer erfasst jede Wirtschaftsstufe, d. h. Phase des Wirtschaftsverkehrs (= Urerzeugung, Weiterverarbeitung, Groß- und Einzelhandel). Bemessungsgrundlage auf jeder Stufe ist der Nettowert. Ein so genannter Vorsteuerabzug bewirkt, dass auf jeder Stufe nur die Wertschöpfung (= Mehrwert) besteuert wird. Die Umsatzsteuer wird daher auch als **Allphasen-Nettoumsatzsteuer mit Vorsteuerabzug** bezeichnet.

  Die Funktionsweise des Allphasen-Nettoumsatzsteuersystems mit Vorsteuerabzug soll am Fallbeispiel des Friseurmeisters Milz verdeutlicht werden:

Beispiel

Fallbeispiel Friseurmeister Milz

Milz ist Einzelgewerbetreibender am Kurfürstendamm in Berlin. Er bezieht diverse Friseurprodukte (Shampoos, Pflege- und Glanzspülungen usw.) von einem Großhändler in Berlin-Adlershof. Der Großhändler erwirbt diese Produkte von einem Hersteller in Hamburg.

In 2014 hat Milz Friseurprodukte für 1.000 € zzgl. 19 % USt an seine Kunden verkauft. Er selbst hat diese – ebenfalls in 2014 – für 500 € zzgl. 19 % USt von seinem Großhändler bezogen. Die auf der Rechnung des Großhändlers ausgewiesene Steuer wird – aus Sicht von Milz – als Vorsteuer (VSt) bezeichnet (siehe auch Abschnitt 2.5). Der Großhändler hat die Produkte für 100 € zzgl. 19 % USt vom Hersteller in Hamburg erworben. Der Hersteller hatte keine Vorlieferanten und kann somit keine Vorsteuer geltend machen.

Die Zahllast oder Mehrwertsteuer (= USt - VSt) der einzelnen Wirtschaftsstufen (angefangen beim Hersteller bis hin zum Friseurmeister Milz) ermittelt sich wie folgt:

Wirt-schafts-phase	Rechnungsbetrag		Umsatz-steuer	Vor-steu-er	Zahllast = Mehrwert-steuer (USt - VSt)	Mehrwert (= Nettowert - Nettowert Vorstufe)
Hersteller	Nettowert + 19 % USt = Verkaufspreis	100 € 19 € 119 €	19 €	-	19 €	100 €
Groß-händler	Nettowert + 19 % USt = Verkaufspreis	500 € 95 € 595 €	95 €	19 €	76 €	400 €
Milz	Nettowert + 19 % USt = Verkaufspreis	1.000 € 190 € 1.190 €	190 €	95 €	95 €	500 €

Dieses System bewirkt, dass auf jeder Wirtschaftsstufe nur der Mehrwert (Wertschöpfung) besteuert wird. Daher wird die an das FA abzuführende Zahllast auch als Mehrwertsteuer bezeichnet.

Im Fallbeispiel werden insgesamt 190 € an das FA abgeführt (= Summe der Zahllast aller Beteiligten). Dies entspricht dem Betrag, der im Verkaufspreis von Milz enthalten ist. Die Kunden von Milz sind somit die Einzigen in der Wertschöpfungskette, die wirtschaftlich belastet sind: Sie bleiben auf der gezahlten Umsatzsteuer „sitzen".

Zur Beurteilung umsatzsteuerlicher Vorgänge ist grundsätzlich folgendes Prüfschema zu berücksichtigen:

1. Liegt ein **steuerbarer Umsatz i. S. v. § 1 Abs. 1 UStG** vor (vgl. Abschnitt 2.2)?

2. Ist dieser steuerbare Umsatz ggf. **steuerfrei i. S. v. §§ 4 ff. UStG** (vgl. Abschnitt 2.3)?

3. Oder ist er **steuerpflichtig und wenn ja, wie wird die Steuer ermittelt, wann entsteht diese** und wer ist **Steuerschuldner** (vgl. Abschnitt 2.4)?

4. Wie hoch fällt der **Vorsteuerabzug i. S. v. §§ 15 und 15a UStG** aus (vgl. Abschnitt 2.5)?

5. Wie funktioniert das **Besteuerungsverfahren nach §§ 16 und 18 UStG** (vgl. Abschnitt 2.6)?

Nachfolgende Ausführungen orientieren sich an diesem Prüfschema.

2.2 Steuerbare Umsätze

In § 1 Abs. 1 i. V. m. §§ 1a ff. und 3 ff. UStG werden alle wirtschaftlichen Vorgänge genannt, die der Umsatzsteuer unterliegen. Man spricht von so genannten steuerbaren Umsätzen. Vorgänge, die hierunter nicht fallen, sind somit nicht steuerbar und werden nicht von der Umsatzsteuer erfasst.

Hiernach lassen sich **vier Arten von steuerbaren Umsätzen** unterscheiden:

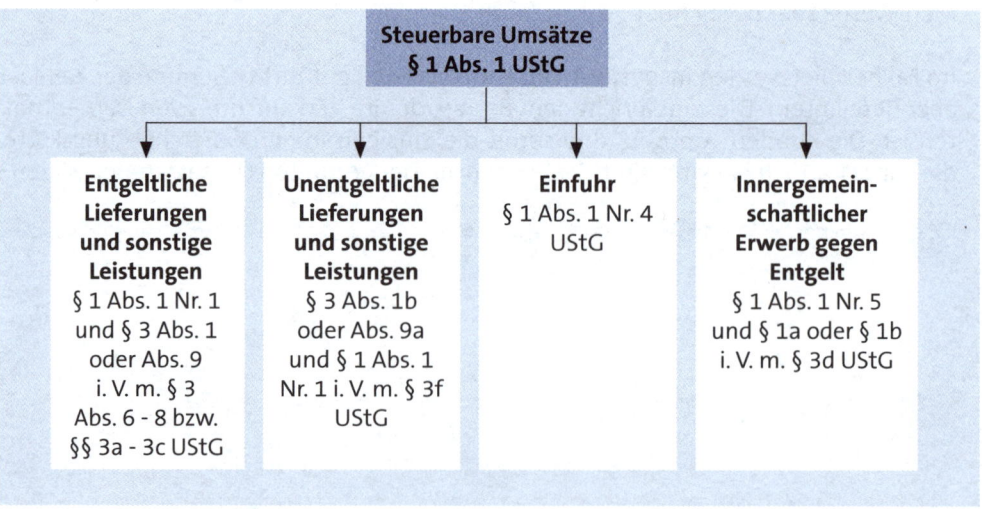

In den folgenden Abschnitten wird auf die einzelnen steuerbaren Umsatzarten näher eingegangen.

2.2.1 Entgeltliche Lieferungen und sonstige Leistungen

In § 1 Abs. 1 Nr. 1 S. 1 UStG ist geregelt, dass der Umsatzsteuer

► Lieferungen und sonstige Leistungen unterliegen (vgl. Abschnitt 2.2.1.1),

► die ein Unternehmer (vgl. Abschnitt 2.2.1.2)

► im Inland (vgl. Abschnitt 2.2.1.3)

► gegen Entgelt (vgl. Abschnitt 2.2.1.4)

► im Rahmen seinen Unternehmens ausführt (vgl. Abschnitt 2.2.1.5).

Nur wenn alle fünf Voraussetzungen **kumulativ** erfüllt sind, liegt ein steuerbarer Umsatz i. S. v. § 1 Abs. 1 Nr. 1 S. 1 UStG vor.

Im Folgenden wird auf die einzelnen Voraussetzungen ausführlich eingegangen.

2.2.1.1 Begriff der Lieferung und sonstigen Leistung

Lieferungen (§ 3 Abs. 1 UStG) und sonstige Leistungen (§ 3 Abs. 9 S. 1 UStG) fallen unter den Oberbegriff der so genannten **„Leistung"**. Unter einer **Leistung im Sinne des UStG** versteht man jedes Verhalten anderen gegenüber, das Gegenstand des Wirtschaftsverkehrs sein kann. Die bloße Entgeltentrichtung, insbesondere die Geldzahlung oder Überweisung, ist keine Leistung im wirtschaftlichen Sinne (Abschnitt 1.1 Abs. 3 S. 3 UStAE).

Es lässt sich festhalten:

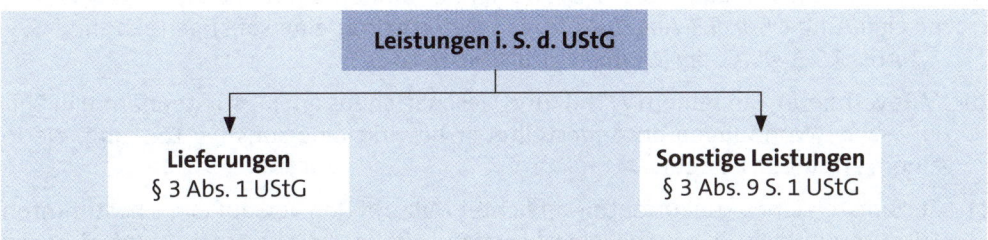

Eine **Lieferung** i. S. v. § 3 Abs. 1 UStG liegt vor, wenn die Verfügungsmacht an einem Gegenstand verschafft wird (Abschnitt 3.1 Abs. 1 S. 1 UStAE).

Unter einem **Gegenstand** i. S. v. Abschnitt 3.1 Abs. 1 S. 2 - 5 UStAE versteht man hierbei

► körperliche Gegenstände (Sachen nach § 90 BGB und Tiere nach § 90a BGB)

► Sachgesamtheiten (z. B. ein achtzehnteiliges Kaffeeservice)

► solche Wirtschaftsgüter, die im Wirtschaftsverkehr wie körperliche Sachen behandelt werden (z. B. Elektrizität, Wärme und Wasserkraft).

Die **Verschaffung der Verfügungsmacht** ist ein Vorgang vorwiegend tatsächlicher Natur, der in der Regel mit dem bürgerlich-rechtlichen Eigentumsübergang (sog. **Erfüllungsgeschäft**) verbunden ist, aber nicht notwendigerweise verbunden sein muss (vgl. Abschnitt 3.1 Abs. 2 UStAE). Bei beweglichen Sachen besteht das Erfüllungsgeschäft grundsätzlich in der Einigung über den Eigentumsübergang und der Übergabe der Sache (§ 929 S. 1 BGB), bei unbeweglichen Sachen in der Auflassung (Einigung) und Eintragung ins Grundbuch (§ 873 i. V. m. § 925 BGB).

Beispiel

Fallbeispiel Friseurmeister Milz
Neben seiner eigentlichen Friseurtätigkeit verkauft Milz Friseurprodukte (Shampoos usw.). Der Verkauf ist eine Lieferung i. S. v. § 3 Abs. 1 UStG, da die Abnehmer – ab dem Übergabezeitpunkt – im eigenen Namen über die Produkte verfügen können (= Verschaffung der Verfügungsmacht).

Sonstige Leistungen i. S. v. § 3 Abs. 9 S. 1 UStG hingegen sind **Leistungen**, die **keine Lieferungen i. S. v. § 3 Abs. 1 UStG** sind. Sie können **auch** in einem Unterlassen oder Dulden einer Handlung oder eines Zustands bestehen (§ 3 Abs. 9 S. 2 UStG). Zu Einzelheiten in diesem Zusammenhang wird auf Abschnitt 3.1 Abs. 4 UStAE verwiesen.

Beispiel

Fallbeispiel Friseurmeister Milz
a) Milz schneidet alltäglich die Haare seiner Kundinnen. Diese Dienstleistung ist keine Lieferung i. S. v. § 3 Abs. 1 UStG. Er bewirkt somit eine sonstige Leistung i. S. v. § 3 Abs. 9 S. 1 UStG, die in einem **„Tun"** besteht.

b) Milz vermietet – in seinem Wohn- und Geschäftshaus am Kurfürstendamm in Berlin – zwei Wohnungen an Angestellte. Er bewirkt eine sonstige Leistung, die in einem **„Dulden"** besteht.

c) Zu Gunsten eines Konkurrenten verzichtet Milz auf den Verkauf eines bestimmten Friseurproduktes. Er bewirkt eine sonstige Leistung, die in einem **„Unterlassen"** besteht.

Besondere Formen der Lieferung und sonstigen Leistung sind

► **Werklieferung** (= Unternehmer verwendet zur Herstellung eines Werkes [z. B. Einfamilienhaus] Hauptstoffe, die er selbst beschafft hat; § 3 Abs. 4 UStG i. V. m. Abschnitt 3.8 Abs. 1 S. 1 UStAE) und

► **Werkleistung** (= Unternehmer verwendet zur Herstellung eines Werkes nur Nebenstoffe [Zutaten, sonstige Nebensachen], die er selbst beschafft hat; vgl. Abschnitt 3.8 Abs. 1 S. 3 und S. 4 UStAE).

Umsatzsteuerrechtlich werden die Werklieferung wie eine Lieferung und die Werkleistung wie eine sonstige Leistung behandelt.

Aufgabe 36 > Seite 219

2.2.1.2 Der Unternehmerbegriff

Der Unternehmerbegriff i. S. v. § 2 Abs. 1 S. 1 UStG ist folgendermaßen definiert:

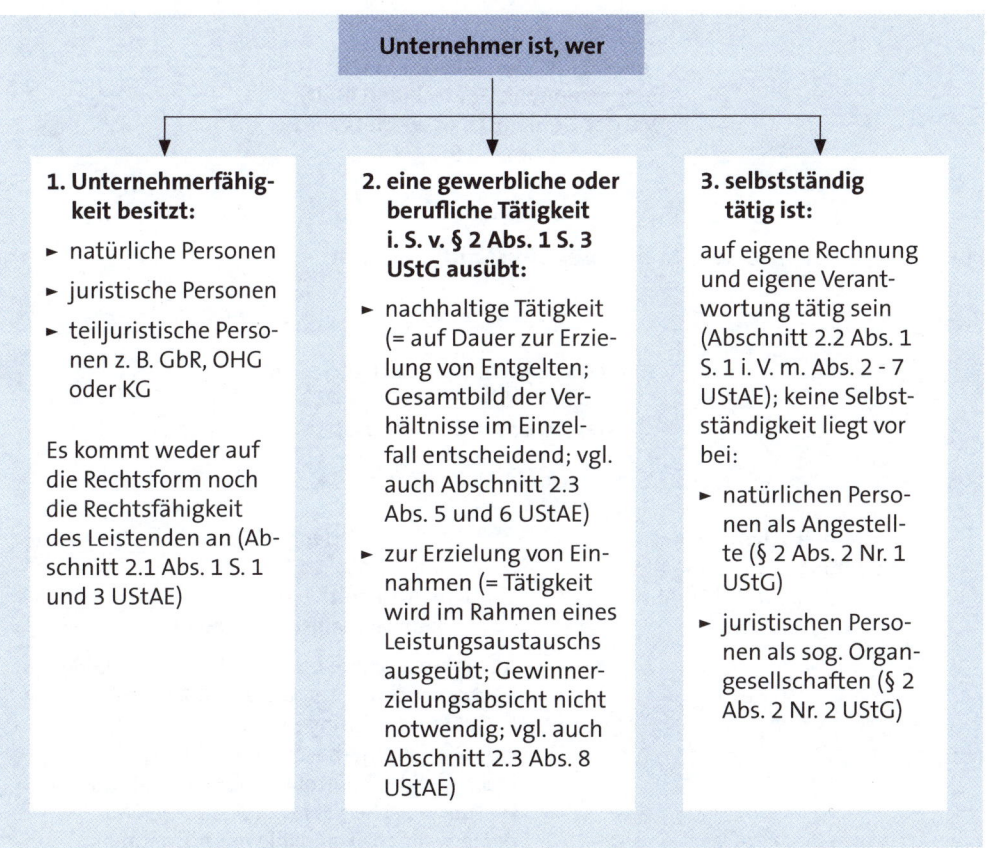

Alle drei Voraussetzungen müssen **kumulativ** erfüllt sein, damit eine Person als Unternehmer i. S. v. § 2 UStG qualifiziert wird.

Die Unternehmereigenschaft **beginnt** mit dem ersten nach außen erkennbaren, auf eine Unternehmertätigkeit gerichteten Tätigwerden, wenn die spätere Ausführung entgeltlicher Leistungen beabsichtigt ist (Verwendungsabsicht) und die Ernsthaftigkeit dieser Absicht durch objektive Merkmale nachgewiesen oder glaubhaft gemacht wird (Abschnitt 2.6 Abs. 1 S. 1 UStAE). Sie **endet** mit dem letzten Tätigwerden (Abschnitt 2.6 Abs. 6 S. 1 UStAE).

Eine besondere Art von Unternehmer ist der so genannte **Kleinunternehmer i. S. v. § 19 UStG** (vgl. MiniLex).

Aufgabe 37 > Seite 219

2.2.1.3 Der Inlandsbegriff

Inland i. S. d. Umsatzsteuerrechts lässt sich wie folgt definieren:

> **Inland** i. S. d. § 1 Abs. 2 S. 1 UStG =
> **Bundesrepublik Deutschland (BRD)** =
> **Teil des Gemeinschaftsgebiets** i. S. v.
> § 1 Abs. 2a S. 1 UStG

Hieraus leitet sich ab, was man unter **„Ausland"** versteht:

> **Ausland** i. S. v. § 1 Abs. 2 S. 2 UStG i. V. m.
> Abschnitt 1.9 Abs. 2 UStAE =
> **Gebiet, das nicht Inland ist**

Gemeinschaftsgebiet ohne BRD (§ 1 Abs. 2a S. 1 UStG i. V. m. Abschnitt 1.10 Abs. 1 UStAE)

Drittland i. S. v. § 1 Abs. 2a S. 3 UStG i. V. m. Abschnitt 1.10 Abs. 2 UStAE = **kein Gemeinschaftsgebiet:**

▸ **Ausnahmegebiete i. S. v. § 1 Abs. 2 S. 1 UStG i. V. m. Abschnitt 1.9 Abs. 1 und 2 UStAE** (= Gebiet von Büsingen, Insel Helgoland, Freihäfen Bremerhaven und Cuxhaven [= Freizonen des Kontrolltyps I], Gewässer und Watten zwischen der Hoheitsgrenze und der jeweiligen Strandlinie mit Ausnahmen [§ 1 Abs. 3 UStG] sowie deutsche Schiffe und deutsche Luftfahrzeuge in Gebieten, die zu keinem Zollgebiet gehören)

▸ **andere Staaten** (z. B. Schweiz, USA, China, Russland)

Aufgabe 38 > Seite 220

Wird ein Umsatz **im Inland** ausgeführt, so kommt es für die Besteuerung nicht darauf an, ob der Unternehmer deutscher Staatsangehöriger ist, seinen Wohnsitz oder Sitz im Inland hat, im Inland eine Betriebsstätte unterhält, die Rechnung erteilt oder die Zahlung empfängt (§ 1 Abs. 2 S. 3 UStG).

Steuerbar sind ausschließlich solche Umsätze, die im Inland ausgeführt bzw. als ausgeführt behandelt werden. Der Ort des Umsatzes ist daher ein zentrales Thema im Umsatzsteuerrecht.

Bei entgeltlichen Lieferungen und sonstigen Leistungen sind hierfür folgende **wesentliche** Vorschriften zu beachten:

1. **Ort der Lieferung**

    a) bei Beförderungs- und Versendungslieferungen nach § 3 Abs. 6 S. 1 - 4 UStG

    b) in den Sonderfällen der Beförderung und Versendung (§ 3 Abs. 8 UStG)

    c) ohne Beförderung und Versendung (§ 3 Abs. 7 S. 1 UStG)

    d) bei Reihengeschäften (§ 3 Abs. 6 S. 5 und 6 i. V. m. § 3 Abs. 7 S. 2 UStG)

    e) bei innergemeinschaftlichen Beförderungs- und Versendungslieferungen an bestimmte Abnehmer (§ 3c UStG)

2. **Ort der sonstigen Leistung nach**

    a) § 3a Abs. 1 u. 2 UStG

    b) § 3a Abs. 3 - 8 UStG

    c) § 3b UStG

Nachfolgend wird in dieser Reihenfolge auf die einzelnen Vorschriften näher eingegangen.

Zu 1. a) Ort der Lieferung bei Beförderung und Versendung nach § 3 Abs. 6 S. 1 - 4 UStG: In § 3 Abs. 6 S. 1 UStG ist geregelt, dass eine Lieferung **dort** als ausgeführt **gilt (Fiktion = Annahme)**,

► **wo** die **Beförderung** (= jede Fortbewegung eines Gegenstandes; § 3 Abs. 6 S. 2 UStG) oder **Versendung** (= wenn jemand die Beförderung durch einen selbstständigen Beauftragten ausführen [z. B. durch einen Frachtführer] oder besorgen [z. B. durch einen Spediteur] lässt; § 3 Abs. 6 S. 3 UStG)

► an den Abnehmer oder in dessen Auftrag an einen Dritten **beginnt** (die Versendung beginnt mit der Übergabe des Gegenstands an den selbstständig Beauftragten; § 3 Abs. 6 S. 4 UStG),

► sofern der Gegenstand der Lieferung durch den Lieferanten oder einen vom Lieferanten beauftragten Dritten bzw. durch den Abnehmer oder einen vom Abnehmer beauftragten Dritten (sog. **Abholfall**) befördert oder versendet wird.

Beispiel

Fallbeispiel Friseurmeister Milz

Ein Hersteller (Unternehmer) aus Hamburg bringt mit eigenem Lkw die für 1.000 € netto verkauften Haarpflegeprodukte von Hamburg zu Milz (Abnehmer) nach Berlin.

Der Hersteller **bewegt die Ware selbst** fort (= Lieferung mit Warenbewegung bzw. warenbewegte Lieferung und Beförderungslieferung). Die Lieferung gilt als in Hamburg ausgeführt, da dort die Beförderung beginnt. Ort der Lieferung ist somit Hamburg. Die Beförderungslieferung ist **im Inland** steuerbar (§ 1 Abs. 1 Nr. 1 i. V. m. § 3 Abs. 6 S. 1 und 2 UStG).

Fallbeispiel Abwandlung 1

Der Hersteller übergibt in Kaltenkirchen (bei Hamburg) einem Spediteur die Ware mit dem Auftrag, deren Transport zu Milz nach Berlin zu besorgen.

Der Transport der Ware wird durch einen selbstständig Beauftragten besorgt (= warenbewegte Lieferung und Versendungslieferung). Die Lieferung gilt als in Kaltenkirchen ausgeführt, da dort die Versendung beginnt (= Übergabe des Liefergegenstands an den Spediteur). Ort der Lieferung ist somit Kaltenkirchen. Die Versendungslieferung ist **im Inland** steuerbar nach § 1 Abs. 1 Nr. 1 i. V. m. § 3 Abs. 6 S. 1, 3 und 4 UStG.

Fallbeispiel Abwandlung 2

Milz holt beim Hersteller in Hamburg die gekauften Haarpflegeprodukte mit seinem eigenen Lkw ab.

Der Abnehmer (Milz) **bewegt die Ware selbst** fort (= warenbewegte Lieferung und Beförderungslieferung, sog. **Abholfall**). Die Lieferung gilt als in Hamburg ausgeführt, da dort die Beförderung beginnt. Ort der Lieferung ist Hamburg. Die Beförderungslieferung ist **im Inland** steuerbar (§ 1 Abs. 1 Nr. 1 i. V. m. § 3 Abs. 6 S. 1 und 2 UStG).

Durch § 3 Abs. 6 S. 1 UStG wird das so genannte **Ursprungslandprinzip** verwirklicht, welches besagt, dass die Besteuerung dort zu erfolgen hat, wo der Gegenstand erworben wird bzw. die Beförderung oder Versendung des Gegenstandes beginnt. Im Gegensatz hierzu steht das **Bestimmungslandprinzip i. S. v. §§ 3c und 3d UStG** (siehe unter Abschnitt 2.2.4.1).

§ 3 Abs. 6 UStG regelt den Lieferort und damit zugleich auch den Zeitpunkt der Lieferung (Abschnitt 3.12 Abs. 7 S. 1 UStAE). Der Leistungszeitpunkt ist ausschlaggebend für den Zeitpunkt der Entstehung der Umsatzsteuer.

Zu 1. b) Ort der Lieferung in den Sonderfällen der Beförderung und Versendung (§ 3 Abs. 8 UStG):
Hierzu wird auf die Ausführungen zur „Einfuhr" von Liefergegenständen in Abschnitt 2.2.3 verwiesen.

Zu 1. c) Ort der Lieferung ohne Beförderung und Versendung (§ 3 Abs. 7 S. 1 UStG):
§ 3 Abs. 7 S. 1 UStG findet bei so genannten **ruhenden Lieferungen außerhalb von „Reihengeschäften"** Anwendung.

Eine ruhende Lieferung ist generell eine Lieferung, bei der der Liefergegenstand weder befördert noch versendet wird (deshalb auch: Lieferung ohne Warenbewegung).

Ruhende Lieferungen i. S. v. § 3 Abs. 7 S. 1 UStG liegen z. B. vor bei

- Vereinbarung eines Besitzkonstituts (§ 930 BGB)
- Abtretung eines Herausgabeanspruchs (§ 931 BGB)
- Übergabe von Traditionspapieren wie Lagerscheine, Ladescheine und Konnossemente nach §§ 444, 475c, 647 HGB (Abschnitt 3.12 Abs. 6 S. 2 UStAE) **oder**
- Werklieferungen nach § 3 Abschnitt 4 UStG, wenn das fertige Werk (z. B. Bauwerk) nicht befördert oder versendet wird.

Nach § 3 Abs. 7 S. 1 UStG wird eine ruhende Lieferung dort ausgeführt, wo sich der Gegenstand zur Zeit der Verschaffung der Verfügungsmacht befindet.

§ 3 Abs. 7 UStG regelt den Lieferort und damit zugleich auch den Zeitpunkt der Lieferung (Abschnitt 3.12 Abs. 7 S. 1 UStAE). Der Leistungszeitpunkt ist ausschlaggebend für den Zeitpunkt der Entstehung der Umsatzsteuer.

Zu 1. d) Ort der Lieferung bei Reihengeschäften (§ 3 Abs. 6 S. 5 und 6 i. V. m. § 3 Abs. 7 S. 2 UStG):
Schließen **mehrere Unternehmer** über **denselben Gegenstand** Umsatzgeschäfte (= Verpflichtungsgeschäfte) ab und gelangt dieser Gegenstand bei der Beförderung oder Versendung **unmittelbar vom ersten Unternehmer** an den **letzten Abnehmer (Unternehmer)**, spricht man von **einem Reihengeschäft**.

Bei einem Reihengeschäft ist die Beförderung oder Versendung des Gegenstands nur einer der Lieferungen zuzuordnen (§ 3 Abs. 6 S. 5 UStG). Dies bedeutet, dass zwar mehrere Lieferungen „in der Reihe" ausgeführt werden, jedoch nur eine von ihnen eine Beförderungs- oder Versendungslieferung (= warenbewegte Lieferung) i. S. v. § 3 Abs. 6 S. 1 UStG ist, während es sich hingegen bei den restlichen Lieferungen um so genannte ruhende Lieferungen (= Lieferungen ohne Warenbewegung) i. S. v. § 3 Abs. 7 S. 2 UStG handelt (Abschnitt 3.14 Abs. 7 - 9 UStAE).

Die Zuordnung der Beförderung oder Versendung zu einer der Lieferungen des Reihengeschäfts ist davon abhängig, ob der Gegenstand der Lieferung

▸ durch den ersten Unternehmer,

▸ den letzten Abnehmer oder

▸ einen mittleren Unternehmer

in der Reihe befördert oder versendet wird. Die Zuordnungsentscheidung muss einheitlich für alle Beteiligten getroffen werden (Abschnitt 3.14 Abs. 7 UStAE).

Das nachfolgende Schaubild soll diesen Zusammenhang sowie die hieraus resultierenden umsatzsteuerlichen Konsequenzen veranschaulichen:

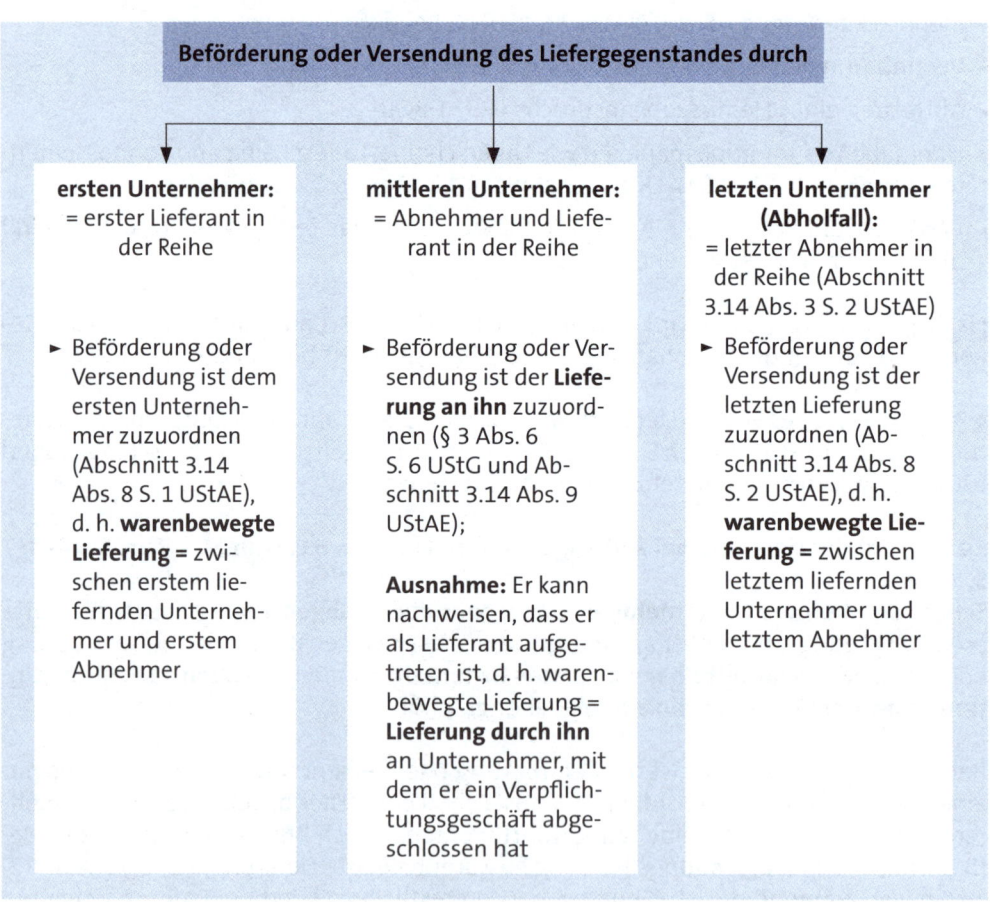

Lieferort für die warenbewegte Lieferung ist dort, wo die Beförderung oder Versendung beginnt (§ 3 Abs. 6 S. 1 i. V. m. § 3 Abs. 6 S. 5 UStG).

Für die restlichen – ruhenden Lieferungen – ist dahingehend zu differenzieren, ob sie der warenbewegten Lieferung vorangehen oder folgen. Ruhende Lieferungen, die der warenbewegten Lieferung

- **vorangehen, gelten** dort als ausgeführt, wo die Beförderung oder Versendung beginnt (§ 3 Abs. 7 S. 2 Nr. 1 UStG), während solche, die

- **folgen**, dort als ausgeführt **gelten**, wo die Beförderung oder Versendung endet (§ 3 Abs. 7 S. 2 Nr. 2 UStG).

Beispiel

Fallbeispiel Friseurmeister Milz
Unternehmer (= Abnehmer) Milz (U3) in Berlin bestellt beim Einzelhändler U2 in Hannover Perücken. U2 hat diese nicht vorrätig und bestellt sie beim Großhändler in Flensburg (U1). U2 beauftragt U1, die Perücken unmittelbar mit eigenem Lkw an Milz (U3) zu befördern. U1 führt diesen Auftrag vereinbarungsgemäß aus.

Aufgrund der Tatsache, dass drei Unternehmer über dieselben Perücken Umsatzgeschäfte abschließen und diese im Rahmen einer Beförderung unmittelbar vom ersten liefernden Unternehmer (U1) an den letzten Abnehmer (U3) gelangen, liegt ein so genanntes Reihengeschäft nach § 3 Abs. 6 S. 5 UStG vor.

Der Liefergegenstand wird durch U1 (= erster Unternehmer in der Reihe) befördert. Die Warenbewegung ist daher der Lieferung U1 an U2 zuzuordnen (Abschnitt 3.14 Abs. 8 S. 1 UStAE). Die Lieferung von U2 an U3 ist demzufolge die ruhende Lieferung:

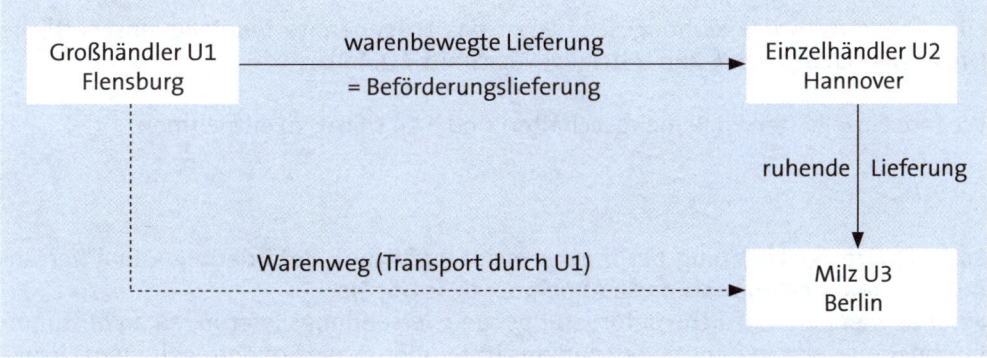

Lieferort für die **warenbewegte Lieferung** von U1 an U2 ist Flensburg, da dort die Beförderung beginnt (§ 3 Abs. 6 S. 1 UStG). Für **die der Warenbewegung folgenden ruhende Lieferung** von U2 an U3 ist der Lieferort Berlin, da hier die Beförderung endet (§ 3 Abs. 7 S. 2 Nr. 2 UStG). Beide Lieferungen damit sind steuerbar (und steuerpflichtig) in Deutschland.

Fallbeispiel Abwandlung 1

Angenommen, Milz würde die Perücken direkt bei U1 in Flensburg mit seinem eigenen Lkw abholen (sog. Abholfall), ergäbe sich folgende Beurteilung:

Die Warenbewegung ist nun der Lieferung U2 an U3 zuzuordnen. Dieser Lieferung geht die ruhende Lieferung von U1 an U2 voran (Abschnitt 3.14 Abs. 8 S. 2 UStAE).

Lieferort für die warenbewegte Lieferung ist Flensburg, da dort die Beförderung beginnt (§ 3 Abs. 6 S. 1 UStG). Dies gilt ebenso für die ruhende Lieferung, da diese nun der warenbewegten Lieferung vorangeht (§ 3 Abs. 7 S. 2 Nr. 1 UStG). An der Steuerbarkeit beider Lieferungen ändert sich – im Vergleich zum Ausgangsfall – nichts.

Fallbeispiel Abwandlung 2

Sofern U2 (mittlerer Unternehmer) die Beförderung übernimmt, ergeben sich die gleichen Rechtsfolgen wie im Ausgangsfall (§ 3 Abs. 6 S. 5 und S. 6, 1. HS UStG i. V. m. Abschnitt 3.14 Abs. 9 S. 2 UStAE). Für den Fall, dass er anhand von Belegen z. B. durch eine Auftragsbestätigung, das Doppel der Rechnung oder andere handelsübliche Belege und Aufzeichnungen nachweisen kann, dass er als Lieferant aufgetreten ist, ergeben sich die gleichen Rechtsfolgen wie in Abwandlung 1 (§ 3 Abs. 6 S. 5 und S. 6, 2. HS UStG i. V. m. Abschnitt 3.14 Abs. 9 S. 3 UStAE).

Eine Sonderform des Reihengeschäfts ist das so genannte innergemeinschaftliche Dreiecksgeschäft nach § 25b UStG (vgl. Abschnitt 2.2.4.3).

Weitere Einzelheiten zu Reihengeschäften sind 3.14 UStAE zu entnehmen.

Aufgabe 39 > Seite 221

Zu 1. e) Ort der Lieferung bei innergemeinschaftlichen Beförderungs- und Versendungslieferungen an bestimmte Abnehmer (§ 3c UStG):

Für innergemeinschaftliche Beförderungs- und Versendungslieferungen an bestimmte Abnehmer – so genannte **Versandumsätze** – gibt es die Sonderregelung nach § 3c UStG (vgl. auch Abschnitt 2.2.4.1).

Zu 2. a) Ort der sonstigen Leistung nach § 3a Abs. 1 und 2 UStG:

Bei der Ortsbestimmung der entgeltlichen sonstigen Leistungen ist zunächst zu prüfen, ob die Spezialvorschriften nach § 3a Abs. 3 - 8 oder § 3b UStG greifen, bevor die Grundregeln nach § 3a Abs. 1 und 2 UStG angewendet werden.

Hiernach ist der Leistungsort am Sitzort des

► **Empfängers (Bestimmungslandprinzip)**, wenn ein Unternehmer an einen anderen Unternehmer eine sonstige Leistung erbringt (**Business to Business**, sog. **B2B-Umsätze**; § 3a Abs. 2 UStG i. V. m. Abschnitt 3a.2 UStAE) bzw.

► **Leistenden (Ursprungslandprinzip)**, wenn ein Unternehmer an einen Nichtunternehmer i. S. v. Abschnitt 3a.1 Abs. 1 S. 1, 1. HS UStAE eine sonstige Leistung erbringt (**Business to Consumer**, sog. **B2C-Umsätze**; § 3a Abs. 1 UStG i. V. m. Abschnitt 3a.1 UStAE).

Beispiel

Fallbeispiel Friseurmeister Milz
Der Hersteller aus Hamburg verkauft Milz Friseurprodukte für netto 10.000 €. Milz beauftragt einen Frachtführer aus Hamburg, den Warentransport nach Berlin durchzuführen.

Die Güterbeförderung ist eine sonstige Leistung i. S. v. § 3a Abs. 2 UStG i. V. m. Abschnitt 3a.2 Abs. 16 S. 2 UStAE, weil der Frachtführer einen B2B-Umsatz an Milz erbringt und keine Spezialvorschrift greift. Ort dieser sonstigen Leistung ist am Sitzort von Milz (= Berlin). Die Güterbeförderung ist damit steuerbar und steuerpflichtig in Deutschland.

Zu 2. b) Ort der sonstigen Leistung nach § 3a Abs. 3 - 8 UStG:
§ 3a Abs. 3 - 8 regelt als Spezialvorschrift den Leistungsort für folgende sonstigen Leistungen:

a) **Sonstige Leistungen (auch Werkleistungen) im Zusammenhang mit einem Grundstück (§ 3a Abs. 3 Nr. 1 UStG i. V. m. Abschnitt 3a.3 UStAE):**

Leistungsort = dort, wo das Grundstück liegt/belegen ist (**„Belegenheitsort"**); zu den sonstigen Leistungen zählen insbesondere:

- ▸ Vermietung und Verpachtung von Grundstücken
- ▸ Pflege von Grünflächen
- ▸ Gebäudereinigung
- ▸ Wartung der Heizungsanlage
- ▸ Pflege und Wartung der Aufzugsanlage usw.

b) **Kurzfristige Vermietung eines Beförderungsmittels (§ 3a Abs. 3 Nr. 2 UStG i. V. m. Abschnitt 3a.5 UStAE):**

Leistungsort = dort, wo das Beförderungsmittel dem Empfänger tatsächlich zur Verfügung gestellt wird (**„Übergabeort"**); Eine Vermietung ist kurzfristig, wenn diese über einen ununterbrochenen Zeitraum von nicht mehr als 90 Tagen bei Wasserfahrzeugen und nicht mehr als 30 Tagen bei anderen Beförderungsmitteln erfolgt.

c) **Sonstige Leistungen im Bereich Kultur, Kunst, Wissenschaft, Unterricht usw. an Nichtunternehmer (§ 3a Abs. 3 Nr. 3a UStG i. V. m. Abschnitt 3a.6 UStAE):**

Leistungsort = dort, wo Tätigkeit vom leistenden Unternehmer tatsächlich erbracht wird (**„Tätigkeitsort"**); bei Ausführung von sonstigen Leistungen i. S. v. § 3a Abs. 3 Nr. 3a UStG an **Unternehmer** greift § 3a Abs. 2 UStG („Empfängerort") bzw. § 3a Abs. 3 Nr. 5 UStG („Veranstaltungsort").

d) **Abgabe von Speisen und Getränken zum Verzehr an Ort und Stelle – ausgenommen an Bord eines Schiffs, in einem Luftfahrzeug oder in einer Eisenbahn während einer Beförderung innerhalb des Gemeinschaftsgebiets (Restaurationsleistung nach § 3a Abs. 3 Nr. 3b UStG i. V. m. Abschnitt 3a.6 UStAE):**

Leistungsort = dort, wo Abgabe vom leistenden Unternehmer tatsächlich erbracht wird (**„Tätigkeitsort"**).

e) **Arbeiten an beweglichen körperlichen Gegenständen sowie deren Begutachtung für Nichtunternehmer (§ 3a Abs. 3 Nr. 3c UStG i. V. m. Abschnitt 3a.6 UStAE):**

Leistungsort = dort, wo Arbeiten und Begutachtung vom leistenden Unternehmer tatsächlich erbracht werden (**„Tätigkeitsort"**); Arbeiten an beweglichen körperlichen Gegenständen sind insbes. Werkleistungen (§ 3 Abs. 10 UStG) in Form von Be- oder Verarbeitung (Reparaturarbeiten). Bei Ausführung von sonstigen Leistungen i. S. v. § 3a Abs. 3 Nr. 3c UStG an **Unternehmer** greift § 3a Abs. 2 UStG.

f) Vermittlungsleistungen an Nichtunternehmer (§ 3a Abs. 3 Nr. 4 UStG i. V. m. Abschnitt 3a.7 UStAE):

Leistungsort = dort, wo der vermittelte Umsatz als ausgeführt gilt (**„Ort des vermittelten Umsatzes"**); ein typischer Vermittler ist z. B. ein Handelsvertreter i. S. d. § 84 HGB. Bei Ausführung von sonstigen Leistungen i. S. v. § 3a Abs. 3 Nr. 4 UStG an **Unternehmer** greift § 3a Abs. 2 UStG.

g) Katalogleistungen an Nichtunternehmer mit (Wohn-)Sitz im Drittlandsgebiet (§ 3a Abs. 4 UStG i. V. m. Abschnitt 3a.8 UStAE):

Leistungsort = dort, wo sich der (Wohn-)Sitz des Nichtunternehmers befindet (**„Wohnsitzort des Empfängers"**); zu diesen Katalogleistungen zählen abschließend:

1. die Einräumung, Übertragung und Wahrnehmung von Patenten, Urheberrechten, Markenrechten und ähnlichen Rechten

2. die sonstigen Leistungen, die der Werbung oder der Öffentlichkeitsarbeit dienen, einschließlich der Leistungen der Werbungsmittler und der Werbeagenturen

3. die sonstigen Leistungen aus der Tätigkeit als Rechtsanwalt, Patentanwalt, Steuerberater, Steuerbevollmächtigter, Wirtschaftsprüfer, vereidigter Buchprüfer, Sachverständiger, Ingenieur, Aufsichtsratsmitglied, Dolmetscher und Übersetzer sowie ähnliche Leistungen anderer Unternehmer, insbesondere die rechtliche, wirtschaftliche und technische Beratung

4. die Datenverarbeitung

5. die Überlassung von Informationen einschließlich gewerblicher Verfahren und Erfahrungen

6. a. die sonstigen Leistungen der in § 4 Nr. 8 Buchstabe a - h und Nr. 10 UStG bezeichneten Art sowie die Verwaltung von Krediten und Kreditsicherheiten

   b. die sonstigen Leistungen im Geschäft mit Gold, Silber und Platin; das gilt nicht für Münzen und Medaillen aus diesen Edelmetallen

7. die Gestellung von Personal

8. der Verzicht auf Ausübung eines der in Nummer 1 bezeichneten Rechte

9. der Verzicht, ganz oder teilweise eine gewerbliche oder berufliche Tätigkeit auszuüben

10. die Vermietung beweglicher körperlicher Gegenstände, ausgenommen Beförderungsmittel

11. die sonstigen Leistungen auf dem Gebiet der Telekommunikation

12. die Rundfunk- und Fernsehdienstleistungen

13. die auf elektronischem Weg erbrachten sonstigen Leistungen

14. die Gewährung des Zugangs zum Erdgasnetz, zum Elektrizitätsnetz oder zu Wärme- oder Kältenetzen und die Fernleitung, die Übertragung der Verteilung über diese Netze sowie die Erbringung anderer damit unmittelbar zusammenhängender sonstiger Leistungen.

Bei Ausführung von sonstigen Leistungen i. S. v. § 3a Abs. 4 UStG an **andere** Empfänger greift **§ 3a Abs. 2 (für Unternehmer) bzw. Abs. 1 UStG (für Nichtunternehmer)**.

Zu 2. c) Ort der sonstigen Leistung nach § 3b UStG:
§ 3b UStG regelt generell den Leistungsort für

- **Personen**beförderungen (§ 3b Abs. 1 S. 1 und 2 UStG i. V. m. Abschnitt 3b.1 UStAE)

- (nicht) innergemeinschaftliche **Güter**beförderungen an Nichtunternehmer (§ 3b Abs. 3 bzw. Abs. 1 S. 3 UStG i. V. m. Abschnitt 3b.1, 3 und 4 UStAE).

Der Leistungsort für **Personenbeförderungen** ist dort, wo die Beförderung bewirkt wird (**„zurückgelegte Beförderungsstrecke bzw. Streckenprinzip"**; § 3b Abs. 1 S. 1 UStG). Erstreckt sich eine Personenbeförderung nicht nur auf das Inland, fällt nur der Teil unter das UStG, der auf das Inland entfällt (§ 3b Abs. 1 S. 2 UStG).

Für **innergemeinschaftliche Güterbeförderungen an Nichtunternehmer** ist der Leistungsort dort, wo die Beförderung des Gegenstands beginnt (§ 3b Abs. 3 UStG). Für **nicht innergemeinschaftliche Güterbeförderungen an Nichtunternehmer** gilt § 3b Abs. 1 S. 1 und 2 UStG analog, d. h. die Beförderung wird dort ausgeführt, wo diese bewirkt wird. Sofern es sich um eine grenzüberschreitende Güterbeförderung handelt, ist ebenfalls nur der inländische Leistungsanteil steuerbar (§ 3b Abs. 1 S. 3 UStG).

2.2.1.4 Der Entgeltbegriff

Der Umsatz wird bei Lieferungen und sonstigen Leistungen i. S. v. § 1 Abs. 1 Nr. 1 UStG nach dem Entgelt bemessen (§ 10 Abs. 1 S. 1 UStG).

Entgelt i. S. v. § 10 Abs. 1 S. 2 UStG i. V. m. Abschnitt 1.1 Abs. 1 UStAE ist

- **alles**, was der **Leistungsempfänger oder ein anderer i. S. v. § 10 Abs. 1 S. 3 UStG** aufwendet (= i. d. R. Geld, aber auch Lieferungen oder sonstige Leistungen i. S. v. § 10 Abs. 2 S. 2 UStG [„Tausch oder tauschähnlicher Umsatz"]),

- um die **Leistung zu erhalten**,

- jedoch **abzüglich der Umsatzsteuer**.

Beträge, die der Unternehmer im fremden Namen und für fremde Rechnung vereinnahmt und verausgabt (= sog. **durchlaufende Posten**), gehören **nicht zum Entgelt** (§ 10 Abs. 1 S. 6 UStG i. V. m. Abschnitt 10.4 Abs. 1 UStAE). Steuern, öffentliche Gebühren und Abgaben sind keine durchlaufenden Posten (Abschnitt 10.4 Abs. 3 UStAE).

Beispiel

Fallbeispiel Friseurmeister Milz

Milz führt einen Rechtsstreit, da ihn eine Kundin wegen Körperverletzung („verätzte Kopfhaut beim Haare färben") angezeigt hat. Sein Anwalt zahlt für ihn bei der Gerichtskasse des Amtsgerichts Mitte einen Prozesskostenvorschuss in Höhe von 500 €. Nach Prozessbeendigung stellt er Milz neben seinem Honorar von netto 4.000 € auch die verausgabten Gerichtskosten in Höhe von 500 € in Rechnung. Bei den Gerichtskosten handelt es sich um einen so genannten durchlaufenden Posten. Zum Entgelt gehört daher nur das Honorar von netto 4.000 €. Ausschließlich dieser Betrag ist der Umsatzbesteuerung zu unterwerfen.

Das tatsächliche Entgelt – in Form von Geldzahlungen – ist also die Bemessungsgrundlage, auf die generell ein Steuersatz i. S. v. § 12 UStG anzuwenden ist, sofern der steuerbare Umsatz **nicht steuerbefreit i. S. v. § 4 UStG** ist. Eine wesentliche Ausnahme hiervon ist in § 10 Abs. 5 i. V. m. Abs. 4 UStG geregelt (Stichwort: „Mindestbemessungsgrundlage"). Das nachfolgende Schaubild soll diesen Zusammenhang veranschaulichen:

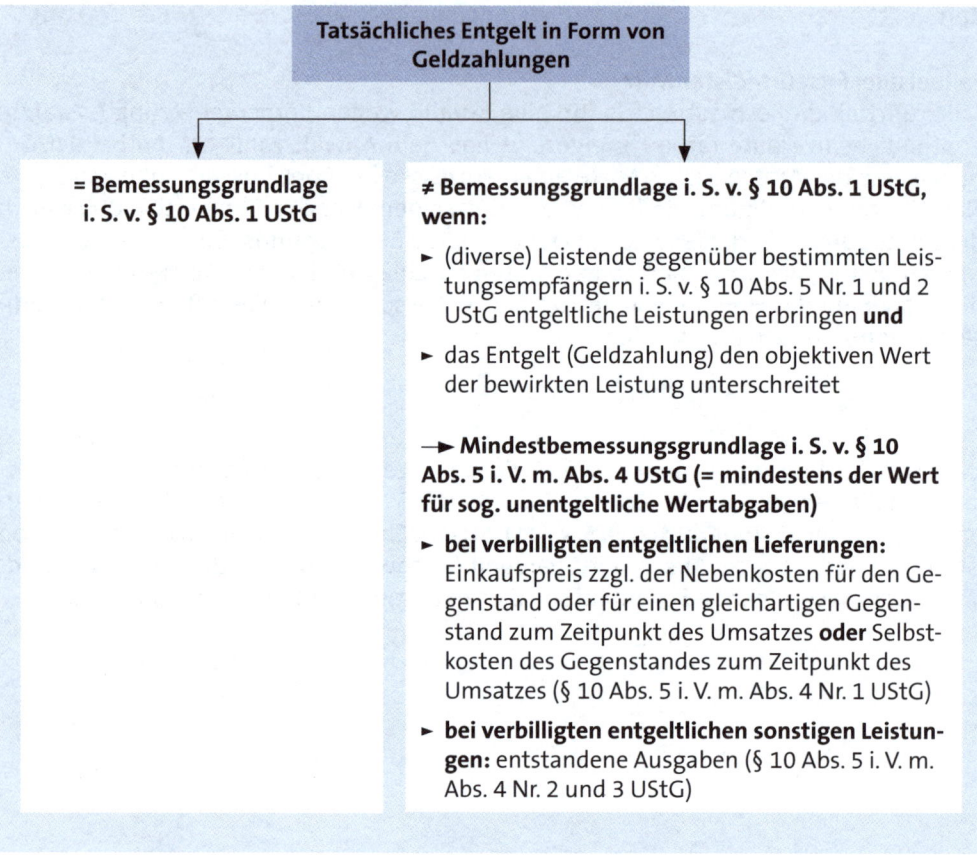

Auf die (Mindest-)Bemessungsgrundlage von **steuerpflichtigen Umsätzen** ist grundsätzlich ein Steuersatz i. S. v. § 12 UStG anzuwenden. Hierdurch ergibt sich die Umsatzsteuer.

Der Steuersatz i. S. v. § 12 UStG ist wie folgt geregelt:

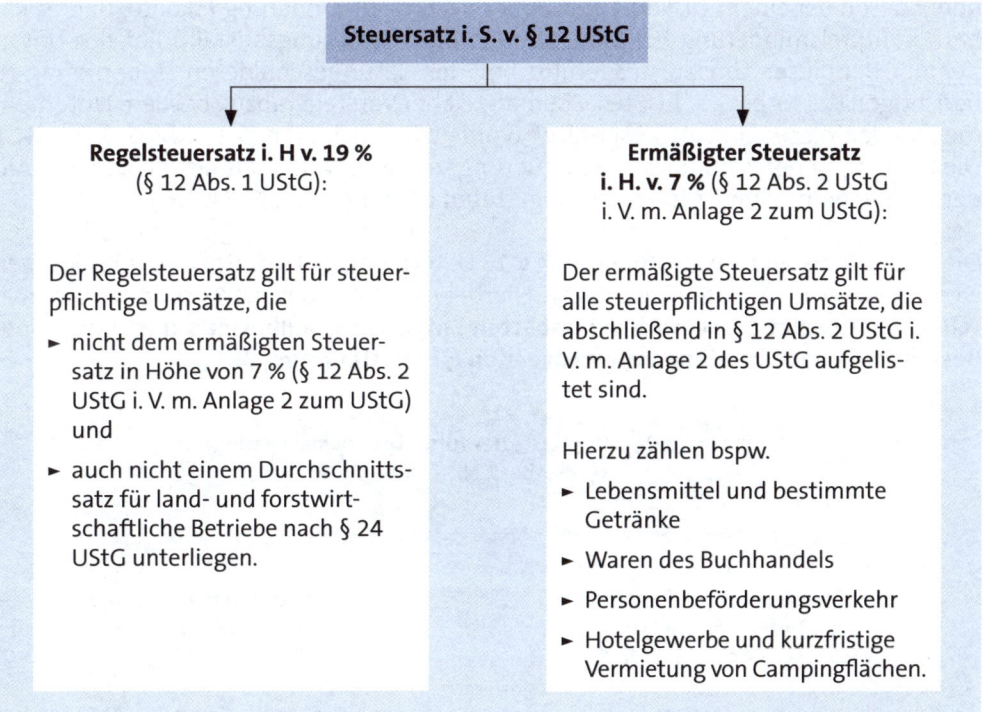

Beispiele

Fallbeispiel Friseurmeister Milz

1. Friseurmeister Milz verkauft Frau Meier (Kundin) eine Haarspülung zum Preis von 35,70 € einschließlich Umsatzsteuer (= „brutto").

   Die Lieferung unterliegt weder dem ermäßigten Steuersatz noch einem Durchschnittssatz. Der Bruttobetrag von 35,70 € inkludiert daher einen Steuersatz in Höhe von 19 %. Das Entgelt („netto") beträgt 30 € (= 35,70 € • 100 : 119), die Umsatzsteuer 5,70 € (= 19 % von 30 € bzw. 35,70 € • 19 : 119).

2. Milz kauft am 10.01.2014 Haarpflegeprodukte beim Hersteller in Hamburg für 10 € zzgl. 1,90 € USt = 11,90 € pro Stück. Am 11.01.2014 verkauft er ein Stück für 5 € zzgl. Umsatzsteuer an seinen Bruder.

   Die Bemessungsgrundlage für die Umsatzsteuer beträgt 10 € (§ 10 Abs. 5 Nr. 1 i. V. m. § 10 Abs. 4 Nr. 1 UStG). Das bedeutet, dass Milz 1,90 € USt (= 19 % von 10 €) und nicht 19 % von 5 € (= Verkaufspreis) an das FA abzuführen hat.

Hat sich die Bemessungsgrundlage für einen steuerpflichtigen Umsatz i. S. d. § 1 Abs. 1 Nr. 1 UStG geändert (z. B. in Form einer Entgelterhöhung [Preiszuschlag, weiterberechnete Spesen bei einem Diskontkredit] **oder** als Entgeltminderung [Skonto, Bonus, Rabatt, Kaufpreisminderung bei Mängelrügen oder Forderungsausfall]) hat der Unternehmer, der diesen Umsatz ausgeführt hat, den dafür geschuldeten Steuerbetrag zu berichtigen (§ 17 Abs. 1 S. 1 UStG). Ebenfalls ist der Vorsteuerabzug bei dem Unternehmer, an den dieser Umsatz ausgeführt wurde, zu berichtigen (§ 17 Abs. 1 S. 2 UStG). Die Berichtigungen sind für den Besteuerungszeitraum vorzunehmen, in dem die Änderung der Bemessungsgrundlage eingetreten ist (§ 17 Abs. 1 S. 7 UStG).

Die Entstehung der Umsatzsteuer ist in § 13 UStG geregelt. Für entgeltliche Leistungen ist § 13 Abs. 1 Nr. 1 UStG einschlägig. Hierbei unterscheidet man grundsätzlich zwischen einer **Besteuerung nach vereinbarten Entgelten ("Sollbesteuerung")** und einer **Besteuerung nach vereinnahmten Entgelten ("Istbesteuerung"):**

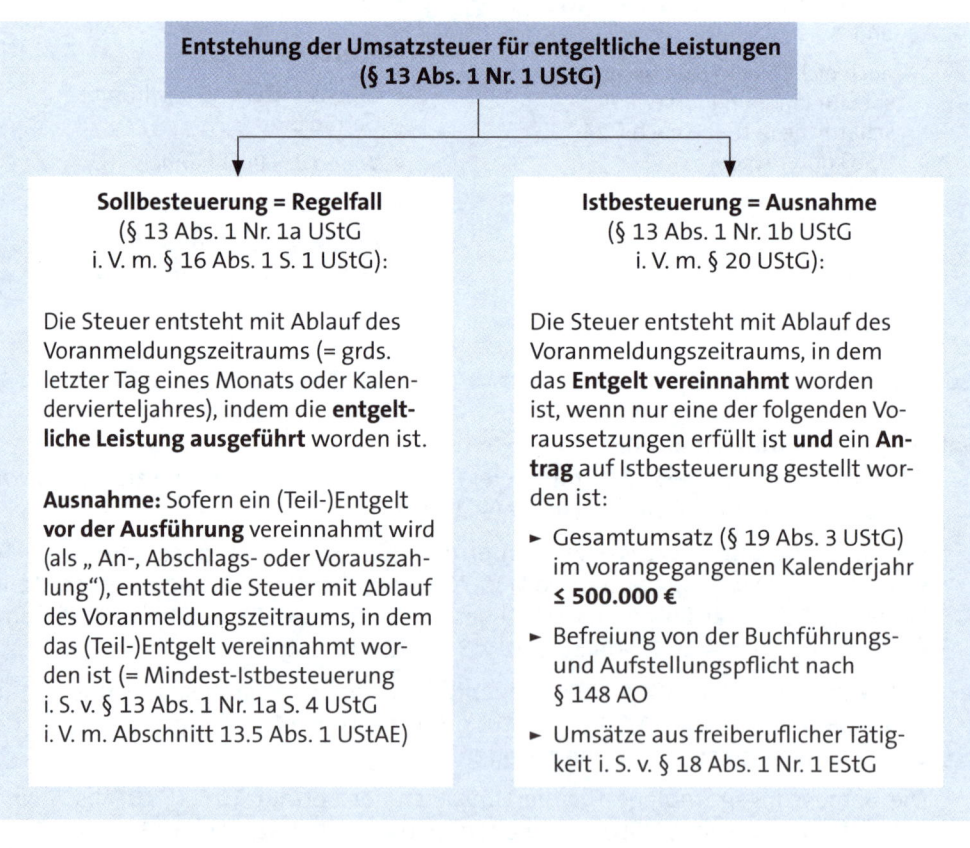

Entstehung der Umsatzsteuer für entgeltliche Leistungen (§ 13 Abs. 1 Nr. 1 UStG)

Sollbesteuerung = Regelfall (§ 13 Abs. 1 Nr. 1a UStG i. V. m. § 16 Abs. 1 S. 1 UStG):

Die Steuer entsteht mit Ablauf des Voranmeldungszeitraums (= grds. letzter Tag eines Monats oder Kalendervierteljahres), indem die **entgeltliche Leistung ausgeführt** worden ist.

Ausnahme: Sofern ein (Teil-)Entgelt **vor der Ausführung** vereinnahmt wird (als „ An-, Abschlags- oder Vorauszahlung"), entsteht die Steuer mit Ablauf des Voranmeldungszeitraums, in dem das (Teil-)Entgelt vereinnahmt worden ist (= Mindest-Istbesteuerung i. S. v. § 13 Abs. 1 Nr. 1a S. 4 UStG i. V. m. Abschnitt 13.5 Abs. 1 UStAE)

Istbesteuerung = Ausnahme (§ 13 Abs. 1 Nr. 1b UStG i. V. m. § 20 UStG):

Die Steuer entsteht mit Ablauf des Voranmeldungszeitraums, in dem das **Entgelt vereinnahmt** worden ist, wenn nur eine der folgenden Voraussetzungen erfüllt ist **und** ein **Antrag** auf Istbesteuerung gestellt worden ist:

▶ Gesamtumsatz (§ 19 Abs. 3 UStG) im vorangegangenen Kalenderjahr **≤ 500.000 €**

▶ Befreiung von der Buchführungs- und Aufstellungspflicht nach § 148 AO

▶ Umsätze aus freiberuflicher Tätigkeit i. S. v. § 18 Abs. 1 Nr. 1 EStG

Beispiel

Fallbeispiel Friseurmeister Milz

Frau Heißenberg träumt seit langer Zeit von „langen Haaren". Am 28.01.2014 lässt sie ihr Haar im Friseursalon Milz zum Bruttopreis von 1.500 € verlängern. Milz führt die

Steuer monatlich ans FA ab (ohne Dauerfristverlängerung) und fällt nicht unter die Istbesteuerung.

Die Steuer in Höhe von 239,50 € (= 1.500 € • 19 : 119) entsteht mit Ablauf des Voranmeldungszeitraums Januar, d. h. mit Ablauf des 31.01.2014, da die Leistung im Januar ausgeführt worden ist. Milz muss diesen Steuerbetrag in der Umsatzsteuervoranmeldung für den Monat Januar erfassen und bis zum 10.02.2014 ans FA abführen (§ 18 Abs. 1 S. 4 UStG).

Sofern Milz die Voraussetzungen der „Istbesteuerung" erfüllt und Frau Heißenberg erst am 01.02.2014 bezahlt (Annahme), wäre die Steuer am 10.03.2014 fällig. Würde sie bereits im Dezember 2013 eine Vorauszahlung in voller Höhe leisten, wäre die Steuer am 10.01.2014 fällig.

Bei steuerpflichtigen Umsätzen i. S. v. § 1 Abs. 1 Nr. 1 UStG ist der Unternehmer Schuldner der Umsatzsteuer (§ 13a Abs. 1 Nr. 1 UStG). Ausnahmen hiervon sind in § 13b UStG geregelt.

Aufgabe 40 > Seite 221

2.2.1.5 Der Rahmen des Unternehmens

Das Unternehmen eines Unternehmers umfasst dessen **gesamte** gewerbliche oder berufliche Tätigkeit (**= Grundsatz der Unternehmenseinheit i. S. v. § 2 Abs. 1 S. 2 UStG**). Ein **Unternehmer** kann also **mehrere** Unternehmens**teile (= Betriebe oder berufliche Tätigkeiten)**, aber nur **ein** Unternehmen haben (Abschnitt 2.7 Abs. 1 S. 1 UStAE).

Lieferungen oder sonstige Leistungen zwischen verschiedenen Unternehmensteilen innerhalb **eines einheitlichen** Unternehmens im Inland (= „unternehmensinternes inländisches Verbringen") sind nicht steuerbar, da Leistender und Leistungsempfänger identisch sind. Man spricht von so genannten nicht steuerbaren Innenumsätzen (vgl. Abschnitt 2.7 Abs. 1 S. 3 UStAE i. V. m. Abschnitt 1.1 Abs. 1 UStAE). Dies gilt auch für Lieferungen und sonstige Leistungen innerhalb einer so genannten umsatzsteuerlichen Organschaft (§ 2 Abs. 2 Nr. 2 S. 3 UStG).

Beispiel

Fallbeispiel Friseurmeister Milz
Neben seinem Friseursalon, den Milz selbstständig leitet, vermietet er im Wohn- und Geschäftshaus am Kurfürstendamm zwei Eigentumswohnungen an Angestellte. Milz hat ein Unternehmen, das aus zwei Unternehmensteilen (Friseursalon und Wohnungsvermietung) besteht.

Die einzelnen Unternehmensteile (Betriebe oder berufliche Tätigkeiten) umfassen verschiedene Bereiche, innerhalb derer der Unternehmer tätig wird. Hierbei wird zwischen **Haupt- oder Grundgeschäften, Neben- und Hilfsgeschäften** unterschieden:

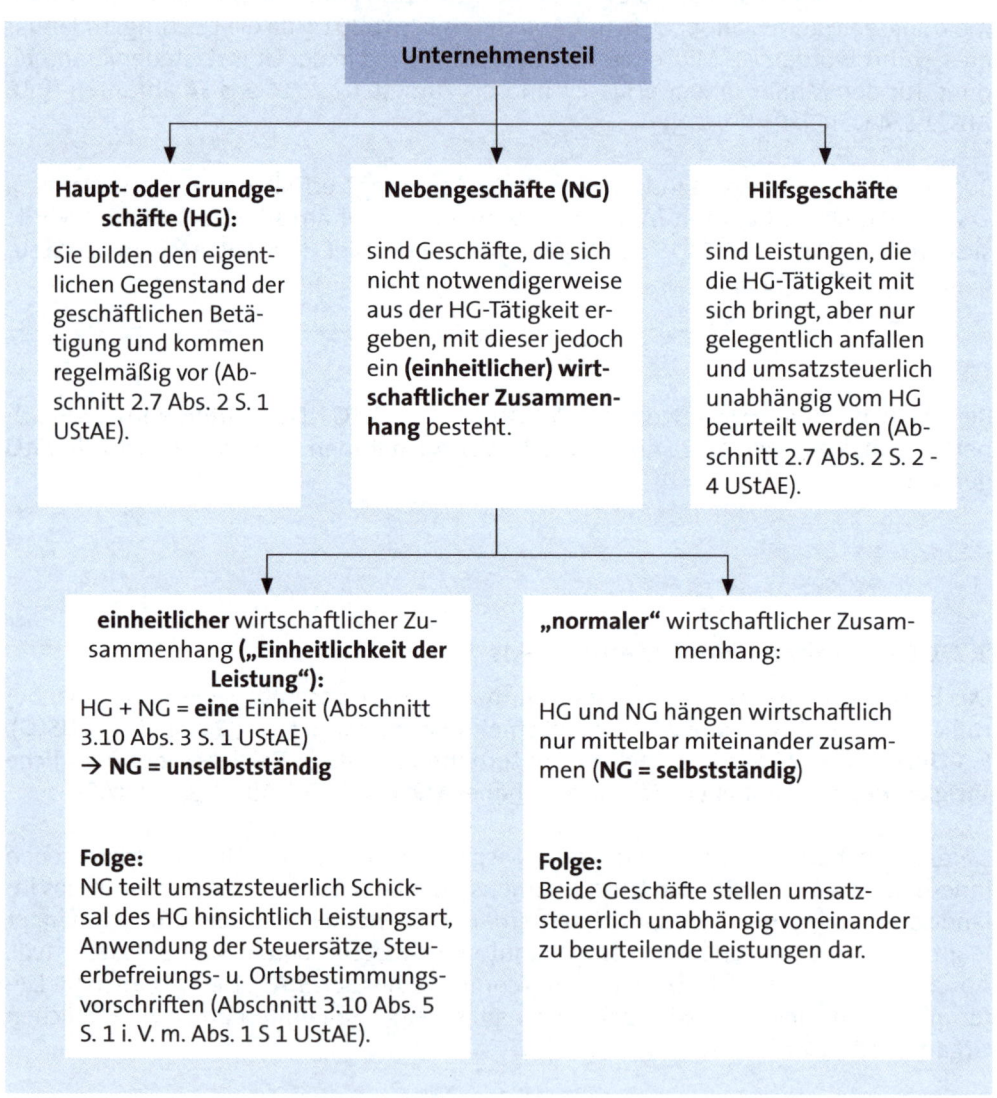

Beispiele

Fallbeispiel Friseurmeister Milz

1. Milz kauft ein Buch im Internet. Der Versandhändler liefert das Buch mit eigenem Pkw aus. Die Beförderung ist ein unselbstständiges Nebengeschäft zur Hauptleistung „Buchlieferung" und eine sonstige Leistung. Insgesamt liegt eine Lieferung vor, da das Hauptgeschäft ausschlaggebend ist.

2. Milz leitet ehrenamtlich einen Prüfungsausschuss der Friseur-Innung Berlin. Die Leitung beinhaltet eine selbstständige Nebenleistung, die nicht steuerbar ist.

3. Mitte des laufenden Jahres verkauft Milz seinen Betriebs-Pkw („Mobiler Friseurdienst"). Die Lieferung des Kfz stellt ein steuerbares Hilfsgeschäft dar.

Darüber hinaus erfolgt eine vermögensmäßige Abgrenzung. Man unterscheidet zwischen einer unternehmerischen und nichtunternehmerischen Sphäre (= nichtwirtschaftliche Tätigkeiten i. e. S. sowie unternehmensfremde Tätigkeiten i. S. v. Abschnitt 3.3. Abs. 1 S. 4 UStAE).

Die Zuordnung von so genannten **einheitlichen Gegenständen** zur unternehmerischen oder nichtunternehmerischen Sphäre richtet sich grundsätzlich nach dem Umfang der unternehmerischen Nutzung (Abschnitt 15.2c Abs. 1 UStAE; ertragsteuerrechtliche Merkmale sind irrelevant, vgl. Abschnitt 3.3 Abs. 1 S. 2 UStAE):

► Sofern die unternehmerische Nutzung **10 % unter**schreitet, liegt **zwingend nichtunternehmerisches Vermögen** vor (§ 15 Abs. 1 S. 2 UStG i. V. m. Abschnitt 15.2c Abs. 1 S. 3 und S. 2 UStAE). Bei einer unternehmerischen Nutzung **von 100 %** liegt **zwingend unternehmerischen Vermögen vor** (Abschnitt 15.2c Abs. 1 S. 1 UStAE).

► Eine **wahlweise Zuordnung zum unternehmerischen Vermögen** ist also nur möglich, wenn die **unternehmerische Nutzung zwischen 10 % und unter 100 %** liegt. Inwieweit ein Wahlrecht zur Zuordnung (zum unternehmerischen oder nicht unternehmerischen Vermögen) oder ein Aufteilungsgebot besteht, ist in Abschnitt 15.2c Abs. 2 Nr. 2 UStAE geregelt.

Lieferungen vertretbarer Sachen (= bewegliche Gegenstände, die nach Zahl, Maß oder Gewicht bestimmbar sind, § 91 BGB) und **sonstige Leistungen** sind entsprechend der beabsichtigten Verwendung aufzuteilen (= Aufteilungsgebot nach Abschnitt 15.2c Abs. 2 Nr. 1 i. V. m. Abs. 1 S. 1 und 2 UStAE).

Beispiel

Fallbeispiel Friseurmeister Milz
Milz nutzt seinen Pkw für den Salon und für Privatfahrten (sog. unternehmensfremde Verwendung i. S. v. Abschnitt 2.3 Abs. 1a S. 3 UStAE). Der Privatnutzungsanteil (laut Fahrtenbuch) beträgt 50 %. Der Pkw wird somit zu 50 % unternehmerisch genutzt. Milz hat somit das **Wahlrecht**, den Pkw seinem Unternehmens- oder Privatvermögen in voller Höhe oder anteilig zuzuordnen (Abschnitt 15.2c Abs. 2 Nr. 2b. UStAE).

Vorgänge der Privatsphäre eines Unternehmers liegen außerhalb des Rahmens des Unternehmens. Sie sind nicht steuerbar.

Beispiel

Fallbeispiel Friseurmeister Milz
Milz verkauft aus seinem Privathaushalt ein gebrauchtes Radio gegen Entgelt. Diese Leistung ist nicht steuerbar.

2.2.2 Unentgeltliche Lieferungen und sonstige Leistungen

Unentgeltliche Lieferungen und sonstige Leistungen werden auch als unentgeltliche Wertabgaben bezeichnet und sind den entgeltlichen Lieferungen und sonstigen Leistungen gleichgestellt (§ 3 Abs. 1b und § 3 Abs. 9a UStG).

Dies bedeutet, dass unentgeltliche Wertabgaben in analoger Anwendung von § 1 Abs. 1 Nr. 1 UStG steuerbar sind und auf die Regelungen für entgeltliche Leistungen zurückzugreifen ist, sofern keine abweichenden Vorschriften existieren.

Die spezifischen Voraussetzungen für das Vorliegen von unentgeltlichen Wertabgaben sind in

► § 3 Abs.1b UStG („Unentgeltliche Lieferung") bzw.

► § 3 Abs. 9a UStG („Unentgeltliche sonstige Leistung")

geregelt.

2.2.2.1 Unentgeltliche Lieferungen

Nach § 3 Abs. 1b UStG i. V. m. Abschnitt 3.2 und 3.3 UStAE liegt eine so genannte steuerbare unentgeltliche Lieferung vor, wenn folgende Voraussetzungen erfüllt sind:

Steuerbare unentgeltliche Lieferungen i. S. v. § 3 Abs. 1b UStG i. V. m. Abschnitt 3.2 und 3.3 UStAE		
Entnahme von Gegenständen § 3 Abs. 1b Nr. 1 UStG	**Sachzuwendungen an das Personal § 3 Abs. 1b Nr. 2 UStG**	**Andere unentgeltliche Zuwendungen § 3 Abs. 1b Nr. 3 UStG**
a) Entnahme eines Gegenstandes Entnahme eines Gegenstands liegt nur vor, wenn der Vorgang bei entsprechender Ausführung an Dritten als (Werk-)Lieferung anzusehen wäre (Abschnitt 3.3 Abs. 5 S. 1 UStAE) Gegenstand = alles, was nach § 3 Abs. 1 UStG geliefert werden kann (**nicht**: Geld, da entsprechende Wertabgabe an Dritten nicht als Lieferung anzusehen wäre, vgl. Abschnitt 1.1 Abs. 3 S. 3 UStAE)	**a) Unentgeltliche Zuwendung eines Gegenstandes** **Nicht:** Lieferungen von Waren, für die Arbeitnehmer Entgelt entrichten müssen (z. B. Verkauf unter Gewährung von Personalrabatt oder bei sog. Jahreswagenverkäufen der Automobilhersteller); selbst wenn Arbeitnehmer kein sichtbares Entgelt entrichtet, kann dessen Arbeitsleistung Entgelt sein („tauschähnlicher Umsatz") = steuerbare entgeltliche Lieferungen (§ 1 Abs. 1 Nr. 1 i. V. m. § 3 Abs. 1 UStG)	**a) Jede andere unentgeltliche Zuwendung eines Gegenstandes, ausgenommen Geschenke von geringem Wert und Warenmuster** **Beispiele** Sachspenden an Vereine oder Schulen, Warenabgaben anlässlich von Preisausschreiben, Verlosungen usw. (Abschnitt 3.3 Abs. 10 S. 9 UStAE) **Ausnahmen:** **1) Geschenke von geringem Wert** AK/HK der Zuwendungen i. S. v. Abschnitt 15.6 Abs. 4 S. 5 UStAE ≤ 35 € netto pro Empfänger im Kalenderjahr (Freigrenze, Abschnitt 3.3 Abs. 11 S. 2 und 3 UStAE); Geldgeschenke sind in Freigrenze, aber nicht in Bemessungsgrundlage mit einzubeziehen (Abschnitt 15.6 Abs. 4 S. 4 UStAE)
b) durch einen Unternehmer = Unternehmer selbst und Dritte, die vom Unternehmer die Zuwendung aus unternehmensfremden Zwecken erhalten sowie Gesellschafter und deren Angehörige	**b) durch einen Unternehmer** siehe unter b) zu „Entnahme von Gegenständen"	
c) aus seinem Unternehmen ▶ Gegenstand muss dem unternehmerischen Bereich zugeordnet gewesen sein = mindestens 10 % unternehmerische Nutzung (§ 15 Abs. 1 S. 2 UStG i. V. m. Abschnitt 3.3 Abs. 1 S. 3 - 6 UStAE); ▶ nicht steuerbarer Innenumsatz, wenn Entnahme aus einem Unternehmensteil für einen anderen Unternehmensteil desselben Unternehmers (Abschnitt 2.7 Abs. 1 S. 3 UStAE)	**c) an sein Personal** = Arbeitnehmer; auch ausgeschiedene Arbeitnehmer aufgrund eines früheren Dienstverhältnisses oder Auszubildende (Abschnitt 1.8 Abs. 2 S. 5 UStAE)	**2) Warenmuster** Unentgeltliche Probeexemplare, um potenzielle Käufer von der Beschaffenheit der Ware zu überzeugen und zum Kauf anzuregen (Verkaufsförderung) und zwar unabhängig von deren Wert (Abschnitt 3.3 Abs. 13 UStAE)

Steuerbare unentgeltliche Lieferungen i. S. v. § 3 Abs. 1b UStG i. V. m. Abschnitt 3.2 und 3.3 UStAE		
Entnahme von Gegenständen § 3 Abs. 1b Nr. 1 UStG	**Sachzuwendungen an das Personal § 3 Abs. 1b Nr. 2 UStG**	**Andere unentgeltliche Zuwendungen § 3 Abs. 1b Nr. 3 UStG**
d) für Zwecke, die außerhalb des Unternehmens liegen = alles, was außerhalb der gewerblichen oder beruflichen Tätigkeit des Unternehmers liegt; dient Entnahme sowohl betrieblichen wie auch außerbetrieblichen Zwecken, ist überwiegender Zweck maßgebend (Grundsatz der Einheitlichkeit der Leistung, vgl. Abschnitt 3.3 Abs. 5 S. 4 UStAE)	**d) für dessen Privatbedarf, sofern keine Aufmerksamkeiten vorliegen** Aufmerksamkeiten sind Zuwendungen des Arbeitgebers, die nach Art und Wert Geschenken entsprechen, die im gesellschaftlichen Verkehr üblicherweise ausgetauscht werden und zu keiner ins Gewicht fallenden Bereicherung des Arbeitnehmers führen = gelegentliche Sachzuwendungen bis zu einem Bruttobetrag von 40 € (Freigrenze, vgl. Abschnitt 1.8 Abs. 3 UStAE).	**b) für Zwecke des Unternehmens** = insbesondere zu Werbezwecken, zur Verkaufsförderung oder Imagepflege (Abschnitt 3.3. Abs. 10 S. 9 UStAE)
e) Gegenstand oder Bestandteile haben zum vollen oder teilweisen Vorsteuerabzug (§ 15 UStG) berechtigt → Abschnitt 3.3. Abs. 2 S. 1 UStAE und Abschnitt 2.5	**e) Gegenstand oder Bestandteile haben zum vollen oder teilweisen Vorsteuerabzug (§ 15 UStG) berechtigt** → siehe unter e) zu „Entnahme von Gegenständen"	**c) Gegenstand oder Bestandteile haben zum vollen oder teilweisen Vorsteuerabzug (§ 15 UStG) berechtigt** → siehe unter e) zu „Entnahme von Gegenständen"

Leistungsort für unentgeltliche Lieferungen nach § 3 Abs. 1b UStG ist dort, wo der Unternehmer sein Unternehmen betreibt (**„Sitzort des leistenden Unternehmers"**). Werden die Leistungen von einer Betriebsstätte ausgeführt, gilt die Betriebsstätte als Leistungsort (§ 3f UStG i. V. m. Abschnitt 3f.1 UStAE). Dies hat zur Konsequenz, dass unentgeltliche Lieferungen nach § 3 Abs. 1b UStG nur dann im Inland (Deutschland) steuerbar sind, wenn der Unternehmer sein Unternehmen bzw. die Betriebsstätte in Deutschland betreibt/unterhält.

Steuerbare unentgeltliche Lieferungen sind steuerpflichtig, sofern keine Befreiungsvorschrift greift.

Die Bemessungsgrundlage bei steuerpflichtigen unentgeltlichen Lieferungen (§ 3 Abs. 1b UStG) ist in **§ 10 Abs. 4 Nr. 1 UStG i. V. m. Abschnitt 10.6 UStAE** geregelt. Hierbei handelt es sich um

▶ den **Einkaufspreis zzgl. der Nebenkosten** für den Gegenstand oder für einen gleichartigen Gegenstand **zum Zeitpunkt der Entnahme (= Wiederbeschaffungskosten)** oder (sofern diese(r) nicht ermittelbar)

▶ die **Selbstkosten** des Gegenstandes **zum Zeitpunkt der Entnahme** (= alle durch den betrieblichen Leistungsprozess bis zum Zeitpunkt der Entnahme oder Zuwendung entstandenen Kosten [Abschnitt 10.6 Abs. 1 S. 4 UstAE]; aus Vereinfachungsgründen werden bei Unternehmen bestimmter Gewerbezweige amtlich festgelegte Jahrespauschbeträge zu Grunde gelegt. Die Pauschbeträge für das Kalenderjahr 2014 sind im BMF-Schreiben vom 16.12.2013, IV A 4 – S 1547/13/10001-01 abgedruckt. Wenn der Steuerpflichtige niedrigere Beträge als die Pauschbeträge geltend machen will, muss er entsprechende Nachweise führen).

Sofern **nur einzelne dauerhaft werterhöhende „Bestandteile"** des Gegenstandes zum Vorsteuerabzug i. S. v. § 15 UStG berechtigt haben, reduziert sich die Bemessungsgrundlage auf den Restwert dieser Bestandteile im Zeitpunkt der Entnahme (= Wiederbeschaffungskosten; vgl. Abschnitt 3.3 Abs. 2 - 4 UStAE und Aufgabe 41).

Die Regelungen zur

▶ Anwendung der Steuersätze i. S. v. § 12 UStG sowie

▶ Steuerschuldnerschaft i. S. v. §§ 13a und 13b UStG

im Zusammenhang mit entgeltlichen Lieferungen gelten für unentgeltliche Lieferungen analog.

Bei unentgeltlichen Wertabgaben greift jedoch ausschließlich das Sollbesteuerungsverfahren (§ 13 Abs. 1 Nr. 2 UStG).

Zweck der Umsatzbesteuerung von unentgeltlichen Wertabgaben ist es, die ursprünglich gezogene Vorsteuer wieder rückgängig zu machen (§ 3 Abs. 1b S. 2 UStG).

Beispiele

Fallbeispiel Friseurmeister Milz

1. Friseurmeister Milz entnimmt am 28.07.2014 seinem Unternehmen (Friseursalon) eine Waschmaschine, die er am 25.07.2014 für 350 € inkl. USt erworben hat, für seinen Privathaushalt. Es handelt sich um eine steuerpflichtige unentgeltliche Lieferung i. S. v. § 3 Abs. 1b Nr. 1 i. V. m. § 1 Abs. 1 Nr. 1 UStG, da sämtliche Voraussetzungen hierfür erfüllt sind. Die Bemessungsgrundlage beträgt 294,12 € (= Nettowiederbeschaffungskosten zum Zeitpunkt der Entnahme, die den Nettoanschaffungskosten entsprechen, da der Gegenstand kurz nach der Beschaffung entnommen wurde und zwischenzeitlich keine Einkaufspreisänderung stattgefunden hat: 350 € • 100 : 119, § 10 Abs. 4 Nr. 1 UStG). Die Umsatzsteuer beläuft sich auf 55,88 € (= 294,12 € • 19 %, § 12 Abs. 1 UStG).

2. Anlässlich einer Hochzeitsfeier schenkt Milz einem seiner Arbeitnehmer ein hochwertiges Haarpflegeset im Wert von 119 € (brutto). Er hat beim Kauf (kurz zuvor) die volle Vorsteuer abgezogen. Es liegt eine steuerpflichtige unentgeltliche Wertabgabe i. S. v. § 3 Abs. 1b Nr. 2 i. V. m. § 1 Abs. 1 Nr. 1 UStG vor. Die Bemessungsgrundlage beläuft sich auf 100 € (= Nettowiederbeschaffungspreis), die Umsatzsteuer auf 19 € (§ 12 Abs. 1 UStG i. V. m. § 10 Abs. 4 Nr. 1 UStG).

3. Anfang 2014 verlost Milz zu Werbezwecken eine selbst hergestellte Echthaar-perücke im Wert von 1.000 € (Materialkosten in Höhe von 600 € [netto] zzgl. Fer-tigungslohn in Höhe von 400 €). Beim Kauf der verarbeiteten Materialien hat Milz die volle Vorsteuer gezogen. Die Verlosung der Perücke ist eine steuerpflichtige unentgeltliche Wertabgabe, die der Umsatzsteuer in Höhe von 114 € unterliegt (= 19 % von 600 €; § 3 Abs. 1b Nr. 3 i. V. m. § 1 Abs. 1 Nr. 1 UStG sowie § 10 Abs. 4 Nr. 2 UStG und § 12 Abs. 1 UStG).

2.2.2.2 Unentgeltliche sonstige Leistungen

Eine steuerbare unentgeltliche sonstige Leistung i. S. v. § 3 Abs. 9a UStG i. V. m. Ab-schnitt 3.2 und 3.4 UStAE liegt vor, wenn folgende Bedingungen erfüllt sind:

Steuerbare unentgeltliche sonstige Leistungen i. S. v. § 3 Abs. 9a UStG i. V. m. Abschnitt 3.2 und 3.4 UStAE	
Private Nutzung betrieblicher Gegenstände § 3 Abs. 9a Nr. 1 UStG	**Andere unentgeltliche sonstige Leistungen § 3 Abs. 9a Nr. 2 UStG**
a) Verwendung eines dem Unternehmen zu-geordneten Gegenstandes Gegenstand muss dem unternehmerischen Bereich zugeordnet sein = mindestens 10 % unternehmerische Nutzung (§ 15 Abs. 1 S. 2 UStG i. V. m. Abschnitt 3.3 Abs. 1 S. 3 - 6 UStAE)	**a) Unentgeltliche Erbringung einer anderen sonstigen Leistung** = sonstige Leistung, die unentgeltlich er-bracht wird und nicht unter § 3 Abs. 9a Nr. 1 UStG fällt
b) durch einen Unternehmer für Zwecke, die außerhalb des Unternehmens liegen **Beispiele** ► Privatnutzung betrieblicher Grundstücke, die bis 31.12.2010 angeschafft oder herge-stellt worden sind (§ 27 Abs. 16 UStG) ► Privatnutzung betrieblicher Telekommuni-kationsgeräte ► Privatnutzung betrieblicher Fahrzeuge	**b) durch einen Unternehmer für Zwecke, die außerhalb des Unternehmens liegen** = Einsatz betrieblicher Arbeitskräfte für nichtunternehmerische Zwecke zu Lasten des Unternehmers, z. B. ► Einsatz von Personal im Privatgarten oder ► Haushalt des Unternehmers (Abschnitt 3.4 Abs. 5 UStAE)

Steuerbare unentgeltliche sonstige Leistungen i. S. v. § 3 Abs. 9a UStG i. V. m. Abschnitt 3.2 und 3.4 UStAE	
Private Nutzung betrieblicher Gegenstände § 3 Abs. 9a Nr. 1 UStG	**Andere unentgeltliche sonstige Leistungen § 3 Abs. 9a Nr. 2 UStG**
c) oder für Privatbedarf seines Personals, sofern keine Aufmerksamkeiten vorliegen	**c) oder für Privatbedarf seines Personals, sofern keine Aufmerksamkeiten vorliegen**
Beispiele ► kostenlose Nutzung von betrieblichen Baumaschinen ► kostenlose Nutzung von betrieblichen Telekommunikationsanlagen ► kostenlose Nutzung von betrieblichen Ferienwohnungen **Beachte:** Kostenlose Nutzung von betrieblichen Fahrzeugen durch Personal i. d. R. „tauschähnlicher Umsatz"; nur im Ausnahmefall („sehr geringe Privatnutzung des Kfz", vgl. Abschnitt 1.8 Abs. 18 S. 1 UStAE) handelt es sich um eine unentgeltliche Wertabgabe i. S. d. § 3 Abs. 9a Nr. 1 UStG.	= Verwendung von Unternehmensgegenständen für private Zwecke, wenn dabei der Dienstleistungsanteil eine große Rolle spielt **Beispiel** Unternehmer überlässt einem Arbeitnehmer ohne besonders berechnetes Entgelt einen Firmen-Pkw **nebst Fahrer** für dessen Hochzeitsreise.
d) Gegenstand hat zum vollen oder teilweisen Vorsteuerabzug berechtigt → Abschnitt 2.5	
e) Vorschrift gilt nicht, wenn Vorsteuerabzug nach § 15 Abs. 1b UStG ausgeschlossen oder Vorsteuerberichtigung nach § 15a Abs. 6a UStG durchzuführen ist, d. h. § 3 Abs. 9a Nr. 1 UStG greift **nicht** bei Privatnutzung betrieblicher Grundstücke, die ab 01.01.2011 angeschafft oder hergestellt worden sind (§ 27 Abs. 16 UStG).	

Leistungsort für unentgeltliche sonstige Leistungen nach § 3 Abs. 9a UStG ist dort, wo der Unternehmer sein Unternehmen betreibt (**„Sitzort des leistenden Unternehmers"**). Werden die Leistungen von einer Betriebsstätte ausgeführt, gilt die Betriebsstätte als Leistungsort (§ 3f UStG i. V. m. Abschnitt 3f.1 UStAE). Dies bedeutet, dass unentgeltliche sonstige Leistungen nach § 3 Abs. 9a UStG ausschließlich dann im Inland steuerbar sind, wenn der Unternehmer sein Unternehmen bzw. die Betriebsstätte in Deutschland betreibt/unterhält.

Eine steuerbare unentgeltliche sonstige Leistung ist steuerpflichtig, wenn keine Befreiungsvorschrift greift.

Die Bemessungsgrundlage bei unentgeltlichen sonstigen Leistungen (§ 3 Abs. 9a UStG) ist in **§ 10 Abs. 4 Nr. 2 und Nr. 3 UStG** geregelt:

► Bei **steuerpflichtigen unentgeltlichen sonstigen Leistungen i. S. v. § 3 Abs. 9a Nr. 1 UStG** bilden die **bei der Ausführung der Leistung entstandenen Ausgaben**, soweit sie zum vollen oder teilweisen Vorsteuerabzug berechtigt haben, die Bemessungsgrundlage (**§ 10 Abs. 4 Nr. 2 UStG**). Zu diesen Ausgaben gehören auch die Anschaffungs- oder Herstellungskosten eines Wirtschaftsguts, soweit das Wirtschaftsgut dem Unternehmen zugeordnet ist und für die Erbringung der sonstigen Leistung verwendet wird; betragen die Anschaffungs- oder Herstellungskosten mindestens 500 €, sind sie gleichmäßig (also linear) auf einen Zeitraum zu verteilen, der dem für das Wirtschaftsgut maßgeblichen Berichtigungszeitraum nach § 15a UStG (bei Gebäuden: zehn Jahre, bei beweglichen Wirtschaftsgütern: fünf Jahre) entspricht.

► **Steuerpflichtige unentgeltliche Wertabgaben i. S. v. § 3 Abs. 9a Nr. 2 UStG** werden nach **sämtlichen entstandenen Ausgaben** bemessen, auch wenn für sie der Vorsteuerabzug nicht möglich war (§ 10 Abs. 4 Nr. 2 S. 2 und 3 UStG gelten analog; **§ 10 Abs. 4 Nr. 3 UStG**). Erhalten Arbeitnehmer von ihrem Arbeitgeber freie Verpflegung, freie Unterkunft oder freie Wohnung, ist von den Werten auszugehen, die in der Sozialversicherungsentgeltverordnung (SvEV) in der jeweils geltenden Fassung festgesetzt sind. In diesem Zusammenhang wird auch auf Abschnitt 1.8 UStAE verwiesen.

Die Regelungen zur Anwendung der Steuersätze (§ 12 UStG) und zur Steuerschuldnerschaft (§§ 13a und 13b UStG) im Zusammenhang mit entgeltlichen sonstigen Leistungen gelten für unentgeltliche sonstige Leistungen analog. Betreffend die Steuerentstehung ist § 13 Abs. 1 Nr. 2 UStG zu beachten.

Beispiel

Fallbeispiel Friseurmeister Milz

Milz nutzt seinen Pkw für den Salon und für Privatfahrten (sog. unternehmensfremde Verwendung i. S. v. Abschnitt 2.3 Abs. 1a S. 3 UStAE). Der Privatnutzungsanteil (laut Fahrtenbuch) beträgt 30 %. Der Pkw wird somit zu 70 % unternehmerisch genutzt. Milz ordnet den gemischt genutzten Pkw in voller Höhe seinem Unternehmensvermögen zu (Abschnitt 15.2c Abs. 2 Nr. 2b. UStAE).

Er hat den Pkw am 03.01.2014 für 71.400 € (60.000 € + 11.400 € USt) gekauft und den Vorsteuerabzug in voller Höhe geltend gemacht (ebenso nimmt er den vollen Vorsteuerabzug aus den laufenden Kosten in Anspruch).

Aufgrund dessen ist der private Nutzungsanteil als unentgeltliche sonstige Leistung nach § 3 Abs. 9a Nr. 1 i. V. m. § 1 Abs. 1 Nr. 1 UStG der Umsatzbesteuerung zu unterwerfen. Die Bemessungsgrundlage ist nach § 10 Abs. 4 Nr. 2 UStG mittels der so genannten **Fahrtenbuchregelung** oder der **1 %-Regelung** (wenn betriebliche Nutzung > 50 %) zu ermitteln (**§ 6 Abs. 1 Nr. 4 S. 2 und S. 3 EStG**).

Aufgabe 41 > Seite 221

2.2.3 Einfuhr

Nach § 1 Abs. 1 Nr. 4 UStG unterliegt der so genannten **Einfuhrumsatzsteuer (EUSt)** die **Einfuhr von Gegenständen im Inland** oder **in den österreichischen Gebieten Jungholz und Mittelberg.**

Eine **steuerbare Einfuhr in diesem Sinne** liegt nur vor, wenn

- ► wenn ein Liefergegenstand (§ 3 Abs. 1 UStG)
- ► aus dem **Drittland** (z. B. Schweiz, USA) direkt oder im Wege der Durchfuhr (Transit) durch das Gebiet eines anderen EU-Mitgliedstaates (indirekt) **ins Inland oder in die o. g. beiden Gebiete** geliefert bzw. verbracht wird **und**
- ► **hier** Einfuhrumsatzsteuer auslöst, d. h. **im Inland oder in den o. g. beiden Gebieten** in den zoll- und steuerrechtlich freien Verkehr übergeführt wird. Dies ist der Fall, wenn

  - die Lieferkondition **„unverzollt und unversteuert"** (im Sinne des Zollrechts) vereinbart wird, d. h. Empfänger bzw. dessen Beauftragter Schuldner von Zoll und EUSt sind. Hierbei spielt es keine Rolle, wer die EUSt entrichtet (Abschnitt 15.8 Abs. 7 UStAE).

    Der Empfänger tätigt somit eine steuerbare und i. d. R. steuerpflichtige Einfuhr nach § 1 Abs. 1 Nr. 4 UStG (einen Lieferort gibt es hierfür nicht) und der Lieferant eine steuerbefreite Ausfuhr nach § 1 Abs. 1 Nr. 1 und § 6 i. V. m. § 3 Abs. 6 S. 1 und § 4 Nr. 1a **deutsches UStG analog (das ausländische UStG ist nun maßgeblich).** Sofern der Empfänger vorsteuerabzugsberechtigt ist (kein Privatmann), ist die EUSt als Vorsteuer abzugsfähig (§ 15 Abs. 1 Nr. 2 UStG); **oder**

  - die Lieferkondition **„verzollt und versteuert"** (im Sinne zollrechtlicher Vorschriften) vereinbart wird und somit der Gegenstand vom Lieferanten bzw. dessen Beauftragten eingeführt wird (Schuldner der Einfuhrabgaben sind Lieferanten bzw. dessen Beauftragte; vgl. auch Abschnitt 15.8 Abs. 2 S. 1 und Abschnitt 3.13 Abs. 1 S. 2 UStAE).

    In diesem Fall tätigt der Lieferant bzw. dessen Beauftragter **zunächst** eine steuerbare und grundsätzlich steuerpflichtige Einfuhr nach § 1 Abs. 1 Nr. 4 UStG. **Im Anschluss** an die Einfuhr wird „für die Weiterlieferung an den Abnehmer" eine steuerpflichtige Inlandslieferung nach § 1 Abs. 1 Nr. 1 i. V. m. § 3 Abs. 8 UStG fingiert:

    In § 3 Abs. 8 UStG i. V. m. Abschnitt 3.13 Abs. 1 UStAE ist nämlich geregelt, dass der Ort des Liefergegenstandes bei der Beförderung oder Versendung aus dem Drittlandsgebiet in das Inland **als im Inland gelegen gilt**, wenn der Lieferant oder sein Beauftragter Schuldner der EUSt ist.

    Der Lieferant schuldet nicht nur Zoll und EUSt, sondern auch die Steuer für die Inlandslieferung. Allerdings kann er die entrichtete EUSt als Vorsteuer geltend machen (§ 15 Abs. 1 Nr. 2 UStG). Träger der inländischen Steuer ist der Leistungsempfänger.

Sofern der Gegenstand zwar körperlich vom Drittland in das Inland oder in die o. g. Gebiete gelangt ist, sich aber in einem Zollverfahren (= Nichterhebungsverfahren, z. B. zollrechtliches Versandverfahren oder Zolllagerverfahren) befindet, liegt (noch) keine steuerbare Einfuhr i. S. v. § 1 Abs. 1 Nr. 4 EStG vor und wird demzufolge auch noch keine Einfuhrumsatzsteuer ausgelöst (Abschnitt 15.8 Abs. 2 S. 3 UStAE).

Die EUSt ist eine Verbrauchsteuer i. S. d. AO (§ 21 Abs. 2 AO) und eine Einfuhrabgabe im Sinne des Zollrechts. Sie wird nicht von den Finanzämtern, sondern von den Zollbehörden erhoben und verwaltet. Hinsichtlich Bemessungsgrundlage, Steuersätze, Steuerentstehung und Steuerschuldnerschaft sind (daher) §§ 11, 12 und 21 UStG zu beachten.

Zweck der Besteuerung der Einfuhr von Gegenständen ist es, die eingeführten Gegenstände ebenso mit Umsatzsteuer zu belasten, wie die im Inland hergestellten, unter der Voraussetzung, dass das Ursprungsland (= ausführendes Drittland) die Gegenstände bei der Ausfuhr von der Umsatzsteuer entlastet (§ 6 deutsches UStG analog). Eingeführte und inländische Gegenstände unterliegen dann den gleichen umsatzsteuerrechtlichen Wettbewerbsbedingungen.

Beispiel

Fallbeispiel Friseurmeister Milz
Milz (Berlin) kauft von einem Lieferanten (Zürich in der Schweiz) Echthaarperücken für insgesamt 10.000 € netto. Im Kaufvertrag vereinbaren sie die Lieferkondition „unverzollt und unversteuert". Das heißt, dass der Leistungsempfänger (= Milz) oder dessen Beauftragter Zoll und Einfuhrumsatzsteuer schulden bzw. die Ausfuhrlieferung – auf Seiten des schweizer Lieferanten – steuerfrei ist.

Der Schweizer befördert die Perücken mit seinem eigenen Kfz von Zürich nach Berlin und zahlt an der Grenze – wie vereinbart – **für Milz** 100 € Zoll (1 % von 10.000 €) und 1.919 € EUSt (= 19 % von 10.100 €). Er übergibt Milz den quittierten Zollamtsbeleg und erhält dafür einen Bankscheck von Milz.

Es handelt sich um eine steuerbare und steuerpflichtige Einfuhr i. S. v. § 1 Abs. 1 Nr. 4 UStG i. V. m. § 5 UStG. Die entrichtete EUSt kann Milz als Vorsteuer abziehen (§ 15 Abs. 1 Nr. 2 UStG i. V. m. Abschnitt 15.8 Abs. 7 S. 1 UStAE).

Aufgabe 42 - 43 > Seite 222

2.2.4 Innergemeinschaftlicher Erwerb gegen Entgelt

Eine weitere steuerbare Umsatzart ist der so genannte innergemeinschaftliche Erwerb im Inland gegen Entgelt (§ 1 Abs. 1 Nr. 5 UStG).

Man unterscheidet folgende Arten des innergemeinschaftlichen Erwerbs gegen Entgelt:

► **innergemeinschaftlicher Erwerb** nach § 1a UStG

► **innergemeinschaftlicher Erwerb neuer Fahrzeuge** nach § 1b UStG

► **innergemeinschaftlicher Erwerb durch diplomatische Missionen, zwischenstaatliche Einrichtungen und Streitkräfte der Vertragsparteien des Nordatlantikvertrags** nach § 1c UStG

► **innergemeinschaftliche Dreiecksgeschäfte** nach § 25b UStG.

Im Folgenden wird auf die §§ 1a, 1b und 25b UStG näher eingegangen.

2.2.4.1 Innergemeinschaftlicher Erwerb nach § 1a UStG

Ein innergemeinschaftlicher Erwerb nach § 1a Abs. 1 UStG liegt vor, wenn

► ein **Liefergegenstand** i. S. v. § 3 Abs. 1 UStG und Abschnitt 1a.1 Abs. 1 S. 7 UStAE an den Abnehmer (Erwerber)

- **aus** dem Gebiet **eines Mitgliedstaates** direkt oder auf dem Wege der Durchfuhr über ein Drittlandsgebiet (indirekt) **in** das Gebiet **eines anderen Mitgliedstaates oder**

- **aus** dem übrigen **Gemeinschaftsgebiet** (direkt oder indirekt) **in** die **in § 1 Abs. 3 UStG bezeichneten Gebiete (= Inland)** gelangt,

auch wenn der Lieferant den Gegenstand in das Gemeinschaftsgebiet eingeführt hat (§ 1a Abs. 1 Nr. 1 UStG und Abschnitt 1a.1 Abs. 1 S. 4 und 5 UStAE) **und**

► der **Erwerber ein Unternehmer i. S v. § 2 UStG (und kein Kleinunternehmer i. S. v. § 19 Abs. 1 UStG)** ist, der den Gegenstand für sein Unternehmen erwirbt (verwendet er beim Einkauf seine so genannte **USt-IdNr.** [= sie dient der korrekten Anwendung von umsatzsteuerlichen Regelungen im europäischen Binnenmarkt und ist eine eigenständige Nummer, die Unternehmern zusätzlich zur Steuernummer erteilt wird, die innerhalb des Gebiets der EU am Waren- und Dienstleistungsverkehr zwischen den Mitgliedstaaten teilnehmen; vgl. auch § 27a UStG], so signalisiert er damit, dass er Unternehmer ist und den Gegenstand für sein Unternehmen erwerben will) **oder** eine **juristische Person (des öffentlichen Rechts), die nicht Unternehmer ist oder die den Gegenstand nicht für ihr Unternehmen erwirbt** (§ 1a Abs. 1 Nr. 2 und Abs. 3 UStG) **und**

► der **Lieferant ein Unternehmer i. S. v. § 2 UStG ist und kein Kleinunternehmer i. S. v. § 19 Abs. 1 UStG ist** (davon ist grundsätzlich auszugehen, wenn dieser in der Rechnung die USt-IdNr. angibt und lediglich den Nettowert ohne USt in Rechnung stellt – unter Hinweis auf die steuerfreie innergemeinschaftliche Lieferung nach § 6a UStG [§ 14a Abs. 3 UStG]), der die Lieferung **gegen Entgelt im Rahmen seines Unternehmens** ausführt (§ 1a Abs. 1 Nr. 3 UStG) **und**

► der **Erwerber** die in § 1a Abs. 3 UStG genannten Voraussetzungen **nicht erfüllt**, d. h.

- er ist **kein** so genannter Halbunternehmer oder Schwellenerwerber nach § 1a Abs. 3 Nr. 1 UStG (vgl. MiniLex) und/oder

- der Gesamtbetrag der innergemeinschaftlichen Erwerbe nach § 1a Abs. 1 Nr. 1 und Abs. 2 UStG aus allen Mitgliedstaaten hat im vorangegangenen Kalenderjahr **die Erwerbsschwelle von 12.500 € (netto)** überschritten **oder** wird diese **voraussichtlich** im laufenden Kalenderjahr überschreiten (§ 1a Abs. 3 Nr. 2 UStG i. V. m. Abschnitt 1a.1 Abs. 2 UStAE)

bzw. er bei Erfüllung sämtlicher in § 1a Abs. 3 UStG genannten Voraussetzungen auf dessen Anwendung verzichtet (durch Verwendung der USt-IdNr.), d. h. **zur Erwerbsbesteuerung optiert** (§ 1a Abs. 3 und Abs. 4 UStG).

Die Option zur Erwerbsbesteuerung nach § 1a Abs. 4 UStG (und somit zum Vorliegen eines innergemeinschaftlichen Erwerbs) bewirkt, dass der Halbunternehmer i. S. v. § 1a Abs. 3 Nr. 1 UStG für die an ihn bewirkte Leistung wie ein „richtiger" Unternehmer behandelt wird.

Sie ist grundsätzlich zu empfehlen, wenn (regelmäßig) Warenbezüge aus einem Mitgliedstaat (Herkunftsland) mit höherem USt-Satz als im Erwerberland erfolgen:

Bei Nichtoption zur Erwerbsbesteuerung liegt kein innergemeinschaftlicher Erwerb vor. Es greift dann *grundsätzlich* das Ursprungslandprinzip nach § 3 Abs. 6 S. 1 UStG, d. h. die Besteuerung hat dort zu erfolgen, wo der Gegenstand erworben wird bzw. die Beförderung oder Versendung des Gegenstandes beginnt.

Dies bedeutet, dass der **nicht vorsteuerabzugsberechtigte Halbunternehmer** Mehrkosten in Höhe der Differenz zwischen höherem ausländischem Steuersatz (Herkunftsland) und niedrigerem inländischem Steuersatz (Erwerberland) zu tragen hat (bei nicht Vorsteuerabzugsberechtigten ist die Umsatzsteuer kein sog. durchlaufender Posten).

Sofern § 1a UStG greift, liegt

▸ auf **Seiten des Erwerbers** ein so genannter **innergemeinschaftlicher Erwerb** und

▸ auf **Seiten des Lieferanten** eine **innergemeinschaftliche Lieferung** vor.

Zum innergemeinschaftlichen Erwerb:
Leistungsort für den **innergemeinschaftlichen Erwerb nach § 1a UStG** ist dort, wo sich der Liefergegenstand am Ende der Beförderung oder Versendung befindet (**§ 3d S. 1 UStG**).

Dies bedeutet, dass der innergemeinschaftlicher Erwerb im Inland (Deutschland) steuerbar und – sofern keine Befreiungsvorschriften nach §§ 4 bzw. 4b UStG greifen – steuerpflichtig ist, wenn sich der Liefergegenstand am Ende der Beförderung oder Versendung in Deutschland befindet.

Befindet sich der Gegenstand am Ende der Beförderung oder Versendung in einem anderen Mitgliedstaat (nicht Deutschland), ist die Leistung dort steuerbar und i. d. R. steuerpflichtig (**deutsches UStG analog**).

Mit **§ 3d S. 1 UStG** wird das **Bestimmungslandprinzip** verwirklicht, das besagt, dass die Besteuerung immer in dem Mitgliedstaat zu erfolgen hat, in dem sich der Liefergegenstand am Ende der Beförderung oder Versendung befindet. Eine **Ausnahme ist in § 3d S. 2 UStG** geregelt: Verwendet der Erwerber (irrtümlich) eine USt-IdNr. eines Mitgliedstaates, die nicht mit der des Bestimmungsmitgliedstaates übereinstimmt, so gilt der Ausgabestaat der USt-IdNr. als Ort des innergemeinschaftlichen Erwerbs.

In einem solchen Ausnahmefall hat der Erwerber einen **doppelten** steuerpflichtigen innergemeinschaftlichen Erwerb: einen im Bestimmungsmitgliedstaat (§ 3d S. 1 UStG) und einen zweiten im Ausgabestaat der USt-IdNr. (§ 3d S. 2 UStG). Sofern er jedoch nachweisen kann, dass

► der innergemeinschaftliche Erwerb durch den in § 3d S. 1 UStG bezeichneten Mitgliedstaat besteuert worden ist **oder**

► der innergemeinschaftliche Erwerb im Rahmen eines so genannten innergemeinschaftlichen Dreiecksgeschäfts i. S. v. § 25b UStG (vgl. Abschnitt 2.2.4.3) nach § 25b Abs. 3 UStG als besteuert gilt, sofern der erste Abnehmer seiner Erklärungspflicht nach § 18a Abs. 7 S. 1 Nr. 4 UStG nachgekommen ist,

wird der fingierte innergemeinschaftliche Erwerb nach § 3d S. 2 UStG „aufgehoben" (im Fall der irrtümlichen Verwendung einer anderen USt-IdNr.) bzw. findet keine Erwerbsbesteuerung statt (im Fall des innergemeinschaftlichen Dreiecksgeschäfts).

Zur innergemeinschaftlichen Lieferung:
Sind die Voraussetzungen von § 6a UStG – aus inländischer Sicht – erfüllt, ist die innergemeinschaftliche Lieferung in Deutschland steuerbar und steuerbefreit (§ 1 Abs. 1 Nr. 1 UStG und § 6a UStG i. V. m. § 3 Abs. 6 S. 1 UStG und § 4 Nr. 1b UStG).

Liegt überhaupt **kein** innergemeinschaftlicher Erwerb nach § 1a UStG vor, ist zu prüfen,

► ob ggf. **§ 3c deutsches UStG analog i. V. m. § 3 Abs. 5a deutsches UStG analog** (= „Bestimmungslandprinzip") greift bzw.

► das **Ursprungslandprinzip nach § 3 Abs. 6 S. 1 UStG** (= Besteuerung hat in dem Mitgliedstaat zu erfolgen, in dem die Ware erworben wird bzw. deren Beförderung oder Versendung beginnt) zur Anwendung kommt.

Bemessungsgrundlage für den steuerpflichtigen innergemeinschaftlichen Erwerb ist das Entgelt (§ 10 Abs. 1 S. 1 UStG). Dieses lässt sich i. d. R. aus der Rechnung des Lieferanten entnehmen. Mit Ausnahme der auf den Umsatz entfallenden Umsatzsteuer sind **alle** Verbrauchsteuern (= alle diejenigen, deren Waren nach § 1a Abs. 5 UStG aufgeführt sind sowie alle sonstigen Verbrauchsteuern, z. B. Kaffeesteuer), die vom Erwerber geschuldet oder entrichtet werden, in die Bemessungsgrundlage einzubeziehen (§ 10 Abs. 1 S. 4 UStG i. V. m. Abschnitt 10.1 Abs. 6 S. 3 UStAE). Sie können auch nicht als durchlaufende Posten i. S. d. § 10 Abs. 1 S. 6 UStG behandelt werden (Abschnitt 10.1 Abs. 6 S. 4 UStAE).

Für innergemeinschaftliche Erwerbe i. S. v. § 1a UStG **entsteht die Steuer** grundsätzlich mit Ausstellung der Rechnung, spätestens jedoch mit Ablauf des dem Erwerb folgenden Kalendermonats (§ 13 Abs. 1 Nr. 6 UStG).

Steuerschuldner ist der Erwerber (§ 13a Abs. 1 Nr. 2 UStG). Die Erwerbssteuer kann als Vorsteuer gezogen werden (§ 15 Abs. 1 Nr. 3 UStG).

Nach § 1a Abs. 2 UStG **gilt als innergemeinschaftlicher Erwerb gegen Entgelt**

- das **Verbringen** (= Befördern oder Versenden) eines Gegenstands des Unternehmens
- **aus** dem übrigen Gemeinschaftsgebiet (Ausgangsmitgliedsstaat) **in** das **Inland** (Bestimmungsmitgliedsstaat)
- durch einen Unternehmer zu seiner Verfügung (Unternehmer und Erwerber sind eine Person, § 1a Abs. 2 S. 2 UStG)
- **ausgenommen** zu einer **nur vorübergehenden Verwendung (i. S. v. Abschnitt 1a.2 UStAE)**, auch wenn der Unternehmer den Gegenstand in das Gemeinschaftsgebiet eingeführt hat **und**
- die Voraussetzungen des § 1a Abs. 3 UStG **nicht** erfüllt sind bzw. der Unternehmer (= Erwerber) bei deren Erfüllung zur Erwerbsbesteuerung optiert (§ 1a Abs. 3 und Abs. 4 UStG).

Ein **innergemeinschaftliches Verbringen**, bei dem der Gegenstand **vom Inland in das Gebiet eines anderen Mitgliedstaates** gelangt, ist einer Lieferung gegen Entgelt gleichgestellt. Der Unternehmer gilt als Lieferant (§ 3 Abs. 1a UStG i. V. m. Abschnitt 1a.2 Abs. 2 S. 1 UStAE).

Beim **unternehmensinternen inländischen Verbringen** von Gegenständen liegt hingegen ein nicht steuerbarer Innenumsatz vor.

Aufgabe 44 - 45 > Seite 222
Aufgabe 46 - 47 > Seite 223

2.2.4.2 Innergemeinschaftlicher Erwerb neuer Fahrzeuge nach § 1b UStG

§ 1b UStG ist ein Ergänzungstatbestand zu § 1a UStG und regelt den innergemeinschaftlichen Erwerb neuer Fahrzeuge durch private Endabnehmer, unabhängig von einer Erwerbsschwelle.

Hiernach versteht man auch unter einem **innergemeinschaftlichen Erwerb**

- den Erwerb eines neuen Fahrzeugs i. S. v. § 1b Abs. 2 und 3 UStG i. V. m. Abschnitt 1b.1 UStAE
- durch einen Erwerber, der nicht zu den in § 1a Abs. 1 Nr. 2 genannten Personen gehört (= in erster Linie Privatpersonen, aber auch Unternehmer, die neue Fahrzeuge für ihren privaten Bereich erwerben, also so genannte private Endabnehmer) und zwar
- unter den Voraussetzungen des § 1a Abs. 1 Nr. 1 UStG.

Durch § 1b UStG werden private Endabnehmer neuer Fahrzeuge wie Unternehmer behandelt. Zweck dieser Regelung ist, dass Lieferungen in jedem Fall im Bestimmungsland besteuert werden (= **Bestimmungslandprinzip**). Ist nur eine der in § 1b UStG genannten Voraussetzungen nicht erfüllt, liegt kein innergemeinschaftlicher Erwerb vor und es greift das **Ursprungslandprinzip**.

Der private Endabnehmer hat den innergemeinschaftlichen Erwerb neuer Fahrzeuge im Verfahren der Fahrzeugeinzelbesteuerung zu versteuern (§ 16 Abs. 5a UStG).

Die Steuer entsteht am Tag des Erwerbs des neuen Fahrzeugs (§ 13 Abs. 1 Nr. 7 UStG).

Für die Abgabe der Steuererklärung gilt – abweichend von den allgemeinen Fristen –, dass der Erwerber die Steuererklärung (USt 1 B) spätestens bis zum zehnten Tag nach Ablauf des Tages, an dem die Steuer entstanden ist, abzugeben und die Steuer zu entrichten hat (§ 18 Abs. 5a UStG).

Für Fahrzeuglieferanten gilt § 2a UStG.

2.2.4.3 Innergemeinschaftliche Dreiecksgeschäfte nach § 25b UStG

Innergemeinschaftliche Dreiecksgeschäfte sind eine **Sonderform des Reihengeschäfts**, für die besondere Vereinfachungsregelungen nach § 25b UStG gelten.

Ein innergemeinschaftliches **Dreiecks**geschäft i. S. v. § 25b Abs. 1 UStG liegt vor, wenn

► **drei** Unternehmer über denselben Gegenstand Umsatzgeschäfte abschließen und dieser Gegenstand **unmittelbar** vom **ersten Lieferanten** an den **letzten Abnehmer** gelangt (§ 25b Abs. 1 Nr. 1 UStG)

► die Unternehmer in jeweils verschiedenen Mitgliedstaaten für Zwecke der Umsatzsteuer erfasst sind (= Unternehmer mit USt-IdNr.; § 25b Abs. 1 Nr. 2 UStG)

► der Gegenstand der Lieferungen aus dem Gebiet eines Mitgliedstaates in das Gebiet eines anderen Mitgliedstaates gelangt (§ 25b Abs. 1 Nr. 3 UStG) und

► der Gegenstand der Lieferungen durch den ersten Lieferanten oder den ersten Abnehmer befördert oder versendet wird (**kein sog. Abholfall**; § 25b Abs. 1 Nr. 4 UStG).

Im Fall des § 25b Abs. 1 UStG

► wird die Steuer für die Lieferung an den **letzten Unternehmer (Abnehmer) von diesem geschuldet**, wenn folgende Voraussetzungen erfüllt sind (**§ 25b Abs. 2 UStG**):

- Der Lieferung vom mittleren Unternehmer (= erster Abnehmer) an den letzten Unternehmer ist ein innergemeinschaftlicher Erwerb des mittleren Unternehmers vorausgegangen.

- Der mittlere Unternehmer ist in dem Mitgliedstaat, in dem die Beförderung oder Versendung endet, nicht ansässig. Er verwendet gegenüber dem ersten Lieferanten und dem letzten Abnehmer dieselbe USt-IdNr., die ihm von einem anderen Mitgliedstaat erteilt worden ist als dem, in dem die Beförderung oder Versendung beginnt oder endet.

- Der mittlere Unternehmer erteilt dem letzten Unternehmer eine Rechnung i. S. d. § 14a Abs. 7 UStG, in der die Steuer **nicht gesondert** ausgewiesen ist.

- Der letzte Unternehmer verwendet eine USt-IdNr. des Mitgliedstaates, in dem die Beförderung oder Versendung endet.

▶ und gilt somit der **innergemeinschaftliche Erwerb des mittleren Unternehmers als besteuert** (§ 25b Abs. 3 UStG).

Sind also die in § 25b Abs. 1 und Abs. 2 UStG genannten Voraussetzungen erfüllt (vgl. auch Abschnitt 25b.1 UStAE), hat dies zur Konsequenz, dass

1. die Lieferung des **ersten Unternehmers in der Reihe** (erster Lieferant) im Falle der Beförderung oder Versendung durch den ersten Unternehmer bzw. durch den mittleren Unternehmer, der nicht als Lieferant auftritt (Abschnitt 25b.1 Abs. 5 S. 2 und 3 [deutscher] UStAE [analog]) eine **warenbewegte steuerfreie innergemeinschaftliche Lieferung** nach § 1 Abs. 1 Nr. 1 (deutsches) UStG (analog) und § 6a (deutsches) UStG (analog) in dem Mitgliedstaat ist, in dem die Beförderung oder Versendung beginnt (§ 3 Abs. 6 S. 5, 6 und S. 1 [deutsches] UStG [analog] i. V. m. § 4 Nr. 1b [deutsches] UStG [analog])

2. der **mittlere Unternehmer** (erster Abnehmer) einen innergemeinschaftlichen Erwerb in dem Mitgliedstaat hat, wo die Beförderung oder Versendung endet (§ 3d S. 1 [deutsches] UStG [analog]) sowie einen innergemeinschaftlichen Erwerb im Mitgliedstaat der Ausgabe seiner USt-IdNr. (§ 3d S. 2 [deutsches] UStG [analog]). Er hat somit zwei steuerpflichtige innergemeinschaftliche Erwerbe (Abschnitt 25b.1 Abs. 2 S. 11 [deutscher] UStAE [analog]). Danach hat er eine ruhende steuerbare und steuerpflichtige Lieferung im Mitgliedstaat des letzten Unternehmers (= letzter Abnehmer; § 3 Abs. 7 S. 2 Nr. 2 [deutsches] UStG [analog]), **und**

3. dieser erste und zweite innergemeinschaftliche Erwerb des mittleren Unternehmers als besteuert gilt (§ 25b Abs. 3 [deutsches] UStG [analog]), **da**

4. die Steuer für die ruhende steuerpflichtige Lieferung vom **letzten Unternehmer** geschuldet wird (§ 13a Abs. 1 Nr. 5 [deutsches] UStG [analog] i. V. m. § 25b Abs. 2 [deutsches] UStG [analog]); sie kann von ihm zugleich als Vorsteuer abgezogen werden (§ 25b Abs. 5 [deutsches] UStG [analog]).

Für die Berechnung der nach § 25b Abs. 2 UStG geschuldeten Steuer gilt die Gegenleistung als Entgelt (§ 25b Abs. 4 UStG).

Der letzte Abnehmer ist unter den übrigen Voraussetzungen des § 15 UStG berechtigt, die nach § 25b Abs. 2 UStG geschuldete Steuer als Vorsteuer abzuziehen (§ 25b Abs. 5 UStG).

Beispiele

Fallbeispiel Friseurmeister Milz
1. Unternehmer Milz (Deutschland) am Ende der Lieferkette
Unternehmer (= Abnehmer) Milz (U3) in Berlin bestellt beim Einzelhändler U2 in Italien Perücken. U2 hat diese nicht vorrätig und bestellt sie beim Großhändler in Österreich (U1). U2 beauftragt U1, die Perücken unmittelbar mit eigenem Lkw an Milz (U3) zu befördern. U1 führt diesen Auftrag vereinbarungsgemäß aus. Alle Beteiligten treten unter der USt-IdNr. ihres Landes auf. Die Voraussetzungen des § 25b Abs. 2 UStG liegen vor.

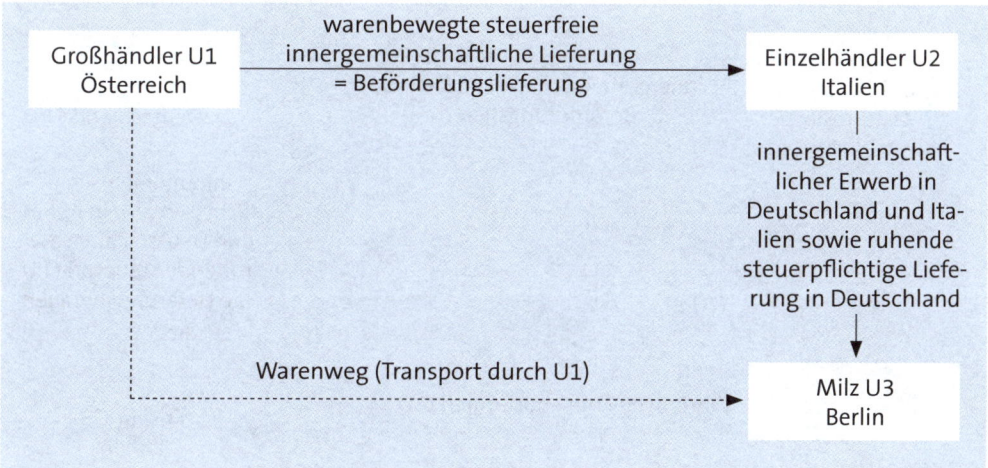

Die Lieferung von U1 an U2 ist die warenbewegte Lieferung (§ 3 Abs. 6 S. 5 deutsches UStG analog und Abschnitt 3.14 Abs. 8 S. 1 deutscher UStAE analog). Ort dieser Lieferung ist Österreich, da dort die Beförderung beginnt (§ 3 Abs. 6 S. 1 deutsches UStG analog). Dies bedeutet, dass sie nach österreichischem Umsatzsteuerrecht auch in Österreich steuerbar (§ 1 Abs. 1 Nr. 1 deutsches UStG analog), jedoch als innergemeinschaftliche Lieferung nach § 6a deutsches UStG analog steuerbefreit ist (§ 4 Nr. 1b deutsches UStG analog).

U2 hat zwei innergemeinschaftliche Erwerbe, einen in Deutschland (§ 3d S. 1 UStG) und einen zweiten in Italien (§ 3d S. 2 deutsches UStG analog), da er die USt-ID-Nr. von Italien verwendet (Abschnitt 25b.1 Abs. 2 S. 11 [deutscher] UStAE [analog]). Da die Voraussetzungen des § 25b Abs. 2 UStG erfüllt sind, gelten beide innergemeinschaftliche Erwerbe – sowohl in Deutschland als auch in Italien – als besteuert (§ 25b Abs. 3 [deutsches] UStG [analog] i. V. m. § 3d S. 1 und S. 2 [deutsches] UStG [analog] und Abschnitt 25b.1 Abs. 7 [deutscher] UStAE [analog]).

Die sich den innergemeinschaftlichen Erwerben anschließende Lieferung von U2 an U3 ist eine ruhende Lieferung (§ 3 Abs. 7 S. 2 Nr. 2 UStG). Hiernach ist der Lieferort dort, wo sich die Ware am Ende der Beförderung befindet (= Deutschland). Diese Lieferung ist somit in Deutschland steuerbar und steuerpflichtig (§ 1 Abs. 1 Nr. 1 UStG). Die Steuer wird vom letzten Unternehmer (U3 bzw. Milz) geschuldet (§ 13a Abs. 1 Nr. 5 UStG). Er ist unter den übrigen Voraussetzungen des § 15 UStG berechtigt, diese als Vorsteuer abzuziehen (§ 25b Abs. 5 UStG).

2. Unternehmer Milz (Deutschland) in der Mitte der Lieferkette

Friseur U3 in Italien bestellt bei Milz (U2) in Deutschland Perücken. Milz hat diese nicht vorrätig und bestellt sie beim Großhändler in Österreich (U1). Milz beauftragt U1, die Perücken unmittelbar mit eigenem Lkw an U3 zu befördern. U1 führt diesen Auftrag vereinbarungsgemäß aus. Alle Beteiligten treten unter der USt-IdNr. ihres Landes auf. Die Voraussetzungen des § 25b Abs. 2 UStG liegen vor.

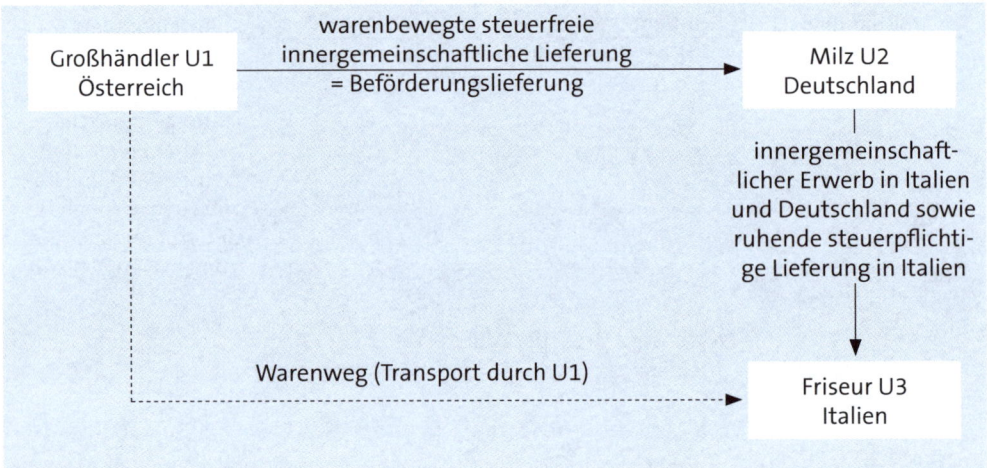

Die Lieferung von U1 an U2 ist die warenbewegte Lieferung (§ 3 Abs. 6 S. 5 deutsches UStG analog und Abschnitt 3.14 Abs. 8 S. 1 deutscher UStAE analog). Ort dieser Lieferung ist Österreich, da dort die Beförderung beginnt (§ 3 Abs. 6 S. 1 deutsches UStG analog). Dies bedeutet, dass sie nach österreichischem Umsatzsteuerrecht auch in Österreich steuerbar (§ 1 Abs. 1 Nr. 1 deutsches UStG analog), jedoch als innergemeinschaftliche Lieferung nach § 6a deutsches UStG analog steuerbefreit ist (§ 4 Nr. 1b deutsches UStG analog).

Milz (U2) hat zwei innergemeinschaftliche Erwerbe, einen in Italien (§ 3d S. 1 deutsches UStG analog) und einen zweiten in Deutschland (§ 3d S. 2 UStG), da er die USt-ID-Nr. von Deutschland verwendet (Abschnitt 25b.1 Abs. 2 S. 11 [deutscher] UStAE [analog]). Da die Voraussetzungen des § 25b Abs. 2 UStG erfüllt sind, gelten beide innergemeinschaftliche Erwerbe – sowohl in Italien als auch in Deutschland – als besteuert (§ 25b Abs. 3 [deutsches] UStG [analog] i. V. m. § 3d S. 1 und S. 2 [deutsches] UStG [analog] und Abschnitt 25b.1 Abs. 7 [deutscher] UStAE [analog]).

Die sich den innergemeinschaftlichen Erwerben anschließende Lieferung von Milz an U3 ist eine ruhende Lieferung (§ 3 Abs. 7 S. 2 Nr. 2 deutsches UStG analog). Hiernach ist der Lieferort dort, wo sich die Ware am Ende der Beförderung befindet (= Italien). Diese Lieferung ist somit in Italien steuerbar und steuerpflichtig (§ 1 Abs. 1 Nr. 1 deutsches UStG analog). Die Steuer wird vom letzten Unternehmer (U3) geschuldet (§ 13a Abs. 1 Nr. 5 deutsches UStG analog). Er ist unter den übrigen Voraussetzungen des § 15 deutsches UStG analog berechtigt, diese als Vorsteuer abzuziehen (§ 25b Abs. 5 deutsches UStG analog).

§ 25b UStG vereinfacht die umsatzsteuerliche Behandlung innergemeinschaftlicher Dreiecksgeschäfte dahingehend, dass sich der mittlere Unternehmer nicht im Bestimmungsmitgliedstaat umsatzsteuerlich registrieren lassen und weder eine (doppelte) Erwerbssteuer noch eine Steuer für die letzte ruhende Lieferung abführen muss (auch wenn er hierdurch wirtschaftlich nicht belastet wäre). Die Steuerschuld wird von Beginn an auf den letzten Abnehmer verlagert, der unter den übrigen Voraussetzungen von § 15 UStG berechtigt ist, diese als Vorsteuer zu ziehen.

Aufgabe 48 - 49 > Seite 223

2.3 Steuerbare und steuerfreie Umsätze

In den Abschnitten 2.2.1 - 2.2.4 wurde auf sämtliche im UStG verankerte so genannte **steuerbare** Umsätze nach § 1 Abs. 1 UStG näher eingegangen. Ein Teil dieser steuerbaren Umsätze ist von der Umsatzsteuer **befreit (§§ 4, 5 und 4b UStG)**.

Für steuerbare Umsätze nach § 1 Abs. 1 UStG („Ausgangsumsätze"), die unter eine der Steuerbefreiungsvorschriften nach §§ 4, 5 oder 4b UStG fallen, ist

► eine Steuerlast nicht zu ermitteln und

► besteht grundsätzlich ein so genanntes Vorsteuerabzugsverbot nach § 15 UStG betreffend die in diesem Zusammenhang getätigten Eingangsumsätze (= Leistungsbezüge von anderen Unternehmern, die getätigt wurden, um die Ausgangsumsätze zu realisieren) (vgl. Abschnitt 2.5).

2.3.1 Entgeltliche Lieferungen und sonstige Leistungen

Entgeltliche Lieferungen und sonstige Leistungen i. S. v. **§ 1 Abs. 1 Nr. 1 UStG** sind von der Umsatzbesteuerung befreit, wenn sie unter **§ 4 UStG** fallen.

In Abschnitt 2.5 wird die Steuerfreiheit diverser Umsätze nach § 4 UStG näher beleuchtet.

2.3.2 Unentgeltliche Lieferungen und sonstige Leistungen

Die Befreiungsvorschrift **§ 4 UStG** ist analog für steuerbare unentgeltliche Lieferungen und sonstige Leistungen anzuwenden (§ 3 Abs. 1b UStG und § 3 Abs. 9a UStG).

2.3.3 Einfuhr

Die Einfuhr von Gegenständen (**§ 1 Abs. 1 Nr. 4 UStG**) ist u. a. steuerbefreit, wenn **§ 5 UStG** greift.

2.3.4 Innergemeinschaftlicher Erwerb gegen Entgelt

Beim innergemeinschaftlichen Erwerb nach **§ 1 Abs. 1 Nr. 5 UStG** ist zu prüfen, ob die Steuerbefreiungsvorschrift **§ 4b UStG** zur Anwendung kommen kann.

2.4 Steuerbare und steuerpflichtige Umsätze

Ein steuerbarer Umsatz, der nicht steuerbefreit ist, wird als steuerpflichtiger Umsatz bezeichnet.

Hierbei stellten sich insbesondere Fragen

- zur Bemessungsgrundlage
- zum Steuersatz
- zur Steuerentstehung
- zur Steuerschuldnerschaft.

2.4.1 Bemessungsgrundlage

Es handelt es sich um den so genannten Nettowert (= reiner Waren- oder Dienstleistungswert).

Zur Ermittlung der Bemessungsgrundlage bei

- entgeltlichen Lieferungen und sonstigen Leistungen
- unentgeltlichen Lieferungen und sonstigen Leistungen
- Einfuhr sowie
- innergemeinschaftlichem Erwerb

wird auf die Ausführungen in Abschnitt 2.2.1 - 2.2.4 verwiesen.

2.4.2 Steuersatz

Auf den Nettowert wird der Steuersatz angewandt. Hierdurch ergibt sich die Umsatzsteuer.

Zur Ermittlung des Steuersatzes bei

► entgeltlichen Lieferungen und sonstigen Leistungen

► unentgeltlichen Lieferungen und sonstigen Leistungen

► Einfuhr sowie

► innergemeinschaftlichem Erwerb

wird auf die Ausführungen in Abschnitt 2.2.1 - 2.2.4 verwiesen.

2.4.3 Steuerentstehung

Die Umsatzsteuer entsteht, wenn alle Voraussetzungen des §§ 13 oder 13b UStG erfüllt sind.

Zur Steuerentstehung bei

► entgeltlichen Lieferungen und sonstigen Leistungen

► unentgeltlichen Lieferungen und sonstigen Leistungen

► Einfuhr sowie

► innergemeinschaftlichem Erwerb

wird auf die Ausführungen in Abschnitt 2.2.1 - 2.2.4 verwiesen.

2.4.4 Steuerschuldner

Steuerschuldner ist grundsätzlich der leistende Unternehmer (§ 13a UStG). In § 13b Abs. 2 UStG ist geregelt, dass in bestimmten Fällen der Leistungsempfänger Schuldner der Umsatzsteuer ist.

Zur Steuerschuldnerschaft bei

► entgeltlichen Lieferungen und sonstigen Leistungen

► unentgeltlichen Lieferungen und sonstigen Leistungen

► Einfuhr sowie

► innergemeinschaftlichem Erwerb

wird auf die Ausführungen in Abschnitt 2.2.1 - 2.2.4 verwiesen.

2.5 Vorsteuerabzug

Sofern der leistende Unternehmer selbst Leistungen von anderen Unternehmern bezogen hat (sog. Eingangsumsätze), kann er die beim Kauf bezahlte Umsatzsteuer als Vorsteuer vom Finanzamt zurückfordern. Die Vorsteuer ist daher eine Forderung gegenüber dem Finanzamt. Sie ist mit der den Kunden in Rechnung gestellten Umsatzsteuer auf die Ausgangsumsätze zu verrechnen.

2.5.1 Voraussetzungen

In **§ 15 UStG** sind alle Voraussetzungen geregelt, die erfüllt sein müssen, damit Vorsteuer abzugsfähig ist, d. h. verrechnet werden kann. Für so genannte Kleinbetragsrechnungen, Fahrausweise und Reisekosten ist **§§ 35 ff. UStDV** zu berücksichtigen.

Nach **§ 15 Abs. 1 UStG** kann ein **Unternehmer i. S. v. §§ 2 und 2a UStG grundsätzlich** folgende Vorsteuerbeträge ziehen (Abschnitt 15.1 Abs. 1 S. 1 UStAE):

1. a) die **tatsächlich gesetzlich geschuldete Steuer** für Lieferungen und sonstige Leistungen (Abschnitt 15.2 Abs. 1 UStAE),

    b) die von einem **anderen Unternehmer**

    c) für das **eigene Unternehmen** ausgeführt worden sind und

    d) der empfangende Unternehmer eine nach den **§§ 14 und 14a ausgestellte Rechnung** besitzt.

    e) Soweit der gesondert ausgewiesene Steuerbetrag auf eine Zahlung vor Ausführung dieser Umsätze entfällt, ist er bereits abziehbar, wenn die Rechnung vorliegt und die Zahlung geleistet worden ist (§ 15 Abs. 1 Nr. 1 UStG);

2. die entrichtete Einfuhrumsatzsteuer (**EUSt**) für Gegenstände, die für sein Unternehmen nach § 1 Abs. 1 Nr. 4 UStG eingeführt worden sind (§ 15 Abs. 1 Nr. 2 UStG i. V. m. Abschnitt 15.11 Abs. 1 Nr. 2 und Abschnitt 15.8 Abs. 7 UStAE);

3. die entstandene Steuer für den innergemeinschaftlichen Erwerb von Gegenständen (= **Erwerbssteuer**) für sein Unternehmen, wenn der innergemeinschaftliche Erwerb nach § 3d S. 1 UStG im Inland bewirkt wird (§ 15 Abs. 1 Nr. 3 UStG i. V. m. Abschnitt 15.10 Abs. 3 UStAE);

4. die Steuer für Leistungen i. S. d. § 13b Abs. 1 und 2 UStG, die für sein Unternehmen ausgeführt worden sind. Soweit die Steuer auf eine Zahlung vor Ausführung dieser Leistungen entfällt, ist sie abziehbar, wenn die Zahlung geleistet worden ist (§ 15 Abs. 1 Nr. 4 UStG);

5. die nach § 13a Abs. 1 Nr. 6 UStG geschuldete Steuer für Umsätze, die für sein Unternehmen ausgeführt worden sind (§ 15 Abs. 1 Nr. 5 UStG).

Zu 1.c) für das eigene Unternehmen:
Die tatsächlich gesetzlich geschuldete Steuer muss auf Leistungen entfallen, die für das **Unternehmen des Leistungsempfängers** ausgeführt worden sind.

Bei unternehmerisch und nichtunternehmerisch genutzten Leistungen sind **hinsichtlich des Vorsteuerabzugs** folgende Grundregeln zu berücksichtigen:

- Dient der **einheitliche Liefergegenstand** auch so genannten unternehmensfremden Zwecken i. S. v. Abschnitt 15.2c Abs. 2 Nr. 2b UStAE, ist die Vorsteuer, die durch dessen Erwerb anfällt, **vollumfänglich abziehbar**, sofern dieser dem Unternehmensvermögen **voll zugeordnet wird (= mindestens 10 % unternehmerische Nutzung i. S. v. § 15 Abs. 1 S. 2 UStG)**. Die unternehmensfremde Nutzung unterliegt dann als unentgeltliche Wertabgabe i. S. v. § 3 Abs. 9a Nr. 1 UStG der Umsatzbesteuerung.

- Bei **teilunternehmerisch genutzten Grundstücken** ist abweichend hiervon **§ 15 Abs. 1b UStG i. V. m. Abschnitt 15.6a UStAE** zu beachten: Verwendet der Unternehmer ein Grundstück sowohl für Zwecke seines Unternehmens als auch für Zwecke, die außerhalb des Unternehmens liegen, oder für den privaten Bedarf seines Personals, ist die Steuer für die Lieferungen, die Einfuhr und den innergemeinschaftlichen Erwerb sowie für die sonstigen Leistungen im Zusammenhang mit diesem Grundstück **vom Vorsteuerabzug ausgeschlossen, soweit sie nicht auf die Verwendung des Grundstücks für Zwecke des Unternehmens entfällt**. Bei Berechtigungen, für die die Vorschriften des bürgerlichen Rechts über Grundstücke gelten, und bei Gebäuden auf fremdem Grund und Boden ist § 15 Abs. 1b S. 1 UStG entsprechend anzuwenden (§ 15 Abs. 1b UStG). Aufgrund des eingeschränkten Vorsteuerabzugs entfällt insoweit die Besteuerung nach § 3 Abs. 9a Nr. 1 UStG.

  § 15 Abs. 1b UStG stellt eine Vorsteuerabzugsbeschränkung dar und berührt nicht das Zuordnungswahlrecht des Unternehmers nach § 15 Abs. 1 UStG (Abschnitt 15.6a Abs. 1 S. 3 UStAE).

  Für die Aufteilung von Vorsteuerbeträgen für Zwecke des § 15 Abs. 1b UStG gelten die Grundsätze des § 15 Abs. 4 UStG entsprechend. Zur Vorsteueraufteilung bei Gebäuden vgl. Abschnitt 15.17 Abs. 5 - 8 UStAE (Abschnitt 15.6a Abs. 4 UStAE).

- Die Lieferung **vertretbarer Sachen** (= bewegliche Gegenstände, die nach Zahl, Maß oder Gewicht bestimmbar sind, § 91 BGB) sowie der Bezug **sonstiger Leistungen**, die auch für den nichtunternehmerischen Bereich bestimmt sind, hat zur Konsequenz, dass die Vorsteuer entsprechend dem unternehmerischen und nichtunternehmerischen Verwendungszweck in einen abziehbaren und nicht abziehbaren Betrag aufzuteilen ist (Abschnitt 15.2c Abs. 2 Nr. 1 i. V. m. Abs. 4 S. 1 und 2 UStAE und Abschnitt 3.4 Abs. 4 S. 5 UStAE).

Zu 1.d) Ausstellung von Rechnungen i. S. v. §§ 14 und 14a UStG:
Führt ein Unternehmer eine **Lieferung oder sonstige Leistung i. S. v. § 1 Abs. 1 Nr. 1 UStG** aus, ist er grundsätzlich **berechtigt, aber nicht verpflichtet**, eine **Rechnung** auszustellen (§ 14 Abs. 2 Nr. 2 S. 1 UStG). Unter einer Rechnung versteht man hierbei jedes Dokument, mit dem eine Lieferung oder sonstige Leistung abgerechnet wird, gleichgültig, wie dieses Dokument im Geschäftsverkehr bezeichnet wird (§ 14 Abs. 1 S. 1

UStG). Dies gilt ebenso für steuerfreie Umsätze nach § 4 Nr. 8 - 28 UStG. § 14a UStG bleibt unberührt (§ 14 Abs. 2 S. 1 Nr. 2 S. 3 und 4 UStG).

Ausnahmen hiervon bilden

► steuerpflichtige Werklieferungen (§ 3 Abs. 4 S. 1 UStG) oder sonstige Leistungen im Zusammenhang mit einem Grundstück und

► Umsätze an andere Unternehmer für deren Unternehmen oder an eine juristische Person, die nicht Unternehmer ist.

In diesen Ausnahmefällen ist der Unternehmer **verpflichtet**, innerhalb von sechs Monaten nach Ausführung der Leistung eine Rechnung auszustellen (§ 14 Abs. 2 S. 1 Nr. 1 und Nr. 2 S. 2 UStG).

Unbeschadet dieser Verpflichtungen kann eine Rechnung **von einem in § 14 Abs. 2 S. 1 Nr. 2 UStG bezeichneten Leistungsempfänger** für eine Lieferung oder sonstige Leistung des Unternehmers ausgestellt werden, sofern dies vorher vereinbart wurde (= Gutschrift). Die Gutschrift verliert die Wirkung einer Rechnung, sobald der Empfänger der Gutschrift dem ihm übermittelten Dokument widerspricht (§ 14 Abs. 2 S. 2 und 3 UStG). Für die Ausstellung einer Gutschrift ist Abschnitt 14.3 UStAE zu beachten.

Keine Gutschrift in diesem Sinne ist die im allgemeinen Sprachgebrauch ebenso bezeichnete Korrektur einer zuvor eingegangenen Rechnung (Abschnitt 14.3 Abs. 1 S. 6 UStAE).

Nach **§ 14 Abs. 4 S. 1 UStG** muss eine Rechnung folgende Angaben enthalten (für Kleinbetragsrechnungen und Fahrausweise als Rechnungen sind die §§ 33 und 34 UStDV zu berücksichtigen):

1. den vollständigen Namen und die vollständige Anschrift des leistenden Unternehmers und des Leistungsempfängers

2. die dem leistenden Unternehmer vom Finanzamt erteilte Steuernummer oder die ihm vom Bundeszentralamt für Steuern erteilte Umsatzsteuer-Identifikationsnummer

3. das Ausstellungsdatum

4. eine fortlaufende Nummer mit einer oder mehreren Zahlenreihen, die zur Identifizierung der Rechnung vom Rechnungsaussteller einmalig vergeben wird (Rechnungsnummer)

5. die Menge und die Art (handelsübliche Bezeichnung) der gelieferten Gegenstände oder den Umfang und die Art der sonstigen Leistung

6. den Zeitpunkt der Lieferung oder sonstigen Leistung; in den Fällen des § 14 Abs. 5 S. 1 UStG den Zeitpunkt der Vereinnahmung des Entgelts oder eines Teils des Entgelts, sofern der Zeitpunkt der Vereinnahmung feststeht und nicht mit dem Ausstellungsdatum der Rechnung übereinstimmt

7. das nach Steuersätzen und einzelnen Steuerbefreiungen aufgeschlüsselte Entgelt für die Lieferung oder sonstige Leistung (§ 10 UStG) sowie jede im Voraus vereinbarte Minderung des Entgelts, sofern sie nicht bereits im Entgelt berücksichtigt ist

8. den anzuwendenden Steuersatz sowie den auf das Entgelt entfallenden Steuerbetrag oder im Fall einer Steuerbefreiung einen Hinweis darauf, dass für die Lieferung oder sonstige Leistung eine Steuerbefreiung gilt

9. in den Fällen des § 14b Abs. 1 S. 5 UStG einen Hinweis auf die Aufbewahrungspflicht des Leistungsempfängers

10. in den Fällen der Ausstellung der Rechnung durch den Leistungsempfänger oder durch einen von ihm beauftragten Dritten gemäß § 14 Abs. 2 S. 2 UStG die Angabe „Gutschrift".

Einzelheiten zu den Pflichtangaben sind in **Abschnitt 14.5 UStAE** geregelt. Darüber hinaus sind zusätzliche Pflichten in besonderen Fällen nach **§ 14a UStG** zu beachten.

Voraussetzung für den Vorsteuerabzug ist, dass der Leistungsempfänger eine nach den §§ 14 und 14a UStG ausgestellte Rechnung besitzt, d. h. dass die Angaben in der Rechnung vollständig und richtig sind. Der Leistungsempfänger hat die in der Rechnung enthaltenen Angaben auf ihre Vollständigkeit und Richtigkeit zu überprüfen (Abschnitt 15.2a Abs. 6 UStAE).

Bei **Rechnungen mit falschem Steuerausweis** ist Folgendes zu beachten:

Rechnungen mit falschem Steuerausweis =

Rechnungen mit unrichtigem Steuerausweis (§ 14c Abs. 1 UStG)

1) Unternehmer weist in einer Rechnung für eine Leistung **höheren** Steuerbetrag gesondert aus, als er nach dem UStG für den Umsatz schuldet

► er schuldet auch Mehrbetrag (§ 13a Abs. 1 Nr. 1 UStG) **oder**

► Berichtigung der USt (§ 17 Abs. 1 UStG analog und Abschnitt 14c.1 Abs. 5 UStAE).

Leistungsempfänger kann erhöhten Steuerbetrag nicht als Vorsteuer abziehen und wird auf Rechnungsberichtigung bestehen (Abschnitt 14c.1 Abs. 1 S. 6 UStAE).

2) **Unternehmer** weist in einer Rechnung für eine Leistung **niedrigeren** Steuerbetrag gesondert aus, als er nach dem UStG für den Umsatz schuldet

► er schuldet Steuer, die sich unter Berücksichtigung des zutreffenden Steuersatzes ergibt, d. h. die USt ist aus dem Bruttobetrag herauszurechnen (Abschnitt 14c.1 Abs. 9 S. 1 und 2 UStAE) **oder**

► Berichtigung der USt (Abschnitt 14c.1 Abs. 9 S. 3 UStAE).

Leistungsempfänger darf nur den Steuerbetrag geltend machen, der in der Rechnung ausgewiesen wurde; ggf. Berichtigung (Abschnitt 14c.1 Abs. 9 S. 2 und 3 UStAE).

Rechnungen mit unberechtigtem Steuerausweis (§ 14c Abs. 2 UStG)

Wer in einer Rechnung einen Steuerbetrag ausweist, obwohl er zum gesonderten Ausweis nicht berechtigt ist, schuldet den ausgewiesenen Betrag (§ 13a Abs. 1 Nr. 4 UStG).

Beispiele für Nichtberechtigte (Abschnitt 14c.2 Abs. 1 S. 2 UStAE):

► nicht optierender Kleinunternehmer

► Privatmann

► Unternehmer, der keine Lieferung oder sonstige Leistung ausgeführt hat

→ Berichtigung der USt unter bestimmten Voraussetzungen möglich.

Leistungsempfänger darf keine Vorsteuer ziehen (Abschnitt 15.2 Abs. 1 S. 2 UStAE).

Fallbeispiel Friseurmeister Milz

1. Ein Unternehmer aus Hamburg liefert dem vorsteuerabzugsberechtigten Milz Haarpflegeprodukte zum Preis von 1.000 € (netto), die dem Regelsteuersatz unterliegen. Er berechnet 7 % statt 19 % USt (Bruttobetrag = 1.070 € statt 1.190 €).

   Der Steuerbetrag ist mit 19 % aus dem Bruttobetrag herauszurechnen, d. h. der Unternehmer muss 170,84 € (= 1.070 € · 19 : 119) als Umsatzsteuer an das FA abführen. Milz kann jedoch nur die Vorsteuer geltend machen, die in der Rechnung offen ausgewiesen ist, also 70 €. Es bleibt dem Hersteller überlassen, die Rechnung zu berichtigen (Abschnitt 14 c.1 Abs. 9 S. 2 und 3 UStAE).

2. Privatmann Meier stellt Milz eine Rechnung über die Lieferung eines gebrauchten Pkw aus. Dieser soll ausschließlich als Geschäftswagen genutzt werden. Die Rechnung lautet auf 6.000 € netto zzgl. 19 % USt.

   Meier ist kein Unternehmer. Da er fälschlicherweise USt ausgewiesen hat, muss er diese ans FA abführen (hier: 1.140 €). Milz darf keine Vorsteuer ziehen, da die tatsächlich gesetzlich geschuldete Steuer 0 € beträgt (§ 15 Abs. 1 Nr. 1 UStG).

Zu 1.e) Ausführung bzw. Zahlung:

Ein Unternehmer darf Vorsteuerbeträge grundsätzlich nur für Leistungen abziehen, für die ihm eine Rechnung i. S. v. §§ 14 und 14a UStG vorliegt **und** die bereits an ihn **ausgeführt worden sind.**

Nach § 15 Abs. 1 Nr. 1 S. 3 UStG ist der Vorsteuerabzug **bereits vor Ausführung** einer Leistung möglich, wenn zu diesem Zeitpunkt

▸ eine Rechnung mit gesondertem USt-Ausweis vorliegt **und**

▸ die Zahlung geleistet worden ist.

Das Recht auf Vorsteuerabzug entsteht in dem Zeitpunkt, in dem sämtliche Voraussetzungen nach § 15 Abs. 1 Nr. 1 UStG erfüllt sind. Der Aspekt der Soll- und Istbesteuerung nach § 13 UStG spielt hierbei grundsätzlich keine Rolle.

Fallbeispiel Friseurmeister Milz

Unternehmer Milz (Monatszahler ohne Dauerfristverlängerung) lässt im Februar 2014 durch Malermeister Müller die Fenster seines Friseursalons streichen. Müller erstellt hierfür – auf Wunsch von Milz – bereits im Januar 2014 eine Rechnung mit gesonderter USt (= 4.000 € zzgl. 19 %). Milz bezahlt die Rechnung Anfang März 2014.

Die Voraussetzungen von § 15 Abs. 1 Nr. 1 S. 3 UStG sind nicht erfüllt, da Milz erst nach der Leistungsausführung bezahlt. Die Vorsteuer in Höhe von 760 € (= 19 % von

4.000 €) darf er erst im Februar 2014 abziehen, da erst dann die Voraussetzungen des § 15 Abs. 1 Nr. 1 S. 1 UStG kumulativ erfüllt sind (Ausführung und Rechnung). Der Zahlungszeitpunkt ist in diesem Fall unerheblich.

Fallbeispiel Abwandlung
Milz bezahlt die Rechnung bereits im Januar 2014.

In diesem Fall würde § 15 Abs. 1 Nr. 1 S. 3 UStG greifen, da die Rechnungsstellung (mit gesondertem USt-Ausweis) und die Zahlung vor der Leistungsausführung liegen. Milz kann bereits für den Monat Januar 2014 die Vorsteuer ziehen.

Das Recht auf **vollumfänglichen** Vorsteuerabzug nach § 15 Abs. 1 UStG besteht generell dann, wenn

▸ bestimmte Aufwendungen **nicht** getätigt werden (§ 15 Abs. 1a UStG)

▸ bestimmte steuerfreie Umsätze **nicht** getätigt werden (§ 15 Abs. 2 i. V. m. § 15 Abs. 3 und § 9 UStG)

▸ keine so genannten Mischumsätze ausgeführt werden (§ 15 Abs. 4 UStG).

Im Folgenden wird hierauf näher eingegangen.

2.5.2 Nicht abziehbare Vorsteuer nach § 15 Abs. 1a UStG

Nicht abziehbar sind Vorsteuerbeträge, die auf Aufwendungen, für die das Abzugsverbot des § 4 Abs. 5 S. 1 Nr. 1 - 4, 7 EStG oder des § 12 Nr. 1 EStG gilt, entfallen. Ungeachtet hiervon bleibt die Vorsteuer auf angemessene und nachgewiesene Bewirtungsaufwendungen **in voller Höhe** abzugsfähig (§ 15 Abs. 1a S. 2 UStG i. V. m. Abschnitt 15.6 Abs. 6 i. V. m. Abs. 2 S. 5 UStAE).

Zusammengefasst lässt sich feststellen:

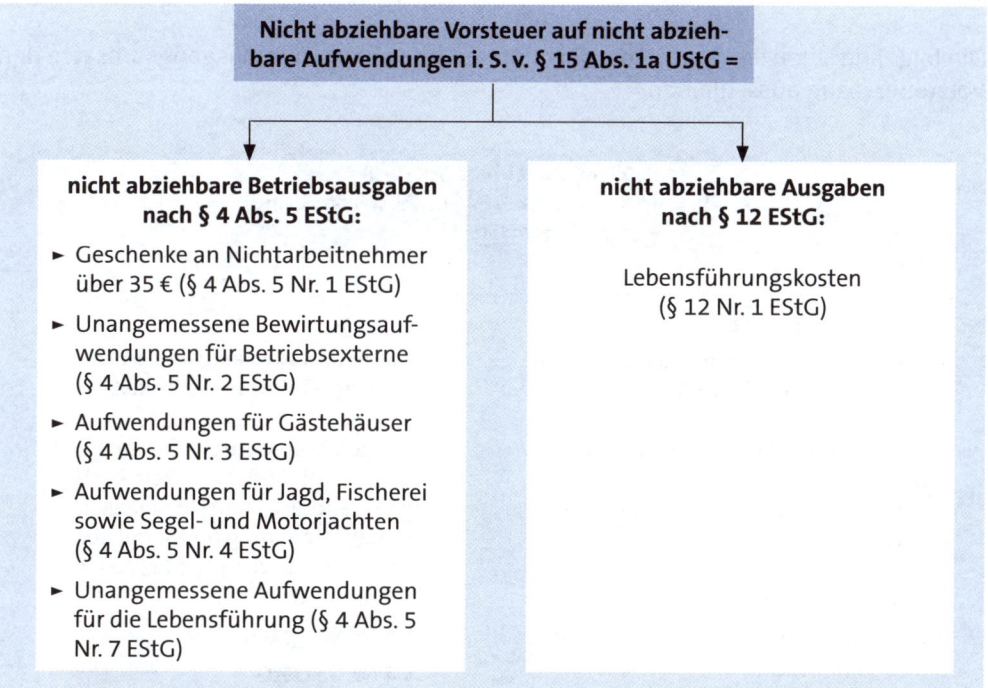

Die Vorsteuer für Aufwendungen für **Geschenke an Nichtarbeitnehmer** (z. B. Kunden oder Geschäftsfreunde) ist nicht abzugsfähig, sofern der Nettowert der Zuwendungen (= Gegenstände oder sonstige Leistungen wie z. B. Eintrittskarten für kulturelle oder sportliche Veranstaltungen) an **einen** Empfänger im Kalenderjahr insgesamt 35 € (= Freigrenze!) übersteigt (§ 15 Abs. 1a S. 1 UStG i. V. m. Abschnitt 15.6 Abs. 4 UStAE). Zu weiteren Einzelheiten in diesem Zusammenhang vgl. auch Abschnitt 15.6 Abs. 5 UStAE.

2.5.3 Nicht abziehbare Vorsteuer nach § 15 Abs. 2 i. V. m. Abs. 3 und § 9 UStG

Grundsätzlich vom Abzug ausgeschlossen ist die geleistete Vorsteuer für die Lieferungen, die Einfuhr und den innergemeinschaftlichen Erwerb von Gegenständen sowie für die sonstigen Leistungen, die der Unternehmer zur Ausführung **steuerfreier Umsätze i. S. v. §§ 4 ff. UStG** verwendet (§ 15 Abs. 2 Nr. 1 UStG).

Anders ausgedrückt:
Sofern ein Unternehmer steuerfreie Ausgangsumsätze tätigt, ist es in der Regel nicht möglich, die gezahlte Vorsteuer auf seine Eingangsumsätze vom Finanzamt zurückzufordern (Abschnitt 15.13 Abs. 1 S. 1 UStAE).

In bestimmten Fällen ist dennoch ein Vorsteuerabzug möglich (§ 15 Abs. 3 UStG und § 9 UStG).

Die folgende Übersicht soll verdeutlichen, welche steuerfreien Ausgangsumsätze den Vorsteuerabzug ausschließen:

Nicht abziehbare Vorsteuer i. S. v. § 15 Abs. 2 Nr. 1 i. V. m. Abs. 3 Nr. 1 und § 9 UStG bei	
steuerfreien Ausgangsumsätzen nach § 4 Nr. 8 - 28 UStG	**steuerfreien Ausgangsumsätzen mit sog. Optionsmöglichkeit**
Die Befreiung der in **§ 4 Nr. 8 - 28 UStG** aufgeführten Umsätze führt generell zum Ausschluss des Vorsteuerabzugs.	Für folgende steuerfreie Ausgangsumsätze besteht die Möglichkeit, bei Vorliegen weiterer Voraussetzungen zur Umsatzbesteuerung und somit zum Vorsteuerabzug zu optieren (§ 9 UStG und Abschnitt 9.1 und 9.2 UStAE):

steuerfreien Ausgangsumsätzen nach § 4 Nr. 8 - 28 UStG (linke Spalte):

Die Befreiung der in **§ 4 Nr. 8 - 28 UStG** aufgeführten Umsätze führt generell zum Ausschluss des Vorsteuerabzugs.

Typische Beispiele:

- **§ 4 Nr. 8 UStG:** Geld-, Kapital- und Kreditumsätze
- **§ 4 Nr. 9 UStG:** Umsätze, die unter das GrEStG oder RennwLottG fallen
- **§ 4 Nr. 10 UStG:** Versicherungsumsätze
- **§ 4 Nr. 12 UStG:** Vermietungs- und Verpachtungsumsätze
- **§ 4 Nr. 14 UStG:** Umsätze der Heilberufe (= Ärzte, Zahnärzte, Heilpraktiker usw.)
- **§ 4 Nr. 28 UStG:** Lieferung bestimmter Gegenstände (z. B. Arzt verkauft Gegenstand seiner Praxiseinrichtung)

steuerfreien Ausgangsumsätzen mit sog. Optionsmöglichkeit (rechte Spalte):

Für folgende steuerfreie Ausgangsumsätze besteht die Möglichkeit, bei Vorliegen weiterer Voraussetzungen zur Umsatzbesteuerung und somit zum Vorsteuerabzug zu optieren (§ 9 UStG und Abschnitt 9.1 und 9.2 UStAE):

- **§ 4 Nr. 8a - g UStG**
- **§ 4 Nr. 9a UStG**
- **§ 4 Nr. 12 UStG**
- **§ 4 Nr. 13 UStG und**
- **§ 4 Nr. 19 UStG**

→ **Kein Vorsteuerabzug, wenn**

- **weitere in § 9 UStG genannte Voraussetzungen nicht erfüllt sind** (v. a. wenn Umsatz nicht an einen anderen Unternehmer für dessen Unternehmen ausgeführt wird) **oder**
- **Option nicht ausgeübt wird.**

Trotz Steuerfreiheit berechtigen zum Vorsteuerabzug:

- Die in **§ 4 Nr. 1 - 7 UStG** aufgeführten steuerfreien Umsätze (§ 15 Abs. 3 Nr. 1a UStG). Hierzu zählen **insbesondere**
  - steuerfreie innergemeinschaftliche Lieferungen nach § 4 Nr. 1b UStG i. V. m. § 6a UStG
  - steuerfreie Ausfuhrlieferungen nach § 4 Nr. 1a UStG i. V. m. § 6 UStG.

▸ Steuerfreie Ausgangsumsätze nach **§ 4 Nr. 8a - g, Nr. 10 und Nr. 11 UStG**, sofern sich diese unmittelbar auf Gegenstände beziehen, die in das Drittlandsgebiet ausgeführt werden (§ 15 Abs. 3 Nr. 1b UStG).

Beispiel

Fallbeispiel Friseurmeister Milz

Milz – mittlerweile 68 Jahre alt – hat seinen Friseursalon vor kurzem verkauft. Seit 01.01.2014 beschränkt sich seine Berufstätigkeit ausschließlich auf die Vermietung von zwei Eigentumswohnungen am Kurfürstendamm. Die Wohnungen sind jeweils 60 m² groß, der Mietzins beträgt 1.000 € pro Wohnung. Mieter sind Privatpersonen.

Die Vermietungstätigkeit von Milz ist eine steuerbare und steuerfreie Tätigkeit (§ 1 Abs. 1 Nr. 1 UStG i. V. m. § 3a Abs. 3 Nr. 1a UStG, Abschnitt 4.12.1 Abs. 3 S. 4 UStAE und § 4 Nr. 12a UStG).

Milz kann die ihm von anderen Unternehmern in Rechnung gestellten Steuerbeträge – z. B. im Zusammenhang mit einem neuen Fassadenanstrich – nicht als Vorsteuer abziehen (§ 15 Abs. 2 Nr. 1 UStG, § 9 UStG greift nicht). Die Vorsteuer stellt für ihn ein Kostenfaktor dar.

Fallbeispiel Abwandlung

Rentner Milz vermietet die eine Wohnung an Steuerberaterin Hubert für deren Kanzlei und die andere an Herrn Dr. Puhlmann für dessen Praxis (Frauenarzt).

Betreffend der Vermietung an die Steuerberaterin kann er zur Umsatzbesteuerung nach § 9 Abs. 1 und 2 UStG optieren, da alle Voraussetzung hierfür erfüllt sind (= Vermietungsumsatz nach § 4 Nr. 12a UStG an einen anderen Unternehmer für dessen Unternehmen und Verwendung der Wohnung ausschließlich für Umsätze, die den Vorsteuerabzug nicht ausschließen).

Dies bedeutet, dass Milz – bei Ausübung der Option – steuerpflichtige Vermietungsumsätze an StB Hubert ausführt (Bemessungsgrundlage: 1.000 € [netto] monatlich zzgl. 19 % USt, § 12 Abs. 1 UStG i. V. m. § 10 Abs. 1 UStG).

Für die gegenüber Herrn Dr. Puhlmann erbrachten Vermietungsumsätze kann Milz nicht nach § 9 UStG optieren, da der Arzt als Heilberufler ausschließlich steuerfreie Umsätze nach § 4 Nr. 14 UStG ausführt, die den Vorsteuerabzug ausschließen. Die monatlichen Mieteinnahmen aus der Vermietung an den Arzt bleiben daher steuerfrei.

Da Milz in Höhe von 50 % (= 60 m² • 100 : 120 m²) steuerpflichtige Ausgangsumsätze ausführt, steht ihm ebenso ein 50 %iger Vorsteuerabzug zu (§ 15 Abs. 2 Nr. 1 UStG und § 15 Abs. 4 UStG i. V. m. Abschnitt 15.17 Abs. 7 und Abs. 8 UStAE).

2.5.4 Nicht abziehbare Vorsteuer nach § 15 Abs. 4 UStG

Werden von einem Unternehmer Umsätze mit und ohne Vorsteuerabzugsberechtigung ausgeführt, so sind die Vorsteuerbeträge, die mit solchen **Mischumsätzen** in wirtschaftlichem Zusammenhang stehen, in einen abziehbaren und nicht abziehbaren Teil aufzuteilen.

Die Aufteilung der Vorsteuerbeträge hat

- nach ihrer wirtschaftlichen Zurechnung (§ 15 Abs. 4 S. 1 UStG) bzw.
- im Wege einer sachgerechten Schätzung (§ 15 Abs. 4 S. 2 UStG) oder, **sofern diese auch nicht möglich ist**
- nach dem Verhältnis der getätigten Umsätze zu erfolgen (§ 15 Abs. 4 S. 3 UStG).

Zur Aufteilung der Vorsteuerbeträge nach ihrer wirtschaftlichen Zurechnung (§ 15 Abs. 4 S. 1 UStG):
Der Teil des Vorsteuerbetrags, der den Ausgangsumsätzen ohne Vorsteuerabzugsberechtigung **wirtschaftlich zuzurechnen** ist, ist nicht abziehbar.

Die **wirtschaftliche Zurechnung** kann mithilfe von Aufteilungsschlüsseln erfolgen, die sich z. B. aus technischen Maßen (wie m², m³) berechnen lassen oder sich aus den Unterlagen der Kostenrechnung ergeben.

Beispiel

Fallbeispiel Friseurmeister Milz
Milz ist Eigentümer des Wohn- und Geschäftsgrundstücks am Kurfürstendamm. Von der Gesamtfläche von 200 m² entfallen 80 m² (= 40 % von 200 m²) auf den eigenbetrieblich genutzten Friseursalon und 120 m² (= 60 % von 200 m²) auf zwei an Angestellte vermietete Wohnungen à 60 m² (Privatnutzung).

In 2014 lässt er Reparaturarbeiten an sämtlichen Sanitäranlagen des Grundstücks durchführen.

Von den Vorsteuerbeträgen, die im Zusammenhang mit den Reparaturarbeiten anfallen, sind 60 % nicht abziehbar, da sie den steuerfreien Vermietungsumsätzen nach § 4 Nr. 12 UStG zuzurechnen sind (Abschnitt 15.17 Abs. 1 Nr. 3, Abs. 2, Abs. 7 und Abs. 8 UStAE).

Zur Aufteilung der Vorsteuerbeträge im Wege einer sachgerechten Schätzung (§ 15 Abs. 4 S. 2 UStG):
Hier ist auf die **im Einzelfall** bestehenden wirtschaftlichen Verhältnisse abzustellen. Es ist erforderlich, dass der angewandte Maßstab systematisch von der Aufteilung nach der wirtschaftlichen Zurechnung ausgeht (Abschnitt 15.17 Abs. 3 UStAE).

Zur Aufteilung der Vorsteuerbeträge nach dem Verhältnis der getätigten Umsätze (§ 15 Abs. 4 S. 3 UStG):
Diese Methoden ist nur dann zulässig, wenn eine Aufteilung der Vorsteuerbeträge nach ihrer wirtschaftlichen Zurechnung oder im Wege einer sachgerechten Schätzung nicht möglich ist (Abschnitt 15.17 Abs. 3 S. 4 UStAE).

Beispiel

Fallbeispiel Friseurmeister Milz
Sofern Milz die Vorsteuer für die Reparaturarbeiten an den Sanitäranlagen nach § 15 Abs. 4 S. 3 UStG aufteilen möchte, müsste er auf den Gesamtumsatz sowie die anteiligen Friseur- und Vermietungsumsätze abstellen.

Würde man beispielsweise für 2014 davon ausgehen, dass 20 % der Gesamtumsätze aus seiner steuerpflichtigen Friseurtätigkeit resultieren (und somit 80 % aus der steuerfreien Vermietungstätigkeit), würde sich der Anteil der nicht abziehbaren Vorsteuer auf 80 % belaufen.

2.5.5 Berichtigung des Vorsteuerabzugs nach § 15a UStG
Ändern sich bei einem Wirtschaftsgut, das **nicht nur einmalig** zur Ausführung von Umsätzen verwendet wird (= **einkommensteuerrechtliches Anlagevermögen**, vgl. Abschnitt 15a.1 Abs. 2 Nr. 1 UStAE), innerhalb von **fünf Jahren** – bei Grundstücken innerhalb von **zehn Jahren** – ab dem Zeitpunkt der erstmaligen Verwendung die für den ursprünglichen Vorsteuerabzug maßgebenden Verhältnisse (z. B. Ausschluss- statt Abzugsumsätze), ist für jedes Kalenderjahr der Änderung ein Ausgleich durch eine Berichtigung des Abzugs der auf die Anschaffungs- oder Herstellungskosten entfallenden Vorsteuerbeträge vorzunehmen (**§ 15a Abs. 1 UStG**).

Ändern sich bei einem Wirtschaftsgut, das **nur einmalig** zur Ausführung eines Umsatzes verwendet wird (= grundsätzlich nur **einkommensteuerrechtliches Umlaufvermögen**, vgl. Abschnitt 15a.1 Abs. 2 Nr. 2 UStAE), die für den ursprünglichen Vorsteuerabzug maßgebenden Verhältnisse, ist eine Berichtigung des Vorsteuerabzugs vorzunehmen. Die Berichtigung ist für den Besteuerungszeitraum vorzunehmen, in dem das Wirtschaftsgut verwendet wird (**§ 15a Abs. 2 UStG**).

Geht in ein Wirtschaftsgut nachträglich ein anderer Gegenstand ein und verliert dieser Gegenstand dabei seine körperliche und wirtschaftliche Eigenart endgültig oder wird an einem Wirtschaftsgut eine sonstige Leistung ausgeführt, gelten im Fall der Änderung der für den ursprünglichen Vorsteuerabzug maßgebenden Verhältnisse § 15a Abs. 1 und Abs. 2 UStG entsprechend. Soweit im Rahmen einer Maßnahme in ein Wirtschaftsgut mehrere Gegenstände eingehen oder an einem Wirtschaftsgut mehrere sonstige Leistungen ausgeführt werden, sind diese zu einem Berichtigungsobjekt zusammenzufassen. Eine **Änderung der Verhältnisse liegt dabei auch vor**, wenn das Wirtschaftsgut für Zwecke, die außerhalb des Unternehmens liegen, aus dem Unternehmen entnommen wird, ohne dass dabei nach § 3 Abs. 1b UStG eine unentgeltliche Wertabgabe zu besteuern ist (**§ 15a Abs. 3 UStG**).

2.6 Besteuerungsverfahren

Besteuerungszeitraum ist das Kalenderjahr (§ 16 Abs. 1 S. 2 UStG). Hat der Unternehmer seine gewerbliche oder berufliche Tätigkeit nur in einem Teil des Kalenderjahres ausgeübt, so tritt dieser Teil an die Stelle des Kalenderjahres (§ 16 Abs. 3 UStG).

Die Berechnung der Umsatzsteuer ist in § 16 UStG geregelt und nachfolgendem Schaubild zu entnehmen:

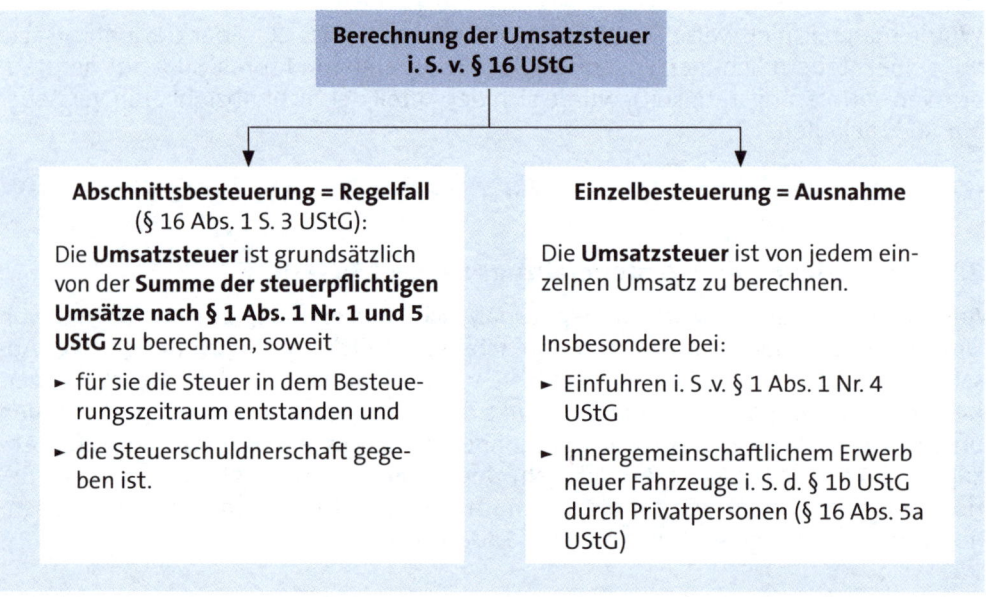

Der Umsatzsteuer sind darüber hinaus die nach § 6a Abs. 4 S. 2, nach § 14c sowie nach § 17 Abs. 1 S. 6 UStG geschuldeten Steuerbeträge hinzuzurechnen (§ 16 Abs. 1 S. 4 UStG).

Die so berechnete Umsatzsteuer ist mit den in den Besteuerungszeitraum fallenden abziehbaren Vorsteuerbeträgen i. S. d. § 15 UStG zu verrechnen (§ 16 Abs. 2 S. 1 UStG). Das Ergebnis der Verrechnung wird als Zahllast (= Mehrwertsteuer oder Umsatzsteuerschuld) bezeichnet, sofern die Umsatzsteuer höher ausfällt als die abziehbare Vorsteuer. Im umgekehrten Fall spricht man von einem Erstattungsüberhang (= Vorsteuerguthaben) gegenüber dem Finanzamt:

	Umsatzsteuer
-	abziehbare Vorsteuer
=	**Zahllast bzw. Erstattungsüberhang**

Zur Erhebung der Umsatzsteuer ist § 18 UStG zu berücksichtigen:

**Erhebung der Umsatzsteuer
i. S. v. § 18 UStG**

Voranmeldung und Vorauszahlung bzw. Erstattungsüberhang

Voranmeldung = Erklärung des Unternehmers betr. der/des selbst berechneten und zu entrichtenden Zahllast (Vorauszahlung) bzw. zu erhaltenden Vorsteuerguthabens (Erstattungsüberhang) für abgelaufenen Voranmeldungszeitraum (VAZ) (§ 18 Abs. 1 S. 1 UStG). Der VAZ ist

▶ der Kalender**monat**, wenn USt-Schuld (= Zahllast) des Vorjahres (= vorangegangenes Kalenderjahr) **> 7.500 €** (§ 18 Abs. 2 S. 2 UStG) bzw. bei Neugründung im laufenden und folgenden Kalenderjahr (§ 18 Abs. 2. S. 4 UStG) **oder**

▶ das Kalender**vierteljahr**, wenn Zahllast des Vorjahres **> 1.000 € und ≤ 7.500 €** (§ 18 Abs. 2 S. 1 UStG).

Die Voranmeldung ist **bis zum zehnten Tag nach Ablauf des VAZ** nach amtlich vorgeschriebenem Vordruck elektronisch zu übermitteln (§ 18 Abs. 1 S. 1 UStG).

Die Vorauszahlung **ist am zehnten Tag nach Ablauf des VAZ fällig** (§ 18 Abs. 1 S. 4 UStG; Zahlungsschonfrist: drei Tage!).

Möglich: sog. Dauerfristverlängerung (vgl. §§ 46 - 48 UStDV i. V. m. Abschnitt 18.4 UStAE).

Daneben: In der Regel **monatlich** abzugebende **Zusammenfassende Meldung (ZM)** für innergemeinschaftliche Warenlieferungen und Dreiecksgeschäfte (vgl. § 18a UStG).

Jahressteuererklärung und Veranlagung

Unternehmer hat für abgelaufenen Besteuerungszeitraum (Kalenderjahr) bis zum 31. Mai des Folgejahres eine Steuererklärung nach amtlich vorgeschriebenem Vordruck in elektronischer Form abzugeben, in der er die Zahllast bzw. das Vorsteuerguthaben selbst zu berechnen hat (§ 18 Abs. 3 UStG):

▶ Unterschiedsbetrag zu Gunsten des FA (= Zahllast) ist einen Monat nach dem Eingang der Steuererklärung fällig (§ 18 Abs. 4 S. 1 UStG)

▶ Unterschiedsbetrag zu Gunsten des Unternehmers (= Vorsteuerguthaben) wird nach Zustimmung (§ 168 AO) ohne besonderen Antrag ausgezahlt, soweit der Betrag nicht mit Steuerschulden verrechnet wird.

Abweichende Regelungen z. B. im Fall der Besteuerung von Einfuhren und der Fahrzeugeinzelbesteuerung (vgl. § 18 Abs. 5a UStG).

Aufgabe 50 > Seite 224

Aufgabe 1:

Was versteht man unter dem Begriff „Steuern" im Sinne der AO generell? Worin besteht der wesentliche Unterschied zwischen Steuern einerseits und Gebühren und Beiträgen andererseits?

Lösung s. Seite 225

Aufgabe 2:

Welche Antworten sind richtig?

a) Zu den direkten Steuern zählen die Versicherungssteuer und die Erbschaftsteuer.

b) Die Lohnsteuer ist eine direkte Steuer.

c) Gebühren und Beiträge sind Leistungen mit Gegenleistungen.

d) Steuern sind Leistungen ohne Gegenleistungen.

e) Einkommen- und Lohnsteuer werden als indirekte Steuern bezeichnet.

Lösung s. Seite 225

Aufgabe 3:

Entscheiden Sie, ob die folgenden Abgaben Steuern, Gebühren oder Beiträge sind!

Abgaben	Steuern	Gebühren	Beiträge
1. Erbschaftsteuer			
2. Solidaritätszuschlag			
3. Zahlung für Kanalbenutzung			
4. Kapitalertragsteuer			
5. Zahlung für die Müllabfuhr an die Gemeinde			
6. Standesamtsgebühren			
7. Kurtaxe			
8. Steuerberaterkammerbeitrag			

Lösung s. Seite 225

Aufgabe 4:

Welche der folgenden steuerlichen Vorschriften sind Gesetze, Rechtsverordnungen und Verwaltungsanordnungen?

Steuerliche Vorschriften	Gesetze	Rechtsverord-nungen	Verwaltungsan-ordnungen
1. AO			
2. SolZG			
3. OFD-Verfügung zur Rennwett- und Lotterie-steuer			
4. BewG			
5. ErbStR			
6. BMF-Schreiben zur Umsatzsteuer			
7. EStDV			
8. KStR			

Lösung s. Seite 225

Aufgabe 5:

Erläutern Sie, was unter folgenden Begriffen zu verstehen ist:

- ► öffentlich-rechtliche Abgaben
- ► Steuern
- ► Gebühren
- ► Beiträge
- ► steuerliche Nebenleistungen
- ► direkte Steuer
- ► indirekte Steuer
- ► Steuerschuldner
- ► Steuerträger
- ► Personensteuern
- ► Sachsteuern
- ► Verkehrssteuern
- ► Verbrauchsteuern
- ► Gesetze
- ► Ertragsteuern
- ► Substanzsteuern
- ► Annexsteuern
- ► Unternehmensertragsbesteuerung
- ► Personenunternehmen
- ► Kapitalgesellschaft
- ► Einzelunternehmen
- ► Personengesellschaft
- ► Kaufleute
- ► Nichtkaufleute
- ► (Mit-)Unternehmer
- ► juristische Person
- ► natürliche Person
- ► teiljuristische Person

- Rechtsverordnungen
- Verwaltungsanordnungen

- Transparenzprinzip
- Trennungsprinzip

Lösung s. MiniLex Seite 249 ff.

Aufgabe 6:

Sind die folgenden inländischen Unternehmen gewerbesteuerpflichtig? Begründen Sie Ihre Antworten unter Angabe der entsprechenden Rechtsgrundlagen:

1. Wirtschaftsprüferin Wollny mit eigener Kanzlei

2. Bauträger GmbH

3. Schriftstellerin Elke Sedenreich

4. H&M Textilhandels-OHG

5. Handwerksmeister Hilbert mit eigenem kleinen Handwerksbetrieb; er ist nicht im Handelsregister eingetragen

Lösung s. Seite 226

Aufgabe 7:

Die ABC OHG (Unternehmensgegenstand: Herstellung von Maschinenbauteilen und niedergelassen in Stuttgart) wurde am 10.04.2002 gegründet und am 29.05.2002 ins Handelsregister eingetragen. Die ersten Lieferverträge wurden am 10.07.2002 unterzeichnet, während die Fertigung der Maschinenbauteile am 30.04.2003 begann. Am 01.01.2004 war die OHG lieferfähig, die erste Lieferung erfolgte am 15.03.2004.

Wann beginnt die Gewerbesteuerpflicht für die ABC OHG?

Lösung s. Seite 226

Aufgabe 8:

Die Sisley-GmbH mit Firmensitz in Bielefeld hat einen Gewerbeverlust aus den Erhebungszeiträumen 2011 - 2013 in Höhe von insgesamt 10 Mio. € erwirtschaftet. Im Erhebungszeitraum 2014 erzielte sie einen positiven maßgebenden Gewerbeertrag von 3 Mio. € und im Erhebungszeitraum 2015 von 5 Mio. €.

Wie sind die Gewerbeverluste i. S. v. § 10a GewStG möglichst frühzeitig nutzbar?

Lösung s. Seite 226

Aufgabe 9:

Die XYZ-GmbH in Hamburg, deren Wirtschaftsjahr mit dem Kalenderjahr übereinstimmt, legt Ihnen für den Erhebungszeitraum 2014 folgende Zahlen vor:

1. Gewinn aus Gewerbebetrieb   550.000 €

2. Hypothekenzinsen   200.800 €

3. Einheitswert des Betriebsgrundstücks   20.000 €

4. Gewinnanteil an der XYZ-OHG   6.750 €

5. Miete für Geschäftseinrichtung   3.625 €

Wie hoch ist der Steuermessbetrag für den Erhebungszeitraum 2014?

Lösung s. Seite 227

Aufgabe 10:

Sonja Sauber (S) und Gisela Gut (G) sind an der S&G-GmbH & Co.KG (kurz: KG) beteiligt. Die KG hat ihren Sitz in Bielefeld. Ihr Geschäftszweck ist der Betrieb eines Auto-
handels. Der nach § 5 EStG korrekt ermittelte Gewinn für 2014 (Wirtschaftsjahr = Kalenderjahr) beträgt 10.000 €. Bei der Gewinnermittlung wurden folgende Sachverhalte
bereits zutreffend erfasst:

► Zum Betriebsvermögen der KG gehört eine 30 %ige Beteiligung an der AB-KG, Bielefeld. In 2014 (Wirtschaftsjahr = Kalenderjahr) erwirtschaftete die AB-KG einen Verlust in Höhe von insgesamt 43.550 €. Im Gesellschaftsvertrag der AB-KG ist hierzu
geregelt, dass Gewinne und Verluste den Gesellschaftern in Höhe der Kapitalbeteili-
gung zugewiesen werden.

► In 2014 erwarb die KG mehrere Personen- und Lastkraftwagen, deren Anschaffungskosten mittels Bankkrediten in Höhe von 1,5 Mio. € finanziert wurden. Der hieraus
resultierende Zinsaufwand für 2014 betrug 102.350 €.

► Die KG erwarb am 01.01.2011 eine Parkfläche (Grund und Boden) für betriebliche
Zwecke. Der Einheitswert beträgt 100.000 €.

Der Hebesatz für Bielefeld beträgt 480 %.

Wie hoch ist der Steuermessbetrag für den Erhebungszeitraum 2014?

Lösung s. Seite 227

Aufgabe 11:

Die ABC-GmbH betreibt in Flensburg eine Möbelspedition. Der für das Kalenderjahr 2014 nach § 7 GewStG korrekt ermittelte Gewinn aus Gewerbebetrieb beträgt 300.000 €. Für die Gewerbesteuererklärung werden aus der Gewinn- und Verlustrechnung folgende Feststellungen getroffen:

1. Laufender Gewinnanteil aus der Beteiligung an der F-OHG   20.000 €

2. Zinsen für ein Darlehen von 1 Mio. €, das von der ABC-GmbH Anfang 2013 zum Bau einer Lagerhalle (Fertigstellung in 2013) aufgenommen wurde   200.000 €
   Der Einheitswert der Lagerhalle (Betriebsgrundstück) beträgt 150.000 €.

3. Leasingraten für einen Kleintransporter an die Leasing-GmbH   8.000 €

4. Vierteljährliche Gewerbesteuervorauszahlung in Höhe von je   10.000 €

Der Hebesatz für Flensburg beträgt 405 %.

Wie hoch ist die Gewerbesteuernachzahlung bzw. -erstattung für den Erhebungszeitraum 2014?

Lösung s. Seite 228

Aufgabe 12:

Sind die folgenden Unternehmen unbeschränkt körperschaftsteuerpflichtig? Begründen Sie Ihre Antworten unter Angabe der entsprechenden Rechtsgrundlagen:

1. Die Nitribitt AG mit Sitz in Frankfurt. Ihr Geschäftszweck besteht im Vertrieb von Spielzeugeisenbahnen. Der Ort des technischen Zentralbüros befindet sich in Paris.

2. Frau Meier führt einen eigenen Blumenladen in Berlin-Adlershof, Thomas-Münzer-Straße 101.

3. Die Wildau UniversityPress GmbH mit Geschäftsleitung und Sitz in Wildau vertreibt Hochschulliteratur der TH Wildau (z. B. Bachelor- und Masterarbeiten, Dissertationen, Festschriften).

4. Die Reiner Hanold GmbH & Co. KG handelt mit Filmmaterial. Der Firmensitz befindet sich in Stuttgart.

5. Herr Dreis ist alleiniger Gesellschafter-Geschäftsführer der Jürgen Dreis GmbH. Der maßgebliche Wille wird in Detmold (Deutschland) am Wohnsitz von Herrn Dreis gebildet; dort werden die für das Unternehmen wichtigen Beschlüsse gefasst. Die GmbH selbst sitzt in Mallorca.

Lösung s. Seite 228

Aufgabe 13:

Die ABC-AG mit Geschäftsleitung und Sitz in München, deren Wirtschaftsjahr mit dem Kalenderjahr übereinstimmt, hat 2014 einen Jahresüberschuss in Höhe von 425.000 € erwirtschaftet. Der Jahresüberschuss ist unter anderem durch folgende Vorgänge gemindert worden:

Körperschaftsteuer-Vorauszahlungen 2014	280.000 €
Solidaritätszuschlags-Vorauszahlungen 2014	15.400 €
Aufsichtsratsvergütung	40.000 €

Wie hoch ist das zu versteuernde Einkommen der ABC-AG für das Wirtschaftsjahr 2014?

Lösung s. Seite 229

Aufgabe 14:

Die M-GmbH mit Geschäftsleitung in Hannover stellt lasergesteuerte Produktionsanlagen her. Im Zusammenhang mit der Erstellung der Körperschaftsteuererklärung 2013 ist Folgendes zu berücksichtigen:

▸ Der vorläufige Handelsbilanzgewinn der GmbH zum 31.12.2013 beträgt 147.260 €. Der hierin enthaltene Gewerbesteueraufwand für den Erhebungszeitraum 2013 beläuft sich auf 22.000 €.

▸ Als Aufwendungen sind unter anderem folgende Beträge abgezogen worden:

- Körperschaftsteuer-Vorauszahlungen 2013	65.000 €
- Solidaritätszuschlags-Vorauszahlungen 2013	3.575 €
- Säumniszuschläge zur Körperschaftsteuer 2009	2.000 €
- Beiratsvergütungen (in voller Höhe)	10.000 €
- Spenden an eine Stiftung i. S. v. § 52 AO	15.000 €

▸ Bei der Gewinnermittlung hat die GmbH 10.000 € Investitionszulage im Zusammenhang mit der Anschaffung von Maschinen als sonstigen betrieblichen Ertrag berücksichtigt.

▸ Spendenbescheinigungen für die GmbH liegen vor. Die Summe der gesamten Umsätze sowie Löhne und Gehälter betrug im Kalenderjahr 2013 5 Mio. €.

Wie hoch ist das zu versteuernde Einkommen der GmbH für den Veranlagungszeitraum 2013?

Lösung s. Seite 229

Aufgabe 15:

Die XYZ-GmbH mit Sitz in Schwerin ermittelt für das Wirtschaftsjahr 2014 (= Kalenderjahr) einen Jahresüberschuss in Höhe von 100.000 €. Dabei wurden in der Gewinn- und Verlustrechnung folgende Aufwendungen gebucht:

- ► Körperschaftsteuer-Vorauszahlungen 2014   40.000 €
- ► Solidaritätszuschlags-Vorauszahlungen 2014   2.200 €
- ► Verspätungszuschläge zur Körperschaftsteuer   3.000 €
- ► Gewerbesteuer 2014   10.000 €
- ► Beiratsvergütungen (in voller Höhe)   4.000 €

Anfang 2014 wurde eine Produktionsmaschine fertig gestellt, die langfristig dem Unternehmen dienen soll (Nutzungsdauer lt. amtlicher AfA-Tabelle: fünf Jahre). Dabei wurden in der Handelsbilanz sämtliche angefallenen Herstellungskosten zutreffend in Höhe von 50.000 € aktiviert (§ 255 Abs. 2 HGB). Der leistungsabhängige Abschreibungsbetrag für 2014 wurde mit 9.000 € im obigen Jahresüberschuss erfasst.

Ermitteln Sie unter der Annahme, dass von der XYZ-GmbH Steuerminimierung angestrebt wird,

- ► das zu versteuernde Einkommen für den Veranlagungszeitraum 2014 sowie
- ► die tarifliche Körperschaftsteuer für den Veranlagungszeitraum 2014!

Lösung s. Seite 230

Aufgabe 16:

Die Ciba-GmbH mit Sitz in Mannheim ermittelt für das Wirtschaftsjahr 2014 einen Handelsbilanzgewinn in Höhe von 55.000 €. Das Wirtschaftsjahr entspricht dem Kalenderjahr. Für 2014 wurden u. a. folgende Aufwendungen buchhalterisch erfasst:

- ► Körperschaftsteuervorauszahlung 2014   26.000 €
- ► Solidaritätszuschlagsvorauszahlung 2014   1.430 €
- ► Gewerbesteuer 2014   5.500 €

Unter den gebuchten Aufwendungen finden sich auch verschiedene Zahlungen an den Mehrheitsgesellschafter Herrn Winzig in Höhe von 50.000 €. Diese tragen in den zu Grunde liegenden Buchungsbelegen den Vermerk „Auslagenersatz". Eine betriebliche Veranlassung hierfür ist jedoch nicht erkennbar.

Ermitteln Sie für den Veranlagungszeitraum 2014

- ► das zu versteuernde Einkommen
- ► die Körperschaftsteuerrückstellung bzw. -forderung und die Rückstellung bzw. Forderung für den Solidaritätszuschlag sowie
- ► den endgültigen Steuerbilanzgewinn der Ciba-GmbH.

Lösung s. Seite 230

Aufgabe 17:

Beurteilen Sie, ob Frau Dimitrov der Einkommensteuerpflicht unterliegt. Begründen Sie Ihre Antworten unter Angabe der entsprechenden rechtlichen Vorschriften:

Die selbstständig tätige Opernsängerin Frau Dimitrov, die zusammen mit ihrer Familie in Lubljana (Slowenien) lebt, macht in der Zeit vom 15.09.2013 bis zum 20.05.2014 eine Gastspielreise durch Deutschland. Sie wohnt in dieser Zeit in verschiedenen Hotels in Deutschland. Während des gesamten Monats Dezember 2013 wird die Gastspielreise planmäßig mehrfach dadurch unterbrochen, dass sich Frau Dimitrov bei ihrer Familie in Lubljana aufhält.

Abwandlung:
Der Veranstalter kündigt den Vertrag von Frau Dimitrov vorzeitig. Aufgrund dessen kehrt Frau Dimitrov schon am 08.01.2014 zurück zu ihrer Familie nach Slowenien.
Lösung s. Seite 231

Aufgabe 18:

Herr Diener ist Aussteiger und unverheiratet (keine Kinder). Er lebt mit einer Kommune Gleichgesinnter auf einem Weingut in Mailand (Italien).

Seinen Lebensunterhalt finanziert er aus den Mieteinnahmen eines Wohnhauses am Hamburger Gendarmenmarkt, welches er vor einigen Jahren von seinen Eltern geerbt hat. Im Jahr 2014 betrugen die hieraus erzielten Vermietungseinkünfte 48.000 €.

Daneben verdient er in Mailand Geld aus dem Verkauf von italienischem Wein an Touristen. Herr Diener erzielte hieraus in 2014 ausländische Einkünfte in Höhe von 12.000 €.

Ist Herr Diener einkommensteuerpflichtig im Sinne des deutschen EStG? In welchem Umfang unterliegen seine von ihm erzielten Einkünfte ggf. der Besteuerung?
Lösung s. Seite 231

Aufgabe 19:

Die verheiratete Iranerin Ofra Heza reiste am 01.01.2014 in die BRD ein. Sie hat eine Arbeitsgenehmigung für vier Jahre und bewohnt in dieser Zeit ein möbliertes Zimmer in Bielefeld bei einer ihrer deutschen Freundinnen. Ihr Ehemann und ihre drei Kinder wohnen in Teheran.

Ist Frau Heza einkommensteuerpflichtig im Sinne des EStG? Begründung!
Lösung s. Seite 232

Aufgabe 20:

Bestimmen Sie bei den folgenden Personen, ob sie unbeschränkt oder beschränkt einkommensteuerpflichtig sind. Begründen Sie Ihre Antwort auch unter Angabe der entsprechenden steuerlichen Vorschriften!

1. Richard Rossmann, zwei Jahre alt und wohnhaft bei seinen Eltern in Deutschland, hat ein Mietshaus geerbt. Die jährlichen Mieteinnahmen für 2014 betragen 50.000 €.

2. Stefan Seidel, 35 Jahre alt, wohnt in Mainz. Er besucht dort die Universität. Stefan verfügt über ein eigenes Einkommen aus einer Beschäftigung als Kellner.

3. Bertram Beck (unverheiratet und kinderlos) wohnt in Athen. In 2014 hat er ausschließlich inländische Einkünfte im Sinne des § 49 EStG erzielt.

4. Der 18-jährige Schüler Willi Winzig wohnt bei seinen Eltern in Aachen. Er hat kein eigenes Einkommen.

5. Mandy Müller ist bei einer Schweizer Bank angestellt und hat ihren Wohnsitz in Zürich. In der Zeit vom 08.02.2014 bis zum 21.12.2014 arbeitet sie in der Hamburger Filiale ihrer schweizer Arbeitgeberin und wohnt während dieser Zeit im Hotel Atlantic in Hamburg.

Lösung s. Seite 232

Aufgabe 21:

Der illegal nach Deutschland eingereiste Ausländer Mirkow Krabat hat von Mai bis August 2014 in einem Berliner Hotel ohne Aufenthalts- und Arbeitsgenehmigung gearbeitet. Während dieser Zeit hat er im Garten eines Arbeitskollegen gezeltet. Aufgrund einer polizeilich durchgeführten Razzia wurde er Ende August überführt und sofort inhaftiert. Aus dem ursprünglich beabsichtigten 6-monatigen Aufenthalt wird ein 13-monatiger Aufenthalt in Deutschland.

Ist Herr Krabat einkommensteuerpflichtig? Begründung!

Lösung s. Seite 232

Aufgabe 22:

Die deutsche Staatsbürgerin Dr. Steinert ist Allgemeinärztin mit selbstständig geführter Einzelpraxis in Flensburg. Zusammen mit ihrem Ehemann (nicht erwerbstätig) wohnt sie in Pattburg (Dänemark). Weitere Einkünfte erzielen die Eheleute nicht.

Sind die Eheleute unbeschränkt einkommensteuerpflichtig? Begründung!

Lösung s. Seite 233

Aufgabe 23:

Eine GmbH schüttet eine Dividende an den Alleingesellschafter (natürliche Person) aus. Der Alleingesellschafter hat einen eigenen einzelunternehmerisch geführten Gewerbebetrieb und hält den Anteil an der GmbH im Betriebsvermögen dieses Betriebs.

Ist die Ausschüttung den Einkünften aus Kapitalvermögen (§ 20 EStG) oder den Einkünften aus Gewerbebetrieb (§ 15 Abs. 1 Nr. 1 EStG) zuzurechnen?

Lösung s. Seite 233

Aufgabe 24:

Timo Brückmann, wohnhaft in Cottbus, hat im abgelaufenen Kalenderjahr 2014 folgende Einkünfte erzielt:

- ► Einkünfte aus selbstständiger Arbeit:

Betriebseinnahmen	5.000 €
Betriebsausgaben	3.750 €

- ► Sonstige Einkünfte:

Einnahmen	63.000 €
Werbungskosten	12.000 €

- ► Einkünfte aus Gewerbebetrieb:

Gewinn aus Internetcafe	50.000 €
Verlust aus Spielsalon	20.000 €

- ► Einkünfte aus Land- und Forstwirtschaft   1.000 €

Wie hoch ist die Summe der Einkünfte von Brückmann für 2014?

Lösung s. Seite 233

Aufgabe 25:

Frau Strassheim wohnt in Berlin-Köpenick und ist Inhaberin einer Berliner Modeboutique am Alexanderplatz. Als Vollkauffrau (§ 1 HGB) ist sie im Handelsregister eingetragen und nicht nach § 241a HGB von der handelsrechtlichen Buchführungspflicht befreit. Sie ermittelt zutreffend ihren Gewinn durch Betriebsvermögensvergleich nach § 5 Abs. 1 EStG i. V. m. § 4 Abs. 1 EStG.

Das Betriebsvermögen laut Steuerbilanz betrug zum 31.12.2013 159.000 €. Zum 31.12.2014 beträgt dasselbige 185.000 €. Für private Bedürfnisse hat sie in 2014 10.000 € von dem betrieblichen Bankkonto auf ihr Privatkonto überwiesen.

Wie hoch ist das Steuerbilanzergebnis von Frau Strassheim für das Jahr 2014?

Lösung s. Seite 234

Aufgabe 26:

Der Kosmetiksalon Krause-KG wird von den drei unverheirateten Brüdern Karl (K), Detlef (D) und Eduard (E) als Komplementäre betrieben, die in Hamburg an der Alster wohnen. Alle drei Brüder sind zu jeweils 20 % an der KG beteiligt, der Rest wird von ihrer Schwester (S) als einzige Kommanditistin – ebenfalls wohnhaft in Hamburg – gehalten (laut Gesellschaftsvertrag). Die Gesellschaft hat ihren Sitz in Hamburg. Für das Jahr 2014 weist die KG einen „vorläufigen" Gesamthandsgewinn in Höhe von 250.000 € aus. Die folgenden Ereignisse fanden während des Geschäftsjahres statt und sind noch zu berücksichtigen:

▶ D ist gelernter Visagist. Im Jahre 2014 hat er zahlreiche Fortbildungskurse für Kosmetiker(innen) angeboten und hierfür eine Vergütung von der KG in Höhe von insgesamt 40.000 € erhalten. Diese wurde bei der KG bereits verbucht. In diesem Zusammenhang sind D auch Reisekosten in Höhe von 10.000 € entstanden, die ihm nicht von der KG erstattet wurden.

▶ Für die Geschäftsführung der KG erhält **E** eine jährliche Vergütung in Höhe von 60.000 €, die bei der KG noch nicht verbucht wurde.

▶ **K** hat vor Jahren zur Finanzierung seiner 20%-Beteiligung einen Kredit aufgenommen. Zum Aufnahmezeitpunkt belief sich der Nominalwert des Kredits auf 70.000 €; der Kredit ist am 01.01.2021 in einer Summe an seine Hausbank zurückzuzahlen. Der Zinssatz beträgt 6 % p. a.

Wie hoch fallen die Einkünfte aus Gewerbebetrieb i. S. v. § 15 Abs. 1 Nr. 2 EStG für die Geschwister für 2014 aus?

Lösung s. Seite 234

Aufgabe 27:

Die nicht buchführende Kleingewerbetreibende K (§ 1 Abs. 2 HGB) ist Buchhändlerin.

Im Jahr 2014 hat sie aus dem Verkauf von Büchern 230.000 € (inklusive Umsatzsteuer) an Einnahmen erzielt.

Insgesamt hat sie 53.000 € (inklusive Vorsteuer) an Ausgaben für ihr Geschäft geleistet. Darin enthalten ist die Miete für den Monat Januar 2015 (1.000 €), die sie am 29.12.2014 bezahlt hat. Noch nicht berücksichtigt worden ist/sind

▶ eine Eingangsrechnung des Großhändlers G i. H. v. 5.000 € (inklusive Vorsteuer), die sie am 30.12.2014 erhalten und am 03.02.2015 bezahlt hat

▶ die Abschreibungen für 2014 für die Betriebs- und Geschäftsausstattung in Höhe von (zutreffend) 31.500 €

▶ an das FA in 2014 abgeführte Umsatzsteuervorauszahlungen in Höhe von 12.000 € (K ist sich nicht sicher, ob ihre Buchhalterin diese korrekt erfasst hat)

▶ die Entnahme von Büchern aus dem Geschäft im Wert von 400 € (inklusive Umsatzsteuer) für private Zwecke.

Welche Art der Gewinnermittlung bietet sich für K an? Wie hoch ist hiernach der steuerliche Gewinn für 2014?

Lösung s. Seite 234

Aufgabe 28:

Der 60-jährige Handwerksmeister Mario Müller (**M**), wohnhaft in München, verwitwet und kinderlos, möchte seinen in München niedergelassenen Betrieb (gewerbesteuerlicher Hebesteuersatz: 490 %) abgeben. M hat bereits einen Käufer (**K**) gefunden, der bereit ist, für den gesamten Betrieb einen Kaufpreis von 600.000 € zu zahlen. Zum steuerlichen Betriebsvermögen von M gehören das bebaute Betriebsgrundstück (Werkstatt auf eigenem Grund und Boden, Einheitswert zum 01.01.1964: 200.000 €) sowie weitere bewegliche Anlagegüter, die M zur Ausübung seines Berufs benötigt. Deren steuerlicher Buchwert beträgt zum 31.12.2013 500.000 €, während sich der steuerliche Buchwert aller Verbindlichkeiten und Rückstellungen – zum gleichen Zeitpunkt – auf 210.000 € beläuft. Veräußerungskosten sind nicht zu berücksichtigen. Bis zum 31.12.2013 hat M einen laufenden steuerlichen Gewinn in zutreffender Höhe von 390.000 € erwirtschaftet.

Herr Müller verkauft seinen Betrieb am 01.01.2014.

Ermitteln Sie den einkommensteuerpflichtigen Veräußerungsgewinn für 2014! Sämtliche Anträge gelten als gestellt.

Lösung s. Seite 235

Aufgabe 29:

Klarissa von Kellenbach wohnt in einem Mietshaus in Würzburg-Zentrum am Vierröhrenbrunnen. Sie ist geschieden. Zum 01.01.2014 hat sie für 500.000 € ein bebautes Grundstück am Barbarossaplatz (Würzburg) erworben und vermietet es ab dem 01.01.2015 für 2.000 € monatlich. Das Grundstück wurde mit privaten Mitteln von Frau von Kellenbach finanziert. Aufgrund eines sehr lukrativen Angebots verkauft sie das bebaute Grundstück bereits wieder am 01.12.2015 für 651.000 €. Mieteinnahmen erhält sie letztmalig im November 2015.

Welche Art von Einkünften werden von Frau von Kellenbach im Veranlagungszeitraum 2015 erzielt? In welcher Höhe werden sie erzielt? Abschreibungen und sonstige Werbungskosten sind nicht zu berücksichtigen.

Lösung s. Seite 236

Aufgabe 30:

Welche Einkünfte werden aus den folgenden Tätigkeiten bzw. Berufen bezogen? Geben Sie die entsprechenden Rechtsgrundlagen mit an!

a) selbstständiges Fotomodell

b) selbstständiger Handwerksmeister

c) angestellter Arzt im Krankenhaus

d) selbstständiger Buchhalter

e) selbstständiger Patentberichterstatter mit wertender Tätigkeit

f) Fahrlehrer mit eigener Fahrschule

g) selbstständiger Logopäde

h) Inhaberin einer Gärtnerei

i) Anlageberater/Finanzanalyst

j) Inhaber eines Bodybuilding-Studios

k) selbstständiger Apotheker

l) selbstständiger Hellseher

Lösung s. Seite 236

Aufgabe 31:

Die Summe der Einkünfte (vor vertikalem Verlustausgleich) des unverheirateten und kinderlosen Herrn Kai Hartung beträgt jeweils:

Veranlagungszeitraum	Summe der Einkünfte vor vertikalem Verlustausgleich
2009	1.000.000 €
2010	8.000.000 €
2011	20.000.000 €
2012	- 15.000.000 €
2013	8.000.000 €
2014	5.000.000 €
2015	1.000.000 €

Berechnen Sie das zu versteuernde Einkommen ohne Berücksichtigung von Sonderausgaben und außergewöhnlichen Belastungen des Herrn Hartung in den einzelnen Veranlagungszeiträumen und geben Sie die entsprechenden Rechtsgrundlagen mit an.

Gehen Sie hierbei von folgenden Annahmen aus:

► In allen Veranlagungszeiträumen gelten die steuerlichen Rechtsverhältnisse aus 2014.

► Herr Hartung hat keinen Antrag nach § 10d Abs. 1 S. 5 und 6 EStG gestellt.

Lösung s. Seite 237

Aufgabe 32:

Das zu versteuernde Einkommen (= Summe der Einkünfte) der ledigen Liane Huber (22 Jahre und wohnhaft in Bamberg) beträgt im Veranlagungszeitraum 2014 60.000 €. Ihr Freund (Markus Diehl, 25 Jahre) wohnt in Nürnberg und hat ein zu versteuerndes Einkommen (= Summe der Einkünfte) von 15.000 €. Sonderausgaben und außergewöhnliche Belastungen werden nicht berücksichtigt.

a) Berechnen Sie mithilfe der Tarifformel des § 32a Abs. 1 EStG die tarifliche Einkommensteuer von Frau Huber und Herrn Diehl für den VZ 2014.

b) Berechnen Sie den Splittingvorteil bei Zusammenveranlagung der Eheleute Huber im Veranlagungszeitraum 2014, wenn Frau Huber ihren Freund am 01.12.2014 standesamtlich heiratet und ab diesem Zeitpunkt eine gemeinsame Wohnung in der Würzburger Straße 5 in Bamberg mit ihm bewohnt.

Lösung s. Seite 238

Aufgabe 33:

Rudolf Huber ist 39 Jahre alt, ledig, kinderlos und wohnhaft in Würzburg. Zur Erstellung der Einkommensteuererklärung 2014 ist von folgendem Sachverhalt auszugehen:

► Herr Huber ist arbeitslos. Für das gesamte Jahr 2014 hat er Arbeitslosengeld I in Höhe von 16.800 € bezogen.

► Aus einigen Eigentumswohnungen erzielte er in 2014 Mieteinnahmen (einschließlich Nebenkostenvorauszahlungen der Mieter) i. H. v. insgesamt 28.200 €. Für Grundstücksaufwendungen (Abschreibungen, Schuldzinsen und sonstige Aufwendungen im Zusammenhang mit der Vermietung) sind insgesamt 5.400 € angefallen.

► Er ist Liebhaber von alten Musikinstrumenten. Daher hat er im Mai 2014 eine antike Geige für 10.000 € gekauft. Im Dezember 2014 brauchte er aber dringend Geld und hat deshalb die Geige für 11.700 € an seinen Freund verkauft.

► Sonderausgaben sind insgesamt in Höhe von 1.800 € abzugsfähig.

Ermitteln Sie die tarifliche Einkommensteuer für Herrn Huber für den VZ 2014 unter Berücksichtigung des Progressionsvorbehalts gem. § 32b Abs. 1 Nr. 1 EStG.

Lösung s. Seite 238

Aufgabe 34:

Anton und Berta Müller sind verheiratet und haben keine Kinder. Ihr Wohnsitz befindet sich in Flensburg. Sie haben die Zusammenveranlagung gemäß § 26b EStG gewählt. Folgende weitere Angaben liegen vor:

► Berta Müller ist angestellte Ärztin im städtischen Krankenhaus. Laut Lohnsteuerbescheinigung 2014 hat sie einen Bruttoarbeitslohn in Höhe von 48.000 € bezogen. Darauf wurden 6.810 € Lohnsteuer und 374,55 € Solidaritätszuschlag einbehalten.

► Frau Müller hatte in 2014 tatsächliche Fahrtkosten mit Bus und Bahn zu ihrem Arbeitsplatz in Höhe von 100 €. Die kürzeste Straßenverbindung von ihrer Wohnung aus beträgt 10 km. Sie war an 210 Tagen unterwegs. Darüber hinaus hatte sie Aufwendungen für typische Berufskleidung in Höhe von 500 € und für Fachliteratur in Höhe von 1.000 €.

► Anton Müller ist freiberuflicher Lehrbeauftragter für betriebliche Steuerlehre an der FH Flensburg. Die Betriebsausgaben belaufen sich auf 5.100 €. Die Betriebseinnahmen betragen 10.990 €.

► Darüber hinaus ist Herr Müller stolzer Eigentümer eines Zweifamilienhauses, in dem eine Wohnung von Herrn und Frau Müller selbst genutzt wird. Beide Wohnungen sind jeweils 100 m² groß. Die monatliche Miete beträgt pro m² 10,30 € inklusive Nebenkosten. Die zweite Wohnung war das ganze Jahr an Privatpersonen vermietet. Die Anschaffungskosten für Grund und Boden beliefen sich in 2004 auf 77.000 €. Der Abschreibungsbetrag für das gesamte in 2005 erbaute Haus beläuft sich in 2014 zutreffend auf 10.000 €. Die sonstigen Nebenkosten für das ganze Haus betragen 8.050 €.

► Frau und Herr Müller können zusammen Sonderausgaben in Höhe von 6.384 € geltend machen.

Berechnen Sie die Erstattungsbeträge bzw. Nachzahlungen betreffend die Einkommensteuer und den Solidaritätszuschlag für den Veranlagungszeitraum 2014.

Lösung s. Seite 239

Aufgabe 35:

Erläutern Sie, was unter folgenden Begriffen zu verstehen ist:

► Ertragsteuern

► Annexsteuern

► Kosten der privaten Lebensführung

► Gemeindesteuer

► Solidaritätszuschlagsrückstellung

► Erhebungszeitraum

► Gewerbesteuerpflicht

► Gewerbebetrieb kraft gewerblicher Betätigung

► Gewerbebetrieb kraft Rechtsform

► Gewerbebetrieb kraft wirtschaftlichen Geschäftsbetriebs

► Gewerbeertrag

► Gewinn aus Gewerbebetrieb

► gewerbesteuerliche Hinzurechnungen

► gewerbesteuerliche Kürzungen

► gewerbesteuerlicher Verlustabzug

► Betriebsvermögensvergleich

► unbeschränkte persönliche Einkommensteuerpflicht

► beschränkte persönliche Einkommensteuerpflicht

► Wohnsitz

► gewöhnlicher Aufenthalt

► Wirtschaftsjahr

► Inländerregelung

► Diplomatenregelung

► Grenzpendlerregelung

► Ausländerregelung

► Wegzüglerregelung

► tarifliche Einkommensteuer

► festzusetzende Einkommensteuer

► Summe der Einkünfte

► Einkünfte aus Land- und Forstwirtschaft

- gewerbesteuerlicher Freibetrag
- Steuermesszahl
- Steuermessbetrag
- Zerlegungsanteil
- Betriebsstätte
- festzusetzende Gewerbesteuer
- Zu- und Abflussprinzip
- Gewerbesteuerrückstellung
- juristische Person
- Jahressteuer
- Körperschaftsteuerpflicht
- Kapitalgesellschaft
- Personengesellschaft
- Geschäftsleitung
- Vorgründungsgesellschaft
- Vorgesellschaft
- Welteinkommensprinzip
- Inlandsprinzip
- vorläufiger Steuerbilanzgewinn
- außerbilanzielle Hinzurechnungen
- nicht abzugsfähige Betriebs-ausgabe
- verdeckte Gewinnausschüttung
- körperschaftsteuerlicher Verlustabzug
- verdeckte Einlage
- außerbilanzielle Abrechnungen
- zu versteuerndes Einkommen
- Körperschaftsteuertarif
- Kapitalertragsteuer

Lösung s. MiniLex Seite 249 ff.

- Körperschaftsteuerrückstellung
- Einkünfte aus Gewerbebetrieb
- Einkünfte aus selbstständiger Arbeit
- Einkünfte aus nicht selbstständiger Arbeit
- Einkünfte aus Kapitalvermögen
- Einkünfte aus Vermietung und Ver-pachtung
- sonstige Einkünfte
- Gesamtbetrag der Einkünfte
- Gewinneinkünfte
- partiarische Darlehen Haupteinkünf-tearten
- Nebeneinkünftearten
- Subsidiaritätsprinzip
- Verlustverrechnung i. S. d. EStG
- Verlustausgleich i. S. d. EStG
- Verlustabzug i. S. d. EStG
- Sonderausgaben
- außergewöhnliche Belastungen
- Sonderbetriebsausgaben
- Betriebsausgaben
- Werbungskosten
- Gesamthandsergebnis
- Splittingtarif
- Progressionsvorbehalt
- Anrechnung der Gewerbesteuer
- Abgeltungsbesteuerung
- Steuerveranlagung
- Einnahmenüberschussrechnung

Aufgabe 36:

Liegt bei den nachfolgenden Sachverhalten eine entgeltliche Lieferung oder sonstige Leistung im Sinne des UStG vor? Bitte begründen Sie Ihre Antworten!

a) Die Buchhandlung Schöningh GmbH in Würzburg verkauft das Buch „Steuerlehre 1" von Markus Birnhofen an eine Kundin (Privatperson).

b) Die Fachbuchautorin Frau Meisner veräußert ein Manuskript an den NWB-Verlag zwecks Veröffentlichung.

c) Eine Studierende der TH Wildau, wohnhaft in Berlin, bestellt bei einem Fachverlag das Buch „Steuerlehre 2". Der Verlag liefert das Buch mit eigenem Lkw an sie aus und berechnet hierfür 50,50 € inkl. USt.

d) Steuerberaterin Hubert berät eine Mandantin in Sachen ihrer Einkommensteuererklärung.

e) Der Arzt Herr Müller vermietet eine Wohnung an einen Einzelhändler. Der Einzelhändler nutzt die Wohnung für gewerbliche Zwecke.

f) Unternehmer U mit Unternehmenssitz in Flensburg verkauft eine Maschine an einen Kunden in Hamburg. Der Kunde holt die Maschine in Flensburg ab.

g) Ein Unternehmer verzichtet zu Gunsten eines Konkurrenten auf die Beteiligung an einem Auftrag.

h) Die ABC-GmbH verkauft Standard-Software und so genannte Updates mit Anleitungshandbüchern auf Datenträgern.

i) Die XYC-GmbH überlässt an Unternehmer U nicht standardisierte Software, die speziell nach dessen Anforderungen erstellt wurde.

Lösung s. Seite 240

Aufgabe 37:

Ist bei den nachfolgenden Sachverhalten der Leistende Unternehmer i. S. v. § 2 UStG? Bitte begründen Sie Ihre Antworten.

a) Ein Lehrer verkauft sein gebrauchtes Fahrrad an eine Schülerin für 50 €.

b) Ein Briefmarkenhändler verkauft in Würzburg Briefmarken, die er den Kunden postalisch zuschickt.

c) Der selbstständig tätige Facharzt Dr. Schönegg behandelt eine Privatpatientin in seiner Einzelpraxis in Berlin. Die Patientin bezahlt per Überweisung.

d) Herr Dr. Meier ist in einem Berliner Krankenhaus angestellt. Er behandelt gesetzlich und privat Versicherte.

e) Eine an der TH Wildau angestellte Professorin mit Wohnsitz in Berlin übt nebenberuflich eine schriftstellerische Tätigkeit aus, für die sie Honorareinnahmen erzielt.

f) Die ABC AG (Dortmund) ist zu 100 % am XYZ-Verlag (Tochtergesellschaft) in Herne beteiligt. Der XYZ-Verlag lässt 10.000 Exemplare des Lehrbuchs „Steuerlehre 4" drucken und übergibt diese zum Vertrieb an eine weitere Tochtergesellschaft der ABC AG in Bielefeld.

Lösung s. Seite 241

Aufgabe 38:

Welche Gebiete zählen zum so genannten Inland, Gemeinschaftsgebiet und Drittlandsgebiet im Sinne des UStG? Bitte geben Sie an der entsprechenden Stelle in der Tabelle die jeweiligen Rechtsgrundlagen an.

	Inland	Gemeinschafts-gebiet	Drittland
a) Aachen			
b) Rom			
c) Moskau			
d) Brüssel			
e) Gibraltar			
f) Jungholz und Mittelberg (Österreich)			
g) Insel Man			
h) Duisburg			
i) Freihafen Bremerhaven			
j) Monaco			
k) Los Angeles			
l) Insel Helgoland			
m) Miami			
n) Kitzbühel			
o) Vatikan			

Lösung s. Seite 241

Aufgabe 39:

Unternehmer U5 in Aachen bestellt bei Unternehmer U4 in Bielefeld Spezialkameras zum Warennettowert von 20.000 €. U4 hat diese nicht vorrätig und bestellt sie bei U3 in Würzburg. Auch U3 ist derzeit in Sachen Vorratshaltung nicht besonders gut ausgestattet und bestellt die Ware daher bei U2 in Stuttgart. U2 ordert die Produkte bei U1 in Berlin. U5 beauftragt einen Spediteur mit der Beförderung der Spezialkameras von U1 direkt zu ihm nach Aachen. Die Spezialkameras werden von U5 für sein Unternehmen erworben.

Beurteilen Sie die Leistungen sämtlicher Unternehmer (ohne Spediteur) hinsichtlich Steuerbarkeit und Steuerpflicht.

Lösung s. Seite 242

Aufgabe 40:

Musikhändler Jens Hübert (Monatszahler, Besteuerung nach vereinbarten Entgelten) mit Unternehmenssitz in Frankfurt am Main, Stiftstraße 36, hat am 01.05.2014 ein großes Mischpult für Diskotheken an einen seiner Stammkunden ausgeliefert und erhielt hierfür folgende Zahlungen:

Anzahlung am 25.04.2014:   6.700,00 € inkl. Umsatzsteuer
Restzahlung am 27.06.2014:   2.560,50 € inkl. Umsatzsteuer

Die Endabrechnung lautet auf insgesamt 9.260,50 € inkl. Umsatzsteuer.

Wann entsteht die Umsatzsteuer?

Lösung s. Seite 243

Aufgabe 41:

Unternehmer U erwirbt am 01.06.2014 aus privater Hand einen gebrauchten Pkw für 10.000 € und ordnet ihn zulässigerweise seinem Unternehmen zu. Am 01.02.2015 lässt er in den Pkw nachträglich eine Klimaanlage einbauen (Entgelt 2.500 €) und am 01.07.2015 die Windschutzscheibe erneuern (Entgelt 500 €). Für beide Leistungen nimmt der Unternehmer den Vorsteuerabzug in Anspruch. Am 01.04.2016 entnimmt U den Pkw in sein Privatvermögen (Aufschlag nach der „Schwacke-Liste" auf den Marktwert des Pkw im Zeitpunkt der Entnahme für die Klimaanlage 1.500 €, für die Windschutzscheibe 50 €).

Liegt eine unentgeltliche Wertabgabe vor? In welcher Höhe ist diese der Umsatzsteuer zu unterwerfen?

Lösung s. Seite 244

Aufgabe 42:

Unternehmer U aus Hamburg bestellt beim Fabrikant F, Zürich (Schweiz), eine Produktionsmaschine für netto 8.000 €. Ein Mitarbeiter von F befördert die Produktionsmaschine mit eigenem Betriebs-Pkw direkt von der schweizer Produktionsstätte von F zum Unternehmenssitz von U. Die Lieferkondition lautet „verzollt und versteuert". Die Zollgebühren betragen 80 €.

Welche umsatzsteuerlichen Konsequenzen resultieren hieraus?

Lösung s. Seite 244

Aufgabe 43:

Erwerber E in Würzburg bestellt beim russischen Lieferanten L in St. Petersburg Ware für 13.000 € (netto), die mehrere Mitgliedstaaten im Wege der Durchfuhr berührt. Die Ware wird in einem der Mitgliedstaaten zum zoll- und umsatzsteuerrechtlich freien Verkehr abgefertigt und gelangt von dort nach Deutschland. E und L treten unter der USt-IdNr. ihres Heimatlandes auf.

Abwandlung:
Die Ware wird in keinem der Mitgliedstaaten zum zoll- und umsatzsteuerrechtlich freien Verkehr abgefertigt, sondern weiter nach Deutschland gebracht und dort in den zoll- und umsatzsteuerrechtlich freien Verkehr überführt.

Welche umsatzsteuerlichen Konsequenzen resultieren hieraus?

Lösung s. Seite 244

Aufgabe 44:

Welchem Zweck dient die Option zur Erwerbsbesteuerung nach § 1a Abs. 4 UStG? Bitte begründen Sie Ihre Antwort.

Lösung s. Seite 245

Aufgabe 45:

Bernd Meister (B) ist Inhaber eines Blumenfachgeschäfts in Berlin-Grünau. In 2014 bestellt er beim Großhändler G in Stettin (Polen) verschiedene Blumensorten im Warennettowert von insgesamt 10.000 € (in 2013 hat er Blumen im Warennettowert von insgesamt 25.000 € bei G bestellt; weitere Erwerbe im EU-Ausland hat er in 2013 nicht getätigt). Ein Mitarbeiter von B holt die Blumen mit dem eigenen Lkw in Stettin ab. Die von G hierfür ausgestellte Rechnung entspricht den gesetzlichen Vorschriften. Alle beteiligten Unternehmer treten unter der USt-IdNr. ihres Heimatlandes auf. Der stark ermäßigte Steuersatz für Blumen beträgt in Polen gegenwärtig 5 %.

Handelt es sich in 2014 – auf Seiten des B – um einen steuerpflichtigen innergemeinschaftlichen Erwerb in Deutschland? Wenn ja, welche weiteren umsatzsteuerlichen Konsequenzen resultieren hieraus?

Lösung s. Seite 245

Aufgabe 46:

Wie Aufgabe 45 jedoch jetzt mit der Maßgabe, dass B als Kleinunternehmer anzusehen ist, für dessen Umsätze Umsatzsteuer nach § 19 Abs. 1 UStG *nicht* erhoben wird.

Welche umsatzsteuerlichen Konsequenzen resultieren hieraus?

Lösung s. Seite 246

Aufgabe 47:

Wie Aufgabe 46 jedoch mit der weiteren Maßgabe, dass B die Erwerbsschwelle für innergemeinschaftliche Erwerbe im vorangegangenen Kalenderjahr (2013) nicht überschritten hat und im laufenden Kalenderjahr (2014) voraussichtlich nicht überschreiten wird.

Welche umsatzsteuerlichen Konsequenzen resultieren hieraus?

Lösung s. Seite 246

Aufgabe 48

Unternehmer U3 in Amsterdam (Unternehmer mit niederländischer USt-IdNr.) bestellt am 05.09.2014 eine Photovoltaikanlage beim deutschen Großhändler U2 in München (Unternehmer mit deutscher USt-IdNr.). U2 ordert diese beim italienischen Hersteller U1 in Mailand (Unternehmer mit italienischer USt-IdNr.). U2 liefert die Anlage am 10.09.2014 mit eigenem Lkw – wie mit U1 vereinbart – direkt an U3 aus. U2 führt keinen besonderen Liefernachweis. Alle drei Unternehmer treten unter der USt-IdNr. ihres Heimatlandes auf.

Welche umsatzsteuerlichen Konsequenzen resultieren hieraus?

Lösung s. Seite 247

Aufgabe 49

Wie Aufgabe 48 jedoch nun mit folgender Abwandlung: U3 holt die Photovoltaikanlage direkt beim italienischen Hersteller in Mailand mit eigenem Lkw ab.

Welche umsatzsteuerlichen Konsequenzen resultieren hieraus?

Lösung s. Seite 248

Aufgabe 50:

Erläutern Sie, was unter folgenden Begriffen zu verstehen ist:

- ► Verkehrsakt
- ► Verkehrssteuern
- ► indirekte Steuer
- ► Option zur Erwerbsbesteuerung
- ► direkte Steuer
- ► Allphasen-Nettoumsatzsteuer mit Vorsteuerabzug
- ► Bestimmungslandprinzip
- ► steuerbare Umsätze
- ► Leistungen
- ► Unternehmer i. S. d. UStG
- ► nicht steuerbarer Innenumsatz
- ► Organgesellschaft i. S. d. UStG
- ► Werklieferung
- ► Werkleistung
- ► Kleinunternehmer
- ► unentgeltliche Wertabgabe
- ► USt-IdNr.
- ► umsatzsteuerliche Organschaft
- ► umsatzsteuerliches Besteuerungsverfahren
- ► Erwerbsschwelle
- ► Einfuhr
- ► innergemeinschaftlicher Erwerb gegen Entgelt
- ► Nebengeschäft
- ► unentgeltliche Lieferungen
- ► unentgeltliche sonstige Leistungen
- ► entgeltliche Leistungen
- ► Inland i. S. d. UStG
- ► Ausland i. S. d. UStG
- ► Drittland i. S. d. UStG

- ► Gemeinschaftsgebiet i. S. d. UStG
- ► Reihengeschäft
- ► innergemeinschaftliches Dreiecksgeschäft
- ► Lieferort
- ► Ursprungslandprinzip
- ► ruhende Lieferung
- ► warenbewegte Lieferung
- ► umsatzsteuerliche Bemessungsgrundlage
- ► Einnahmenerzielungsabsicht
- ► Entstehung der Umsatzsteuer
- ► Steuersatz i. S. d. UStG
- ► Haupt- oder Grundgeschäft
- ► unternehmerisches Vermögen
- ► Mindestbemessungsgrundlage
- ► Einfuhrumsatzsteuer
- ► Erwerbssteuer
- ► Halbunternehmer
- ► innergemeinschaftliche Lieferung
- ► Ausfuhr
- ► Hilfsgeschäft
- ► innergemeinschaftliches Verbringen
- ► Option nach § 9 UStG
- ► Mischumsätze
- ► Abschnittsbesteuerung
- ► Sollbesteuerung i. S. d. UStG
- ► Istbesteuerung i. S. d. UStG
- ► Einzelbesteuerung
- ► vertretbare Sachen
- ► Erfüllungsgeschäft
- ► Grundsatz der Unternehmenseinheit
- ► B2B-Umsätze

Lösung s. MiniLex Seite 249 ff.

Lösung zu 1:

Steuern sind definiert in § 3 Abs. 1 AO. Hiernach müssen fünf wesentliche Voraussetzungen kumulativ erfüllt sein, damit eine öffentlich-rechtliche Abgabe als „Steuer" bezeichnet wird (siehe auch Kapitel A., Abschnitt 1.1).

Der wesentliche Unterschied zu Gebühren und Beiträgen besteht darin, dass Steuern keine Gegenleistungen für besondere Leistungen sind.

Lösung zu 2:

Richtige Antworten: c) und d).

Lösung zu 3:

Abgaben	Steuern	Gebühren	Beiträge
1. Erbschaftsteuer	x		
2. Solidaritätszuschlag	x		
3. Zahlung für Kanalbenutzung		x	
4. Kapitalertragsteuer	x		
5. Zahlung für die Müllabfuhr an die Gemeinde		x	
6. Standesamtsgebühren		x	
7. Kurtaxe			x
8. Steuerberaterkammerbeitrag			x

Lösung zu 4:

Steuerliche Vorschriften	Gesetze	Rechtsverordnungen	Verwaltungsanordnungen
1. AO	x		
2. SolZG	x		
3. OFD-Verfügung zur Rennwett- und Lotteriesteuer			x
4. BewG	x		
5. ErbStR			x
6. BMF-Schreiben zur Umsatzsteuer			x
7. EStDV		x	
8. KStR			x

Lösung zu 5:

Siehe MiniLex (S. 249 ff.)

Lösung zu 6:

1. Wollny ist Freiberuflerin gem. § 18 Abs. 1 Nr. 1 EStG und nicht gewerbesteuerpflichtig.

2. Die Bauträger GmbH ist Gewerbebetrieb kraft Rechtsform (§ 2 Abs. 2 GewStG) und infolgedessen gewerbesteuerpflichtig.

3. Lösung analog zu 1.

4. Die OHG hat einen Gewerbebetrieb i. S. v. § 15 Abs. 2 EStG (§ 2 Abs. 1 S. 2 GewStG), daher ist sie gewerbesteuerpflichtig (§ 2 Abs. 1 S. 1 GewStG).

5. Hilbert ist Kleingewerbetreibender und gewerbesteuerpflichtig, da er einen Gewerbebetrieb i. S. v. § 15 Abs. 2 EStG unterhält (§ 2 Abs. 1 S. 2 und 1 GewStG).

Lösung zu 7:

Die OHG kann sich ab dem 01.01.2004 mit ihren eigenen gewerblichen Leistungen am allgemeinen wirtschaftlichen Verkehr beteiligen (Stichwort „Lieferfähigkeit"). Ab diesem Zeitpunkt sind alle Voraussetzungen für das Vorliegen eines Gewerbebetriebs i. S. v. § 15 Abs. 2 EStG als erfüllt anzusehen.

Daher beginnt die Gewerbesteuerpflicht ab dem 01.01.2004.

Lösung zu 8:

Die von der Sisley-GmbH erzielten Gewerbeverluste in Höhe von insgesamt 10 Mio. € sind in den Erhebungszeiträumen 2014 und 2015 frühest möglich nutzbar und wie folgt zu berücksichtigen (§ 10a GewStG):

Verluste aus Vorjahren (2011 - 2013)	10.000.000 €	
maßgebender Gewerbeertrag 2014		**3.000.000 €**
- unbegrenzter Verlustabzug	1.000.000 €	1.000.000 €
= verbleibender maßgebender Gewerbeertrag 2014		2.000.000 €
- begrenzter Verlustabzug (= 60 % von 2.000.000 €)	1.200.000 €	1.200.000 €
= Gewerbeertrag nach Verlustvortrag im EZ 2014		800.000 €
= vortragsfähige Fehlbeträge für EZ ab 2015	7.800.000 €	
maßgebender Gewerbeertrag 2015		**5.000.000 €**
- unbegrenzter Verlustabzug	1.000.000 €	1.000.000 €
= verbleibender maßgebender Gewerbeertrag 2015		4.000.000 €
- begrenzter Verlustabzug (= 60 % von 4.000.000 €)	2.400.000 €	2.400.000 €
= Gewerbeertrag nach Verlustvortrag im EZ 2015		1.600.000 €
= vortragsfähige Fehlbeträge für EZ ab 2016	4.400.000 €	

Lösung zu 9:

Der Steuermessbetrag der XYZ-GmbH für den Erhebungszeitraum 2014 ermittelt sich wie folgt:

	Gewinn aus Gewerbebetrieb (§ 7 GewStG)		550.000,00 €
+	Hinzurechnungen gem. § 8 GewStG:		
	Nr. 1a) Hypothekenzinsen	200.800 €	
	Nr. 1e) Mietaufwand für Geschäftseinrichtung		
	(= 20 % von 3.625 €)	725 €	
=	Summe Hinzurechnungen nach Nr. 1	201.525 €	
	> 100.000 €, d. h. Hinzurechnung von 25 % · 101.525 €		25.381,25 €
-	Kürzungen gem. § 9 GewStG:		
	Nr. 1 Betriebsgrundstück = 0,012 · (1,4 · 20.000 €)		336,00 €
	Nr. 2 Gewinnanteil an XYZ-OHG		6.750,00 €
=	maßgebender Gewerbeertrag		568.295,25 €
→	Abrundung auf volle 100 € nach unten (§ 11 Abs. 1 S. 3 GewStG)		568.200,00 €
=	Gewerbeertrag nach Freibetrag		568.200,00 €
·	Steuermesszahl von 3,5 % (§ 11 Abs. 2 GewStG)		
=	**Steuermessbetrag (= 3,5 % von 568.200 €)**		**19.887,00 €**

Lösung zu 10:

	Gewinn aus Gewerbebetrieb (§ 7 GewStG)		10.000,00 €
+	Hinzurechnungen gem. § 8 GewStG:		
	Nr. 1 a) Hypothekenzinsen	102.350 €	
=	Summe Hinzurechnungen nach Nr. 1	102.350 €	
	> 100.000 €, d. h. Hinzurechnung von 25 % · 2.350 €		587,50 €
	Nr. 8 Verlustanteil an AB-KG (= 30 % von 43.550 €)		13.065,00 €
-	Kürzungen gem. § 9 Nr. 1 GewStG:		
	Parkfläche = 0,012 · (1,4 · 100.000 €)		1.680,00 €
=	maßgebender Gewerbeertrag		21.972,50 €
→	Abrundung (§ 11 Abs. 1 S. 3 GewStG)		21.900,00 €
-	Freibetrag, höchstens in Höhe des abgerundeten Gewerbeertrags (§ 11 Abs. 1 Nr. 1 GewStG)		21.900,00 €
=	Gewerbeertrag nach Freibetrag = **Steuermessbetrag**		**0,00 €**

Lösung zu 11:

	Gewinn aus Gewerbebetrieb (§ 7 GewStG)	300.000,00 €

+	Hinzurechnungen gem. § 8 GewStG:		
	Nr. 1a) Zinsen	200.000 €	
	Nr. 1d) Leasing-Raten	1.600 €	
=	Summe Hinzurechnungen nach Nr. 1	201.600 €	
	> 100.000 €, daher Hinzurechnung von 25 % • 101.600 €		25.400,00 €

-	Kürzungen gem. § 9 GewStG:	
	Nr. 1 Lagerhalle = 0,012 • (1,4 • 150.000 €)	2.520,00 €
	Nr. 2 Gewinnanteil an F-OHG	20.000,00 €
=	maßgebender Gewerbeertrag	302.880,00 €
→	Abrundung (§ 11 Abs. 1 S. 3 GewStG)	302.800,00 €
•	Steuermesszahl von 3,5 % (§ 11 Abs. 2 GewStG)	
=	Steuermessbetrag	10.598,00 €
•	Hebesatz für Flensburg (405 %) = festzusetzende GewSt i. H. v.	42.921,90 €
-	GewSt-Vorauszahlungen 2014	40.000,00 €
=	**GewSt-Nachzahlung 2014**	
=	**Gewerbesteuerrückstellung 2014**	**2.921,00 €**

Lösung zu 12:

1. Die Nitribitt-AG ist unbeschränkt körperschaftsteuerpflichtig i. S. v. von § 1 Abs. 1 Nr. 1 KStG. Begründung: Sie ist eine Kapitalgesellschaft mit Sitz (§ 11 AO) in Deutschland.

2. Frau Meier ist gewerblich tätige Einzelunternehmerin („Blumenhandel") und fällt nicht unter die in § 1 Abs. 1 Nr. 1 - 6 KStG aufgeführten juristischen Personen. Sie unterliegt nicht der Körperschaftsteuer (wohl aber der Gewerbe- und Einkommensteuer).

3. Die Wildau UniversityPress GmbH ist eine juristische Person i. S. v. § 1 Abs. 1 Nr. 1 KStG, die ihre Geschäftsleitung (§ 10 AO) und ihren Sitz (§ 11 AO) in Wildau (Deutschland) hat. Sie ist unbeschränkt körperschaftsteuerpflichtig.

4. Die Reiner Hanold GmbH & Co. KG ist eine Personengesellschaft (H 2 „GmbH & Co. KG" KStH) und fällt damit nicht in den Anwendungsbereich von § 1 KStG.

5. Die Jürgen Dreis GmbH sitzt zwar in Mallorca; ihre Geschäftsleitung befindet sich jedoch in Detmold (Deutschland). Damit ist die GmbH unbeschränkt steuerpflichtig (§ 1 Abs. 1 Nr. 1 KStG).

Lösung zu 13:

Das zu versteuernde Einkommen 2014 der ABC-AG ermittelt sich wie folgt:

	Vorläufiger Steuerbilanzgewinn 2014: Jahresüberschuss 2014 vor **endgültiger** KSt zzgl. SolZ	425.000 €
+	außerbilanzielle Hinzurechnungen:	
	▸ KSt-Vorauszahlungen 2014, § 10 Nr. 2 KStG	280.000 €
	▸ SolZ-Vorauszahlungen 2014, § 10 Nr. 2 KStG	15.400 €
	▸ Aufsichtsratsvergütung (50 %), § 10 Nr. 4 KStG	20.000 €
=	**zu versteuerndes Einkommen 2014**	**740.400 €**

Lösung zu 14:

Das zu versteuernde Einkommen 2013 ermittelt sich folgendermaßen:

	vorläufiger HB-Gewinn nach Steuern	147.260 €
=	vorläufiger Steuerbilanzgewinn	
+	außerbilanzielle Hinzurechnungen:	
	▸ GewSt, § 4 Abs. 5b EStG	22.000 €
	▸ KSt-Vorauszahlungen 2013, § 10 Nr. 2 KStG	65.000 €
	▸ SolZ-Vorauszahlungen 2013, § 10 Nr. 2 KStG	3.575 €
	▸ Säumniszuschläge zur KSt 2009, § 10 Nr. 2 KStG i. V. m. § 3 Abs. 4 AO	2.000 €
	▸ Beiratsvergütungen (50 %), § 10 Nr. 4 KStG	5.000 €
-	außerbilanzielle Abrechnung: Investitionszulage, § 13 InvZulG 2010	10.000 €
+	Hinzurechnung der aufwandswirksam gebuchten Spenden	15.000 €
=	Summe der Einkünfte	249.835 €
-	abziehbare Spenden, § 9 Abs. 1 Nr. 2 KStG: maximal 20 % der Summe der Einkünfte = 49.967 € (ausreichend)	15.000 €
=	**zu versteuerndes Einkommen 2013**	**234.835 €**

Lösung zu 15:

Für den VZ 2014 ermitteln sich – unter der Annahme der Steuerminimierung – folgende(s) zu versteuernde(s) Einkommen und tarifliche Körperschaftsteuer:

	Jahresüberschuss	100.000 €
-	steuerliche Anpassung betreffend AfA der Produktionsmaschine nach § 60 Abs. 2 EStDV: bei linearer AfA (= 50.000 € : 5 Jahre) wird ein höherer Aufwand generiert als bei Anwendung der leistungs-abhängigen AfA (10.000 € > 9.000 €), daher zusätzlicher Abzug von	1.000 €
=	vorläufiger Steuerbilanzgewinn	99.000 €
+	außerbilanzielle Hinzurechnungen:	
	► GewSt, § 4 Abs. 5b EStG	10.000 €
	► KSt-Vorauszahlungen 2014, § 10 Nr. 2 KStG	40.000 €
	► SolZ-Vorauszahlungen 2014, § 10 Nr. 2 KStG	2.200 €
	► Verspätungszuschläge zur KSt, § 10 Nr. 2 KStG i. V. m. § 3 Abs. 4 AO	3.000 €
	► Beiratsvergütungen (50 %), § 10 Nr. 4 KStG	2.000 €
=	Summe der EKÜ	156.200 €
=	**zu versteuerndes Einkommen 2014**	**156.200 €**
→	**tarifliche KSt 2014, § 23 Abs. 1 KStG (15 %)**	**23.430 €**

Lösung zu 16:

Zu versteuerndes Einkommen, Rückstellungen/Forderungen und endgültiger Steuerbilanzgewinn für 2014 ermitteln sich wie folgt:

	HB-Gewinn nach Steuern	55.000,00 €
=	vorläufiger Steuerbilanzgewinn	
+	außerbilanzielle Hinzurechnungen:	
	► GewSt, § 4 Abs. 5b EStG	5.500,00 €
	► KSt-Vorauszahlungen 2014, § 10 Nr. 2 KStG	26.000,00 €
	► SolZ-Vorauszahlungen 2014, § 10 Nr. 2 KStG	1.430,00 €
	► vGA betreffend „Auslagenersatz", § 8 Abs. 3 S. 2 KStG: - Gewinnminderung der GmbH - keine offene Gewinnausschüttung - Veranlassung durch das Gesellschaftsverhältnis	50.000,00 €
=	**zu versteuerndes Einkommen 2014**	**137.930,00 €**
•	Körperschaftsteuertarif von 15 %, § 23 Abs. 1 KStG	
=	tarifliche KSt i. H. v.	20.689,50 €
-	KSt-Vorauszahlung 2014	26.000,00 €
=	**Körperschaftsteuerforderung 2014**	**5.310,50 €**

festgesetzte Körperschaftsteuer 2014 von 20.689,50 €	
• 5,5 % SolZ-Tarif, § 4 SolZG i. V. m. § 3 SolZG = tariflicher SolZ	1.137,92 €
- SolZ-Vorauszahlungen 2014	1.430,00 €
= **Solidaritätszuschlags-Forderung 2014**	**292,08 €**

Endgültiger StB-Gewinn 2014
= vorläufiger Steuerbilanzgewinn zzgl.
  KSt- und SolZ-Forderungen 2014   **60.602,58 €**

Lösung zu 17:

Frau Dimitrov ist in den Veranlagungszeiträumen 2013 und 2014 unbeschränkt einkommensteuerpflichtig nach § 1 Abs. 1 EStG, da sie eine natürliche Person ist und in den besagten Jahren einen gewöhnlichen Aufenthalt nach § 9 AO in Deutschland begründet.

Als gewöhnlicher Aufenthalt ist stets und von Beginn an ein zeitlich zusammenhängender Aufenthalt von mehr als sechs Monaten Dauer anzusehen; kurzfristige Unterbrechungen (z. B. Familienheimfahrten, Jahresurlaub, längerer Heimaturlaub, Kur und Erholung, aber auch geschäftliche Reisen) bleiben unberücksichtigt, d. h. werden nicht aus dem 6-Monatszeitraum „herausgerechnet" (§ 9 S. 1 und 2 AO und AEAO zu § 9 AO, Nr. 1 S. 6).

Diese Voraussetzungen werden von Frau Dimitrov erfüllt. Ein Wohnsitz i. S. v. § 8 AO liegt nicht vor.

Zur Abwandlung:
Auch in diesem Fall wird eine unbeschränkte Steuerpflicht nach § 1 Abs. 1 EStG ausgelöst, da sie die ursprüngliche Absicht hatte, mehr als sechs Monate in Deutschland zu verweilen (AEAO zu § 9, Nr. 1 S. 7).

Lösung zu 18:

Herr Diener ist nicht unbeschränkt einkommensteuerpflichtig nach § 1 Abs. 1 EStG, da er in Mailand (Italien) lebt. Insofern ist zu prüfen, ob ggf. § 1 Abs. 2, § 1 Abs. 4 oder § 1 Abs. 3 EStG alternativ zur Anwendung kommen kann.

Die Spezialregelung nach § 1 Abs. 2 EStG greift ebenfalls nicht, da die dortigen Voraussetzungen nicht erfüllt sind.

Jedoch ist Herr Diener als natürliche Person mit Wohnsitz in Mailand (Ausland) und inländischen Vermietungseinkünften nach § 49 Abs. 1 Nr. 6 EStG beschränkt steuerpflichtig nach § 1 Abs. 4 EStG.

Die beschränkte Steuerpflicht nach § 1 Abs. 4 EStG hat zur Konsequenz, dass ausschließlich die inländischen Einkünfte (= Vermietungseinkünfte in Höhe von 48.000 €) in Deutschland zur Besteuerung herangezogen werden (= Umfang der Besteuerung nach dem Inlandsprinzip). Dies bedeutet aber auch, dass § 50 EStG greift (= eingeschränkter Werbungskostenabzug, kein Abzug von Sonderausgaben nach § 10 EStG usw.).

Dieser Nachteil könnte dadurch umgangen werden, dass er als unbeschränkt einkommensteuerpflichtig nach § 1 Abs. 3 EStG behandelt wird. Die Option ist im vorliegenden Fall jedoch nicht möglich, da der Anteil der der deutschen ESt unterliegenden Einkünfte nur 80 % beträgt (= 48.000 € : 60.000 €) und auch die ausländischen Einkünfte weit über dem Grundfreibetrag liegen.

Fazit: Herr Diener ist ausschließlich mit seinen Vermietungseinkünften in Deutschland der Besteuerung zu unterwerfen (§ 1 Abs. 4 EStG). § 50 EStG ist zu beachten.

Lösung zu 19:

Frau Heza ist für den Zeitraum ihrer Tätigkeit in Deutschland unbeschränkt einkommensteuerpflichtig nach § 1 Abs. 1 EStG, da sie eine natürliche Person ist und einen Wohnsitz gem. § 8 AO in Bielefeld hat. Nicht erforderlich ist eine abgeschlossene Wohnung mit Küche und separater Waschgelegenheit i. S. d. Bewertungsrechts (AEAO zu § 8 AO, Nr. 3). Ein möbliertes Zimmer ist daher auch eine Wohnung i. S. v. § 8 AO.

Lösung zu 20:

1. Richard Rossmann ist unbeschränkt steuerpflichtig nach § 1 Abs. 1 EStG, da er eine natürliche Person mit Wohnsitz nach § 8 AO im Inland (Deutschland) ist. Die unbeschränkte Einkommensteuerpflicht beginnt mit der Geburt eines Menschen.

2. Herr Seidel ist unbeschränkt steuerpflichtig nach § 1 Abs. 1 EStG, da die Voraussetzungen hierfür erfüllt sind.

3. Bertram Beck ist beschränkt einkommensteuerpflichtig nach § 1 Abs. 4 EStG, da er weder einen Wohnsitz (§ 8 AO) noch seinen gewöhnlichen Aufenthalt (§ 9 AO) in Deutschland hat und inländische Einkünfte i. S. v. § 49 EStG erzielt. Bei Vorliegen der weiteren Voraussetzungen von § 1 Abs. 3 EStG kann Herr Beck von der beschränkten in die unbeschränkte Steuerpflicht wechseln.

4. Willi ist unbeschränkt einkommensteuerpflichtig nach § 1 Abs. 1 EStG. Da er kein eigenes Einkommen hat, muss er keine Steuern entrichten.

5. Frau Müller ist für den Zeitraum ihrer Tätigkeit in Deutschland (Hamburg) unbeschränkt steuerpflichtig nach § 1 Abs. 1 EStG, da sie sich mehr als sechs Monate (= gewöhnlicher Aufenthalt nach § 9 AO) in Hamburg aufhält. Das Hotelzimmer begründet keinen Wohnsitz i. S. v. § 8 AO. Ihr Wohnsitz liegt in Zürich.

Lösung zu 21:

Herr Krabat hält sich – zunächst rechtswidrig und anschließend unfreiwillig im Gefängnis – insgesamt mehr als sechs Monate in Deutschland auf. Er erfüllt somit die Voraussetzungen des § 9 AO und ist daher für besagten Zeitraum in Deutschland unbeschränkt einkommensteuerpflichtig (§ 1 Abs. 1 EStG). Zelt und Gefängniszelle stellen keinen Wohnsitz i. S. v. § 8 AO dar.

Lösung zu 22:

Frau Dr. Steinert ist beschränkt steuerpflichtig nach § 1 Abs. 4 EStG, da sie inländische Einkünfte i. S. v. § 49 Abs. 1 Nr. 3 EStG erzielt und ihren Wohnsitz in Dänemark hat. Ihr Ehemann erfüllt die Voraussetzungen von § 1 EStG nicht. Für jede einzelne Person ist die Steuerpflicht gesondert zu prüfen.

Sofern die weiteren Voraussetzungen von § 1 Abs. 3 EStG erfüllt sind, wird Frau Dr. Steinert als unbeschränkt steuerpflichtig behandelt. Ihr Ehemann kann dann nach § 1a Abs. 1 Nr. 2 EStG ebenfalls als unbeschränkt steuerpflichtig behandelt werden. Hierdurch wird eine Zusammenveranlagung ermöglicht (§ 26 Abs. 1 S. 1 EStG).

Lösung zu 23:

Soweit Einkünfte der in § 20 Abs. 1, 2 und 3 EStG bezeichneten Art zu den Einkünften aus Land- und Forstwirtschaft, aus Gewerbebetrieb, aus selbstständiger Arbeit oder aus Vermietung und Verpachtung gehören, sind sie diesen Einkünften zuzurechnen (§ 20 Abs. 8 S. 1 EStG).

Insofern führt die Ausschüttung zu Einkünften aus Gewerbebetrieb nach § 15 Abs. 1 Nr. 1 EStG.

Oder anders ausgedrückt: Als Haupteinkünfteart haben die „Einkünfte aus Gewerbebetrieb" Vorrang vor der Nebeneinkünfteart „Einkünfte aus Kapitalvermögen" (Subsidiaritätsprinzip).

Lösung zu 24:

Herr Brückmann ist als natürliche Person mit Wohnsitz in Cottbus (Deutschland) unbeschränkt einkommensteuerpflichtig nach § 1 Abs. 1 EStG. Für 2014 ermittelt sich die Summe der Einkünfte wie folgt:

	Einkünfte aus Land- und Forstwirtschaft (§ 13 EStG):	1.000 €
+	Einkünfte aus Gewerbebetrieb (§ 15 EStG):	
	Brückmann hat zwei Gewerbebetriebe (Internetcafe und Spielsalon).	
	Für jeden Betrieb ist gesondert ein steuerliches Ergebnis zu ermitteln.	
	Innerhalb der gleichen Einkünfteart ist sodann ein so genannter	
	horizontaler Verlustausgleich vorzunehmen (siehe genauer unter	
	Abschnitt 4.3.4). Das heißt, Gewinne und Verluste sind miteinander	
	zu verrechnen. Hiernach ergeben sich insgesamt Einkünfte aus	
	Gewerbebetrieb in Höhe von	30.000 €
+	Einkünfte aus selbstständiger Arbeit (§ 18 EStG):	1.250 €
+	Sonstige Einkünfte (§ 22 EStG):	51.000 €
=	**Summe der Einkünfte**	**83.250 €**

Lösung zu 25:

Die Steuerpflichtige ermittelt ihren Gewinn durch Betriebsvermögensvergleich nach § 5 Abs. 1 i. V. m. § 4 Abs. 1 EStG.

In § 4 Abs. 1 S. 1 EStG ist geregelt, dass als Gewinn der Unterschiedsbetrag zwischen dem Betriebsvermögen am Schluss des Wirtschaftsjahres und dem Betriebsvermögen am Schluss des vorangegangenen Wirtschaftsjahres, vermehrt um den Wert der Entnahmen und vermindert um den Wert der Einlagen, anzusetzen ist. Hierbei ist *grundsätzlich* auf die Handelsbilanz abzustellen (= Maßgeblichkeitsprinzip; § 5 Abs. 1 EStG).

Das Steuerbilanzergebnis für 2014 beträgt somit:

	Betriebsvermögen laut Steuerbilanz zum 31.12.2014	185.000 €
-	Betriebsvermögen laut Steuerbilanz zum 31.12.2013	159.000 €
+	Barentnahme	10.000 €
=	**Steuerbilanzgewinn**	**36.000 €**

Lösung zu 26:

Zur Ermittlung der Einkünfte aus Gewerbebetrieb i. S. v. § 15 Abs. 1 Nr. 2 EStG ist zunächst der endgültige Gesamthandsgewinn für 2014 festzustellen:

	Vorläufiger Gesamthandsgewinn	250.000 €
-	Geschäftsführungsvergütung für E	60.000 €
=	endgültiger Gesamthandsgewinn 2014	190.000 €

Hiernach ergibt sich folgende steuerliche Gewinnverteilung (alle Angaben in Euro):

Gewinnverteilung in €	K (20 %)	D (20 %)	E (20 %)	S (40 %)	Gesamt
Gesamthandsgewinn	38.000	38.000	38.000	76.000	190.000
+ Sondervergütung D		40.000			40.000
- Reisekosten D (SOBA)		10.000			10.000
+ Sondervergütung E			60.000		60.000
- Zinsen K (SOBA)	4.200				4.200
= **steuerlicher Gewinn**	**33.800**	**68.000**	**98.000**	**76.000**	**275.800**
= **Einkünfte aus Gewerbebetrieb (§ 15 Abs. 1 Nr. 2 EStG)**					

Lösung zu 27:

Da Frau K als Kleingewerbetreibende – ohne Handelsregistereintragung – nicht buchführungspflichtig ist, besteht für sie die Möglichkeit, ihren steuerlichen Gewinn (oder Verlust) in Form einer so genannten Einnahmenüberschussrechnung zu ermitteln (§ 4 Abs. 3 EStG).

Bei Anwendung der Einnahmenüberschussrechnung ermittelt sich der steuerliche Gewinn für K wie folgt:

	Vorläufige Betriebseinnahmen (inkl. Umsatzsteuer)	230.000 €
-	vorläufige Betriebsausgaben (inkl. Vorsteuer)	53.000 €
=	vorläufiger steuerlicher Gewinn	177.000 €

Der vorläufige steuerliche Gewinn ist noch zu korrigieren:

▶ Die für den Monat Januar 2015 im Voraus bezahlte Miete in Höhe von 1.000 € gilt aufgrund der sog. Zehn-Tages-Fiktion gem. § 11 Abs. 2 S. 2 EStG als im Kalenderjahr 2015 verausgabt und muss daher für 2014 wieder eliminiert werden   + 1.000 €

▶ Die Eingangsrechnung von G wird im Februar 2015 bezahlt und ist daher auch erst dann als Betriebsausgabe abzugsfähig (§ 11 Abs. 2 S.1 EStG)   -

▶ Abschreibungen sind nach den für Bilanzierende geltenden Regeln zu erfassen (§ 4 Abs. 3 S. 3 EStG); d. h. für 2014 sind als Betriebsausgaben noch anzusetzen: - 31.500 €

▶ Die USt-Vorauszahlungen sind im Zeitpunkt der Verausgabung als Betriebsausgabe zu erfassen (H 9b „Gewinnermittlung nach § 4 Abs. 3 EStG und Ermittlung des Überschusses der Einnahmen über die Werbungskosten" EStH)   - 12.000 €

▶ So genannte Sachentnahmen (Entnahme von Büchern) sind hinzuzurechnen   + 400 €

= endgültiger steuerlicher Gewinn 2014   **134.900 €**

Lösung zu 28:

Der einkommensteuerpflichtige Veräußerungsgewinn für Herrn M ermittelt sich zum 01.01.2014 nach § 16 Abs. 2 und Abs. 4 EStG i. V. m. § 16 Abs. 1 Nr. 1 EStG:

1) Veräußerungsgewinn vor Freibetrag (§ 16 Abs. 2 EStG):

	Veräußerungspreis	600.000 €
-	Buchwert steuerliches Eigenkapital (= 500.000 € - 210.000 €)	290.000 €
=	Veräußerungsgewinn vor Freibetrag	310.000 €

2) Veräußerungsgewinn nach Freibetrag (§ 16 Abs. 4 EStG):

Sind die weiteren Voraussetzungen von § 16 Abs. 4 EStG erfüllt, so wird der Veräußerungsgewinn zur Einkommensteuer nur herangezogen, soweit er 45.000 € übersteigt. Der Freibetrag ermäßigt sich um den Betrag, um den der Veräußerungsgewinn 136.000 € übersteigt.

Der Veräußerungsgewinn nach Freibetrag entspricht in diesem Fall dem Veräußerungsgewinn vor Freibetrag, nämlich 310.000 €. Da der Veräußerungsgewinn vor Freibetrag den Betrag von 136.000 € um 174.000 € übersteigt, wird der Freibetrag von 45.000 € vollständig aufgezehrt (45.000 € abzgl. 174.000 €). Generell lässt sich feststellen, dass bei Veräußerungsgewinnen ab 181.000 € kein Freibetrag mehr abgezogen werden kann (181.000 € - 136.000 € = 45.000 €).

Lösung zu 29:

Frau von Kellenbach erzielt im VZ 2015 Einkünfte aus Vermietung und Verpachtung (§ 21 EStG) und sonstige Einkünfte nach § 23 und § 22 Nr. 2 EStG. Diese ermitteln sich wie folgt:

1) **Einkünfte aus Vermietung und Verpachtung bis zum Veräußerungszeitpunkt (§ 21 EStG):**

Mieteinnahmen (= 2.000 € · 11)	22.000 €
= Einkünfte aus Vermietung und Verpachtung (ohne Werbungskosten)	

2) **Sonstige Einkünfte nach § 23 Abs. 1 Nr. 1 und Abs. 3 EStG (Veräußerung eines Grundstücks im Privatvermögen innerhalb von zehn Jahren [hier: ein Jahr und elf Monate]):**

Veräußerungspreis	651.000 €
- (fortgeführte) Anschaffungskosten	500.000 €
= Veräußerungsgewinn in 2015	151.000 €

Der Veräußerungsgewinn liegt weiter über der Freigrenze von 600 € (§ 23 Abs. Abs. 3 S. 5 EStG) und ist daher in voller Höhe steuerpflichtig.

Lösung zu 30:

a) **Selbstständiges Fotomodell:** Einkünfte aus Gewerbebetrieb, § 15 Abs. 1 Nr. 1 EStG i. V. m. H 15.6 „Abgrenzung selbstständige Arbeit/Gewerbebetrieb, b. Beispiele für Gewerbebetrieb" EStH

b) **Selbstständiger Handwerksmeister:** Einkünfte aus Gewerbebetrieb, § 15 Abs. 1 Nr. 1 EStG

c) **Angestellter Arzt im Krankenhaus:** Einkünfte aus nicht selbstständiger Arbeit, § 19 Abs. 1 Nr. 1 EStG

d) **Selbstständiger Buchhalter:** Einkünfte aus Gewerbebetrieb, § 15 Abs. 1 Nr. 1 EStG i. V. m. H 15.6 „Abgrenzung selbstständige Arbeit/Gewerbebetrieb, b. Beispiele für Gewerbebetrieb" EStH

e) **Selbstständiger Patentberichterstatter mit wertender Tätigkeit:** Einkünfte aus selbstständiger Arbeit, § 18 Abs. 1 Nr. 1 EStG i. V. m. H 15.6 „Abgrenzung selbstständige Arbeit/Gewerbebetrieb, a. Beispiele für selbstständige Arbeit" EStH

f) **Fahrlehrer mit eigener Fahrschule:** Einkünfte aus selbstständiger Arbeit, § 18 Abs. 1 Nr. 1 EStG i. V. m. H 15.6 „Abgrenzung selbstständige Arbeit/Gewerbebetrieb, b. Beispiele für Gewerbebetrieb" EStH

g) **Selbstständiger Logopäde:** Einkünfte aus selbstständiger Arbeit, § 18 Abs. 1 Nr. 1 EStG i. V. m. H 15.6 „Abgrenzung selbstständige Arbeit/Gewerbebetrieb, a. Beispiele für selbstständige Arbeit" EStH

h) **Inhaberin einer Gärtnerei:** Einkünfte aus Land- und Forstwirtschaft, § 13 Abs. 1 Nr. 1 EStG

i) **Anlageberater/Finanzanalyst:** Einkünfte aus Gewerbebetrieb, § 15 Abs. 1 Nr. 1 EStG i. V. m. H 15.6 „Abgrenzung selbstständige Arbeit/Gewerbebetrieb, b. Beispiele für Gewerbebetrieb" EStH

j) **Inhaber eines Bodybuilding-Studios:** in der Regel Einkünfte aus Gewerbebetrieb, § 15 Abs. 1 Nr. 1 EStG i. V. m. H 15.6 „Abgrenzung selbstständige Arbeit/Gewerbebetrieb, b. Beispiele für Gewerbebetrieb" EStH

k) **Selbstständiger Apotheker:** Einkünfte aus Gewerbebetrieb, § 15 Abs. 1 Nr. 1 EStG und *Schmidt, L.*, Einkommensteuergesetz, 33. Auflage, 2014, zu § 15 EStG, Rn. 150

l) **Selbstständiger Hellseher:** Einkünfte aus Gewerbebetrieb, § 15 Abs. 1 Nr. 1 EStG i. V. m. H 15.6 „Abgrenzung selbstständige Arbeit/Gewerbebetrieb, b. Beispiele für Gewerbebetrieb" EStH.

Lösung zu 31:

Veranla-gungszeit-raum	Summe der Einkünfte vor vertikalem Verlustaus-gleich	Verlustabzug § 10d Abs. 1 und 2 EStG	zu versteuerndes Einkommen
2009	1.000.000 €	0 €	1.000.000 €
2010	8.000.000 €	0 €	8.000.000 €
2011	20.000.000 €	- 1.000.000 €	19.000.000 €
2012	- 15.000.000 €	0 €	0 €
2013	8.000.000 €	- 5.200.000 €	2.800.000 €
2014	5.000.000 €	- 3.400.000 €	1.600.000 €
2015	1.000.000 €	- 1.000.000 €	0 €

Ausgangspunkt ist das Verlustentstehungsjahr, in diesem Fall VZ 2012. Die nicht ausgeglichenen Verluste in Höhe von 15 Mio. € sind hierbei zunächst i. S. v. § 10d Abs. 1 EStG in den unmittelbar vorangegangenen VZ (hier: 2011) zurückzutragen. Der Rest ist nach § 10d Abs. 2 EStG in die dem VZ 2012 folgenden VZ vorzutragen.

Zum 31.12.2015 verbleibt hiernach ein Verlustvortrag in Höhe von 4.400.000 € (= 15.000.000 € abzgl. 10.600.000 €).

Dieser kann auf die VZ 2016 ff. vorgetragen werden. Im Gegensatz zum Rücktrag ist der Vortrag in unendlich folgende VZ möglich.

Lösung zu 32:

a) Bei Anwendung des Grundtarifs beträgt die tarifliche Einkommensteuer von Frau Huber:

0,42 · 60.000 - 8.239 = 16.961 €.

Die Tarifbelastung (Grundtarif) von Herrn Diehl beläuft sich auf

(228,74 · 0,1531 + 2.397) · 0,1531 + 971 = 1.343 €.

Insgesamt müssen sie also eine Steuer von **18.304 €** entrichten.

b) Das gemeinsame zu versteuernde Einkommen der Eheleute beträgt 75.000 €.

Die Tarifbelastung bei Anwendung des Splittingtarifs beträgt hiernach für
z = (37.500 [= 75.000 : 2] - 13.469) : 10.000 = 2,4031:

(228,74 · 2,4031 + 2.397) · 2,4031 + 971 = 8.052 · 2 = **16.104 €**

Der Splittingvorteil beläuft sich somit auf 2.200 € (= 18.304 € - 16.104 €).

Lösung zu 33:

Herr Huber hat im VZ 2014 folgende Einkünfte erzielt:

- ► Steuerfreie Einnahmen (Arbeitslosengeld I) gem. § 3 Nr. 2 EStG: 16.800 €

- ► Einkünfte aus Vermietung und Verpachtung gem. § 21 Abs. 1 Nr. 1 EStG:
  Mieteinnahmen (einschl. Nebenkostenvorauszahlungen) 28.200 €
  - Werbungskosten (Abschreibungen etc.) 5.400 €
  = Einkünfte 22.800 €

- ► Sonstige Einkünfte gem. § 22 Nr. 2 i. V. m. § 23 Abs. 1 Nr. 2 EStG:
  Da An- und Verkauf der Geige innerhalb eines Jahres stattgefunden haben und der Veräußerungsgewinn nach § 23 Abs. 3 EStG in Höhe von 1.700 € (= 11.700 € - 10.000 €) über 600 € liegt, ist er in voller Höhe steuerpflichtig: 1.700 €

Das zu versteuernde Einkommen beträgt hiernach:

	Summe der Einkünfte	24.500 €
=	Gesamtbetrag der Einkünfte	
-	Sonderausgaben	1.800 €
=	zu versteuerndes Einkommen	22.700 €

Aufgrund der Tatsache, dass er Arbeitslosengeld bezogen hat, ist der Progressionsvorbehalt nach § 32b Abs. 1 Nr. 1a EStG zu berücksichtigen. Dies bedeutet, dass er einen Durchschnittssteuersatz auf sein zu versteuerndes Einkommen in Höhe von 22.700 € anzuwenden hat. Dieser ermittelt sich folgendermaßen:

Fiktiv zu versteuerndes Einkommen (= zu versteuerndes Einkommen zzgl. steuerfreier Einnahmen unter Abzug eines Pauschbetrags von 1.000 € gem. § 32b Abs. 2 Nr. 1 EStG):

22.700 € + (16.800 € - 1.000 €) =   38.500 €

Hierfür beträgt die tarifliche Einkommensteuer nach der Grundtabelle   8.404 €

→   Durchschnittssteuersatz = 8.404 € : 38.500 € = 0,2183

Dieser Durchschnittssteuersatz ist auf das zu versteuernde Einkommen von 22.700 € anzuwenden. Die Tarifbelastung für Herrn Huber beträgt somit im VZ 2014 **4.955 €** (= 22.700 € · 0,2183).

Ohne Durchschnittssteuersatzermittlung nach § 32b EStG würde sich die Tarifbelastung für Herrn Huber nur auf 3.378 € (Grundtarif für 22.700 €) belaufen.

Lösung zu 34:

Ermittlung des versteuerndes Einkommens 2014 bei Zusammenveranlagung:

Einkünfte für Frau Müller:

	Bruttoeinnahmen lt. Lohnsteuerbescheinigung		48.000,00 €
-	Werbungskosten nach § 9 und 9a EStG:		
	▸ Fahrtkostenpauschale, § 9 Abs. 1 Nr. 4 EStG:		
	210 Tage · 10 km · 0,30 € =	630,00 €	
	▸ typische Berufskleidung und Fachliteratur	1.500,00 €	
	Summe > Pauschale i. H. v. 1.000 € (§ 9a EStG)		2.130,00 €
=	**Einkünfte aus nicht selbstständiger Arbeit lt. § 19 EStG**		**45.870,00 €**

Einkünfte für Herrn Müller:

▸ **Einkünfte gem. § 18 Abs. 1 Nr. 1 EStG**		**5.890,00 €**
▸ **Einkünfte gem. § 21 Abs. 1 Nr. 1 EStG:**		
Einnahmen von	12.360,00 €	
- Werbungskosten, nur 50 % abzugsfähig:		
• Abschreibung	5.000,00 €	
• sonstige Nebenkosten	4.025,00 €	
Summe	9.025,00 €	
= Einkünfte aus Vermietung und Verpachtung i. H. v.		**3.335,00 €**

→ **Summe der Einkünfte der Eheleute Müller:**		**55.095,00 €**
= Gesamtbetrag der Einkünfte		
- Sonderausgaben nach §§ 10 ff. EStG		6.384,00 €
= **zu versteuerndes Einkommen**		**48.711,00 €**

→ tarifliche/festzusetzende ESt laut Splittingtabelle		7.702,00 €
- Lohnsteuerzahlungen von Frau Müller		6.810,00 €
= ESt-Nachzahlung für 2014		892,00 €

→ tariflicher/festzusetzender SolZ laut Splittingtabelle		423,61 €
- SolZ auf Lohnsteuerzahlungen von Frau Müller		374,55 €
= SolZ-Nachzahlung für 2014		49,06 €

Lösung zu 35:

Siehe MiniLex (S. 249 ff.)

Lösung zu 36:

a) Lieferung (§ 3 Abs. 1 UStG) durch Eigentumsübertragung (= Verschaffung der Verfügungsmacht)

b) Sonstige Leistung (§ 3 Abs. 9 UStG), die in einem Dulden besteht

c) Lieferung (§ 3 Abs. 1 UStG), da der Verkauf des Buchs im Vordergrund steht (= Hauptgeschäft). Das unselbstständige Nebengeschäft (Versand mit eigenem Lkw) teilt umsatzsteuerlich das Schicksal des Hauptgeschäfts („Einheitlichkeit der Leistung").

d) Sonstige Leistung (§ 3 Abs. 9 UStG), die in einem Tun besteht

e) Sonstige Leistung (§ 3 Abs. 9 UStG), die im Dulden eines Zustands besteht

f) Lieferung (§ 3 Abs. 1 UStG) durch Eigentumsübertragung

g) Sonstige Leistung (§ 3 Abs. 9 UStG), die in einem Unterlassen besteht

h) Lieferung (§ 3 Abs. 1 UStG), vgl. Abschnitt 3.5 Abs. 2 Nr. 1 UStAE

i) Sonstige Leistung (§ 3 Abs. 9 UStG), vgl. Abschnitt 3.5 Abs. 3 Nr. 8 UStAE

Lösung zu 37:

a) Nein: Der Lehrer übt mit dem einmaligen Fahrradverkauf keine nachhaltige Tätigkeit mit Einnahmenerzielungsabsicht aus.

b) Die Voraussetzungen von § 2 UStG sind erfüllt (Unternehmerfähigkeit, gewerbliche Tätigkeit und Selbstständigkeit).

c) Ja: analog Begründung zu b).

d) Nein: Herr Dr. Meier ist als Angestellter nicht selbstständig tätig.

e) Betreffend ihrer im Anstellungsverhältnis ausgeübten Professorentätigkeit ist sie keine Unternehmerin, wohl aber mit ihrer schriftstellerischen Tätigkeit.

f) Der Verlag und die Vertriebstochtergesellschaft der ABC AG sind als so genannte Organgesellschaften nicht selbstständig tätig (§ 2 Abs. 2 Nr. 2 UStG). Die ABC AG (Organträgerin) ist Unternehmerin.

Lösung zu 38:

	Inland	Gemeinschafts-gebiet	Drittland
a) Aachen	§ 1 Abs. 2 S. 1 UStG	§ 1 Abs. 2a S. 1 UStG	
b) Rom		§ 1 Abs. 2a S. 1 UStG	
c) Moskau			§ 1 Abs. 2a S. 3 UStG i. V. m. Abschnitt 1.10 Abs. 2 UStAE
d) Brüssel		§ 1 Abs. 2a S. 1 UStG	
e) Gibraltar			§ 1 Abs. 2a S. 3 UStG i. V. m. Abschnitt 1.10 Abs. 2 UStAE
f) Jungholz und Mittelberg (Österreich)		§ 1 Abs. 2a S. 1 UStG und Abschnitt 1.9 Abs. 2 sowie 1.10 Abs. 1 UStAE	
g) Insel Man		§ 1 Abs. 2a S. 1 UStG und Abschnitt 1.10 Abs. 1 UStAE	
h) Duisburg	§ 1 Abs. 2 S. 1 UStG	§ 1 Abs. 2a S. 1 UStG	
i) Freihafen Bremerhaven	§ 1 Abs. 3 UStG	§ 1 Abs. 2a S. 1 UStG	§ 1 Abs. 2 S. 1 UStG i. V. m. Abschnitt 1.9 Abs. 1 und 2 UStAE

	Inland	Gemeinschafts-gebiet	Drittland
j) Monaco		§ 1 Abs. 2a S. 1 UStG und Abschnitt 1.10 Abs. 1 UStAE	
k) Los Angeles			§ 1 Abs. 2a S. 3 UStG i. V. m. Abschnitt 1.10 Abs. 2 UStAE
l) Insel Helgoland			§ 1 Abs. 2 S. 1 UStG i. V. m. Abschnitt 1.9 Abs. 1 und 2 UStAE
m) Miami			§ 1 Abs. 2a S. 3 UStG i. V. m. Abschnitt 1.10 Abs. 2 UStAE
n) Kitzbühel		§ 1 Abs. 2a S. 1 UStG	
o) Vatikan			§ 1 Abs. 2a S. 3 UStG i. V. m. Abschnitt 1.10 Abs. 2 UStAE

Lösung zu 39:

Aufgrund der Tatsache, dass fünf Unternehmer über dieselben Spezialkameras Umsatzgeschäfte abschließen und diese im Rahmen einer Versendung unmittelbar vom ersten Unternehmer (U1) an den letzten Abnehmer (U5) gelangen, liegt ein so genanntes Reihengeschäft nach § 3 Abs. 6 S. 5 UStG vor.

Der Liefergegenstand wird von U5 (= letzter Unternehmer in der Reihe) abgeholt (durch einen von ihm beauftragten Spediteur; sog. Abholfall). Die Warenbewegung ist daher der Lieferung U4 an U5 zuzuordnen (Abschnitt 3.14 Abs. 8 S. 2 UStAE). Die Lieferungen von

► U1 an U2
► U2 an U3 und
► U3 an U4

sind demzufolge ruhende Lieferungen:

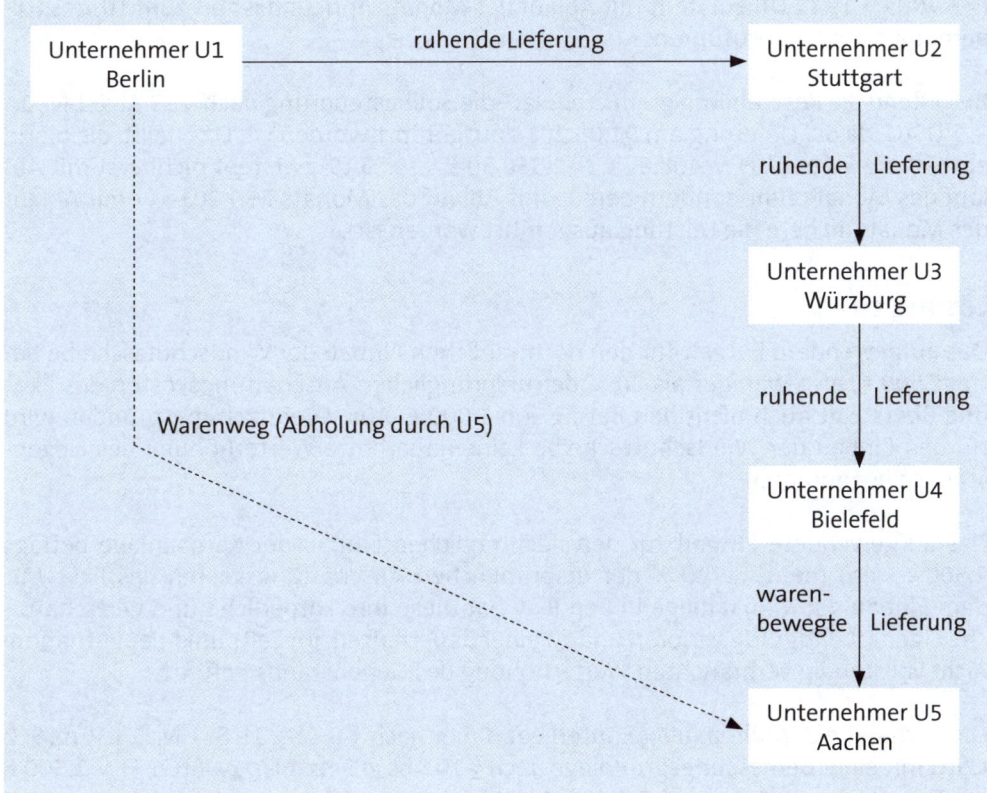

Lieferort für die warenbewegte Lieferung von U4 an U5 ist Berlin, da dort die Beförderung beginnt (§ 3 Abs. 6 S. 1 UStG). Für die der Warenbewegung vorangehenden Lieferungen von U1 an U2, U2 an U3 und U3 an U4 ist der Lieferort ebenfalls Berlin, da hier die Beförderung beginnt (§ 3 Abs. 7 S. 2 Nr. 1 UStG). Alle vier Lieferungen (U1 an U2, U2 an U3, U3 an U4 und U4 an U5) sind damit steuerbar und steuerpflichtig in Deutschland.

Ausgangspunkt für die Beurteilung der Frage, welche Lieferungen der warenbewegten Lieferung vorangehen oder folgen ist immer der Ort, vom dem aus die Ware wegbewegt wird (hier: Berlin) und zwar unabhängig davon, wer befördert oder versendet (erster, mittlerer oder letzter Unternehmer).

Lösung zu 40:

Wird das Entgelt oder ein Teil des Entgelts vereinnahmt, bevor die Leistung oder die Teilleistung ausgeführt worden ist, so entsteht insoweit die Steuer mit Ablauf des Voranmeldungszeitraums, in dem das Entgelt oder das Teilentgelt vereinnahmt worden ist (§ 13 Abs. 1 Nr. 1a S. 4 UStG). Diese so genannte Mindest-Istbesteuerung ist für die Anzahlung relevant. Die hieraus resultierende Umsatzsteuer i. H. v. 1.069,75 €

(= 6.700 € · 19 : 119) entsteht mit Ablauf des Monats April und ist bis zum 10. des Folgemonats ans FA abzuführen.

Betreffend die Restzahlung greift „regulär" die Sollbesteuerung nach § 13 Abs. 1 Nr. 1a S. 1 UStG, da die Lieferung am 01.05.2014 ausgeführt worden ist. Das heißt, die hierin enthaltene Steuer i. H. v. 408,82 € (= 2.560,50 € · 19 : 119) entsteht nicht erst mit Ablauf des Monats Juni, sondern bereits mit Ablauf des Monats Mai 2014 (= mit Ablauf des Monats, in dem die Leistung ausgeführt worden ist).

Lösung zu 41:

Das aufgewendete Entgelt für den nachträglichen Einbau der Windschutzscheibe beträgt 500 €, also weniger als 20 % der ursprünglichen Anschaffungskosten des Pkw, und übersteigt auch nicht den Betrag von 1.000 €. Aus Vereinfachungsgründen wird für den Einbau der Windschutzscheibe keine dauerhafte Werterhöhung des Gegenstands angenommen.

Das aufgewendete Entgelt für den nachträglichen Einbau der Klimaanlage beträgt 2.500 €, also mehr als 20 % der ursprünglichen Anschaffungskosten des Pkw. Mit dem Einbau der Klimaanlage in den Pkw hat diese ihre körperliche und wirtschaftliche Eigenart endgültig verloren und zu einer dauerhaften, im Zeitpunkt der Entnahme nicht vollständig verbrauchten Werterhöhung des Gegenstands geführt.

Die Entnahme der Klimaanlage unterliegt daher nach § 3 Abs. 1b S. 1 Nr. 1 i. V. m. S. 2 UStG mit einer Bemessungsgrundlage nach § 10 Abs. 4 Satz 1 Nr. 1 UStG i. H. v. 1.500 € der Umsatzsteuer (Abschnitt 3.3 Abs. 4 UStAE).

Lösung zu 42:

Der Beauftragte von F ist Schuldner der Zollgebühren (80 €) und der EUSt i. H. v. 1.535,20 € (= 19 % · 8.080 €), d. h. er tätigt zunächst eine steuerbare und steuerpflichtige Einfuhr nach Deutschland i. S. v. § 1 Abs. 1 Nr. 4 UStG i. V. m. § 12 Abs. 1 UStG und § 11 UStG. Die EUSt ist als Vorsteuer nach § 15 Abs. 1 Nr. 2 UStG abzugsfähig. Anschließend führt er einen steuerpflichtigen Inlandsverkauf nach § 1 Abs. 1 Nr. 1 UStG i. V. m. § 3 Abs. 8 UStG aus. Hierfür schuldet er ebenfalls die Umsatzsteuer (Steuerträger ist jedoch U).

Lösung zu 43:

In einem der „durchlaufenen" Mitgliedstaaten findet zunächst eine steuerbare und steuerpflichtige Einfuhr aus Russland statt (§ 1 Abs. 1 Nr. 4 deutsches UStG analog). Die Drittlandsware wird durch die Abfertigung zum freien Verkehr im EU-Ausland zur „EU-Ware".

Anschließend kommt es zu einer steuerbaren, aber steuerfreien so genannten innergemeinschaftlichen (Weiter-)Lieferung aus der EU nach Deutschland und zu einem steuerpflichtigen innergemeinschaftlichen Erwerb in Deutschland (Ware gelangt somit aus umsatzsteuerlicher Sicht aus dem übrigen Gemeinschaftsgebiet in das Inland). Zum innergemeinschaftlichen Erwerb gegen Entgelt siehe unter Abschnitt 2.2.4.

Abwandlung:
Es handelt sich um eine steuerbare und steuerpflichtige Einfuhr aus Russland nach Deutschland (§ 1 Abs. 1 Nr. 4 UStG). Die restlichen Mitgliedstaaten sind lediglich „Durchfuhrland". Innergemeinschaftliche Lieferungen oder innergemeinschaftliche Erwerbe liegen nicht vor.

Lösung zu 44:

Die Option zur Erwerbsbesteuerung nach § 1a Abs. 4 UStG (und somit zum Vorliegen eines innergemeinschaftlichen Erwerbs) bewirkt, dass der Halbunternehmer i. S. v. § 1a Abs. 3 Nr. 1 UStG für die an ihn bewirkte Leistung wie ein „richtiger" Unternehmer behandelt wird.

Sie ist grundsätzlich zu empfehlen, wenn (regelmäßig) Warenbezüge aus einem Mitgliedstaat (Herkunftsland) mit höherem USt-Satz als im Erwerberland erfolgen.

Bei Nichtoption zur Erwerbsbesteuerung liegt kein innergemeinschaftlicher Erwerb vor. Es greift dann *grundsätzlich* das Ursprungslandprinzip nach § 3 Abs. 6 S. 1 UStG, d. h. die Besteuerung hat dort zu erfolgen, wo der Gegenstand erworben wird bzw. die Beförderung oder Versendung des Gegenstandes beginnt.

Bezogen auf Dänemark (Herkunftsland) und Deutschland (Erwerberland) hätte dies beispielsweise zur Konsequenz, dass der **nicht vorsteuerabzugsberechtigte Halbunternehmer** Mehrkosten in Höhe der Differenz zwischen höherem dänischen Steuersatz (25 %) und niedrigerem deutschen Steuersatz (19 %) zu tragen hätte (bei nicht Vorsteuerabzugsberechtigten ist die Umsatzsteuer kein so genannter durchlaufender Posten).

Lösung zu 45:

Blumenverkäufer B tätigt einen steuerpflichtigen innergemeinschaftlichen Erwerb in Deutschland nach § 1 Abs. 1 Nr. 5 und § 1a i. V. m. § 3d S. 1 UStG, da sämtliche Voraussetzungen hierfür erfüllt sind:

1) Innergemeinschaftlicher Erwerb nach § 1a Abs. 1 UStG:

   ► Eine Blumenlieferung an B (Erwerber) gelangt aus dem Mitgliedstaat Polen direkt in den Mitgliedstaat Deutschland.

   ► B ist Unternehmer i. S. v. § 2 UStG und somit **kein Halbunternehmer** i. S. v. § 1a Abs. 3 Nr. 1 UStG, der den Gegenstand für sein Unternehmen erwirbt (er verwendet beim Einkauf die USt-IdNr. von Deutschland).

   ► G (Lieferant) ist ebenfalls Unternehmer (Ausstellung einer ordnungsgemäßen Rechnung mit Ausweis des Nettowarenwerts und unter Hinweis auf die steuerfreie innergemeinschaftliche Lieferung nach § 6a UStG sowie Angabe der polnischen USt-IdNr. usw.), der die Lieferung gegen Entgelt im Rahmen seines Unternehmens ausführt.

2) Leistungsort für den innergemeinschaftlichen Erwerb nach § 1a UStG ist dort, wo sich der Liefergegenstand am Ende der Beförderung oder Versendung befindet (§ 3d S. 1 UStG). Der Gegenstand befindet sich am Ende der Beförderung („Abholung") in Deutschland. Somit ist er auch hier steuerbar und steuerpflichtig, da keine Befreiungsvorschriften nach § 4b UStG greifen.

Weitere umsatzsteuerliche Konsequenzen sind:

▸ Der Lieferant G tätigt in Polen eine innergemeinschaftliche steuerbefreite Lieferung nach § 1 Abs. 1 Nr. 1 und § 6a i. V. m. § 3 Abs. 6 S. 1 und § 4 Nr. 1b deutsches UStG analog.

▸ Bemessungsgrundlage für den steuerpflichtigen innergemeinschaftlichen Erwerb ist das Entgelt (§ 10 Abs. 1 S. 1 UStG). Dieses lässt sich aus der Rechnung des Lieferanten entnehmen. In unserem Fall beträgt es 10.000 €.

▸ Für den innergemeinschaftlichen Erwerb entsteht die Steuer in Höhe von 700 € (= 7 % von 10.000 € nach § 12 Abs. 2 UStG i. V. m. Anlage 2 zum UStG) grundsätzlich mit Ausstellung der Rechnung, spätestens jedoch mit Ablauf des dem Erwerb folgenden Kalendermonats (§ 13 Abs. 1 Nr. 6 UStG).

▸ Steuerschuldner der Erwerbssteuer ist der Erwerber B (§ 13a Abs. 1 Nr. 2 UStG).

▸ Die Erwerbssteuer (700 €) kann von B als Vorsteuer gezogen werden (§ 15 Abs. 1 Nr. 3 UStG).

Lösung zu 46:

B ist nun ein so genannter Halbunternehmer nach § 1a Abs. 3 Nr. 1b UStG. Jedoch hat er im vorangegangenen Kalenderjahr 2013 mit einem Gesamtbetrag der Entgelte für innergemeinschaftliche Erwerbe in Höhe von 25.000 € die Erwerbsschwelle von 12.500 € weit überschritten (§ 1a Abs. 3 Nr. 2, 1. HS UStG).

Damit ergibt sich fast die gleiche umsatzsteuerliche Beurteilung wie in Aufgabe 45:

▸ B tätigt in Deutschland einen steuerpflichtigen innergemeinschaftlichen Erwerb und

▸ G erbringt in Polen eine steuerbefreite innergemeinschaftliche Lieferung.

Die Ausführungen zur Bemessungsgrundlage sowie zur Steuerentstehung und Steuerschuldnerschaft gelten analog. Die Erwerbssteuer kann jedoch **nicht** von B als Vorsteuer abgezogen werden (§ 19 Abs. 1 S. 4 UStG). Das heißt, die gezahlte Erwerbssteuer (700 €) erhöht für B die Anschaffungskosten für die Blumen.

Lösung zu 47:

B ist Halbunternehmer und hat die Erwerbsschwelle für innergemeinschaftliche Erwerbe im vorangegangenen Jahr (2013) nicht überschritten und wird diese auch im laufenden Jahr (2014) voraussichtlich nicht überschreiten. Damit erfüllt er die Voraussetzungen von § 1a Abs. 3 UStG. Somit liegt kein steuerpflichtiger innergemeinschaftlicher Erwerb auf Seiten des B und keine steuerbefreite innergemeinschaftliche Lieferung auf Seiten des G vor.

B kann jedoch nach § 1a Abs. 4 UStG zur Erwerbsbesteuerung optieren.

Im vorliegenden Fall sollte er dies jedoch nicht tun, da er als nicht vorsteuerabzugsberechtigter Halbunternehmer hierdurch eine Kostenersparnis von 200 € hat. Diese ergibt sich durch den niedrigeren stark ermäßigten Steuersatz für Blumen in Polen (5 % statt 7 %).

Lösung zu 48:

Es handelt sich um ein so genanntes innergemeinschaftliches Dreiecksgeschäft. Sämtliche in § 25b Abs. 1 und Abs. 2 UStG genannten Voraussetzungen sind als erfüllt anzusehen (vgl. auch Abschnitt 25b.1 UStAE).

Die Lieferung von U1 an U2 ist die warenbewegte Lieferung (§ 3 Abs. 6 S. 6 deutsches UStG analog i. V. m. Abschnitt 3.14 Abs. 9 sowie Abschnitt 25b.1 Abs. 5 S. 2 und S. 3 deutscher UStAE analog). Ort dieser Lieferung ist Italien, da dort die Beförderung beginnt (§ 3 Abs. 6 S. 1 deutsches UStG analog). Dies bedeutet, dass sie nach italienischem Umsatzsteuerrecht auch in Italien steuerbar ist (§ 1 Abs. 1 Nr. 1 deutsches UStG analog), jedoch als innergemeinschaftliche Lieferung nach § 6a deutsches UStG analog steuerbefreit ist (§ 4 Nr. 1b deutsches UStG analog).

U2 hat zwei innergemeinschaftliche Erwerbe, einen in den Niederlanden (§ 3d S. 1 deutsches UStG analog) und einen zweiten in Deutschland (§ 3d S. 2 UStG), da er die USt-ID-Nr. von Deutschland verwendet (Abschnitt 25b.1 Abs. 2 S. 11 [deutscher] UStAE [analog]). Da die Voraussetzungen des § 25b Abs. 2 UStG erfüllt sind, gelten beide innergemeinschaftliche Erwerbe – sowohl in den Niederlanden als auch in Deutschland – als besteuert (§ 25b Abs. 3 [deutsches] UStG [analog] i. V. m. § 3d S. 1 und S. 2 [deutsches] UStG [analog] und Abschnitt 25b.1 Abs. 7 [deutscher] UStAE [analog]).

Die sich den innergemeinschaftlichen Erwerben anschließende Lieferung von U2 an U3 ist eine ruhende Lieferung (§ 3 Abs. 7 S. 2 Nr. 2 deutsches UStG analog). Hiernach ist der Lieferort dort, wo sich die Ware am Ende der Beförderung befindet (= Holland). Diese Lieferung ist somit in Holland steuerbar und steuerpflichtig (§ 1 Abs. 1 Nr. 1 deutsches UStG analog). Die Steuer wird vom letzten Unternehmer (U3) geschuldet (§ 13a Abs. 1 Nr. 5 deutsches UStG analog). Er ist unter den übrigen Voraussetzungen des § 15 deutsches UStG analog berechtigt, diese als Vorsteuer abzuziehen (§ 25b Abs. 5 deutsches UStG analog).

Die umsatzsteuerlichen Konsequenzen des innergemeinschaftlichen Dreiecksgeschäfts werden in nachfolgendem Schaubild zusammengefasst:

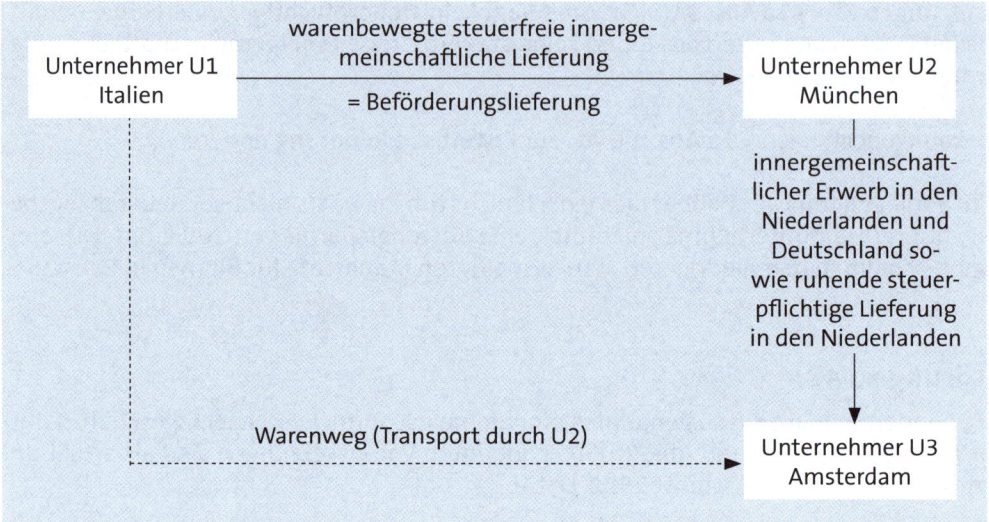

Lösung zu 49:

Es liegt **kein** innergemeinschaftliches Dreiecksgeschäft i. S. d. § 25b Abs. 1 UStG vor, da der letzte Abnehmer (U3) den Gegenstand der Lieferungen befördert. Die Beförderung ist der zweiten Lieferung (U2 an U3) zuzuordnen. Ort der Lieferung ist nach § 3 Abs. 6 S. 5 i. V. m. S. 1 UStG Italien (Beginn der Beförderung). Die Lieferung ist als innergemeinschaftliche Lieferung in Italien steuerfrei. Der Erwerb des Gegenstands unterliegt bei U3 grundsätzlich der Besteuerung des innergemeinschaftlichen Erwerbs in Holland, da die Versendung dort endet (§ 3d S. 1 UStG). Die erste Lieferung (U1 an U2) ist eine ruhende Lieferung. Lieferort ist nach § 3 Abs. 7 S. 2 Nr. 1 UStG ebenfalls Italien, da sie der Beförderungslieferung vorangeht. Die Lieferung ist nach italienischem Recht zu beurteilen. U2 muss sich demnach in Italien steuerlich registrieren lassen (Abschnitt 25b.1 Abs. 5, Beispiel b. S. 2 - 10 UStAE).

Lösung zu 50:

Siehe MiniLex (S. 249 ff.)

Das MiniLex enthält die wichtigsten Begriffe, die in diesem Buch behandelt werden und darüber hinausgehend in diesem Zusammenhang relevante Zusatzerläuterungen.

Abgeltungsbesteuerung

Schütten Kapitalgesellschaften Gewinne an natürliche Personen mit Beteiligung im Privatvermögen aus, wird im Auszahlungszeitpunkt die „Bruttodividende" (= Ausschüttungsbetrag nach Gewerbesteuer, Körperschaftsteuer und Solidaritätszuschlag) zusätzlich mit

► Kapitalertragsteuer (KapESt) i. H. v. 25 % der Bruttodividende (§ 43a Abs. 1 Nr. 1 EStG)

► Solidaritätszuschlag (SolZ) i. H. v. 5,5 % der KapESt (§ 3 Abs. 1 Nr. 5 i. V. m. § 4 SolZG) und

► ggf. auch mit Kirchensteuer (KiSt) i. H. v. 8 % (steuerlicher Wohnsitz in Bayern/ Baden Württemberg) bzw. 9 % (steuerlicher Wohnsitz in den restlichen Bundesländern) der KapESt (§ 51a Abs. 2b EStG)

belastet und diese Zusatzbelastung von der auszahlenden Stelle (i. d. R. die Bank) abgeführt, wenn bestimmte Voraussetzungen erfüllt sind.

Die Bruttodividende ist mit dem Abzug von KapESt, SolZ (und ggf. KiSt) abschließend besteuert. Oder anders ausgedrückt: Die Einkommensteuer zzgl. Zuschlagsteuern ist mit dem Abzug abgegolten („Abgeltungsbesteuerung" nach § 32d Abs. 1 EStG). Damit erübrigt sich grundsätzlich eine Veranlagung. Ausnahmen hiervon stellen die kleine und große Option zur Veranlagung dar (§ 32d Abs. 4 und 6 EStG).

Abschnittsbesteuerung

Sie beinhaltet den Regelfall der Berechnung der Umsatzsteuer (§ 16 Abs. 1 S. 3 UStG): Die Umsatzsteuer ist grundsätzlich von der Summe der steuerpflichtigen Umsätze nach § 1 Abs. 1 Nr. 1 und Nr. 5 UStG

zu berechnen, soweit für sie die Steuer in dem Besteuerungszeitraum entstanden und die Steuerschuldnerschaft gegeben ist. In Ausnahmefällen greift die so genannte → Einzelbesteuerung.

Allphasen-Nettoumsatzsteuer mit Vorsteuerabzug

Die Umsatzsteuer erfasst jede Wirtschaftsstufe, d. h. Phase des Wirtschaftsverkehrs (= Urerzeugung, Weiterverarbeitung, Groß- und Einzelhandel). Bemessungsgrundlage auf jeder Stufe ist der Nettowert. Ein so genannter → Vorsteuerabzug bewirkt, dass auf jeder Stufe nur die Wertschöpfung (= Mehrwert) besteuert wird.

Annexsteuern

Annexsteuern werden auch als so genannte Zuschlagsteuern bezeichnet, da sie als „Zuschlag" zu anderen Steuerarten berechnet werden. Beispielhaft sind der Solidaritätszuschlag und die Kirchensteuer. Sie werden als Zuschlag zur Körperschaftsteuer (nur Solidaritätszuschlag) und Einkommensteuer (Solidaritätszuschlag und Kirchensteuer) ermittelt.

Anrechnung der Gewerbesteuer

Die tarifliche Einkommensteuer, vermindert um die sonstigen Steuerermäßigungen mit Ausnahme der §§ 34f, 34g und 35a EStG, ermäßigt sich, soweit sie anteilig auf im zu versteuernden Einkommen enthaltene gewerbliche Einkünfte entfällt (Ermäßigungshöchstbetrag),

1. bei Einkünften aus gewerblichen Unternehmen im Sinne des § 15 Abs. 1 S. 1 Nr. 1 EStG um das 3,8-fache des jeweils für den dem Veranlagungszeitraum entsprechenden Erhebungszeitraum nach § 14 GewStG

für das Unternehmen festgesetzten Steuermessbetrags (Gewerbesteuer-Messbetrag); § 35 Abs. 2 S. 5 EStG ist entsprechend anzuwenden (§ 35 Abs. 1 S. 1 Nr. 1 EStG)

2. bei Einkünften aus Gewerbebetrieb als Mitunternehmer i. S. d. § 15 Abs. 1 S. 1 Nr. 2 EStG oder als persönlich haftender Gesellschafter einer Kommanditgesellschaft auf Aktien i. S. d. § 15 Abs. 1 S. 1 Nr. 3 EStG um das 3,8-fache des jeweils für den dem Veranlagungszeitraum entsprechenden Erhebungszeitraum festgesetzten anteiligen Gewerbesteuer-Messbetrags (§ 35 Abs. 1 S. 1 Nr. 2 EStG).

Hintergrund für § 35 EStG ist die (teilweise) Vermeidung einer Doppelbelastung von Einkünften aus Gewerbebetrieb i. S. v. § 15 EStG mit Gewerbe- und Einkommensteuer.

Ausfuhr

Sie ist das Pendant zur → Einfuhr. Von einer Ausfuhr(lieferung) spricht man generell, wenn ein Liefergegenstand vom → Inland i. S. d. UStG in das so genannte → Drittland i. S. d. UStG verbracht wird. Die gesetzliche Grundlage hierfür findet sich in § 6 UStG. Ausfuhrlieferungen i. S. v. § 6 UStG sind steuerbefreit (§ 4 Nr. 1a UStG).

Ausland i. S. d. UStG

Ausland i. S. d. UStG ist das Gebiet, das nicht → Inland i. S. d. UStG ist (§ 1 Abs. 2 S. 2 UStG i. V. m. Abschnitt 1.9 Abs. 2 UStAE). Dazu zählen das → Gemeinschaftsgebiet i. S. d. UStG ohne die BRD und das → Drittland i. S. d. UStG.

Ausländerregelung

Hierunter versteht man die „normale" beschränkte persönliche Steuerpflicht nach § 1 Abs. 4 EStG. Sie besagt, dass Steuerausländer (= natürliche Personen mit Wohnsitz oder gewöhnlichem Aufenthalt im Ausland) – vorbehaltlich des § 1 Abs. 2 und 3 sowie des § 1a EStG – mit den inländischen Einkünften i. S. v. § 49 EStG der deutschen Einkommensteuer unterliegen.

Außerbilanzielle Abrechnungen

Bestimmte Einnahmen sind steuerbefreit. Die handelsrechtlich zutreffend gebuchten Erträge sind daher außerbilanziell wieder abzurechnen. Zu den steuerfreien Einnahmen zählen beispielsweise

1. Investitionszulagen (§ 13 InvZulG 2010)

2. erhaltene Gewinnausschüttungen und Gewinne aus der Veräußerung von Anteilen an anderen Kapitalgesellschaften (§ 8b Abs. 1 und 2 KStG) und

3. → „verdeckte Einlagen" (§ 8 Abs. 3 S. 3 KStG i. V. m. R 40 KStR).

Außerbilanzielle Hinzurechnungen

Zur Vermeidung eines unangemessenen und willkürlichen Betriebsausgabenabzugs sind bestimmte Aufwendungen keine Betriebsausgaben bzw. (teilweise) nicht abzugsfähig. Steuerlich sind diese Aufwendungen daher außerbilanziell (= außerhalb der Steuerbilanz) wieder hinzuzurechnen. Hierzu rechnen vor allem

1. in § 4 Abs. 5 EStG aufgeführte (teilweise) nicht abzugsfähige Betriebsausgaben

2. Gewerbesteuer und hierauf entfallende Nebenleistungen (§ 4 Abs. 5b EStG)

3. so genannte Parteispenden (§ 4 Abs. 6 EStG)

4. in § 10 KStG geregelte nicht abziehbare Aufwendungen wie auch

5. → verdeckte Gewinnausschüttungen (§ 8 Abs. 3 S. 2 KStG i. V. m. R 36 - 39 KStR).

Außergewöhnliche Belastung

Kosten für die private Lebensführung dürfen bei der Ermittlung des Einkommens grundsätzlich nicht abgezogen werden (§ 12 EStG). Hiervon ausgenommen sind so genannte außergewöhnliche Belastungen. Sie sind in den §§ 33 ff. EStG geregelt.

Beiträge

Beiträge sind Geldleistungen für angebotene öffentliche Leistungen, unabhängig davon, ob sie in Anspruch genommen werden oder nicht. Bei Beiträgen fehlt jedoch vielfach der unmittelbare zeitliche Zusammenhang zwischen Leistung und Gegenleistung. Beispiele hierfür sind Sozialversicherungsbeiträge, Straßenanliegerbeiträge oder Kurtaxen.

Bemessungsgrundlage

Als Bemessungsgrundlage bezeichnet man die Besteuerungsgrundlage. Besteuerungsgrundlage für die Einkommen- und die Körperschaftsteuer ist das → zu versteuernde Einkommen. Der Körperschaft- bzw. der Einkommensteuertarif ist auf das zu versteuernde Einkommen anzuwenden, um die tarifliche Steuerbelastung ermitteln zu können.

Beschränkte persönliche Einkommensteuerpflicht

Die beschränkte persönliche Steuerpflicht ist als normal beschränkte Steuerpflicht in § 1 Abs. 4 EStG (→ Ausländerregelung) und als so genannte erweitert beschränkte Steuerpflicht (→ Wegzüglerregelung) in § 2 AStG geregelt. Sie gibt Auskunft darüber, wann so genannte Steuerausländer (= natürliche Personen mit Wohnsitz oder gewöhnlichem Aufenthalt im Ausland) mit bestimmten inländischen und nicht-ausländischen Einkünften der deutschen Einkommensteuer unterliegen.

Bestimmungslandprinzip

Es wird bspw. durch § 3d S. 1 UStG verwirklicht und besagt, dass die Besteuerung immer in dem Mitgliedstaat zu erfolgen hat, in dem sich der Liefergegenstand am Ende der Beförderung oder Versendung befindet. Auch mittels § 3c UStG wird dieses Prinzip verwirklicht.

Betriebsausgaben

Sie sind sämtliche Aufwendungen, die durch den Betrieb veranlasst sind (§ 4 Abs. 4 EStG).

Betriebseinnahmen

Sie sind alle Güter in Geld oder Geldeswert (z. B. Waren oder Dienstleistungen), die einem Steuerpflichtigen innerhalb der betrieblichen Betätigung zufließen (§ 8 EStG analog).

Betriebsstätte

Der nationale Betriebsstättenbegriff ist in § 12 AO definiert. Betriebstätte ist hiernach grundsätzlich jede feste Geschäftseinrichtung oder Anlage, die der Tätigkeit eines Unternehmens (→ Personenunternehmen oder → Kapitalgesellschaft) dient (§ 12 S. 1 AO). In § 12 S. 2 AO wird erläutert, was insbesondere als Betriebsstätte anzusehen ist.

Betriebsvermögensvergleich

Der Betriebsvermögensvergleich nach § 4 Abs. 1 EStG dient der Feststellung des jährlichen Steuerbilanzergebnisses. Nach § 4 Abs. 1 S. 1 EStG errechnet sich dieses wie folgt:

Betriebsvermögen (steuerliches Eigenkapital) am Schluss des Wirtschaftsjahres
- Betriebsvermögen am Schluss des vorangegangenen Wirtschaftsjahres
+ Privatentnahmen i. S. v. § 4 Abs. 1 S. 2 EStG
- Privateinlagen nach § 4 Abs. 1 S. 8 EStG
= jährliches Steuerbilanzergebnis (Gewinn oder Verlust)

In der Beratungspraxis wird das jährliche Steuerbilanzergebnis im Rahmen der steuerlichen Gewinn- und Verlustrechnung ermittelt.

Bruttodividende

Unter Bruttodividende versteht man den Ausschüttungsbetrag („Bilanzgewinn") einer Kapitalgesellschaft und zwar nach Abzug von Gewerbesteuer, Körperschaftsteuer und Solidaritätszuschlag.

B2B-Umsätze

Wenn ein Unternehmer an einen anderen Unternehmer eine sonstige Leistung nach § 3 Abs. 9 UStG erbringt, ist der Leistungsort am Sitzort des Empfängers (§ 3a Abs. 2 UStG i. V. m. Abschnitt 3a.2 UStAE). Dies entspricht dem → Bestimmungslandprinzip.

Dauerfristverlängerung

Der → Unternehmer i. S. d. UStG kann beim Finanzamt einen Antrag in elektronischer Form auf Dauerfristverlängerung stellen, um die Fristen für die Abgabe der → Umsatzsteuervoranmeldungen und Entrichtung der Vorauszahlungen um einen Monat zu verlängern. Sie wird bei Monatszahlern (nicht bei Vierteljahreszahlern) unter der Auflage gewährt, dass der Unternehmer bis zum 10. Februar (zzgl. Schonfrist) eine Sondervorauszahlung anmeldet und entrichtet. Diese beträgt 1/11 der Summe der Vorauszahlungen – ohne Anrechnung der Sondervorauszahlung – für das vorangegangene Kalenderjahr. Die Sondervorauszahlung wird mit der für den Monat Dezember geschuldeten Umsatzsteuervorauszahlung verrechnet (§§ 46 - 48 UStDV i. V. m. Abschnitt 18.4 UStAE).

Differenzbesteuerung

Bei der Differenzbesteuerung wird nur die positive Differenz (Marge) zwischen Verkaufs- und Einkaufspreis der Umsatzbesteuerung unterworfen (§ 25a UStG). Man spricht daher auch von einer so genannten Margenbesteuerung. Die Anwendung ist auf Wiederverkäufer beschränkt. Als Wiederverkäufer gelten Unternehmer, die im Rahmen ihrer gewerblichen Tätigkeit üblicherweise Gebrauchtgegenstände erwerben und sie danach, ggf. nach Instandsetzung, im eigenen Namen wieder verkaufen (gewerbsmäßige Händler) und die Veranstalter öffentlicher Versteigerungen, die Gebrauchtgegenstände im eigenen Namen und auf eigene oder fremde Rechnung versteigern (Abschnitt 25a.1 Abs. 2 S. 2 UStAE).

Diplomatenregelung

Bei der Diplomatenregelung handelt es sich um die so genannte erweitert unbeschränkte persönliche Steuerpflicht nach § 1 Abs. 2 EStG. Hierunter fallen insbesondere von der BRD ins Ausland entsandte deutsche Staatsangehörige, die Mitglied einer diplomatischen Mission oder konsularischen Vertretung sind – einschließlich der zu ihrem Haushalt gehörenden Angehörigen –, soweit die entsprechenden Voraussetzungen nach § 1 Abs. 2 S. 1, 2. HS und S. 2 EStG erfüllt sind (R 1 S. 1 und 2 EStR). Ziel dieser Regelung ist es, dass auch dieser Personenkreis die Vergünstigungen in Anspruch nehmen kann, die eine unbeschränkte Steuerpflicht voraussetzen (z. B. das so genannte Ehegatten-Splitting nach § 32a Abs. 5 EStG).

Direkte Steuer

Direkte Steuern sind Steuern, bei denen Steuerschuldner und Steuerträger (wirtschaftlich Belasteter) identisch sind. Hierzu zählen beispielsweise die Gewerbe-, Körperschaft- und die Einkommensteuer.

Dividende

Eine Dividende ist der Teil des Gewinns, den eine AG an ihre Aktionäre ausschüttet (bei GmbHs spricht man von Gewinnausschüttung). Man unterscheidet zwischen → Bruttodividende und → Nettodividende.

Drittland i. S. d. UStG

Es ist das Gebiet, das kein → Gemeinschaftsgebiet i. S. d. UStG ist (§ 1 Abs. 2a S. 3 UStG i. V. m. Abschnitt 1.10 Abs. 2 UStAE). Hierzu zählen die Ausnahmegebiete i. S. v. § 1 Abs. 2 S. 1 UStG i. V. m. Abschnitt 1.9 Abs. 1 und 2 UStAE sowie alle anderen Nichtmitgliedstaaten (z. B. Russland, China, Schweiz, USA).

Echter Agent

Ein echter Agent ist ein Unternehmer, der im fremden Namen für fremde Rechnung auftritt. Dies sind z. B. selbstständige Handelsvertreter, Bausparkassenvertreter, Versicherungs- und Immobilienmakler. Der echte Agent bewirkt stets eine sonstige Leistung (§ 3 Abs. 9 UStG). Diese besteht darin, dass er Geschäfte für andere Personen vermittelt (so genannte Vermittlungsleistung; Abschnitt 3.7 Abs. 1 UStAE).

Eigenhändler

Er ist ein Unternehmer, der im eigenen Namen und für eigene Rechnung auftritt (Abschnitt 3.7 Abs. 7 UStAE).

Einfuhr

Sie ist das Pendant zur → Ausfuhr. Von einer Einfuhr spricht man generell, wenn ein Liefergegenstand vom → Drittland i. S. d. UStG in das so genannte → Inland i. S. d. UStG verbracht wird. Es findet also ein „Grenzübertritt" statt. Einfuhren sind im Inland (Deutschland) steuerbar und steuerpflichtig, sofern keine Befreiungsvorschriften greifen (§ 1 Abs. 1 Nr. 4 i. V. m. § 5 UStG).

Einfuhrumsatzsteuer

Die Einfuhrumsatzsteuer wird bei so genannten → Einfuhren i. S. v. § 1 Abs. 1 Nr. 4 UStG ausgelöst. Sie ist die Umsatzsteuer (19 % bzw. 7 %) auf eingeführte Liefergegenstände.

Einkünfte aus Gewerbebetrieb

Sie sind als → Gewinneinkünfte in den §§ 15 ff. EStG geregelt. Es handelt sich um die Verrechnung von → Betriebseinnahmen mit so genannten → Betriebsausgaben, die aus der gewerblichen Betätigung natürlicher Personen resultieren. Unbeschränkt Körperschaftsteuerpflichtige i. S. v. § 1 Abs. 1 Nr. 1 - 3 KStG erzielen ausschließlich Einkünfte aus Gewerbebetrieb – unabhängig von ihrer tatsächlichen Betätigung (§ 8 Abs. 2 KStG).

Einkünfte aus Kapitalvermögen

Sie sind in § 20 EStG geregelt. Hierunter fallen beispielsweise Dividenden oder auch Gewinne aus der Veräußerung von Aktien oder GmbH-Anteilen unter bestimmten Voraussetzungen. Einkünfte aus Kapitalvermögen zählen zu den so genannten → Überschusseinkünften.

Einkünfte aus Land- und Forstwirtschaft

Sie sind in den §§ 13 ff. EStG geregelt. Hierunter fallen beispielsweise Einkünfte aus dem Betrieb von Land- und Forstwirtschaft oder Wein- und Gartenbau sowie Einkünfte aus sonstiger land- und forstwirtschaftlicher Nutzung i. S. d. § 62 BewG (z. B. aus der Binnenfischerei oder Imkerei). Einkünfte aus Land- und Forstwirtschaft zählen zu den → Gewinneinkünften.

Einkünfte aus nicht selbstständiger Arbeit

Sie sind in § 19 EStG geregelt. Hierunter fallen alle Einkünfte, die Arbeitnehmer im Rahmen eines Dienstverhältnisses erzielen. Einkünfte aus nicht selbstständiger Tätigkeit zählen zu den → Überschusseinkünften.

Einkünfte aus selbstständiger Arbeit

Sie sind in § 18 EStG geregelt. Hierunter fallen beispielsweise Einkünfte aus der selbstständigen Tätigkeit als Steuerberater, Wirtschaftsprüfer, Arzt (= so genannte Freiberufler). Einkünfte aus selbstständiger Arbeit zählen zu den → Gewinneinkünften.

Einkünfte aus Vermietung und Verpachtung

Sie sind in § 21 EStG geregelt. Hierunter fallen beispielsweise Einkünfte aus der Vermietung von im Privatvermögen gehaltenen Grundstücken. Einkünfte aus Vermietung und Verpachtung zählen zu den → Überschusseinkünften.

Einnahmenerzielungsabsicht

Diese liegt grundsätzlich vor, wenn die Selbstkostendeckung im Vordergrund steht, nicht jedoch die Absicht, Gewinne zu erzielen (vgl. auch H 15.3 „Selbstkostendeckung" EStH und Abschnitt 2.3 Abs. 8 UStAE).

Einnahmenüberschussrechnung

Die Einnahmenüberschussrechnung (EÜR) nach § 4 Abs. 3 EStG soll eine vereinfachte Art der Gewinnermittlung solchen (gewerblichen) Unternehmen ermöglichen, die steuerlich nicht buchführungspflichtig sind und auch freiwillig keine Bücher führen. Hierunter fallen insbesondere einzelunternehmerisch tätige Kleingewerbetreibende (Handwerker, Einzelhändler), die nicht im Handelsregister eingetragen und auch nicht nach § 141 AO buchführungspflichtig sind bzw. eingetragen sind, aber nach § 241a HGB von der handelsrechtlichen und somit auch steuerlichen Buchführungspflicht befreit sind und auch nicht freiwillig Bücher führen.

Die Vereinfachung besteht im Wesentlichen darin, dass keine Vermögensveränderungen mittels Buchführung und Bilanzerstellung (und somit auch insbesondere keine Forderungen, Verbindlichkeiten und Rückstellungen) zu erfassen sind, sondern ausschließlich auf Zahlungen (Betriebseinnahmen und Betriebsausgaben) i. S. d. → Zu- und Abflussprinzips nach § 11 EStG abgestellt wird. Der Überschuss der (Betriebs-)Einnahmen über die (Betriebs-)Ausgaben nach § 4 Abs. 3 EStG ermittelt sich – stark vereinfacht dargestellt – folgendermaßen:

	Betriebseinnahmen (§ 8 EStG analog)
-	Betriebsausgaben (§ 4 Abs. 4 EStG)
+	Privatentnahmen (Sach- und Nutzungsentnahmen)
-	Privateinlagen (nur: Sacheinlagen)
=	Überschuss der Einnahmen über die Ausgaben

Einzelbesteuerung

Sie beinhaltet den Ausnahmefall von der so genannten → Abschnittsbesteuerung. Im Rahmen der Einzelbesteuerung ist die Umsatzsteuer von jedem einzelnen Umsatz zu berechnen. Dies ist insbesondere der Fall bei der Einfuhr (§ 1 Abs. 1 Nr. 4 UStG) und beim innergemeinschaftlichen

Erwerb neuer Fahrzeuge i. S. v. § 1b UStG durch Privatpersonen (§ 16 Abs. 5a UStG).

Einzelunternehmen

Sie sind Unternehmen, die von einer natürlichen Person (lebender Mensch aus Fleisch und Blut) als alleiniger Geschäftsinhaber „getragen" werden. Unternehmen und Unternehmer bilden eine Einheit (→ „Transparenzprinzip"). Man unterscheidet zwischen einzelunternehmerisch tätigen → Kaufleuten i. S. v. § 1 ff. HGB und → Nichtkaufleuten.

Entgeltliche Leistungen

Hierunter versteht man entgeltliche Lieferungen (§ 3 Abs. 1 UStG) und sonstige Leistungen (§ 3 Abs. 9 UStG) i. S. v. § 1 Abs. 1 Nr. 1 UStG. Entgeltliche Leistungen sind grundsätzlich umsatzsteuerbar.

Entstehung der Umsatzsteuer

Die Entstehung der Umsatzsteuer ist in § 13 UStG geregelt. Für entgeltliche Leistungen ist § 13 Abs. 1 Nr. 1 UStG einschlägig. Hierbei unterscheidet man grundsätzlich zwischen einer Besteuerung nach vereinbarten Entgelten (→ „Sollbesteuerung") und einer Besteuerung nach vereinnahmten Entgelten (→ „Istbesteuerung").

Erfüllungsgeschäft

Hierunter versteht man den bürgerlich-rechtlichen Eigentumsübergang. Bei beweglichen Sachen besteht das Erfüllungsgeschäft grundsätzlich in der Einigung über den Eigentumsübergang und der Übergabe der Sache (§ 929 S. 1 BGB), bei unbeweglichen Sachen in der Auflassung (Einigung) und Eintragung ins Grundbuch (§ 873 i. V. m. § 925 BGB).

Ergänzungsbilanz

Ergänzungsbilanzen dienen der Erfassung von Wertkorrekturen zu Wirtschaftsgütern in der Gesamthandsbilanz einer Personengesellschaft. Beispiel: Im Rahmen eines Gesellschafterwechsels wurden vom Neugesellschafter anteilig stille Reserven miterworben. Diese sind in der Ergänzungsbilanz auszuweisen und „fortzuführen". Das Ergänzungsbilanzvermögen zählt − neben Gesamthands- und → Sonderbetriebsvermögen − zum Betriebsvermögen einer Personengesellschaft.

Erhebungszeitraum

Es ist der Zeitraum, für den die Gewerbesteuer festgesetzt wird. Der Erhebungszeitraum entspricht dem Kalenderjahr (§ 14 S. 2 GewStG). Daher wird die Gewerbesteuer auch als Jahressteuer bezeichnet.

Ertragsteuern

Hierzu zählen vor allem Gewerbesteuer, Körperschaftsteuer und Einkommensteuer einschließlich so genannter → Annexsteuern (Solidaritätszuschlag und Kirchensteuer).

Erwerbsschwelle

Sie spielt eine Rolle, wenn so genannte → Halbunternehmer (Schwellenerwerber) einen innergemeinschaftlichen Erwerb (§ 1a UStG) tätigen. Sofern nämlich deren Gesamtbetrag der innergemeinschaftlichen Erwerbe nach § 1a Abs. 1 Nr. 1 und Abs. 2 UStG aus allen Mitgliedstaaten im vorangegangenen Kalenderjahr den Betrag von 12.500 € (netto) nicht überschritten hat und voraussichtlich im laufenden Kalenderjahr auch nicht überschreiten wird, liegt kein innergemeinschaftlicher Erwerb vor (§ 1a Abs. 3 Nr. 1 und 2 UStG). Die Erwerbsschwelle für Deutschland liegt somit gegenwärtig bei 12.500 €. Jeder Mitgliedstaat hat eine eigene Erwerbsschwelle.

Erwerbssteuer

Die Erwerbssteuer wird bei so genannten → innergemeinschaftlichen Erwerben gegen Entgelt i. S. v. § 1 Abs. 1 Nr. 5 UStG ausgelöst. Sie ist die Umsatzsteuer (19 % bzw. 7 %) auf innergemeinschaftliche Erwerbe nach §§ 1a ff. UStG.

Festzusetzende Einkommensteuer

Sie ermittelt sich, indem von der → tariflichen Einkommensteuer diverse Posten abgezogen (wie z. B. anrechenbare ausländische Steuern und Steuerermäßigungsbeträge) und der Anspruch auf Kindergeld hinzugerechnet wird (bei Abzug der Kinderfreibeträge).

Festzusetzende Gewerbesteuer

Sie ergibt sich, wenn der → Steuermessbetrag (§§ 11 und 14 GewStG) mit dem so genannten Gewerbesteuerhebesatz (§ 16 GewStG) multipliziert wird.

Freibetrag

Ein Freibetrag ist ein Betrag, der die Steuerbemessungsgrundlage mindert. Im Gegensatz zur → Freigrenze müssen bei Überschreitung des Freibetrags nicht die gesamten Einnahmen versteuert werden, sondern nur der den Freibetrag übersteigende Teil der Einnahmen. Beispielhaft hierfür zu nennen sind der Freibetrag bei Betriebsveräußerungen nach § 16 Abs. 4 EStG oder auch der Sparer-Pauschbetrag nach § 20 Abs. 9 EStG.

Freigrenze

Eine Freigrenze ist ein Betrag, der die Steuerbemessungsgrundlage mindert, sofern er nicht überschritten wird. Bei Überschreiten der Freigrenze sind die gesamten Einnahmen zu versteuern. Beispiel: § 4 Abs. 5 Nr. 1 EStG (Freigrenze in Höhe von 35 € für Geschenke an Nichtarbeitnehmer).

Gebühren

Gebühren sind Geldleistungen für bestimmte tatsächlich in Anspruch genommene öffentliche Leistungen. Es lassen sich Benutzungs und Verwaltungsgebühren unterscheiden. Benutzungsgebühren sind Geldleistungen für die Inanspruchnahme von Verwaltungseinrichtungen wie beispielsweise Postgebühren oder Bibliotheksbenutzungsgebühren. Verwaltungsgebühren sind Geldleistungen für die Vornahme von Amtshandlungen, z. B. Kfz-Zulassungsgebühren oder Passgebühren.

Gemeindesteuer

Sie ist eine Steuer, die von den Gemeinden erhoben wird. Hierzu zählt u. a. die Gewerbesteuer (§ 1 GewStG). Dies bedeutet, dass die Einnahmen aus der Gewerbesteuer den Gemeinden zufließen.

Gemeinschaftsgebiet i. S. d. UStG

Das Gemeinschaftsgebiet i. S. d. UStG ist in § 1 Abs. 2a S. 1 UStG i. V. m. Abschnitt 1.10 Abs. 1 UStAE definiert: Hierunter versteht man generell die BRD (§ 1 Abs. 2 S. 1 UStG) und die Gebiete der übrigen Mitgliedstaaten der Europäischen Union, die nach dem Gemeinschaftsrecht als Inland dieser Mitgliedstaaten gelten (übriges Gemeinschaftsgebiet).

Gesamtbetrag der Einkünfte

Im Einkommensteuerrecht ermittelt er sich, indem von der Summe der Einkünfte diverse Posten (Altersentlastungsbetrag, Entlastungsbetrag für allein Erziehende und Freibetrag für Land- und Forstwirte) abgezogen werden.

Gesamthandsergebnis

Das Gesamthandsergebnis ist der Steuerbilanzgewinn oder -verlust einer Personengesellschaft, ggf. korrigiert um außerbilanzielle Hinzu- und Abrechnungen (z. B. § 4 Abs. 5 EStG, § 3 Nr. 40 EStG).

Geschäftsleitung

Unter Geschäftsleitung versteht man den „Mittelpunkt der geschäftlichen Oberleitung" (§ 10 AO). Dieser liegt dort, wo der maßgebliche Wille tatsächlich gebildet wird und die für das Unternehmen wichtigen Beschlüsse gefasst werden. In der Regel ist dies am Ort des kaufmännischen (nicht technischen) Zentralbüros.

Gesetze

Gesetze binden (d. h. sind verpflichtend für) Bürger, Verwaltung und Gerichte. Hierbei ist zwischen den allgemeinen Steuergesetzen und so genannten Einzelsteuergesetzen zu unterscheiden. Die allgemeinen Steuergesetze enthalten Vorschriften, die für alle Steuern oder mehrere Steuerarten Geltung haben (z. B. AO, BewG), während die Einzelsteuergesetze Vorrang vor den allgemeinen Steuergesetzen haben und grundsätzlich nur Vorschriften betreffend einer bestimmten Steuerart enthalten. Bsp.: EStG, KStG, UStG, GewStG, ErbStG.

Gewerbebetrieb kraft gewerblicher Betätigung

Er ist in § 2 Abs. 1 S. 2 GewStG definiert. Man versteht hierunter ein Unternehmen, das die Voraussetzungen des § 15 Abs. 2 EStG kumulativ erfüllt. Hiernach handelt es sich um ein Unternehmen, das

► selbstständig

► nachhaltig und

► mit Gewinnerzielungsabsicht tätig ist

► sich am allgemeinen wirtschaftlichen Verkehr beteiligt und

► keine land- und forstwirtschaftliche Betätigung, selbstständige Tätigkeit (§ 18 EStG) oder so genannte Vermögensverwaltung (§ 14 S. 3 AO) als Geschäftszweck hat.

Unter § 2 Abs. 1 S. 2 GewStG fallen gewerblich tätige Einzelunternehmen und Personengesellschaften („natürliche Gewerbebetriebe"). Personengesellschaften gelten darüber hinaus stets und in vollem Umfang als Gewerbebetrieb, wenn sie die Voraussetzungen der Abfärbe- oder Infektionstheorie erfüllen (§ 15 Abs. 3 Nr. 1 GewStG) oder als gewerblich geprägte Personengesellschaft fungieren (§ 15 Abs. 3 Nr. 2 GewStG).

Gewerbebetrieb kraft Rechtsform

Er ist in § 2 Abs. 2 GewStG definiert. Als Gewerbebetriebe kraft Rechtsform gelten stets und in vollem Umfang Kapitalgesellschaften, d. h. GmbHs, AG usw. Allein aufgrund ihrer Rechtsform werden sie als Gewerbebetrieb angesehen, selbst dann, wenn sie einer freiberuflichen oder sonstigen nicht gewerblichen Tätigkeit nachgehen. Deshalb spricht man auch von fingierten Gewerbebetrieben.

Gewerbebetrieb kraft wirtschaftlichen Geschäftsbetriebs

Er ist in § 2 Abs. 3 GewStG definiert und beschreibt die gewerbliche Tätigkeit von sonstigen juristischen Personen des Privatrechts sowie die von nicht rechtsfähigen Vereinen. Diese können nur in Form ihres wirtschaftlichen Geschäftsbetriebs gewerblich tätig sein. Beispielsweise können sich Vereine dadurch gewerblich betätigen, dass sie jedes Jahr ein Schützenfest veranstalten.

Gewerbeertrag

Er ist in § 6 GewStG definiert und ermittelt sich folgendermaßen:

Gewinn aus Gewerbebetrieb (§ 7 GewStG)
+ Hinzurechnungen (§ 8 GewStG)
- Kürzungen (§ 9 GewStG)

Gewerbesteuerliche Hinzurechnungen

Mittels Gewerbesteuer soll die Ertragskraft eines Gewerbebetriebs besteuert werden. Durch bestimmte unternehmenspolitische Entscheidungen wird der Gewinn aus Gewerbebetrieb häufig „verzerrt". Dies hat zur Folge, dass er die eigene Ertragskraft nicht richtig widerspiegeln kann. Dem Gewinn aus Gewerbebetrieb sind daher bestimmte Beträge (anteilig) wieder hinzuzurechnen, soweit sie bei der Ermittlung des Gewinns abgesetzt worden sind und die weiteren Voraussetzungen in § 8 GewStG erfüllt sind.

Gewerbesteuerliche Kürzungen

Sie sind in § 9 GewStG geregelt und stellen das Pendant zu § 8 GewStG dar.

Gewerbesteuerlicher Freibetrag

Er ist in § 11 Abs. 1 GewStG geregelt und beträgt 24.500 € für gewerblich tätige Einzelunternehmer und Personengesellschaften (z. B. OHG, KG). Kapitalgesellschaften (z. B. GmbH, AG) erhalten keinen gewerbesteuerlichen Freibetrag.

Gewerbesteuerlicher Verlustabzug

Er ist in § 10a GewStG geregelt und als Verlustvortrag ausgestaltet. Das bedeutet, dass in vergangenen Erhebungszeiträumen entstandene Gewerbeverluste ausschließlich in die Zukunft vorgetragen werden können. Gewerbeverluste sind betragsmäßig begrenzt, zeitlich jedoch unbegrenzt vortragbar.

Gewerbesteuerpflicht

Sie ergibt sich aus § 2 und § 35a GewStG. Gewerbesteuerpflichtig sind grundsätzlich alle inländischen stehende Gewerbebetriebe (§ 2 GewStG) und inländischen Reisegewerbebetriebe (§ 35a GewStG).

Gewerbesteuerrückstellung

Sofern für einen Erhebungszeitraum die festzusetzende Gewerbesteuerschuld höher ausfällt als die bereits geleisteten Vorauszahlungen, ergibt sich eine Abschlusszahlung, die handels- und steuerbilanziell als Rückstellung auszuweisen ist (beachte: § 4 Abs. 5b EStG!).

Gewinn aus Gewerbebetrieb

Er ergibt sich aus § 7 GewStG und stellt die Einkünfte aus Gewerbebetrieb gem. § 15 Abs. 1 S. 1 Nr. 1 bzw. 2 EStG bei Einzelunternehmen und Personengesellschaften dar. Bei Kapitalgesellschaften versteht man hierunter das zu versteuernde Einkommen vor Verlustabzug gem. §§ 7 und 8 KStG.

Gewinneinkünfte

Gewinneinkünfte sind

► Einkünfte aus Land- und Forstwirtschaft (§§ 13 ff. EStG)

► Einkünfte aus Gewerbebetrieb (§§ 15 ff. EStG) sowie

► Einkünfte aus selbstständiger Arbeit (§ 18 EStG).

Sie werden als Gewinneinkünfte bezeichnet, da sie in Form eines „Gewinns oder Verlusts (Saldo aus → Betriebseinnahmen und → Betriebsausgaben)" ermittelt werden (hierfür gibt es verschiedene → Gewinnermittlungsmethoden). Gewinnquelle ist der Betrieb.

Gewinnermittlungsmethoden

Für Steuerpflichtige mit Gewinneinkünften gibt es grundsätzlich drei unterschiedliche Methoden, um diese zu ermitteln:

► Betriebsvermögensvergleich (§ 4 Abs. 1 EStG)

► Einnahmenüberschussrechnung (§ 4 Abs. 3 EStG)

► Durchschnittssatzermittlung (§ 13a EStG).

Gewöhnlicher Aufenthalt

Den gewöhnlichen Aufenthalt hat jemand dort, wo er sich unter Umständen aufhält, die erkennen lassen, dass er an diesem Ort oder in diesem Gebiet nicht nur vorübergehend verweilt (§ 9 S. 1 AO). Das bedeutet, dass

► als gewöhnlicher Aufenthalt stets und von Beginn an ein zeitlich zusammenhängender Aufenthalt von > sechs Monaten Dauer anzusehen ist; kurzfristige Unterbrechungen (z. B. Familienheimfahrten, Jahresurlaub, längerer Heimaturlaub, Kur und Erholung, aber auch geschäftliche Reisen) bleiben unberücksichtigt (dies gilt nicht, wenn der Aufenthalt ausschließlich zu Besuchs-, Erholungs-, Kur- oder ähnlichen privaten Zwecken genommen wird und nicht länger als ein Jahr dauert, § 9 S. 2 und 3 AO und AEAO zu § 9 AO, Nr. 1 S. 6) und

► der Tatbestand des gewöhnlichen Aufenthalts bei einem ≤ sechs Monate dauernden Aufenthalt verwirklicht werden kann, wenn Inlandsaufenthalte nacheinander folgen, die sachlich miteinander verbunden sind, und der Steuerpflichtige von vornherein beabsichtigt, nicht nur vorübergehend im Inland zu verweilen (AEAO zu § 9 AO, Nr. 1 S. 7).

Grenzpendlerregelung

Hierunter versteht man die „fiktiv" unbeschränkte persönliche Steuerpflicht nach § 1 Abs. 3 i. V. m. § 1a EStG. Als unbeschränkt einkommensteuerpflichtig werden hiernach auch natürliche Personen behandelt, wenn sie

► einen Antrag stellen

► einen Wohnsitz oder gewöhnlichen Aufenthalt im Ausland haben

► inländische Einkünfte i. S. v. § 49 EStG erzielen

► ihre Einkünfte im Kalenderjahr mindestens zu 90 % der deutschen Einkommensteuer unterliegen oder die nicht der deutschen Einkommensteuer unterliegenden Einkünfte den Grundfreibetrag nach § 32a Abs. 1 S. 2 Nr. 1 EStG (für VZ 2014: 8.354 €) nicht übersteigen (...) und

► die Höhe der nicht der deutschen Einkommensteuer unterliegenden Einkünfte durch eine Bescheinigung der zuständigen ausländischen Steuerbehörde nachgewiesen wird.

Grundsatz der Unternehmenseinheit

Das Unternehmen eines Unternehmers umfasst dessen gesamte gewerbliche oder berufliche Tätigkeit (§ 2 Abs. 1 S. 2 UStG). Ein Unternehmer kann also mehrere Unternehmensteile (= Betriebe oder berufliche Tätigkeiten), aber nur ein Unternehmen haben (Abschnitt 2.7 Abs. 1 S. 1 UStAE).

Grundtarif

Der Grundtarif kommt zum Tragen, wenn Steuerpflichtige nach §§ 25, 26 und 26a EStG einzeln zur Einkommensteuer veranlagt werden. Hiernach ermittelt sich die tarifliche Einkommensteuer nach der Höhe des in fünf Tarifzonen eingeteilten progressiv zu versteuernden Einkommens i. S. v. § 32a Abs. 1 EStG. Jeder Zone ist eine eigenständige Formel zugeordnet. In der Praxis wird aus Vereinfachungsgründen die so genannte Grundtabelle angewandt. Diese enthält die bereits ermittelten Steuerbeträge (eine aufwändige Formelberechnung ist hier also nicht nötig).

Halbunternehmer

Ein Halbunternehmer (Schwellenerwerber) i. S. v. § 1a Abs. 3 Nr. 1 UStG ist

► ein Unternehmer, der nur steuerfreie Umsätze ausführt, die zum Ausschluss vom Vorsteuerabzug führen

► ein Unternehmer, für dessen Umsätze Umsatzsteuer nach § 19 Abs. 1 UStG nicht erhoben wird

► ein Unternehmer, der den Gegenstand zur Ausführung von Umsätzen verwendet, für die die Steuer nach den Durchschnittssätzen des § 24 UStG festgesetzt ist, oder

► eine juristische Person, die nicht Unternehmer ist oder die den Gegenstand nicht für ihr Unternehmen erwirbt.

Haupteinkünftearten

Soweit die rechtlichen Voraussetzungen für mehrere Einkünftearten gleichzeitig erfüllt sind, haben die so genannten Haupteinkünftearten Vorrang vor den Nebeneinkünftearten (Subsidiaritätsprinzip). Entsprechende Regelungen finden sich hierzu im EStG (§ 20 Abs. 8 EStG, § 21 Abs. 3 EStG und § 23 Abs. 2 EStG). Zu den Haupteinkünftearten zählen:

► Einkünfte aus Land- und Forstwirtschaft (§§ 13 ff. EStG)

► Einkünfte aus Gewerbebetrieb (§§ 15 ff. EStG)

► Einkünfte aus selbstständiger Arbeit (§ 18 EStG)

► Einkünfte aus nicht selbstständiger Arbeit (§ 19 EStG).

Die restlichen drei Einkünftearten zählen zu den → Nebeneinkünftearten.

Haupt- oder Grundgeschäft

Sie bilden den eigentlichen Gegenstand der geschäftlichen Betätigung und kommen regelmäßig vor (Abschnitt 2.7 Abs. 2 S. 1 UStAE).

Hilfsgeschäft

Hilfsgeschäfte sind Leistungen, die die Hauptgeschäftstätigkeit mit sich bringt, aber nur gelegentlich anfallen und umsatzsteuerlich unabhängig vom Hauptgeschäft (Grundgeschäft) beurteilt werden (Abschnitt 2.7 Abs. 2 S. 2 - 4 UStAE).

Indirekte Steuer

Eine Steuer wird als „indirekte Steuer" bezeichnet, wenn Steuerschuldner und Steuerträger (wirtschaftlich Belasteter) nicht identisch sind. Dies ist beispielsweise bei der Umsatzsteuer der Fall: Zwar führt im Regelfall der leistende Unternehmer die Steuer ans FA ab, wirtschaftlich belastet ist jedoch der Letztverbraucher (i. d. R. Privatperson).

Inland i. S. d. UStG

Unter Inland i. S. d. UStG versteht man die Bundesrepublik Deutschland als Teil des → Gemeinschaftsgebiets i. S. v. § 1 Abs. 2a S. 1 UStG (§ 1 Abs. 2 S. 1 UStG).

Inländerregelung

Hierunter versteht man die „normale" unbeschränkte persönliche Steuerpflicht nach § 1 Abs. 1 EStG. Sie besagt, dass Steuerinländer (= natürliche Personen mit Wohnsitz oder gewöhnlichem Aufenthalt im Inland) mit sämtlichen (in- und ausländischen) Einkünften in Deutschland der Einkommensteuer unterliegen.

Inlandsprinzip

Es wird vor allem dadurch konkretisiert, dass beschränkt Steuerpflichtige i. S. v. § 2 KStG und i. S. v. § 1 Abs. 4 EStG ausschließlich mit ihren inländischen Einkünften in Deutschland der Besteuerung unterliegen.

Innergemeinschaftliche Lieferung

Sind die Voraussetzungen von § 6a UStG – aus inländischer Sicht – erfüllt, ist die innergemeinschaftliche Lieferung in Deutschland steuerbar und steuerbefreit (§ 1 Abs. 1 Nr. 1 UStG und § 6a UStG i. V. m. § 3 Abs. 6 S. 1 UStG und § 4 Nr. 1b UStG).

Innergemeinschaftlicher Erwerb gegen Entgelt

Er ist generell in § 1a UStG geregelt. Ein innergemeinschaftlicher Erwerb liegt vor, wenn ein Liefergegenstand an den Abnehmer (Erwerber) aus dem Gebiet eines Mitgliedstaates in das Gebiet eines anderen Mitgliedstaates oder aus dem übrigen Gemeinschaftsgebiet in die in § 1 Abs. 3 UStG bezeichneten Gebiete gelangt, und Erwerber wie auch Lieferanten Unternehmer i. S. v. § 2 UStG sind. Der Erwerber darf kein → Halbunternehmer (Schwellenerwerber) sein, der die → Erwerbsschwelle nicht überschreitet. Sofern Letzteres gegeben ist, muss er zur Erwerbsbesteuerung optieren (§ 1a Abs. 3 und 4 UStG).

Innergemeinschaftliches Dreiecksgeschäft

Es ist eine Sonderform des → Reihengeschäfts und stellt eine Vereinfachung dahingehend dar, dass die Steuerschuld auf den letzten Abnehmer verlagert wird (§ 25b UStG).

Innergemeinschaftliches Verbringen

Hierunter versteht man die Beförderung oder Versendung eines Liefergegenstands durch einen Unternehmer zu seiner eigenen Verfügung aus dem übrigen Gemeinschaftsgebiet ins Inland (§ 1a Abs. 2 UStG) bzw. vom Inland in das übrige Gemeinschaftsgebiet (§ 3 Abs. 1a UStG).

Istbesteuerung i. S. d. UStG

Sie wird auch als Besteuerung nach vereinnahmten Entgelten bezeichnet und ist in § 13 Abs. 1 Nr. 1b UStG i. V. m. § 20 UStG geregelt: Die Steuer entsteht mit Ablauf des Voranmeldungszeitraums, in dem das Entgelt vereinnahmt worden ist, wenn nur eine der folgenden Voraussetzungen erfüllt ist und ein Antrag auf Istbesteuerung gestellt worden ist:

▸ Gesamtumsatz (§ 19 Abs. 3 UStG) im vorangegangenen Kalenderjahr ≤ 500.000 €

▸ Befreiung von der Buchführungs- und Aufstellungspflicht nach § 148 AO

▸ Umsätze aus freiberuflicher Tätigkeit i. S. v. § 18 Abs. 1 Nr. 1 EStG.

Die Istbesteuerung ist die Ausnahme (Regelfall: → Sollbesteuerung).

Jahressteuer

Hierzu zählen beispielsweise Gewerbe-, Körperschaft- und Einkommensteuer: Die Grundlagen für ihre Festsetzung sind jeweils für ein Jahr zu ermitteln.

Juristische Person

Unter einer juristischen Person im Allgemeinen versteht man eine nicht → natürliche oder → teiljuristische Person, die mit eigener Rechtsfähigkeit ausgestattet ist, d. h. selbst Träger von Rechten und Pflichten ist. Juristische Personen i. S. d. § 1 Abs. 1 und § 2 KStG sind insbesondere → Kapitalgesellschaften.

Kapitalertragsteuer

Die Kapitalertragsteuer (zzgl. Zuschlagsteuern) wird bei Ausschüttungen von Kapitalgesellschaften von der Auszahlungsstelle (in der Regel die Bank) einbehalten und abgeführt („Abzugssteuer"). Sie stellt eine Vorauszahlung auf die festzusetzende Einkommen- bzw. Körperschaftsteuer dar.

Kapitalgesellschaft

Kapitalgesellschaften sind insbesondere Aktiengesellschaften (AG), Kommanditgesellschaften auf Aktien (KGaA) sowie auch Gesellschaften mit beschränkter Haftung (GmbH).

Kaufleute

Der Kaufmannsbegriff ist in den §§ 1, 2, 3, 5 und 6 HGB gesetzlich fixiert. Die Regelungen für einzelunternehmerisch tätige Kaufleute finden sich in den §§ 1, 2, 3 und 5 HGB. So genannte Formkaufleute (Personenhandelsgesellschaften und Kapitalgesellschaften) sind in § 6 HGB geregelt.

Kleinunternehmer

Die für Umsätze i. S. d. § 1 Abs. 1 Nr. 1 UStG geschuldete Umsatzsteuer wird von Unternehmern, die im Inland oder in den in § 1 Abs. 3 UStG bezeichneten Gebieten ansässig sind, nicht erhoben, wenn der in § 19 Abs. 1 S. 2 UStG bezeichnete Umsatz zuzüglich der darauf entfallenden Steuer im vorangegangenen Kalenderjahr 17.500 € nicht überstiegen hat und im laufenden Kalenderjahr 50.000 € voraussichtlich nicht übersteigen wird (= Kleinunternehmer nach § 19 Abs. 1 UStG).

Kleinunternehmer i. S. v. § 19 Abs. 1 UStG können keinen Vorsteuerabzug (§ 15 UStG) geltend machen. Die Umsatzsteuer für die Einfuhr von Gegenständen (§ 1 Abs. 1 Nr. 4 UStG), für den innergemeinschaftlichen Erwerb (§ 1 Abs. 1 Nr. 5 UStG) sowie die nach § 13a Abs. 1 Nr. 6, § 13b Abs. 5, § 14c Abs. 2 und § 25b Abs. 2 UStG geschuldete Umsatzsteuer hat der Kleinunternehmer hingegen abzuführen (Abschnitt 19.1 Abs. 1 S. 4 UStAE). Der Kleinunternehmer kann jedoch dem Finanzamt gegenüber erklären, dass er auf die Anwendung des § 19 Abs. 1 UStG verzichtet, d. h. für die Regelbesteuerung optieren (§ 19 Abs. 2 UStG).

Kommissionär

Tritt ein Unternehmer im eigenen Namen für fremde Rechnung (des Kommittenten) auf, ist er ein so genannter Kommissionär (§ 383 HGB). Man unterscheidet zwischen Lieferkommission (§ 3 Abs. 3 UStG) und Dienstleistungskommission (§ 3 Abs. 11 UStG).

Körperschaftsteuerlicher Verlustabzug

Er ist in Form eines Verlustrücktrags und/oder Verlustvortrags durchführbar. Die entsprechenden Regelungen finden sich in § 10d EStG (→ Verlustabzug i. S. d. EStG). Bei einem Gesellschafterwechsel ist § 8c KStG zu beachten.

Körperschaftsteuerpflicht

Bei der Körperschaftsteuerpflicht unterscheidet man zwischen einer persönlichen und sachlichen Steuerpflicht. Die persönliche Steuerpflicht bestimmt, wer der Körperschaftsteuer unterliegt. Hierbei differenziert man zwischen unbeschränkt und beschränkt persönlich Körperschaftsteuerpflichtigen (§§ 1 und 2 KStG). Bei der sachlichen Steuerpflicht wird festgelegt, was körperschaftsteuerlich zu belasten ist. Es handelt sich um den Steuergegenstand bzw. das so genannte zu versteuernde Einkommen (§§ 7 und 8 KStG).

Körperschaftsteuerrückstellung

Die Körperschaftsteuerrückstellung wird auch als Nachzahlung bezeichnet. Sie ergibt sich, indem die für einen VZ festgesetzte Körperschaftsteuer mit den für diesen VZ geleisteten Vorauszahlungen saldiert wird. Das Pendant zur Rückstellung ist eine Forderung (= festgesetzte Körperschaftsteuer < geleistete Vorauszahlungen).

Körperschaftsteuertarif

Er ist geregelt in § 23 Abs. 1 KStG und beträgt einheitlich 15 %. Der Tarif ist anzuwenden auf die Bemessungsgrundlage. Die Bemessungsgrundlage ist das zu versteuernde Einkommen (§ 7 Abs. 1 KStG).

Kosten der privaten Lebensführung

Kosten der privaten Lebensführung (wie beispielsweise Aufwendungen für die Ernährung, Kleidung und Wohnung) sind in § 12 EStG aufgeführt und generell nicht abzugsfähig. Ausnahmen stellen → Sonderausgaben, → außergewöhnliche Belastungen und so genannte gemischte Aufwendungen (vgl. H 12.1 „Gemischte Aufwendungen" EStH) dar.

Leistungen i. S. d. UStG

Unter einer Leistung i. S. d. UStG versteht man jedes Verhalten anderen gegenüber, das Gegenstand des Wirtschaftsverkehrs sein kann. Hierzu zählen so genannte Lieferungen (§ 3 Abs. 1 UStG) und sonstige Leistungen (§ 3 Abs. 9 S. 1 UStG). Die bloße Entgeltentrichtung, insbesondere die Geldzahlung oder Überweisung, ist keine Leistung im wirtschaftlichen Sinne (Abschnitt 1.1 Abs. 3 S. 3 UStAE).

Lieferort

Steuerbar i. S. d. UStG sind ausschließlich solche Umsätze, die im Inland ausgeführt bzw. als ausgeführt behandelt werden. Der Ort des Umsatzes ist daher ein zentrales Thema im Umsatzsteuerrecht.

Mindestbemessungsgrundlage

Die Mindestbemessungsgrundlage i. S. v. § 10 Abs. 5 i. V. m. Abs. 4 UStG (= mindestens der Wert für so genannte unentgeltliche Wertabgaben) ist anzuwenden

► bei verbilligten entgeltlichen Lieferungen:
Mindest-BMG = Einkaufspreis zzgl. der Nebenkosten für den Gegenstand oder

für einen gleichartigen Gegenstand zum Zeitpunkt des Umsatzes oder Selbstkosten des Gegenstandes zum Zeitpunkt des Umsatzes (§ 10 Abs. 5 i. V. m. Abs. 4 Nr. 1 UStG) sowie

► bei verbilligten entgeltlichen sonstigen Leistungen:
Mindest-BMG = entstandene Ausgaben (§ 10 Abs. 5 i. V. m. Abs. 4 Nr. 2 und 3 UStG).

Mischumsätze

Mischumsätze liegen vor, wenn von einem Unternehmer Umsätze mit und ohne Vorsteuerabzugsberechtigung (→ Vorsteuerabzug) ausgeführt werden. In einem solchen Fall sind die Vorsteuerbeträge, die mit solchen Mischumsätzen in wirtschaftlichem Zusammenhang stehen, in einen abziehbaren und nicht abziehbaren Teil aufzuteilen.

(Mit-)Unternehmer

Hierunter versteht man sowohl Einzelunternehmer (Inhaber von Einzelunternehmen) wie auch so genannte Mitunternehmer von → Mitunternehmerschaften. Mitunternehmer ist, wer Gesellschafter im zivilrechtlichen Sinne ist, → Mitunternehmerrisiko trägt und → Mitunternehmerinitiative zeigt (H 15.8 Abs. 1 „Allgemeines" EStH).

Mitunternehmerinitiative

Von Mitunternehmerinitiative spricht man, wenn Gesellschafter (mehr oder weniger) unternehmerische Entscheidungsfreiheit genießen (vgl. auch H 15.8 Abs. 1 „Mitunternehmerinitiative" EStH).

Mitunternehmerrisiko

Von Mitunternehmerrisiko spricht man, wenn Gesellschafter an den Gewinnen und Verlusten einer Gesellschaft und den stillen Reserven einschließlich eines etwaigen Geschäfts- oder Firmenwerts beteiligt sind (vgl. auch H 15.8 Abs. 1 „Mit-unternehmerrisiko" EStH).

Mitunternehmerschaft

Hierunter versteht man in der Regel eine gewerbliche Personengesellschaft.

Natürliche Person

Natürliche Personen sind lebende Menschen aus „Fleisch und Blut". Hiervon abzugrenzen sind → juristische Personen und → teiljuristische Personen.

Nebeneinkünftearten

Zu den Nebeneinkünftearten zählen:

- Einkünfte aus Vermietung und Verpachtung (§ 21 EStG)

- Einkünfte aus Kapitalvermögen (§ 20 EStG)

- sonstigen Einkünfte (insbes. nach § 22 Nr. 2 EStG).

Nebengeschäft

Nebengeschäfte sind Geschäfte, die sich nicht notwendigerweise aus der Hauptgeschäftätigkeit ergeben, mit dieser jedoch ein (einheitlicher) wirtschaftlicher Zusammenhang besteht.

Nettodividende

Sie ermittelt sich, indem von der → Bruttodividende Kapitalertragsteuer (KapESt) zzgl. Solidaritätszuschlag (SolZ) und ggf. Kirchensteuer (KiSt) abgezogen wird.

Nicht abzugsfähige Betriebsausgabe

Zur Vermeidung eines unangemessenen und willkürlichen Betriebsausgabenabzugs sind bestimmte Aufwendungen (teilweise) nicht abzugsfähig. Steuerlich sind diese Aufwendungen daher außerbilanziell wieder hinzuzurechnen. Hierzu rechnen vor allem

1. in § 4 Abs. 5 EStG aufgeführte (teilweise) nicht abzugsfähige Betriebsausgaben und

2. in § 10 KStG geregelte nicht abziehbare Aufwendungen.

Nichtkaufleute

Hierzu zählen alle Steuerpflichtigen, die nicht unter den Kaufmannsbegriff i. S. v. §§ 1, 2, 3, 5 und 6 HGB fallen, z. B. Freiberufler oder sonstige Selbstständige nach § 18 EStG, Land- und Forstwirte i. S. v. § 13 EStG ohne Eintragung in das Handelsregister oder auch Kleingewerbetreibende i. S. v. § 1 Abs. 2 HGB ohne Handelsregistereintragung.

Nicht steuerbarer Innenumsatz

Lieferungen oder sonstige Leistungen zwischen verschiedenen Unternehmensteilen innerhalb eines einheitlichen Unternehmens (§ 2 Abs. 1 S. 2 UStG) im Inland (= „unternehmensinternes inländisches Verbringen") sind nicht steuerbar, da Leistender und Leistungsempfänger identisch sind. Man spricht von so genannten nicht steuerbaren Innenumsätzen (vgl. Abschnitt 2.7 Abs. 1 S. 3 UStAE i. V. m. Abschnitt 1.1 Abs. 1 UStAE). Dies gilt auch für Lieferungen und sonstige Leistungen innerhalb einer so genannten → umsatzsteuerlichen Organschaft (§ 2 Abs. 2 Nr. 2 S. 3 UStG).

Öffentlich-rechtliche Abgaben

Man versteht hierunter Steuern, Gebühren, Beiträge und so genannte steuerliche Nebenleistungen. Sie werden vom Staat (Bund, Länder und Gemeinden) erhoben, um öffentliche Aufgaben (Soziale Sicherung, Schulen, Universitäten, Kindergärten usw.) erfüllen zu können.

Option nach § 9 UStG

Der Unternehmer kann einen Umsatz, der nach § 4 Nr. 8 Buchst. a - g, Nr. 9 Buchst. a,

Nr. 12, 13 oder 19 UStG steuerfrei ist, als steuerpflichtig behandeln, wenn der Umsatz an einen anderen → Unternehmer für dessen Unternehmen ausgeführt wird (§ 9 Abs. 1 UStG). Der Verzicht auf Steuerbefreiung nach § 9 Abs. 1 UStG ist bei der Bestellung und Übertragung von Erbbaurechten (§ 4 Nr. 9 Buchst. a UStG), bei der Vermietung oder Verpachtung von Grundstücken (§ 4 Nr. 12 S. 1 Buchst. a UStG) und bei den in § 4 Nr. 12 S. 1 Buchst. b und c UStG bezeichneten Umsätzen nur zulässig, soweit der Leistungsempfänger das Grundstück ausschließlich für Umsätze verwendet oder zu verwenden beabsichtigt, die den → Vorsteuerabzug nicht ausschließen (§ 9 Abs. 2 UStG).

Organgesellschaft i. S. d. UStG
Wenn eine juristische Person nach dem Gesamtbild der tatsächlichen Verhältnisse finanziell, wirtschaftlich und organisatorisch in das Unternehmen des Organträgers (→ umsatzsteuerliche Organschaft) eingegliedert ist, spricht man von einer Organgesellschaft i. S. d. UStG (§ 2 Abs. 2 Nr. 2 UStG).

Partiarische Darlehen
Partiarische Darlehen sind Darlehen, bei denen der Darlehensgeber (Gläubiger) anstelle von Zinsen einen bestimmten Anteil am Gewinn oder Umsatz erhält. Sie ähneln stillen Gesellschaften. Gläubiger und Schuldner sind jedoch nicht zu einer wirklichen Gesellschaft zusammengeschlossen. Bei einem partiarischen Darlehen werden die hieraus erzielten Einnahmen nur dann als Einnahmen aus Kapitalvermögen i. S. v. § 20 Abs. 1 Nr. 4 EStG behandelt, wenn der Darlehensgeber nicht als → Mitunternehmer einzustufen ist. Ist letzteres der Fall (Darlehensgeber = Mitunternehmer), erzielt er Einnahmen aus Gewerbebetrieb i. S. d. § 15 Abs. 1 Nr. 2 EStG.

Personengesellschaft
Personengesellschaften werden häufig als → „teiljuristische" Personen bezeichnet, da sie keine (natürlichen und) juristischen Personen sind, jedoch in gewissen Grenzen über Rechtsfähigkeit verfügen. Hierzu zählen insbesondere Gesellschaften bürgerlichen Rechts (GbR), Offene Handelsgesellschaften (OHG) und Kommanditgesellschaften (KG). Personengesellschaften unterliegen ausschließlich der Gewerbesteuer, sofern die entsprechenden Voraussetzungen erfüllt sind (§ 2 Abs. 1 S. 2 GewStG). Die Gewerbesteuerschuld wird (teilweise) auf die Einkommensteuer der an der Gesellschaft beteiligten natürlichen Personen angerechnet (§ 35 EStG).

Personenhandelsgesellschaft
Sie sind gewerbliche → Personengesellschaften.

Personensteuern
Personensteuern sind Steuern, die an die → steuerliche Leistungsfähigkeit einer Person anknüpfen, z. B.

▸ Einkommensteuer

▸ Körperschaftsteuer

▸ Erbschaft- und Schenkungsteuer.

Personenunternehmen
Hierunter versteht man sowohl → Einzelunternehmen als auch → Personengesellschaften.

Progressionsvorbehalt
Bei Steuerpflichtigen, die bestimmte steuerfreie Einnahmen erzielen (z. B. Arbeitslosengeld, Krankengeld, Mutterschaftsgeld) ist die tarifliche Einkommensteuer nach § 32b i. V. m. § 32a Abs. 1 oder Abs. 5 EStG zu ermitteln. Dies bedeutet, dass ein besonderer Steuersatz (Durchschnittssteuersatz) auf das → zu versteuernde Einkommen anzuwenden ist.

Rechtsverordnungen

Sie haben die Verbindlichkeit von Gesetzen (sind also ebenso bindend für Bürger, Verwaltung und Gerichte) und dienen der Ergänzung und Erläuterung der Einzelsteuergesetze (→ Gesetze). Beispiele:

► EStDV

► LStDV

► KStDV

► UStDV

► ErbStDV.

Reihengeschäft

Schließen mehrere → Unternehmer über denselben Gegenstand Umsatzgeschäfte (= Verpflichtungsgeschäfte) ab und gelangt dieser Gegenstand bei der Beförderung oder Versendung unmittelbar vom ersten Unternehmer an den letzten Abnehmer (Unternehmer), spricht man von einem Reihengeschäft. Bei einem Reihengeschäft ist die Beförderung oder Versendung des Gegenstands nur einer der Lieferungen zuzuordnen (§ 3 Abs. 6 S. 5 UStG). Dies bedeutet, dass zwar mehrere Lieferungen „in der Reihe" ausgeführt werden, jedoch nur eine von ihnen eine Beförderungs- oder Versendungslieferung (= → warenbewegte Lieferung) i. S. v. § 3 Abs. 6 S. 1 UStG ist, während hingegen es sich bei den restlichen Lieferungen um so genannte → ruhende Lieferungen (= Lieferungen ohne Warenbewegung) i. S. v. § 3 Abs. 7 S. 2 UStG handelt (Abschnitt 3.14 Abs. 7 - 9 UStAE).

Ruhende Lieferung

Eine ruhende Lieferung ist generell eine Lieferung, bei der der Liefergegenstand weder befördert noch versendet wird (daher auch: Lieferung ohne Warenbewegung, § 3 Abs. 7 S. 1 UStG). Beispiel: → Werklieferung nach § 3 Abs. 4 UStG, wenn das fertige Werk (z. B. Bauwerk) nicht befördert oder versendet wird. Eine besondere Form von ruhenden Lieferungen ist in § 3 Abs. 7 S. 2 UStG geregelt. Hierbei handelt es sich ruhende Lieferungen im Rahmen von → Reihengeschäften.

Sachsteuern

Sie werden auch als Objekt- oder Realsteuern bezeichnet. Sachsteuern sind Steuern, die an ein so genanntes Steuerobjekt anknüpfen. Beispiele hierfür sind die Gewerbe- und die Grundsteuer.

Solidaritätszuschlag

Er ist eine → Annexsteuer („Zuschlagssteuer") insbesondere zur Körperschaft- und Einkommensteuer und beträgt gegenwärtig 5,5 % der → Bemessungsgrundlage (§ 4 SolZG i. V. m. § 3 SolZG).

Solidaritätszuschlagsrückstellung

Die Solidaritätszuschlagsrückstellung wird auch als Nachzahlung bezeichnet. Sie ergibt sich, indem der für einen VZ festgesetzte → Solidaritätszuschlag mit den für diesen VZ geleisteten Vorauszahlungen saldiert wird. Das Pendant zur Rückstellung ist eine Forderung (= festgesetzte Solidaritätszuschlag < geleistete Vorauszahlungen).

Sollbesteuerung i. S. d. UStG

Sie wird auch als Besteuerung nach vereinbarten Entgelten bezeichnet und ist in § 13 Abs. 1 Nr. 1a UStG i. V. m. § 16 Abs. 1 S. 1 UStG geregelt: Die Steuer entsteht mit Ablauf des → Voranmeldungszeitraums (= grds. letzter Tag eines Monats oder Kalendervierteljahres), indem die entgeltliche Leistung ausgeführt worden ist. Ausnahme: Sofern ein (Teil-)Entgelt vor der Ausführung vereinnahmt wird (als „An-, Abschlags- oder Vorauszahlung"), entsteht die Steuer mit Ablauf des Voranmeldungszeitraums, in dem das (Teil-)Entgelt vereinnahmt worden ist (= Mindest-Istbesteuerung i. S. v. § 13 Abs. 1 Nr. 1a S. 4 UStG i. V. m. Abschnitt 13.5 Abs. 1 UStAE).

Die Sollbesteuerung ist der Regelfall (Ausnahme: → Istbesteuerung).

Sonderausgaben

→ Kosten für die private Lebensführung (wie beispielsweise Aufwendungen für die Ernährung, Kleidung, Wohnung) sind weder → Betriebsausgaben i. S. v. § 4 Abs. 4 EStG noch → Werbungskosten i. S. v. § 9 Abs. 1 S. 1 EStG und dürfen daher bei der Ermittlung des Einkommens grundsätzlich nicht abgezogen werden (§ 12 EStG). Hiervon ausgenommen sind u. a. so genannte Sonderausgaben. Sonderausgaben sind somit bestimmte bei der Ermittlung des Einkommens abzugsfähige private Lebenshaltungskosten, die nicht mit einer der sieben Einkunftsarten in wirtschaftlichem Zusammenhang stehen (§ 10 Abs. 1 EStG analog). Sie sind in den §§ 10 - 10b EStG abschließend aufgeführt.

Sonderbetriebsausgaben

Sonderbetriebsausgaben sind betrieblich veranlasste Ausgaben (§ 4 Abs. 4 EStG), die im Zusammenhang mit Sonderbetriebseinnahmen i. S. v. § 15 Abs. 1 Nr. 2 EStG stehen. Sonderbetriebsausgaben sind strikt zu trennen von den → Sonderausgaben.

Sonderbetriebseinkünfte

Sie ermitteln sich als Saldo aus so genannten Sonderbetriebseinnahmen (§ 15 Abs. 1 Nr. 2 EStG) und → Sonderbetriebsausgaben.

Sonderbetriebsvermögen

Hierunter versteht man Wirtschaftsgüter, die im Privateigentum des Gesellschafters einer → Personengesellschaft stehen und dieser unmittelbar zu dienen bestimmt sind bzw. zur Begründung oder Stärkung der Beteiligung an dieser eingesetzt werden. In diesem Zusammenhang unterscheidet man zwischen Sonderbetriebs-

vermögen I und II. Beispiel: Vermietung eines Privatgrundstücks an eine OHG, an der der Vermieter selbst als → Mitunternehmer beteiligt ist (= Sonderbetriebsvermögen I).

Sonstige Einkünfte

Sie sind in § 22 EStG geregelt. Hierunter fallen beispielsweise Gewinne aus der Veräußerung von Grundstücken im Privatvermögen innerhalb eines Zehn-Jahreszeitraums zwischen Anschaffung und Verkauf. Die sonstigen Einkünfte zählen zu den → Überschusseinkünften.

Splittingtarif

In den Fällen der Zusammenveranlagung von Ehegatten nach §§ 26 und 26b EStG wie auch der Einzelveranlagung von verwitweten und geschiedenen Steuerpflichtigen i. S. v. § 32a Abs. 6 EStG ist der Splittingtarif nach § 32a Abs. 5 EStG maßgeblich. Beim Splittingtarif ist das für die (zusammen) zu Veranlagenden → zu versteuernde Einkommen zu halbieren und hierauf der → Grundtarif nach § 32a Abs. 1 EStG anzuwenden. Der ermittelte Steuerbetrag ist zu verdoppeln (§ 32a Abs. 5 EStG). Hierdurch wird erreicht, dass Eheleute, bei denen der eine Partner erheblich mehr als der andere verdient, in eine niedrigere Tarifzone fallen und somit eine deutliche Steuerentlastung eintritt. Auch hierfür gibt es in der Praxis eine so genannte Splittingtabelle.

Steuerbare Umsätze

Ein Umsatz ist steuerbar (d. h. besteuerungsfähig), wenn er unter § 1 Abs. 1 UStG fällt. Steuerbare Umsätze sind demzufolge:

► entgeltliche Lieferungen und sonstige Leistungen (§ 1 Abs. 1 Nr. 1 UStG)

► unentgeltliche Lieferungen und sonstige Leistungen (§ 1 Abs. 1 Nr. 1 UStG analog)

- Einfuhr (§ 1 Abs. 1 Nr. 4 UStG)

- innergemeinschaftlicher Erwerb gegen Entgelt (§ 1 Abs. 1 Nr. 5 UStG).

Steuerfreie Betriebseinnahme

Hierunter fallen beispielsweise

- Investitionszulagen (§ 13 InvZulG 2010)

- erhaltene Gewinnausschüttungen und Gewinne aus der Veräußerung von Anteilen an anderen Kapitalgesellschaften (§ 8b Abs. 1 und 2 KStG)

- Einnahmen i. S. v. § 3 ff. EStG.

Steuerliche Leistungsfähigkeit

Unter der steuerlichen Leistungsfähigkeit i. S. d. EStG und KStG versteht man das erwirtschaftete → zu versteuernde Einkommen einer → natürlichen oder → juristischen Person. Je höher dieses ausfällt, umso mehr ist der Steuerpflichtige in der Lage, den Staat durch Steuerzahlungen zu finanzieren.

Steuerliche Nebenleistungen

Sie sind selbst keine Steuern, können jedoch im Zusammenhang mit der Besteuerung und Steuererhebung auftreten. Hierzu zählen nach § 3 Abs. 4 AO

- Verzögerungsgelder (§ 146 Abs. 2b AO)

- Verspätungszuschläge (§ 152 AO)

- Zuschläge gemäß § 162 Abs. 4 AO

- Zinsen (§§ 233 - 237 AO)

- Säumniszuschläge (§ 240 AO)

- Zwangsgelder (§ 329 AO)

- Kosten (§§ 89, 178, 178a und 337 - 345 AO)

- Zinsen im Sinne des Zollkodexes und Verspätungsgelder nach § 22a Abs. 5 EStG.

Steuermessbetrag

Er ist in § 11 und § 14 GewStG definiert und wird ermittelt, indem der Gewerbeertrag nach Freibetrag (§ 11 GewStG) mit der → Steuermesszahl (§ 11 Abs. 2 GewStG) multipliziert wird.

Steuermesszahl

Sie ist in § 11 Abs. 2 GewStG geregelt und beträgt einheitlich 3,5 %. Mittels Steuermesszahl wird der → Steuermessbetrag ermittelt, der wiederum als Bemessungsgrundlage zur Ermittlung der Gewerbesteuer dient.

Steuern

Sie sind in § 3 Abs. 1 AO definiert. Man versteht hierunter Geldleistungen, die nicht eine Gegenleistung für eine besondere Leistung darstellen und von einem öffentlich-rechtlichen Gemeinwesen zur Erzielung von Einnahmen allen auferlegt werden, bei denen der Tatbestand zutrifft, an den das Gesetz die Leistungspflicht knüpft; die Erzielung von Einnahmen kann Nebenzweck sein.

Steuersatz i. S. d. UStG

Dieser ist in § 12 UStG geregelt. Grundsätzlich ist zwischen dem Regelsteuersatz (19 %) und dem ermäßigten Steuersatz (7 %) zu unterscheiden.

Steuerschuldner

Steuerschuldner ist in der Regel derjenige, der die Steuern ans FA abführt (also der Steuerzahler).

Steuerträger

Als Steuerträger wird derjenige bezeichnet, der hierdurch wirtschaftlich belastet ist. Bei der Einkommensteuer sind Steuerträger und → Steuerschuldner identisch: Derjenige, der die Steuer an das FA abführt ist auch der, dessen Einkommen hierdurch geschmälert wird („wirtschaftliche Belastung").

Steuerveranlagung

Die Steuerveranlagung ist ein förmliches Verfahren, in dem aufgrund einer Steuererklärung des Steuerpflichtigen die Besteuerungsgrundlagen ermittelt werden und die zu zahlende bzw. zu erstattende Steuer durch einen Bescheid vom Finanzamt festgesetzt wird.

Subsidiaritätsprinzip

Soweit die rechtlichen Voraussetzungen für mehrere Einkünftearten gleichzeitig erfüllt sind, haben die so genannten → Haupteinkünftearten Vorrang vor den → Nebeneinkünftearten (= Subsidiaritätsprinzip). Entsprechende Regelungen finden sich hierzu im EStG (§ 20 Abs. 8 EStG, § 21 Abs. 3 EStG und § 23 Abs. 2 EStG).

Substanzsteuern

Bei so genannten Substanzsteuern werden Vermögenswerte („Substanz") vorausgesetzt, die als Anknüpfungspunkt für die Besteuerung dienen. Die mit dem Vermögenswert erzielten Erträge sind für die Bemessung der Substanzsteuer unerheblich. (Unternehmensrelevante) Substanzsteuern sind die Erbschaft- und Schenkungsteuer sowie die Grundsteuer.

Summe der Einkünfte

Die Summe der Einkünfte ist die Zusammenrechnung der Einkünfte der sieben verschiedenen Gewinn- und Überschusseinkünftearten i. S. v. § 2 Abs. 1 EStG, die ein Steuerpflichtiger erzielen kann.

Tarifliche Einkommensteuer

Der Einkommensteuertarif (→ Grund- oder Splittingtarif) ist auf die → Bemessungsgrundlage „zu versteuerndes Einkommen" anzuwenden. Hiernach ermittelt sich die tarifliche Einkommensteuer.

Teileinkünfteverfahren

Soweit Einkünfte der in § 20 Abs. 1, 2 und 3 EStG bezeichneten Art zu den Einkünften aus Land- und Forstwirtschaft, aus Gewerbebetrieb, aus selbstständiger Arbeit oder aus Vermietung und Verpachtung gehören, sind sie diesen Einkünften zuzurechnen (§ 20 Abs. 8 EStG: → „Subsidiaritätsprinzip"). Bei Zurechnung zu den Gewinneinkünftearten (= Beteiligung im Betriebsvermögen) greift das so genannte Teileinkünfteverfahren: Die Bruttoeinnahmen sind in Höhe von 60 % der Besteuerung zu unterwerfen (§ 3 Nr. 40 EStG). Ausgaben sind in Höhe von 60 % abzugsfähig (§ 3c Abs. 2 EStG). Bereits abgeführte Abgeltungssteuern sind anzurechnen.

Teiljuristische Person

Personengesellschaften werden auch als „teiljuristische" Personen bezeichnet, da sie keine → natürlichen oder → juristischen Personen sind, jedoch in gewissen Grenzen über Rechtsfähigkeit verfügen. Sie nehmen also eine Art „Zwitterstellung" ein, generell sind sie eher mit Einzelunternehmen vergleichbar. Daher gilt auch hier das → Transparenzprinzip.

Transparenzprinzip

Das Transparenzprinzip kommt nur bei Personenunternehmen (= Einzelunternehmen und Personengesellschaften) zum Tragen und besagt, dass Unternehmer und Unternehmen eine Einheit bilden. Man schaut quasi durch das Unternehmen hindurch auf den einzelnen Inhaber bzw. die Beteiligten. Dies hat u. a. folgende Konsequenzen:

► Die Einkommensbesteuerung findet ausschließlich auf Ebene des (Mit-) Unternehmers statt.

► Die Gewerbesteuer wird (letztlich) vom (Mit-)Unternehmer getragen und infolgedessen (zumindest teilweise) auf seine Einkommensteuerschuld angerechnet (§ 35 EStG).

Trennungsprinzip

Das Trennungsprinzip kommt bei → Kapitalgesellschaften zum Tragen. Es besagt, dass Gesellschafts- und Gesellschafterebene strikt voneinander zu trennen sind. Die steuerlichen Konsequenzen sind, dass sowohl auf Ebene der Gesellschaft wie auch auf Ebene der Gesellschafter eine Einkommensbesteuerung unabhängig voneinander stattfindet und die Gewerbesteuerlast nicht auf die Einkommensteuer der Gesellschafter bzw. Anteilseigner angerechnet werden kann.

Überschusseinkünfte

Hierzu zählen

- Einkünfte aus nicht selbstständiger Arbeit (§ 19 EStG)

- Einkünfte aus Kapitalvermögen (§ 20 EStG)

- Einkünfte aus Vermietung und Verpachtung (§ 21 EStG)

- sonstige Einkünfte nach § 22 EStG.

Sie werden als „Überschuss der Einnahmen über die → Werbungskosten" ermittelt. Überschussquelle ist der Ertrag im privaten Bereich.

Umsatzsteuerliche Bemessungsgrundlage

Hierunter versteht man das Entgelt. Entgelt i. S. v. § 10 Abs. 1 S. 2 UStG i. V. m. Abschnitt 1.1 Abs. 1 UStAE ist

- alles, was der Leistungsempfänger oder ein anderer i. S. v. § 10 Abs. 1 S. 3 UStG aufwendet (= i. d. R. Geld, aber auch Lieferungen oder sonstige Leistungen i. S. v. § 10 Abs. 2 S. 2 UStG [„Tausch oder tauschähnlicher Umsatz"]),

- um die Leistung zu erhalten,

- jedoch abzüglich der Umsatzsteuer.

Umsatzsteuerliche Organschaft

→ Juristische Personen sind umsatzsteuerlich unselbstständig, wenn sie in ein anderes Unternehmen finanziell (Abschnitt 2.8 Abs. 5 UStAE), wirtschaftlich (Abschnitt 2.8 Abs. 6 UStAE) und organisatorisch (Abschnitt 2.8 Abs. 7 UStAE) eingegliedert sind (§ 2 Abs. 2 Nr. 2 UStG). Dieses Eingliederungsverhältnis wird als umsatzsteuerliche Organschaft bezeichnet. Die eingegliederte juristische Person (Tochtergesellschaft) ist die → Organgesellschaft, das beherrschende Unternehmen (Muttergesellschaft) ist der Organträger. Organträger und Organgesellschaften sind im Inland ein einheitliches Unternehmen (Abschnitt 2.9 Abs. 1 UStAE). Unternehmer ist lediglich der Organträger. Leistungen innerhalb der inländischen Organschaft sind → nicht steuerbare Innenumsätze.

Umsatzsteuerliches Besteuerungsverfahren

Hierunter versteht man die Berechnung und Erhebung der Umsatzsteuer (§§ 16 und 18 UStG).

Umsatzsteuervoranmeldung

Die Umsatzsteuervoranmeldung ist die Erklärung des Unternehmers betreffend der/des selbst berechneten und zu entrichtenden Zahllast bzw. zu erhaltenden Vorsteuerguthabens für einen abgelaufenen → Voranmeldungszeitraum (VAZ).

Unbeschränkte persönliche Einkommensteuerpflicht

Die unbeschränkte persönliche Steuerpflicht ist als

- normal unbeschränkte Steuerpflicht in § 1 Abs. 1 EStG (→ Inländerregelung)

► erweitert unbeschränkte Steuerpflicht in § 1 Abs. 2 EStG (→ Diplomatenregelung) und als

► fiktiv unbeschränkte Steuerpflicht in § 1 Abs. 3 EStG i. V. m. § 1a EStG (→ Grenzpendlerregelung) geregelt.

Sie gibt Auskunft darüber, wann → natürliche Personen in Deutschland mit sämtlichen (in- und ausländischen) Einkünften bzw. ausschließlich mit inländischen Einkünften i. S. d. § 49 EStG der Besteuerung unterliegen.

Unechter Agent

Tritt ein Unternehmer im fremden Namen für eigene Rechnung auf, wird er als unechter Agent bezeichnet. Umsatzsteuerlich wird er wie ein → Eigenhändler behandelt.

Unentgeltliche Lieferungen

Hierunter versteht man → unentgeltliche Wertabgaben i. S. v. § 3 Abs. 1b UStG. Sie werden entgeltlichen Lieferungen gleichgestellt.

Unentgeltliche sonstige Leistungen

Hierunter versteht man → unentgeltliche Wertabgaben i. S. v. § 3 Abs. 9a UStG. Sie werden entgeltlichen sonstigen Leistungen gleichgestellt.

Unentgeltliche Wertabgabe

Hierunter versteht man → unentgeltliche Lieferungen und → unentgeltliche sonstige Leistungen.

Unternehmensertragsbesteuerung

Unter „Unternehmensertragsbesteuerung" versteht man die Besteuerung des Einkommens und Ertrags von Unternehmen.

Unternehmer i. S. d. UStG

Der Unternehmerbegriff ist in § 2 UStG geregelt. Unternehmer ist hiernach, wer Unternehmerfähigkeit besitzt, eine gewerbliche oder berufliche Tätigkeit i. S. v. § 2 Abs. 1 S. 3 UStG ausübt und selbstständig tätig ist.

Unternehmerisches Vermögen

Hierunter versteht man die Zuordnung von Leistungen zur unternehmerischen Sphäre eines Unternehmers. Die Zuordnung von so genannten einheitlichen Gegenständen zur unternehmerischen oder nichtunternehmerischen Sphäre richtet sich grundsätzlich nach dem Umfang der unternehmerischen Nutzung (Abschnitt 15.2c Abs. 1 UStAE). Eine wahlweise Zuordnung zum unternehmerischen Vermögen ist hiernach nur möglich, wenn die unternehmerische Nutzung zwischen 10 % und unter 100 % liegt. Lieferungen → vertretbarer Sachen und sonstige Leistungen sind entsprechend der beabsichtigten Verwendung aufzuteilen (= Aufteilungsgebot nach Abschnitt 15.2c Abs. 2 Nr. 1 i. V. m. Abs. 1 S. 1 und 2 UStAE).

Ursprungslandprinzip

Durch § 3 Abs. 6 S. 1 UStG wird das so genannte Ursprungslandprinzip verwirklicht, das besagt, dass die Besteuerung dort zu erfolgen hat, wo der Gegenstand erworben wird bzw. die Beförderung oder Versendung des Gegenstandes beginnt. Im Gegensatz hierzu steht das → Bestimmungslandprinzip i. S. v. §§ 3c und 3d UStG.

USt-IdNr.

Sie dient der korrekten Anwendung von umsatzsteuerlichen Regelungen im europäischen Binnenmarkt und ist eine eigenständige Nummer, die Unternehmern zusätzlich zur Steuernummer erteilt wird, die innerhalb des Gebiets der EU am Waren- und Dienstleistungsverkehr zwischen den Mitgliedstaaten teilnehmen. Vgl. auch § 27a UStG.

Verbrauchsteuern

Verbrauchsteuern sind Steuern, die i. d. R. an den Verbrauch von Waren anknüpfen. Zu den Verbrauchsteuern zählen z. B. die Tabak-, Kaffee- und Biersteuer.

Verdeckte Einlage

Verdeckte Einlagen umschreiben das Phänomen, dass ein Gesellschafter oder eine diesem nahestehende Person der → Kapitalgesellschaft außerhalb der gesellschaftsrechtlichen Einlagen einen „Vorteil" zuwendet, der durch das Gesellschaftsverhältnis veranlasst ist (R 40 KStR).

Verdeckte Gewinnausschüttung

Der Begriff der vGA umschreibt generell das Phänomen, dass eine → Kapitalgesellschaft den Gesellschaftern oder diesen nahestehenden Personen außerhalb der förmlichen Gewinnverteilung Leistungen aus dem Gesellschaftsvermögen ohne äquivalente Gegenleistung gewährt (R 36 Abs. 1 KStR).

Verkehrsakt

Unter einem Verkehrsakt versteht man einen Vorgang im Rahmen einer Tauschbeziehung wie z. B. der Verkauf eines Gegenstandes oder der Erwerb eines Grundstücks.

Verkehrssteuern

Die Besteuerung des → Verkehrsaktes erfolgt in Form von Verkehrssteuern. Verkehrssteuern lassen sich in eine allgemeine Verkehrssteuer – die Umsatzsteuer – und mehrere spezielle Verkehrssteuern wie bspw. die Versicherungsteuer, Kfz-Steuer und die Grunderwerbsteuer einteilen.

Verlustabzug i. S. d. EStG

Ist (auch) der vertikale → Verlustausgleich durchgeführt worden, ist die Summe der Einkünfte entweder positiv oder beträgt 0 €. Hierbei nicht ausgeglichene Verluste können nur noch im Rahmen des so genannten Verlustabzugs nach § 10d EStG (dritte Stufe der → Verlustverrechnung) berücksichtigt werden. Man unterscheidet zwischen dem Verlusrücktrag (§ 10d Abs. 1 EStG) und dem Verlustvortrag (§ 10d Abs. 2 EStG).

Verlustausgleich i. S. d. EStG

Die erste Stufe der → Verlustverrechnung ist der horizontale Verlustausgleich. Man versteht hierunter die Verrechnung von positiven und negativen Einkünften innerhalb der gleichen Einkünfteart im Jahr der Verlustentstehung.

Erzielt beispielsweise in einem Kalenderjahr ein Steuerpflichtiger positive gewerbliche Einkünfte aus einem Betrieb und negative gewerbliche Einkünfte aus einem anderen Betrieb, findet eine Verrechnung innerhalb der Einkünfteart „Einkünfte aus Gewerbebetrieb" statt. Nach Durchführung des horizontalen Verlustausgleichs können positive wie auch negative Einkünfte der jeweiligen Einkünfteart „stehen bleiben". Im letzteren Fall oder auch für den Fall, dass nur negative Einkünfte innerhalb einer Einkünfteart erzielt worden sind, ist generell in die zweite Stufe der Verlustverrechnung – der vertikale Verlustausgleich – überzuleiten.

Unter einem vertikalen Verlustausgleich versteht man die Verrechnung positiver Einkünfte einzelner Einkünftearten mit negativen Einkünften anderer Einkünftearten – ebenfalls im Verlustentstehungsjahr. Ein Steuerpflichtiger, der in einem Kalenderjahr positive gewerbliche Einkünfte und negative Einkünfte aus nicht selbstständiger Tätigkeit erzielt hat, kann beide Einkünftearten im Rahmen der Ermittlung der Summe der Einkünfte „miteinander" verrechnen. Es erfolgt keine Unterscheidung nach Gewinn- und Überschusseinkünftearten.

Verlustverrechnung i. S. d. EStG

Die Berücksichtigung von negativen Einkünften („Verlusten") – die so genannte Verlustverrechnung – erfolgt im EStG grundsätzlich als → „Verlustausgleich" und/oder → „Verlustabzug".

Vertretbare Sachen

Vertretbare Sachen sind bewegliche Gegenstände, die nach Zahl, Maß oder Gewicht bestimmbar sind (§ 91 BGB).

Verursachungs- oder Entstehungsprinzip

Beim → Betriebsvermögensvergleich nach § 4 Abs. 1 EStG gilt das so genannte Verursachungs- oder Entstehungsprinzip: Einkünfte sind dem Wirtschaftsjahr zeitlich zuzurechnen, in dem sie wirtschaftlich verursacht worden bzw. entstanden sind. Auf den Zeitpunkt der entsprechenden Zahlungen kommt es nicht an.

Verwaltungsanordnungen

Verwaltungsanordnungen sind allgemeine Weisungen (Vorschriften) einer vorgesetzten Behörde an die ausführenden Beamten und Angestellten; hieran gebunden ist also ausschließlich die Verwaltung. Für Bürger und Gerichte haben sie keine bindende Wirkung. Beispiele für Verwaltungsanordnungen sind:

- Richtlinien (z. B. EStR, KStR, ErbStR)
- Erlasse und Schreiben (z. B. AEAO, BMF-Schreiben)
- Verfügungen (z. B. OFD-Verfügungen).

Voranmeldungszeitraum

Der Voranmeldungszeitraum (VAZ) ist

- der Kalendermonat, wenn die USt-Schuld (= Zahllast) des Vorjahres (= vorangegangenes Kalenderjahr) > 7.500 € (§ 18 Abs. 2 S. 2 UStG) bzw. bei Neugründung im laufenden und folgenden Kalenderjahr (§ 18 Abs. 2 S. 4 UStG) oder

- das Kalendervierteljahr, wenn die Zahllast des Vorjahres > 1.000 € und ≤ 7.500 € (§ 18 Abs. 2 S. 1 UStG).

Vorgesellschaft

Die → Vorgründungsgesellschaft wird zur Vorgesellschaft, sobald ein(e) formgültige(r) Gesellschaftsvertrag bzw. Satzung abgeschlossen worden ist. Die Vorgesellschaft wird daher auch als „Kapitalgesellschaft in Gründung" bezeichnet. Sofern der Erlangung der Rechtsfähigkeit keine ernsthaften Hindernisse entgegenstehen, die Eintragung ins Handelsregister bald erfolgt, Vermögen vorhanden ist und die Vorgesellschaft eine nach außen in Erscheinung tretende geschäftliche Tätigkeit aufgenommen hat, beginnt die Körperschaftsteuerpflicht frühestens in diesem Stadium (H 2 „Vorgesellschaft" KStH und Blümich, EStG KStG GewStG, 122. Auflage, München 2014, zu § 1 KStG, Rn. 181).

Vorgründungsgesellschaft

Mittels Abschluss eines Vorgesellschaftsvertrags bzw. einer Vorsatzung wird eine so genannte Vorgründungsgesellschaft errichtet. Steuerlich wird diese Gesellschaft i. d. R. wie eine GbR oder OHG bei Aufnahme ihres Handelsgewerbes behandelt: Erwirtschaftete Ergebnisse sind einheitlich und gesondert festzustellen (§§ 179, 180 AO) und die Gründer erzielen einkommensteuerpflichtige Einkünfte (H 2 „Vorgründungsgesellschaft" KStH und Blümich, EStG KStG GewStG, 122.

Auflage, München 2014, zu § 1 KStG, Rn. 172).

Vorläufiger Steuerbilanzgewinn

Er ermittelt sich, indem der Jahresüberschuss i. S. v. § 275 HGB – bei → Kapitalgesellschaften vor (endgültiger) Körperschaftsteuer zzgl. Solidaritätszuschlag – um so genannte steuerliche Anpassungen korrigiert wird (§ 60 Abs. 2 EStDV). Steuerliche Anpassungen ergeben sich, wenn bestimmte Geschäftsvorfälle handels- und steuerrechtlich unterschiedlich beurteilt werden. Aus dem vorläufigen Steuerbilanzgewinn wird ein „endgültiger" Gewinn, sobald die definitive (endgültige) Körperschaftsteuerbe- oder -entlastung zzgl. SolZ ermittelt und mit dem vorläufigen Ergebnis verrechnet worden ist. Der endgültige Steuerbilanzgewinn ist eine Gewinngröße nach Steuern.

Vorsteuerabzug

Ein → Unternehmer darf die in den Eingangsrechnungen von anderen Unternehmern ausgewiesene Steuer („Vorsteuer") mit der seinen Kunden in der Ausgangsrechnung ausgewiesenen „Umsatzsteuer" verrechnen, sofern die Voraussetzungen nach §§ 15 ff. UStG erfüllt sind. An das Finanzamt wird nur die so genannte Mehrwertsteuer (Umsatzsteuer abzgl. Vorsteuer) abgeführt.

Warenbewegte Lieferung

Hierunter versteht man die so genannte Beförderungs- oder Versendungslieferung i. S. v. § 3 Abs. 6 S. 1 UStG (→ Ursprungslandprinzip).

Wegzüglerregelung

Sie beinhaltet die so genannte erweitert beschränkte persönliche Einkommensteuerpflicht nach § 2 AStG.

Welteinkommensprinzip

Unbeschränkt Steuerpflichtige sind mit sämtlichen Einkünften (= in- und ausländische Einkünfte) der Körperschaft- und Einkommensteuer zu unterwerfen.

Werbungskosten

Werbungskosten i. S. v. § 9 Abs. 1 S. 1 EStG sind alle Aufwendungen zur Erwerbung, Sicherung und Erhaltung der Einnahmen eines Steuerpflichtigen i. S. v. § 2 Abs. 1 Nr. 4 - 7 EStG.

Werkleistung

Verwendet der Unternehmer zur Herstellung eines Werkes nur Nebenstoffe (Zutaten, sonstige Nebensachen), die er selbst beschafft hat, spricht man von einer Werkleistung (vgl. Abschnitt 3.8 Abs. 1 S. 3 und S. 4 UStAE).

Werklieferung

Verwendet der Unternehmer zur Herstellung eines Werkes (z. B. Einfamilienhaus) Hauptstoffe, die er selbst beschafft hat, spricht man von einer Werklieferung (§ 3 Abs. 4 UStG i. V. m. Abschnitt. 3.8 Abs. 1 S. 1 UStAE).

Wirtschaftsjahr

Das Wirtschaftsjahr ist der Gewinnermittlungszeitraum nach § 4a EStG.

Wohnsitz

Einen Wohnsitz hat eine natürliche Person (= Steuerpflichtiger) dort, wo sie eine Wohnung unter Umständen innehat, die darauf schließen lassen, dass sie die Wohnung beibehalten und benutzen wird (§ 8 AO).

Zerlegungsanteil

Sofern zur Ausübung eines Gewerbes → Betriebsstätten in unterschiedlichen Gemeinden unterhalten werden, ist der → Steuermessbetrag auf die einzelnen Gemeinden „aufzuteilen". Der Anteil am

Steuermessbetrag ist der so genannte Zerlegungsanteil. Regelungen zum Zerlegungsmaßstab finden sich in den §§ 28 ff. GewStG.

Zu- und Abflussprinzip

Es ist definiert in § 11 EStG und besagt, dass

- Einnahmen innerhalb des Kalenderjahrs bezogen sind, in dem sie zugeflossen sind (= Zuflussprinzip nach § 11 Abs. 1 S. 1 EStG)

- Ausgaben für das Kalenderjahr abzusetzen sind, in dem sie geleistet worden sind (= Abflussprinzip nach § 11 Abs. 2 S. 1 EStG).

Zu versteuerndes Einkommen

Das zu versteuernde Einkommen ist sowohl im EStG wie auch im KStG die → Bemessungsgrundlage, mittels derer die tarifliche Steuerschuld ermittelt wird.

Neben den im Text zitierten Quellen sind auch ergänzende Literaturhinweise berücksichtigt.

A. Grundlagen der Unternehmenssteuern

Beeck, V., Grundlagen der Steuerlehre, 5. Auflage, Wiesbaden 2012

Bornhofen, M., Lösungen zum Lehrbuch Steuerlehre 1. Rechtslage 2013. Mit zusätzlichen Prüfungsaufgaben und Lösungen, 34. Auflage, Wiesbaden 2013

Bornhofen, M., Steuerlehre 1. Rechtslage 2013. Allgemeines Steuerrecht, Abgabenordnung, Umsatzsteuer, 34. Auflage, Wiesbaden 2013

Fehrenbacher/Tavakoli, Besteuerung der GmbH & Co. KG, 2. Auflage, Wiesbaden 2014

Kaminski/Strunk, Einfluss von Steuern auf unternehmerische Entscheidungen, 2. Auflage, Wiesbaden 2012

Rose/Watrin, Abgabenordnung mit Finanzgerichtsordnung, 5. Auflage, Berlin 2012

Tipke/Lang/Seer/Hey/Montag/Englisch/Hennrichs, Steuerrecht, 21. Auflage, Köln 2012

B. Besteuerung des Einkommens und Ertrags

Beeck, V., Grundlagen der Steuerlehre, 5. Auflage, Wiesbaden 2012

Blümich, EStG KStG GewStG, 122. Auflage, München 2014

Bornhofen/Bornhofen/Kaipf, Lösungen zum Lehrbuch Steuerlehre 2. Rechtslage 2013. Mit zusätzlichen Prüfungsaufgaben und Lösungen, 34. Auflage, Wiesbaden 2013

Bornhofen/Bornhofen/Kaipf, Steuerlehre 2 Rechtslage 2013. Einkommensteuer, Körperschaftsteuer, Gewerbesteuer, Bewertungsgesetz und Erbschaftsteuer, 34. Auflage, Wiesbaden 2013

Braun/Dennerlein/Wünsche, Steuerrecht und betriebliche Steuerlehre. Mit Übungsklausuren für die IHK-Prüfung, 3. Auflage, Wiesbaden 2012

Dötsch/Pung/Möhlenbrock, Die Körperschaftsteuer, 80. Auflage, Stuttgart 2014

Endriss, H. W., u. a., Steuerkompendium 1: Einkommensteuer, Bilanzsteuerrecht, Körperschaftsteuer, Gewerbesteuer, 13. Auflage, Herne 2012

Fehrenbacher/Tavakoli, Besteuerung der GmbH & Co. KG, 2. Auflage, Wiesbaden 2014

Grefe, C., Unternehmenssteuern, 17. Auflage, Herne 2014

Güroff/Selder/Wagner, Gewerbesteuergesetz, 8. Auflage, München 2013

Heinhold, M., Besteuerung der Gesellschaften. Rechtsformen und ihre steuerliche Behandlung, 2. Auflage, Herne 2010

Jacobs, O. H., Unternehmensbesteuerung und Rechtsform. Handbuch zur Besteuerung deutscher Unternehmen, 4. Auflage, München 2009

Köllen/Vogel/Wagner, Lehrbuch Körperschaftsteuer, 3. Auflage, Herne 2013

König/Maßbaum/Sureth, Besteuerung und Rechtsformwahl. Personen-, Kapitalgesellschaften und Mischformen im Vergleich; Steuerbelastungsrechnungen, Aufgaben, Lösungen, 6. Auflage, Herne 2013

Kraft/Kraft, Grundlagen der Unternehmensbesteuerung. Die wichtigsten Steuerarten und ihr Zusammenwirken, 4. Auflage, Wiesbaden 2013

Kußmaul, H., Betriebswirtschaftliche Steuerlehre, 7. Auflage, München 2014

Lang, J., Strukturreform der deutschen Ertragsteuern. Bericht über die Arbeit und Entwürfe der Kommission „Steuergesetzbuch" der Stiftung Marktwirtschaft, München 2013

Lange/Janssen, Verdeckte Gewinnausschüttungen: Handbuch für den Praktiker: Checklisten zur vGA-Prüfung, 11. Auflage, Herne 2013

Niehus/Wilke, Die Besteuerung der Kapitalgesellschaften, 3. Auflage, Stuttgart 2012

Niehus/Wilke, Die Besteuerung der Personengesellschaften, 6. Auflage, Stuttgart 2013

Reichert, G., Lehr- und Trainingsbuch Gewerbesteuer, 5. Auflage, Herne 2011

Rick, E., u. a., Lehrbuch Einkommensteuer, 19. Auflage, Herne 2013

Rose/Watrin, Ertragsteuern. Einkommensteuer, Körperschaftsteuer, Gewerbesteuer, 20. Auflage, Berlin 2013

Scheffler, W., Besteuerung von Unternehmen I. Ertrag-, Substanz- und Verkehrsteuern, 12. Auflage, Heidelberg, Neckar 2012

Scheffler, W., Besteuerung von Unternehmen II. Steuerbilanz, 7. Auflage, Heidelberg, Neckar 2011

Scheffler, W., Besteuerung von Unternehmen III. Steuerplanung, 2. Auflage, Heidelberg, München, Landsberg (u. a.) 2013

Schmidt, L., Einkommensteuergesetz, 33. Auflage, München 2014

Schneeloch, D., Betriebswirtschaftliche Steuerlehre, Bd. 1: Besteuerung, 6. Auflage, München 2011

Schreiber, U., Besteuerung der Unternehmen. Eine Einführung in Steuerrecht und Steuerwirkung, 3. Auflage, Wiesbaden 2012

Segebrecht/Gunsenheimer, Die Einnahmen-Überschussrechnung nach § 4 Abs. 3 EStG, 13. Auflage, Herne 2012

Spengel/Evers/Halter/Zinn, Unternehmensbesteuerung in Deutschland. Eine kritische Bewertung und Handlungsempfehlungen für die aktuelle Steuerpolitik, München 2012

Tipke/Lang/Seer/Hey/Montag/Englisch/Hennrichs, Steuerrecht, 21. Auflage, Köln 2012

Zenthöfer, W., Einkommensteuer, 11. Auflage, Stuttgart 2013

Zenthöfer/Alber, Körperschaftsteuer und Gewerbesteuer, 16. Auflage, Stuttgart 2013

Zimmermann, R., u. a., Die Personengesellschaft im Steuerrecht, 11. Auflage, Achim 2012

Zimmermann, R., u. a., Einkommensteuer, 20. Auflage, Stuttgart 2013

C. Besteuerung der Verkehrsakte

Beeck, V., Grundlagen der Steuerlehre, 5. Auflage, Wiesbaden 2012

Bornhofen, M., Lösungen zum Lehrbuch Steuerlehre 1. Rechtslage 2013. Mit zusätzlichen Prüfungsaufgaben und Lösungen, 34. Auflage, Wiesbaden 2013

Bornhofen, M., Steuerlehre 1 Rechtslage 2013. Allgemeines Steuerrecht, Abgabenordnung, Umsatzsteuer, 34. Auflage, 2013

Braun/Dennerlein/Wünsche, Steuerrecht und betriebliche Steuerlehre. Mit Übungsklausuren für die IHK-Prüfung, 3. Auflage, Wiesbaden 2012

Bunjes, J., Umsatzsteuergesetz, 12. Auflage, München 2013

Fehrenbacher/Tavakoli, Besteuerung der GmbH & Co. KG, 2. Auflage, Wiesbaden 2014

Grefe, C., Unternehmenssteuern, 17. Auflage, Herne 2014

Hahn/Kortschak, Lehrbuch Umsatzsteuer, 15. Auflage, Herne 2013

Heinhold, M., Besteuerung der Gesellschaften. Rechtsformen und ihre steuerliche Behandlung, 2. Auflage, Herne 2010

Jacobs, O. H., Unternehmensbesteuerung und Rechtsform. Handbuch zur Besteuerung deutscher Unternehmen, 4. Auflage, München 2009

Kraft/Kraft, Grundlagen der Unternehmensbesteuerung. Die wichtigsten Steuerarten und ihr Zusammenwirken, 4. Auflage, Wiesbaden 2013

Kurz, D., Umsatzsteuer, 16. Auflage, Stuttgart 2012

Lippross, O.-G., Umsatzsteuer, 23. Auflage, Achim 2012

Mössner/Baumhoff/Dyckmans/Engel/Henkel, Steuerrecht international tätiger Unternehmen. Handbuch der Besteuerung von Auslandsaktivitäten inländischer Unternehmen und von Inlandsaktivitäten ausländischer Unternehmen, 4. Auflage, Köln 2012

Scheffler, W., Besteuerung von Unternehmen I. Ertrag-, Substanz- und Verkehrsteuern, 12. Auflage, Heidelberg, Neckar 2012

Schneeloch, D., Betriebswirtschaftliche Steuerlehre, Bd. 1: Besteuerung, 6. Auflage, München 2011

Schreiber, U., Besteuerung der Unternehmen. Eine Einführung in Steuerrecht und Steuerwirkung, 3. Auflage, Wiesbaden 2012

Sikorski, R., Umsatzsteuer im Binnenmarkt, 8. Auflage, Herne 2013

Walkenhorst, R., Praktikerhandbuch Umsatzsteuer, 5. Auflage, Herne 2014

Watrin, C., Umsatzsteuer. Mit Grunderwerbsteuer und kleineren Verkehrsteuern, 18. Auflage, Berlin 2013

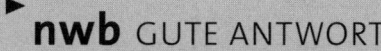

Projekte erfolgreich managen!

**Der schnelle Einstieg in professionelles Projekt-
management!**

Mit diesem Band aus der bewährten Reihe „Kompakt-
Training Praktische Betriebswirtschaft" schaffen Sie sich
schnell und leicht verständlich eine solide Basis für erfolg-
reiche Projektarbeit. Von der Vorbereitung über die Durchführung bis hin zum Abschluss von Projekten erfahren Sie,
wie Sie Projekte erfolgreich leiten und managen.

Zahlreiche praktische Beispiele, Schaubilder und Übungs-
aufgaben mit Lösungen helfen Ihnen, das Erlernte zu
vertiefen und Ihren Wissensstand eigenständig zu kon-
trollieren. Das MiniLex(ikon) erlaubt Ihnen, das schnelle
Nachschlagen aller wichtigen Begriffe. Ob im Studium, zur
Vorbereitung auf Klausuren und Prüfungen oder in der täglichen Praxis — mit diesem Kompakt-Training sind Sie immer bestens vorbereitet.

**Das bewährte Kompakt-Training für Studium, Weiter-
bildung und Praxis**

Kompakt-Training Projektmanagement
Olfert
9., aktualisierte Auflage · 2014 · 317 Seiten · € 18,90
ISBN 978-3-470-48599-7